1世纪高等学校经济管理系列教材

统计学

TONGJIXUE

曾 霞 王 磊 朱冬辉 主编

中国财经出版传媒集团
中国财政经济出版社
·北 京·

图书在版编目（CIP）数据

统计学／曾霞，王磊，朱冬辉主编．--北京：中国财政经济出版社，2022.8（2025.10重印）
21世纪高等学校经济管理系列教材
ISBN 978-7-5223-1439-6

Ⅰ.①统… Ⅱ.①曾… ②王… ③朱… Ⅲ.①统计学-高等学校-教材 Ⅳ.①C8

中国版本图书馆CIP数据核字（2022）第080925号

责任编辑：张怡然　　责任印制：张　健
封面设计：易　帅　　责任校对：徐艳丽
本书主审：朱建平

统计学
TONGJIXUE

中国财政经济出版社 出版
URL：http：//www.cfeph.cn
E-mail：cfeph@cfeph.cn

社址：北京市海淀区阜成路甲28号　邮政编码：100142
营销中心电话：010-88191522
天猫网店：中国财政经济出版社旗舰店
网址：https：//zgczjjcbs.tmall.com
三河市宏图印务有限公司印刷　各地新华书店经销
成品尺寸：185mm×260mm　16开　21印张　423 000字
2022年8月第1版　2025年10月河北第4次印刷
定价：58.00元
ISBN 978-7-5223-1439-6
（图书出现印装问题，本社负责调换，电话：010-88190548）
本社质量投诉电话：010-88190744
打击盗版举报热线：010-88191661　QQ：2242791300

序

中国财政经济出版社的《统计学》教材已经出版，该书的主编之一王磊老师邀请我写一篇序。湖北经济学院统计人长期以来，致力于统计学教材的编写与修订，《统计学》一书就是他们在这方面工作的重要成果。

教育是国之大计、党之大计，办好教育，离不开高质量教材建设。近年来，我国高校经济管理类专业统计学教材建设取得了一系列积极的成果。这些成果不仅丰富了我国统计学教育的资源，也为培养优秀的统计学人才提供了坚实的基础。但随着我国社会经济的快速发展和数字经济的全面推进，现有教材的实例往往难以体现我国社会经济发展取得的成绩，难以体现新时代的奋斗目标。

为了进一步深化教育领域的综合改革，深入贯彻党的二十大精神，在习近平新时代中国特色社会主义思想的指导下，曾霞、王磊与朱冬辉老师主编的《统计学》尝试将新时代明确的奋斗目标融入教材编写过程。该教材的编写秉持教育为基础、文化为魂的原则，引导学生进行创新性思考，努力推进党的二十大精神在教材、课堂和学生中的深入传播与实践。统计学是一门关于数据的科学，数据中蕴含着大量的辩证唯物主义观点，为统计学与思政教育结合提供了可能，从而实现全员、全程、全方位育人的要求。

本书将社会经济统计学和数理统计学有机融合起来，并注重思想政治教育的融入，主要特点如下：

一是教材理论体系框架结构合理，内容丰富且完整。按照统计学的定义，教材涵盖了收集、处理、分析和解释数据等内容，并详细介绍了描述统计分析方法和推断统计分析方法。

二是教材采用了与时俱进和生动的案例与例题，这些来源于现实的例题既能提高学生的学习兴趣，又能帮助学生培养将实际问题抽象为统计学问题的能力，同时也实现了教学内容和思政教育的有机结合，强化培养学生知、行、思、辩的全方位学习能力。

三是教材借助于 Excel、SPSS 等软件，将统计数据的分类、汇总和结果用图形展示，并应用于假设检验、方差分析等推断统计方法，提升学生将统计学理论方法应用于实际问题的能力。

四是教材构建立体化的教学资源，考察重要知识点的练习和软件操作均配有二维码，扫码即可观看相关视频资源，除此之外，还配备了包括教学课件等丰富的增值辅助教学资源，可免费下载使用。

五是教材积极响应思想政治教育贯穿人才培养体系指导精神，在每章结束时讲述了中国统计学家的故事，通过统计学家的生平和学术贡献，实现知识传授和价值引领的统一，切实提高立德树人成效。

笔者相信，本书的出版有助于提高经济管理类专业学生的专业水平和技能，有助于培养他们的思想道德素质、社会责任感和创新精神，为国家和社会的发展做出更大的贡献。在新时代背景下，我们要始终坚持党的领导，以习近平新时代中国特色社会主义思想为指导，推动统计学教育不断创新和发展。

厦门大学教授 

前言

教育是国之大计、党之大计。党的十八大以来，以习近平同志为核心的党中央高度重视教育问题，始终把“为谁培养人、培养什么人、怎样培养人”作为根本问题，强调把立德树人作为根本任务。党的二十大报告明确指出：“教育、科技、人才是全面建设社会主义现代化国家的基础性、战略性支撑。”这为我国教育、科技和人才事业未来发展提供了重要遵循。我们教育工作者学习贯彻党的二十大精神，就是要结合自身工作实际，不忘立德树人初心，牢记为党育人、为国育才使命，以课程建设为抓手，培养堪当民族复兴大任的时代新人，统计学课程建设亦是如此。

统计学是一门收集、处理、分析、解释数据并从数据中得出结论的科学，揭示的是现象总体内在的数量规律，主要包括收集数据、处理数据、分析数据、解释数据和得到结论五个部分。随着社会经济的发展和计算机技术的进步，统计学的应用越来越广泛。无论是政府部门为了进行有效的管理与指导，还是公司或企业的生产管理以及居民的日常生活等，都离不开统计学。近年来，我国高校经济管理类专业统计学教材在内容和体系上都有了较大改进。然而，现今社会知识更新的速度正逐步加快，与此同时，习近平总书记在 2019 年 3 月提出了“挖掘其他课程和教学方式中蕴含的思想政治教育资源，实现全员全程全方位育人”的要求。党的二十大报告进一步指出，青年强，则国家强。而统计学是一门关于数据的科学，数据中蕴含着大量的辩证唯物主义观点，为统计学与思政教育结合提供了可能，为引导青年学生树立为国奋斗的理想提供了载体，也为我们出版这本融合了思政元素内容的教材提供了历史机遇。我们统计学教师要用自己的学识、阅历、经验去点燃学生对真善美的向往，通过统计分析方法讲好中国故事，使社会主义核心价值观润物无声地滋养青年学生的精神世界，引导学生把人生理想融入中华民族伟大复兴的历史进程。

依据统计学的定义，本书的主要内容分为四大部分。第一部分包含第 1 章，主要学习和了解统计的产生和发展、统计学的定义、统计学的应用以及一些基本定义。第二部分主要介绍了描述性统计分析方法，包含第 2 章、第 3 章和第 4 章，具体内容为统计数据的搜集、数据的整理与展示和数据分布特征的度量。第三部分主要介绍了推断统计分析方法，包含第 5 章至第 11 章，具体内容为抽样分布理论、参数估计、假设检验、分类数据分析、方差分析、相关分析与回归分析、时间序列分析。第四部分包含第 12 章，主要学习和了解指数的相关知识。

要学好统计学并能灵活运用，一方面要掌握基本的统计理论与方法；另一方面要学会将实际问题抽象为统计问题，并能掌握基本的使用统计软件的方法。我们以“围绕经管类专业建设培养统计技能”为目标，以“建设统计学省级一流课程”为依托，组织相关教师编写了本教材。本教材具有以下特点：一是理论体系框架结构合理，内容丰富且完整。按照统计学的定义，教材涵盖了收集、处理、分析和解释数据等内容，并详细介绍了描述统计分析方法和推断统计分析方法；二是采用了与时俱进和生动的案例与例题，这些来源于现实的例题既能提高学生的学习兴趣，又能帮助学生培养将实际问题抽象为统计学问题的能力，提升经管类专业学生的数据素养能力，同时也实现了教学内容和思政教育的有机结合，实现思政教育与专业课程教育同向、同行、协同育人；三是借助于 Excel、SPSS 等软件，将统计数据的分类、汇总和结果用图形展示，并应用于假设检验、方差分析等推断统计方法，提升学生将统计学理论方法应用于实际问题的能力；四是每章结束时讲述了统计学家的故事，通过统计学家的生平和学术贡献，实现知识传授和价值引领的统一，切实提高立德树人成效；五是为贯彻实施国家文化数字化战略，本书还配有大量微课视频，扫码即可观看。

本书可作为高等学校经济管理类以及人文、社会科学等学科的本、专科教材或参考书，也可以作为从事统计工作或统计分析工作人员的参考书。

本书由曾霞、王磊和朱冬辉担任主编。各章执笔人分别为：第 1 章、第 2 章朱冬辉，第 3 章耿智琳，第 4 章肖宪标，第 5 章、第 6 章、第 7 章曾霞，第 8 章、第 9 章王磊，第 10 章李文君，第 11 章赵琼，第 12 章肖宪标。

编　者

2021 年 12 月

目录

第1章 绪 论

育人目标

1. 通过统计学的基本理论与研究方法的学习，更好地利用统计学的基本方法去了解和认识我国经济建设与发展的成就。

2. 党的二十大报告指出：在基本实现现代化的基础上，我们要继续奋斗，到本世纪中叶，把我国建设成为综合国力和国际影响力领先的社会主义现代化强国。综合国力、国际影响力和现代化强国如何体现？可以由哪些指标来反映？通过统计学的学习将能很好地回答这些问题。

案例

你知道统计对我们很重要吗？

统计资料表明：我国人均国内生产总值（GDP）由2000年的7 942元增长到2018年的64 521元，按2018年汇率折算为9 771美元，已达到或超过中等收入国家水平；按2000年不变价格计算，人均GDP年均增长速度为8.99%，略低于GDP增长速度；人均可支配收入由2000年的3 721.3元增长到2018年的28 228元，按2000年不变价格计算，年均增长速度为8.57%，城镇居民可支配收入年均增长7.44%，农村居民可支配收入年均增长7.48%。从恩格尔系数的大小看，2000年到2018年恩格尔系数呈逐年下降之势，其中，城镇居民恩格尔系数由2000年的39.2%降到2018年的27.72%，农村居民恩格尔系数由2000年的49.1%降到30.07%，表明我国居民的生活水平不断提高。根据联合国粮农组织恩格尔系数的划分标准，恩格尔系数在40%～49%为小康，30%～39%为相对富裕，20%～30%以下为富裕，20%以下为极其富裕。这说明，改革开放给我国居民生活水平带来了极大的提高，居民生活水平向相对富裕的阶段迈进。GDP指标是怎样计算出来的？增长速度是一个什么样的指标？恩格尔系数为什么能反映一个国家或地区居民生活水平？

国际上通常把基尼系数40%作为收入分配差距的“警戒线”，基尼系数在40%

以上表示收入差距较大。2000年以来，我国基尼系数长时期都处在“警戒线”以上①，最高时2008年达到了49.1%，2018年只是略为下降，仍为46.8%，收入分配呈现出较大的差距，这表明如何缩小居民之间的收入分配差距仍然是我国政府管理部门和经济学界值得关注的一个重要问题。为什么国际上将基尼系数作为衡量一个国家或地区收入分配差距的一个重要指标？为什么将基尼系数40%设置为收入分配差距的“警戒线”。

2008年美国“次贷危机”发生后，我国经济建设面临复杂而严峻的经济形势。国际局势复杂多变，贸易保护主义抬头，经济下行压力加大，国内经济体制改革进入“深水区”，生产方式面临升级换代期，国内的经济发展水平、发展速度和发展质量处于不同层面，使得不同区域之间或区域内部不同省份的经济建设呈现出较大的发展差异，而且这种差异变化随着经济规模的不断增大变得越来越明显且越来越复杂。这种区域经济发展差异究竟呈现出怎样的特征，在不同区域之间或同一区域不同省份之间又表现为什么样的状态？

上述问题必须依靠统计学的专门知识来加以分析解答，统计对我们很重要。因此，诺贝尔经济学奖得主、著名经济学家萨缪尔森在其经典的教科书——《经济学（第12版）》中特别提到：“在许多与经济学有关的学科中，统计学是特别重要的。”自诺贝尔经济学奖设立以来，三分之二以上的诺贝尔经济学奖获奖者的研究成果与统计有关。

1.1 统计与统计学

统计及其应用

19世纪英国著名的科幻作家赫伯·乔治·威尔斯（Herbert George Wells）曾经说过：“统计思维总有一天会像读与写一样成为一个有效率的公民的必备能力。”统计是什么？与什么打交道？统计学又是关于什么的科学？下面将对这些问题展开讨论。

1.1.1 什么是统计

日常生活中我们经常会遇到这样的问题，或在报纸、杂志上看到这样的报道和描述：

无论你在百货商店购物还是在网上冲浪，总有人在收集与我们购物或上网有关的资料；又比如你可能是大学毕业参加工作没有多少年的白领工作者，准备购置一套房子作为结婚用房，这个时候需要你做一定的市场调查，也就是说你需要了解目前市场上流行什么样式的房子，居住面积多大？房子的价格如何？配套设施及周边环境怎样？你有足够的支付能力吗？等等。这里就涉及搜集统计数据、统计分析判断等相关问题，

① 2015年中国基尼系数为0.462 创12年来最低［EB/OL］.（2016-01-19）. 中国经济网.

有了这些数据就能够为我们提供相应的指导意见。

作为一名潜在的汽车购买者和一名具有良好社会责任的公民，你愿意为保护地球生态环境做出应有的贡献。根据最新的研究结果，消费者的行为对自然资源到底有怎样的影响呢？你应该使用汽油发动机的汽车，还是新能源汽车，或者电动车、自行车呢？

报纸、杂志或互联网上的统计结果会影响你的消费观。

世界银行世界发展指数（WDI）数据显示，2019年美国国内生产总值（GDP）为214 277亿美元，增速为2.3%；而中国GDP为143 429亿美元，增速为6.1%，GDP规模稳居世界第二位，为位居第三位日本的GDP总额的2.82倍。但人均GDP中国仅为美国的16%、日本的26%，与世界平均水平11 436美元/人相比，少了1 174美元。这样的结果意味着我们需要用统计的方法来对所研究的事物、现象进行分析比较。

在认识纷繁复杂的当今世界时，统计学自有其一席之地。对于列入国家食品管理部门食品名单上的食品是否含有转基因；新冠疫苗的接种数量与接种普及程度如何，疫苗（Vero细胞）的预防效果是否有差异；学前教育是否影响孩子们上学后的学习表现；维生素C是否有助于预防疾病等；这些都可以运用统计方法进行分析。总之，不论何时何地，只要有数据，统计就能派上用场。

卡尔文勋爵指出："当你能衡量你所谈论的事并且能用数字把它表示出来时，可以说你对它有一些了解；当你不能衡量它并且不能用数字表示出来时，你对它的了解是肤浅而不能令人满意的；你的了解可能是知识的开端，但很难说你已经进入了科学的阶段。"① 这里所谈论的数字也就是我们日常生活中经常用到的统计数据，同时他也告诉我们，要对客观事物进行科学的了解和认知，需要利用统计数据进行统计分析。当然，在利用统计工具展示数据资料的信息时，是需要掌握一定的数据分析技巧的。

上面提到的问题和现象都与统计有关，那什么是统计呢？我们认为"统计"一词的基本含义应该是：**统计**是人们认识客观世界总体数量特征和数量变化规律活动的统称。统计与数字打交道，是对现象的数量方面进行分析、判断，通过对现象的统计，达到用数量来揭示现象的状况、变化以及规律、未来趋势等目的。

思政元素

《中华人民共和国统计法》明确规定：统计的基本任务是对经济社会发展情况进行统计调查、统计分析，提供统计资料和统计咨询意见，实行统计监督。国家建立集中统一的统计系统，实行统一领导、分级负责的统计管理体制。国务院和地方各级人民政府、各有关部门应当加强对统计工作的组织领导，为统计工作提供必要的保障。

① 萨缪尔森. 经济学［M］. 下册. 高鸿业，译. 北京：商务印书馆，1979，119.

1.1.2 统计学及其分类

统计学是在统计实践的基础上产生而发展起来的方法论科学。英文里的统计学（statistics）是由拉丁文的国家、政府（status）演化而来。有很长一段时间，它被视为是有关于国家经济、人口统计及政治等各种现象所显现出的原始数据及图表。即使在今日，许多的报道及政府公报里也常含有大量令人感兴趣的数据所制成的图表。到目前为止，统计学界对于统计学的定义也是莫衷一是，众说纷纭。不列颠百科全书认为统计学是收集、分析、表述和解释数据的科学；《韦伯斯特国际辞典（第 3 版）》定义统计是一门收集、分析、解释和提供数据的科学；马里奥·特里奥拉（Mario F. Triola）在《初级统计学》一书中指出，统计指的是一组方法，用来设计实验、获得数据，然后在这些数据的基础上组织、概括、演示、分析、解释和得出结论。

从上面的定义中，我们不难发现，统计学的定义基本类似，都是与数据有关的科学。因此，可以对统计学进行如下的定义。**统计学**是收集、处理、分析、解释数据并从数据中得出结论的科学。它应该包括如下几个方面的内容：

（1）收集数据，即如何取得数据。这里涉及采用什么方法得到数据，从哪些渠道取得等内容。

（2）处理数据，即如何整理与展示数据。这里涉及采用什么方法来整理数据，采用什么形式（图、表）来展示数据等内容。

（3）分析数据，就是利用统计方法分析数据。这里将告诉我们根据数据特点采用什么方法分析数据。

（4）数据解释，它是对结果的说明。这里涉及以怎样的语言（统计语言或经济语言）对分析结果进行解释。

（5）得到结论，即从数据分析中得出客观结论。这里将告诉我们如何从统计数据的分析解释中得到客观而准确的结论等，它需要一定的专业知识来支撑且要有敏感的洞察力（知识、经验、判断）。

统计学按照其采用的数据分析方法可分为描述统计和推断统计。描述统计研究数据搜集、处理、汇总、图表描述、概括与分析等统计方法，内容包括搜集数据、整理数据、展示数据和描述性分析等，通过描述统计反映数据的基本特征，找出数据变化的规律。推断统计是研究如何利用样本数据来推断总体特征的统计方法，内容主要有参数估计、假设检验和模型构造与估计等，通过推断统计可以对现象的总体特征作出推断。不论是描述统计还是推断统计都是为了揭示现象总体内在的数量规律，只不过所依赖的分析方法不同而已。描述统计依赖现象的数据资料，通过数据搜集、整理、显示和分析来揭示其总体数量规律性；推断统计是基于分布理论、大数定律和中心极限定理，利用样本信息和概率论对总体数量特征进行估计和检验等来揭示其总体数量规律。因而可以认为描述统计是推断统计的基础，而推断统计是现代统计学的核心和标志。

1.1.3　统计的应用

统计应用非常广泛，可以毫不夸张地说只要有数据的地方就会用到统计。比如，政府部门的管理与指导、公司或企业的生产管理以及居民的日常生活，等等。下面主要谈一谈统计方法在社会经济活动中以及其他学科当中的应用。

统计在社会经济活动中的应用有以下方面：

（1）经济发展战略。政府制定长远的经济发展战略，一方面需要对宏观经济形势进行科学的判断与分析；另一方面需要对政府自身进行合理的发展定位，因地制宜科学发展等。所有这些都需要利用统计方法来进行数据分析。

（2）产品质量管理。产品质量管理部门使用统计方法，通过实验设计、质量控制和质量检验的路径来控制产品质量，避免生产更多的不合格品，从而取得更好的经济效果。

（3）市场研究领域。企业营销部门使用统计方法对市场进行研究，估计偏爱某种产品的顾客比例，以及他们为什么喜欢这种产品，并且进行决策，采取何种战略最有效地扩大销售。

（4）财务分析领域。财务部门一方面使用统计方法在不同的投资组合中进行决策，以相对较低的投资风险获得较高的投资利润；另一方面使用统计方法选择样本进行审计，并在成本会计中找出成本变动的原因。

（5）经济预测领域。企业要对未来的市场状况进行市场调查与分析，经济学家要对宏观经济的未来走势进行分析，都需要利用统计信息、统计方法进行预测与判断。

（6）人力资源管理。企业人力资源管理部门利用统计方法对员工的年龄、性别、受教育程度、工资等进行分析，为制订科学的薪酬计划、合理的奖惩制度提供依据。

……

统计学是收集、处理、分析、解释数据并从数据中得出结论的方法论学科，已被应用于诸多的学科之中，统计方法及其分析结果对我们的影响非常大。比如说，一篇学术论文能否在重要的学术期刊上发表，很大程度上取决于是否正确地使用了统计分析方法。马寅初先生说得好：学者不能离开统计而研究，政治家不能离开统计而施政，事业家不能离开统计而执业。统计学方法应用于其他学科的研究之中，与它们结合形成相互渗透的交叉学科，因而产生一系列专门领域的统计学，诸如，经济统计学、经营管理统计学、社会统计学、医药卫生统计学、生物工程统计学、天体物理统计学、工业统计学、金融统计学，等等。本书内容属于经济统计学。

1.2　统计数据

统计数据是用于描述和解释研究对象所收集、分析和汇总的事实和数字。它既是对现象或事物测量的结果，又是对现象或事物进行分析的基础。比如，对一个国家经济活动总量的测量可得到国内生产总值（GDP）；对商品价格水平变动的测量得到商品价格指数；对产品质量的测量可得到甲等品、乙等品等。下面从不同的角度对统计数据进行分类。

1.2.1 分类数据和数值型数据

按照数据计量尺度的不同，统计数据可分为分类数据和数值型数据。

分类数据是只能归于某一类别的非数字型数据，它是对事物分类的结果，具体表现为类别，一般用文字来表现。分类数据根据其具体表现是否有序可分为无序分类数据和有序分类数据。**无序分类数据**的各类别之间是不可以排序的。比如，人口按性别可分为男性和女性；企业按所有制形式可分为国有企业、集体企业和民营企业等。这些数据的具体取值不存在顺序关系。**有序分类数据**也称为顺序数据，各类别之间可排序。比如，产品按质量等级可分为一等品、二等品、三等品和不合格品；你对某项实施的政策是赞成、反对，还是保持中立等。这些变量取值是存在顺序关系的。实际工作中，为了方便统计处理，有时可用数字代码来表示各分类数据。这可根据个人习惯或约定俗成的规则进行编码。比如，用“0”表示女性，“1”表示男性；“1”代表国有企业，“2”代表集体企业，“3”代表民营企业；等等。

数值型数据是按数字尺度对事物或现象测量的观察值，结果表现为具体的数值，它是对事物或现象进行的精确测度。比如，人的体重为60千克、70千克、75千克等；某教室的面积为78.63平方米；某商场某个季度商品销售额为158.32万元等。

无序分类数据和有序分类数据都是反映事物的品质特征，说明事物的类别，都是用文字来描述，因此也可统称为**定性数据**或**品质数据**。

数值型数据反映的是事物的数量特征，通常用数值来表现，因此也可称为**定量数据**或**数量数据**。

思政元素

2021年中国GDP规模达114.4万亿元（17.7万亿美元），名义增长12.8%，稳居全球第二大经济体；中国、美国占全球GDP比重分别超18%和23%。2021年中国实际GDP增长8.1%，两年平均增长5.1%；同期，美国GDP同比增长5.7%，德国2.8%、英国7.5%、日本1.7%。国际货币基金组织（IMF）预测2021年全球经济实际增速5.9%，中国经济发展处于全球领先地位。

中美经济规模差距正在快速缩小。美国2021年GDP为23.0万亿美元，中国GDP相当于美国的约77.0%。2000—2021年，中美经济规模差距从9.1万亿美元快速缩减至5万亿美元。

中国有望在十年左右跃升为第一大经济体。如果未来几年中国经济保持年均5.5%左右的增长，则将在2030年前后超越美国成为全球第一大经济体，再回世界之巅，全球政经格局和治理版图进入新的篇章。①

1.2.2　观测数据和实验数据

按照取得数据方法的不同，统计数据可分为观测数据和实验数据。

观测数据是通过调查或观测所搜集到的数据，也可称为调查数据。这类数据不涉及研究人员对研究对象或事物行为模式的干预，也就是说是在没有人为控制或操作的条件下得到的，随着观测对象的不同，其形式和内容是多种多样的。一般来讲，反映社会经济现象的统计数据都属于观测数据。

实验数据是指在实验中控制实验对象而得到的数据。这类数据需要对在实验中控制一个或多个变量并测量操纵的结果。比如，我们给一组植物施肥，另一组植物不施肥，那么我们就是在控制植物土壤的成分，可以测量增长率、成活率等变量；再比如，新冠肺炎疫情发生后，各国开展了新冠疫苗的实验而得到疫苗有效率的实验数据。自然科学领域的统计数据多数来自于实验数据。

1.2.3　截面数据、时间序列数据和面板数据

按照数据与时间的关系，统计数据可分为截面数据、时间序列数据和面板数据。

截面数据是在相同或近似相同的同一时间点搜集的数据，这类数据描述的是同一时间上的同一现象在不同空间上的变化情况，因此又称为静态数据。例如，2020年全国各省、直辖市、自治区的地区生产总值就属于截面数据，它反映了2020年国内生产总值（GDP）在我国不同地区的变化。

时间序列数据是不同时间上搜集的数据，这类数据描述的是同一现象在不同时间上的动态变化情况，因此又称为动态数据。例如，2000—2020年我国国内生产总值（GDP）就属于时间序列数据，它反映了国内生产总值从2000年到2020年间的动态变化。

面板数据是同时在时间和截面（空间）上取得的二维数据，它是截面数据和时间序列数据的结合，这类数据反映的是同一现象在不同时间和不同空间的变化情况。例如，2000—2020年我国各省、直辖市、自治区（不含港、澳、台地区）的地区生产总值就属于面板数据，它反映了国内生产总值从2000年到2020年之间在我国各地区的变化情况。从某一年份看，它是由31个地区生产总值数字组成的截面数据；从某一省份看，它是由21年地区生产总值数据组成的时间序列数据。该面板数据由31个省份

① 任泽平．中美经济规模快速缩小，中国有望十年之内成为第一大经济体［EB/OL］．(2022-03-01)．泽平宏观，2022年3月1日，https：//i.ifeng.com/c/8E185Rz20RD.

21 年的数据组成，共有 651 个观测值。

1.3 几个基本概念

统计学中概念很多，其中有几对概念非常重要，几乎贯穿于统计学的始终，因而有必要拿出来单独进行介绍。这些定义包括总体与样本、统计指标与指标体系、变量与变量值等。

1.3.1 总体与样本

1. 总体

在很多情况下，需要有关研究对象的个体的信息以便得出相关结论。比如，经济学家收集有关城镇居民家庭收入数据以了解全国居民家庭收入的变动情况；股票投资者收集上市公司财务状况的数据来分析股票价格指数的变动情况以决定是否投资；社会学家收集有关数据来了解人类行为；植物学家收集有关植物的情况以了解它们的生长状况。这时我们所关注的所有个体就形成了总体。因此可以认为，**总体**是指所研究对象的所有个体（元素）组成的集合。而构成总体的每个个体（元素）称为个体，亦可称为总体单位。在这里，所有居民家庭、所有的上市公司、所有的人口、所有的植物就称为总体，而每个居民家庭、每个上市公司、每个人、每种植物是总体中的每一个元素，称为个体。总体中所包含的个体（元素）数量可称为**总体单位数**，一般用大写的英文字母“N”表示。

总体范围的确定相对来讲比较容易，一般是根据研究目的来确定的。比如，要研究某城市工业企业的生产情况，该城市所有工业企业的集合就是总体，该市每一个工业企业就是个体；要研究某高校在校生的生活费开支情况，该校所有的在校学生就形成总体，每一位在校学生就是个体；某企业要新上线一款新型汽车，其研究目的就是要了解这款新型汽车消费群体的状况，则购买这款新型汽车的潜在消费者就构成了我们的研究总体，每一位潜在消费者就是个体。

总体根据其总体单位数是否可数可分为**有限总体**和**无限总体**。有限总体是指总体中包含的总体单位数是可数的；无限总体是指总体中所包含的总体单位是不可数的。一般来讲，对社会经济领域开展研究，其总体多数属于有限总体，而对自然现象开展的研究就属于无限总体。比如，由工业企业、在校学生、潜在消费者构成的总体就是有限总体；而由于人类现有的认知能力有限，无法确定宇宙中行星的数量，因而对宇宙空间中行星的研究就属于无限总体。

2. 样本

总体是我们关注的所有个体组成的全体。对构成总体的所有个体都进行观察，通常是不现实的，也是不可能的。为此，我们只能根据研究对象的特点以及研究的要求，观察总体中一小部分个体的集合，以达到对研究现象总体的认识。这一小部分个体的集合，就是人们常说的样本。**样本**就是从总体抽取的一部分个体（元素）的集合，构成样本的个体（元素）的数量称为**样本（容）量**，通常用小写的英文字母“n”表示。通过对样本中各元素的数据信息来推断总体特征。比如，从某高校在校学生中随机抽取100名学生，这100名学生就构成了一个样本，根据这100名学生的月均生活费支出来推断该校所有在校学生的月均生活支出。

在这里要提请大家注意的是，样本量与样本的可能数目是两个不同的定义。样本量是指样本中包含个体（元素）的数量，而样本的可能数目是指从总体中随机抽取一定量的样本可能形成多少个样本，这与抽样的方式方法有非常密切的关系。比如，从 $N=4$ 的总体中，随机抽取容量 $n=2$ 的样本，可能形成多少个样本呢？大家可思考一下！

1.3.2　统计指标与统计指标体系

1. 统计指标

对于总体和样本，我们所关心的只是它们的数据特征，而不是组成总体的个体（元素）本身。比如，要检验一批灯泡的质量，我们所关注的并非灯泡的数量多少，而是相关灯泡质量的数据，即通过一系列数据来假设、评价、度量灯泡的质量。这里的数据特征就是通常意义上的统计指标。因此，统计指标可定义为用来反映总体或样本特征的定义和数值，它是研究人员想要了解的某一特征值。比如，2021年我国国内生产总值（GDP）为1 133 239.8亿元，人均GDP为80 976元，这些指标从某一侧面概括性地反映了我国国民经济发展的数量特征。由此可见，**统计指标**是由指标的定义（名称）和指标取值两项基本要素组成的。指标的定义是对所研究总体或样本数量特征的概括，也是对总体或样本的质的规定性；指标的取值反映所研究总体或样本在不同时间、地点、条件下的规模和水平。总之，统计指标是对所研究对象的具体化，也是统计对客观事物认识的起点。其实，总体或样本数量特征的概念也可以用参数或统计量来反映，关于参数与统计量的内容参见第5章抽样分布理论。

统计指标按照其表现形式与内容可分为总量指标、相对指标和平均指标。

总量指标表明所研究现象（总体或样本）总规模、总水平的指标，一般用绝对数形式表示，因此又称为绝对数指标，如人口总数、企业总数、职工总人数、工资总额、国内生产总值、商品销售额、商品进出口总额等，这些指标反映现象或过程的总规模和总水平。

相对指标表明现象（总体或样本）内部的数量对比关系或普遍程度的指标，一般用相对数形式表示，因此又称为相对数指标，如人口出生率、人口自然增长率、职工劳动生产率、人口密度、资产贡献率、万元GDP耗电量、普通高等院校生师比等，这类指标概括性地反映现象内部的数量对比关系或普遍程度。

平均指标表明现象（总体或样本）内部各个个体单位某一特征值一般水平的指标，一般用平均数形式表示，因此又称为平均数指标，如平均身高、平均体重、职工的平均工资、学生的平均成绩、灯泡的平均使用时间等。这类指标是根据所研究现象内部个体单位某一特征值计算得来的，其计算较为复杂，具体请见本书第 4 章数据分布特征的度量。

统计指标按照其反映的数量特点（性质）可分数量指标和质量指标。

数量指标表明所研究现象（总体或样本）总规模、总水平的指标，习惯上将总量指标归入数量指标的范畴。

质量指标是表明所研究现象（总体或样本）相对水平和工作质量的指标，习惯上将相对指标和平均指标归入质量指标的范畴。

思政元素

数据显示，2021 年，我国国内生产总值达 1 143 670 亿元，比上年增长 8.1%，超额完成了“国内生产总值增长 6% 以上”的目标。此外，2021 年，我国粮食总产量为 6 828.5 亿千克，比上年增加 133.5 亿千克，增长 2%，粮食总产量连续 7 年保持在 0.65 万亿千克以上，超额完成目标。

数据还显示，2021 年全国居民消费价格指数（CPI）同比上涨 0.9%，这一终值远低于《政府工作报告》设定的“居民消费价格涨幅 3%”① 左右的目标。在当前全球通胀压力严峻的大背景下，超额完成物价调控目标实属不易。

2. 统计指标体系

一个统计指标只能反映现象的某个数量特征，说明现象某一侧面的情况。客观现象是复杂多样的，要反映其全貌，描述其发展变化的全过程，单纯依靠某单个统计指标显然是不够的，需要一系列统计指标来反映，而这一系列统计指标便形成了指标体系。**统计指标体系**是由一系列相互联系的统计指标所组成的有机整体，用以反映所研究现象各方面相互依存、相互制约的关系。例如，经济发展与经济实力的统计指标体系、居民生活与健康水平的统计指标体系、技术进步与科技创新的统计指标系等。统计指标体系的设置不仅是对客观现象的反映，更是人们对客观现象认识的结果，随着客观形势的发展变化以及实践经验和理论认识的积累，统计指标体系也将不断改进、更新而逐步完善。

1.3.3 变量与变量值

为了更好地对我们感兴趣的对象进行研究，还需要了解的另一个重要定义是变量。**变量**是说明现象某种特征、特质或属性的概念，如人的性别、寿命、体重、受教育程度，商品销售额、产品质量等级等都是变量。变量的具体取值叫**变量值**。比如，人的性别可以取男性和女性两个值，人的体重可以是 60 千克、65 千克、70 千克等，这里

① 2022 年 3 月 5 日第十三届全国人民代表大会第五次会议上李克强总理所作《政府工作报告》。

的男性、女性、具体数字就是变量值。通常，在进行数据分析时，需要确定变量及其取值变化，因此，我们可对变量进行如下分类。

变量按照其取值的变化不同可分为分类变量和数值型变量。

分类变量是说明事物类别的名称，其取值为分类数据，可分为无序分类变量和有序分类变量。**无序分类变量**取值的各类别间是不可排序的。比如，“性别”就是一个无序分类变量，其变量取值为“男”或“女”；“产业”也是一个无序分类变量，其变量取值为“第一产业”“第二产业”“第三产业”等。这些变量取值不存在顺序关系。**有序分类变量**也称顺序变量，其取值的各类别之间可以排序。比如，“产品质量等级”就是一个有序分类变量，其取值为“甲等品”“乙等品”“丙等品”等；“你对某项实施的政策的态度”也是一个有序分类变量，其取值可以是“赞成”“中立”“反对”等，这些变量取值是可以排列顺序的。还有诸如“受教育程度”“居民生活的贫困或富裕程度”“发达国家与发展中国家的划分”等都属于有序分类变量，不胜枚举。

数值型变量是说明事物数量特征的名称，其取值为数值型数据，如“产品产量”“国内生产总值”“商品进出口额”“身高”“体重”等都属于数值型变量。数值型变量根据其取值是否连续，又可以划分为离散型变量和连续型变量。离散型变量是变量的值只能通过计数的方法取得，它是不连续的，只能取有限个值，且只能用整数来表示，能够一一列举，如“企业个数”“职工人数”“在校学生人数”等就属于离散型变量。连续型变量是在数轴上一个或多个区间中取任何值的变量，它的取值是连续不断的，可以用整数或小数来表示，无法一一列举，如“年龄”“身高”“零件的尺寸”“温度”“轮胎的里程”“灯泡的使用寿命”等就属于连续型变量。

变量按照其变化是否确定可分为确定型变量和非确定型变量。

确定型变量是受确定性因素影响的变量，即影响变量值变化的因素是明确的，是可解释和控制的。**非确定型变量**是受不确定因素（随机因素）影响的变量，变量的取值是无法确定的，影响因素是不明的，也不好控制，又称为随机变量。社会经济领域内的现象既有确定性变量也有随机变量。

上面所讨论的变量都与我们所熟悉的日常生活有关，我们把这种变量称为经验变量。**经验变量**描述的是我们周围可观测到的物质世界中的事物。除了经验变量，我们还使用由统计学、数学方法构造出来的变量，这类变量可称为**理论变量**。比如，我们在以后的章节中将要介绍的 Z 变量、t 变量、χ^2 变量和 F 变量等。

本章小结

统计与数字打交道，统计是人们认识客观世界总体数量特征和数量变化规律活动的统称。统计学是收集、处理、分析、解释数据并从数据中得出结论的科学。其内容包括：收集数据、处理数据、分析数据、解释数据、得到结论。描述统计是推断统计的基础，推断统计是现代统计学的核心和标志。统计应用非常广泛，只要有数据的地方就会用到统计。统计可在社会经济活动中应用，也可在其他学科中应用。本书内容属于经济统计学。

统计数据是用于描述和解释研究对象所收集、分析和汇总的事实和数字。它既是对现象或事物测量的结果，又是对现象或事物进行分析的基础。按照不同的分类规则，统计数据可以分为分类数据和数值型数据，观测数据和实验数据，截面数据、时间序列数据和面板数据。

总体是指所研究对象的所有个体（元素）组成的集合，而构成总体的每个个体（元素）称为个体，亦称为总体单位。总体中所包含的个体（元素）的数量称为总体单位数，一般用大写的英文字母“N”表示。总体有有限总体与无限总体之分。样本是从总体抽取的一部分个体（元素）的集合，构成样本的个体（元素）的数量称为样本（容）量，通常用小写的英文字母“n”表示。统计指标是用来反映总体或样本特征的定义和数值，它是研究人员想要了解的某一特征值。

统计指标按照其表现形式与内容可分为总量指标、相对指标和平均指标。统计指标按照其反映的数量特点（性质）可分数量指标和质量指标。统计指标体系是由一系列相互联系的统计指标所组成的有机整体，用以反映所研究现象各方面相互依存、相互制约的关系。

变量是说明现象某种特征、特质或属性的概念。变量值是指变量的具体取值。变量按照其取值的变化不同可分为分类变量和数值型变量。变量按照其变化是否确定可分为确定型变量和非确定型变量。

思政园地

统计需要实事求是——人口统计学家戴世光

戴世光（1908—1999 年），湖北江夏人，1931 年毕业于清华大学经济系，1936 年获美国密歇根大学数理统计硕士；曾任西南联合大学、清华大学、中国人民大学教授；人口学家，更是我国 20 世纪杰出的统计学家。

30 多年前笔者机缘巧合之下，有幸聆听了戴世光教授一场学术讲座，时间大约是 1987 年，地点在中南财经大学供研究生上课的小教室，条件相当简陋，既没有麦克风，也没有现在的 PPT，全凭口头表述。戴教授虽然是年近 80 的耄耋老人，但自始至终精神矍铄，声音洪亮，激情澎湃，并不时借助于粉笔将主要观点或关键词写在黑板上，其演讲的画面犹在眼前。讲座主要讲了三个问题：一是 1978 年冬峨眉山会议以来我国统计学界的发展变化，二是统计学与数理统计学的相关学术观点，三是统计学需要实事求是。尤其是第三个问题，令人印象深刻，因为讲的时间比较长，对“实事求是”这一定义作了较为全面而科学的解释。“实事”就是要从实际出发，反映客观事物的基本状况；“求”就是寻找、追求、探寻；“是”就是事物的客观规律、内在的数量特征。实事求是是统计学的精髓，统计学就要实事求是。戴教授最后指出统计数据要实事求是，统计分析方法要实事求是，统计分析结论要实事求是，统计工作人员更要实事求是。这不正是现代统计学所强调的研究内容与要求吗？之后笔者又陆续拜读了戴教授的相关著作，其中两篇文章《积极发展科学的统计学为我国早日实现四个现代化服务》和《实事求是是研究统计科学问题的指导思想》，其中的内容与观点更是引发了我国20世纪80年代统计学界长达十多年的学术大讨论。

戴教授，1940—1992年50余年一直从事教学科研工作，实事求是，勤于耕耘，成果丰硕，为统计学界及其从业人员实事求是地从事开展统计教学、科研、统计实务工作树立了很好的示范作用。

▶ **讨论：**

1. 从以上示例中，你学到了什么？

2. 统计学是在统计实践的基础上产生发展起来的方法论科学，其中最为关键与重要的问题是什么？

思考与练习

一、思考题

1.1 什么是统计学？

1.2 解释描述统计和推断统计，并描述两者之间的关系。

1.3 举出你所知道的2个或3个统计应用的例子。

1.4 统计数据可分为哪几类？其分类的标准是什么？

1.5 解释截面数据、时间序列数据、面板数据的含义，并各举一例。

1.6 解释总体、个体和样本的含义，并描述它们之间的关系。

1.7 统计指标按计量形式与内容可分为哪几种？

1.8 如何理解统计指标体系，并举例说明。

1.9 什么是变量？如何理解理论变量与经验变量，并举例说明。

二、练习题

1.1 指出下面变量的类型。

(1) 性别。

（2）年龄。

（3）手机销售量。

（4）为了防止新冠肺炎疫情的传播，小区物业管理部门决定对进入小区的人员进行登记，居民对这项措施的态度是（赞成、中立、反对）。

（5）购买商品时的支付方式（现金、信用卡、支付宝或微信）。

1.2　2020 年 3 月 15 日，某电视台公布了来自不同制造商的 120 款大屏幕电视机的检测报告，据此谈谈总体、样本和个体分别是什么。

1.3　假定 120 款大屏幕电视机的检测报告中，公布了每款电视机的制造商、生产成本、屏幕尺寸、类型（液晶、等离子、背投），以及综合得分（0～100 分）。请问：这里涉及几个变量？哪些是分类变量，哪些是顺序变量，哪些是数值型变量？

1.4　某高校学生会从该校在校学生中随机抽取 200 名学生进行调查，其中，60% 的学生回答他们月生活费支出在 1 500 元以上，80% 的学生回答他们的消费支付方式是校园卡。请回答以下问题：

（1）这一研究的总体是什么，样本是什么？

（2）月生活费支出是分类变量、顺序变量还是数值型变量？

（3）消费支付方式是分类变量、顺序变量还是数值型变量？

（4）这一调查涉及的是截面数据、时间序列数据，还是面板数据？

1.5　《金融时报》进行了一次民意测验，共有 2 560 名成年人进行参加了这次调查。其中一个问题是：您如何评价银行的服务态度？可能的答案是：优秀、良好、中等、较差和非常差。请回答下面的问题：

（1）这项调查的样本容量是多大？

（2）数据是分类型数据、顺序型数据还是数值型数据？

（3）对这一问题，用绝对数还是相对数汇总数据，哪个更合适？

（4）答案中有 10% 的人说银行服务态度优秀，有多少人给出了这种答案。

1.6　一项调查表明，消费者每月网上购物的平均支出为 2 500 元，他们选择网上购物的主要原因是“价格便宜且方便”。回答下列问题：

（1）这一研究的总体是什么？

（2）消费者网上购物的主要原因是“价格便宜且方便”，它属于分类变量、顺序变量还是数值型变量？

（3）“消费者每月网上购物的平均支出为 2 500 元”是经验变量还是理论变量？

（4）研究者使用的是描述统计还是推断统计？

单选题　　判断题

第 2 章 统计数据的搜集

育人目标

1. 党的二十大报告指出：过去十年国内生产总值从 54 万亿元增长到 114 万亿元，我国经济总量占世界经济的比重达 18.5%，提高 7.2 个百分点，稳居世界第二位；人均国内生产总值从 39 800 元增加到 81 000 元。这些统计数据从哪里得来？是如何搜集的？它采用了哪些统计调查方法？

2. 科学组织统计调查和控制调查误差，有利于实事求是地认识客观世界。

案例

数据究竟美在哪？

数据在很多人眼里可能并不算啥，但对于我们统计人而言，她就犹如自己生养的孩子，怎么看怎么亲、怎么瞧怎么美！那么，数据究竟美在哪？

首先，数据之美，美在她有“数”。虽然如今广义的数据是指一切被记录的事实，但她的第一特征依然是数字。哪怕是非结构化数据，最终处理分析的结果还是要尽量将其表示为数字。基于十个阿拉伯数字和十进位制数学体系所产生的每一串数字，都如同跳跃的音符，既千变万化又万变不离其宗，奥妙无穷。所以，人类社会除了有文字，还有数字，并且它无须翻译全球通用。尽管我们所处的这个世界极其复杂，但几乎所有的事物和现象，都可以用数字来标示。这种标示的结果，即数字与现实的结合，就成为了数据。无论是单个数据还是一组数据或是整张表、整幅图的数据，都蕴含着事物基于数字的规律和生命，都显示着数字附于事物的活力与灵性。

其次，数据之美，美在她有“据”。数据，乃有根据之数。凡为数据者必须真实，这是由其自身的本质属性决定的。也因有了这样的数，才使我们遇到问题时有据可查、有迹可追、有源可溯。尽管数据首先表现为数字，但数字并不是天然就成为数据，因为数据来自现实，而数字可以抽象。一字之差，天壤之别。而虚构的数字根本就不是数据，它只是没有内容的符号而已。为了客观反映事物的数量特征，从统计调查到统计整理再到统计分析，每一个数据都获之不易，来不得半点虚假。正因为她是真实的，所以数据之美，其实就是她所要反映的事物之美。事物之美，天造地设，容不得玷污与扭曲，我们的任务就是用数据把它表现出来以供人们欣赏与认识。大千世界，没有什么比“真实”更美的东西了！如果说数字之美在于数理，那么数据之美就在于真实。因此，怎样把事物之美尽量客观地用数据表现出来，就成为我们统计人终身为之奋斗的目标。

第三，数据之美，美在她有“道”。人类需要数据，因为数据是一种特殊的语言，尽管她自身不会说话，但却以统计指标、统计表和统计图的方式记载历史、刻画当今、预示未来。每一个数据都有来处，每一个数据都有称谓，每一个数据都有意义。如实反映事物的本质特征，是数据的天然使命，也是她的生存之道。老子曰：“道可道，非常道”。统计学就是要用有内涵、有意义、有称谓的数据去说清楚、道明白我们所关注事物的内在本质及其变化规律，以达到通常所说的定量与定性相统一。当然，要做到这一点极其困难，因为事物的发展变化充满着不确定性，而且人类对自然和社会的认识还十分有限，尽管我们力求数据准确，但她所表明的“道”依然不一定就是事物的恒常之道。然而，不断精准、不断积累的数据，会不断逼近事物的真相。因此，统计学的任务就是不断发展和完善数据收集、整理和分析的方法，以让数据更加接近事物的真相，拥有数据，就意味着拥有了认识事物的密码，也就意味着拥有了最宝贵的要素资源。

数据在哪里，道理就在哪里。“请把数据摆到桌面上来”，是著名统计学家皮尔逊在与他人就“父母酗酒是否会影响子女健康”这一问题争辩时反复强调的一句话。大数据时代，我们可以选用的数据大为增加，但类型也更为复杂，不确定性也有新的变化，我们要主动求变、积极应对，珍惜和利用一切可用的数据，让她发挥更大的作用、展现更美的风姿！

（摘自：李金昌：《中国统计》2021 年第 4 期卷首语；有删节。）

我们要发现数据之美，就有必要弄清楚数据从哪里来，为什么可以相信这些数据，或者说不应该相信这些数据。好的数据是人类智慧劳动的成果，坏的数据则源于懒惰或者不求甚解的行为，只能误导他人。当有人向你抛来一个数字时，你应该问的第一个问题就是：它来自何处？第二个问题则是：它是怎样得来的？因此，本章将对数据的来源、取得方法及对数据误差的评估等内容展开研究，以便更好地展示、发现、分析、评价数据之美，从而利用数据之美去挖掘更多的美好事物。

当今时代是一个用数字说话的社会，人们会接触越来越多的统计数据和资料。比如，各种经济数据、证券市场股票价格的变动、债券信息、投资银行可行性分析报告、企业或公司的财务报表等；还有各种市场营销人员、广告推销员、保险代理商等用他们掌握的相关数据信息来向客户、消费者和被保险人推销相应产品。面对这些良莠不齐、真假难辨的数据或资料，我们该进行怎样的鉴别呢？又譬如，某人购买房屋是现房划算还是期房划算，等等。要回答这些问题，就需要搜集相关的数据或资料信息，进行比较分析。也就是说，当研究的问题确定之后，我们就需要考虑为进行研究怎样搜集数据。这里应当包括：从哪里获得数据、怎样获取数据、数据的时间限制，以及怎样对数据误差进行估计等问题。下面将针对这些问题一一开展讨论。

2.1　数据的来源

数据的来源

数据可以从现有的来源中搜集，或通过调查，亦可通过为了得到新数据而设计的实验性研究获得。通常将现有来源中得到的数据称为间接来源的数据，又称二手数据；通过调查、实验得到的数据称为直接来源的数据，又称一手数据。

2.1.1　数据的间接来源

在有些情况下，为某一特定应用所需要的数据已经存在，研究人员只是对这类数据进行必要的加工整理，便成为统计研究所需要的数据，则称为间接来源的数据，简称**间接数据**。从搜集数据的范围来看，这些数据可以来源于系统内部，也可以来源于系统外部。来自于系统内部的数据，包括经济活动产生的业务资料，如与经济经营活动有关的各种原始记录、单据和统计台账；还包括经营活动中产生的各种统计报表、财务报表、会计报表以及会计核算与分析资料等。来自于系统外部的数据主要有：统计部门和各级政府部门公布的有关资料，如定期公布的统计公报、部门或系统年度发展报告、定期出版的统计年鉴；各类经济信息中心、信息咨询公司、专业的调查机构、各行业协会和联合委员会提供的市场信息和行业发展的资料；各类专业期刊、报纸、图书所提供的文献资料；各种会议，如每年人大、政协召开的会议，国务院及各部委召开的会议，专业性、学术性会议上交流的有关资料；图书馆查阅到的相关资料；从互联网站下载的办公文档、文本、图片、XML、HTML、各类报表、图像和音频、视频信息等；各类数据库，譬如国家统计局数据库、中国统计数据库、中经网统计数据库、EPS 数据平台、万得数据库和行业数据库等数据。

相对来讲，间接数据具有搜集成本低、采集容易、时效快的优点；而且作用非常广泛，间接数据除了可以满足分析研究的需要之外，它还可以提供研究问题的背景，检验、回答某些假设与疑问，更好地为研究者定义问题，寻找解决问题的思路和途径。因此，对于研究者而言，间接数据是研究人员首先考虑并使用的。

但间接数据也存在一定的局限性，研究人员在使用该类数据时应保持相对谨慎的态度。因为间接数据并非为特定研究内容而产生的，它相对于特定的研究问题可能存在资料的针对性、相关性不强，统计口径有差异等问题。因此，在利用间接数据进行统计分析时，有必要对间接数据进行评估。

间接数据的评估一般可从“5W”和“1H”等方面来考虑：数据是谁（Who）搜

集的、具体内容是什么（What）、什么时间（When）采集、从哪里（Where）得到、为什么（Why）得到，以及怎样（How）得到等。将“5W”和“1H”的评估说清楚，数据有了背景，也就有了价值，其中谁（Who）搜集这些数据、数据反映的具体内容是什么（What）是最基本的，如果不能说清楚这两个问题，便没有所谓的数据，即使有了这样的数据也没有任何价值。当然，我们在利用间接数据进行分析与研究时，为了尊重他人的劳动成果和知识产权，应清晰标注数据的来源。

2.1.2　数据的直接来源

虽然间接数据具有搜集成本低、采集容易、时效快、应用范围广等优点，但有时特殊的数据并非总能从现有的来源中获得，因为间接数据的针对性、适合性与所研究的问题存在差距，这时就需要通过调查或实验的方法直接获得一手数据，便成为直接来源的数据，简称**直接数据**。通常我们把调查方法获得的数据称为调查数据，而通过实验的方法获得的数据称为实验数据。

调查是直接数据来源中最常用的方法，主要针对社会经济现象。例如，在征求顾客对产品意见的调查中，企业利用调查以期获得顾客对产品的质量、款式、价格等方面的数据，进而改进产品生产，提高产品质量；饭店利用调查研究来获取顾客对食品、服务和就餐环境等方面的数据。关于调查方法将在本章 2.2 节中详细介绍。

实验是获得直接数据的另一种重要的方法，主要针对自然现象。例如，植物学家通过实验了解水分、温度对植物生长的影响；制药企业可能会进行实验，以获得一种新药对某类患者的医疗效果等。实验作为搜集数据的一种重要方法也被广泛应用于社会科学的研究当中，如心理学家、社会学家、教育学家等通过实验获取所需要的数据并进行研究。关于实验的具体操作方法及内容本章 2.4 节中有具体介绍。

思政元素

2022 年 1 月 14 日，国家统计局在京举行统计历史资料捐赠活动。宁吉喆指出，统计历史资料是统计工作成果的重要载体，展现了经济社会各领域在不同历史时期的发展状况，见证了党领导人民推进中华民族伟大复兴的历史进程，凝结着一代代统计工作者的智慧和心血，具有为国存史的重要文献价值、资政辅政的重要时代价值以及教育激励当代统计工作者继承传统、开拓前行的重要文化价值。举行统计历史资料捐赠活动，深度发掘历史档案资料价值，对于了解党领导下的统计事业发展历程、传承弘扬老一辈统计工作者的光荣传统，具有重要意义。[①]

① 国家统计局．国家统计局举行统计历史资料捐赠活动［EB/OL］．（2022－04－14）．http：//www.stats.gov.cn/tjgz/tjdt/202201/t20220114_1826359.html.

2.2　统计调查

统计调查就是根据统计研究的目的与要求，利用一定的调查方法与手段，有计划、有组织地搜集反映客观现实的统计数据的过程。利用统计调查获取所研究问题的第一手数据，首先要明确研究的问题，然后确定总体及总体中的个体单位或元素，最后选择一些个体单位或元素作为样本进行调查。统计调查按照是否包含总体中的所有个体或元素可分为全面调查和非全面调查两种。全面调查是对总体中的所有个体单位或元素所开展的调查，主要表现为普查；非全面调查是只对总体中部分个体或元素开展的调查，主要表现为抽样调查，它可分为概率抽样与非概率抽样。下面主要就普查、概率抽样与非概率抽样等内容展开讨论。

2.2.1　普查

对总体中的所有个体单位或元素进行的一次性调查称为**普查**，它通常针对的是社会经济现象，且为有限总体，比如人口普查、基本单位普查、经济普查、农业普查、工业普查、三产普查等。普查数据具有信息全面、完整的特点，利用普查数据对问题进行全面分析和深入挖掘是统计分析的重要内容。普查是试图将总体中所有个体纳入样本的“抽样调查”，涉及面广，耗费的时间较长，需要投入大量的人力、物力和财力，在实际中并不经常采用，而是每隔一定的时间才进行一次。例如，我国的人口普查、农业普查是每十年进行一次，分别在逢 0 和 6 的年份实施，经济普查每五年开展一次，分别在逢 3 和 8 的年份实施；美国的人口普查自 1970 年之后也是每十年才进行一次。

事实上，考虑到数据的时效性和经济性，统计学家获取调查数据时经常面临的是样本数据，即如何从总体中抽取一个有效样本，通过对样本数据的分析来达到对总体特征的认识，就成为统计学家需要考虑的另一个重要问题，也就是通过概率抽样与非概率抽样来取得数据。

思政元素

《中华人民共和国统计法》第十六条规定：搜集、整理统计资料，应当以周期性普查为基础，以经常性抽样调查为主体，综合运用全面调查、重点调查等方法，并充分利用行政记录等资料。重大国情国力普查由国务院统一领导，国务院和地方人民政府组织统计机构和有关部门共同实施。

2.2.2 概率抽样与非概率抽样

获取调查数据时，统计研究者所面临的一个关键问题是如何选择样本。我们希望基于样本得出的结论是能够适用于该样本所属的总体，显然，这依赖于获得一个“好”的样本，否则这是不可能实现的。例如，某新型汽车上市销售之前的市场调查表明，有30%的潜在消费者喜欢该款汽车，如果样本选择正确，这个比例将和整个市场中潜在消费者的比例大致相当。类似地，某教育管理部门在对大学毕业生就业状况的调查中，分析研究毕业生的某个样本时，不是要看这个抽查到的毕业生是否能顺利就业，而是要看所有大学毕业生组成的总体能否顺利就业，即选择的这个样本应该能够很好地反映总体，只有这样才能很好地反映大学毕业生的就业状况。如果不能正确选择样本，那么对于总体特征的判断就可能导致错误的结论。如果市场调查专家只选择他们熟悉的人或朋友、亲人开展调查，那么就可能产生坏样本；高校管理部门只选择已经就业的毕业生进行调查，而忽略没有就业、辍学的学生，那么此样本也必将产生错误的结论。由此看来一个“好”的样本相对来讲应该具有两个方面的属性：一个是该样本的数量特征能够很好地反映所属总体的数量特征；另一个是根据该样本数据分析推断而得到的结论具有较高的可信度。要解决好样本的选择问题，就有必要对概率抽样与非概率抽样的相关问题进行探讨。

1. 概率抽样

概率抽样是指按照随机原则从总体中抽取若干单位组成样本，然后根据样本数据去推断所属总体相应特征的调查过程，也称为随机抽样。概率抽样有重复抽样和不重复抽样两种方法。所谓重复抽样是指从调查对象总体中随机抽取某一单位，调查后又放回到原来的总体中，该单位有重复抽取的可能，因此又称为有放回抽样；而不重复抽样是指从调查对象总体中随机抽取某一单位，调查后不再放回到原来的总体中，该单位没有被重复抽取的可能，因此又称为无放回抽样。本书所讨论的概率抽样均是以重复抽样为基础。一般而言，概率抽样具有以下几个特征：

第一，按随机原则抽样本单位，且抽样概率已知，或者说可以计算出来。所谓随机原则是指抽取样本单位时排除了人为的主观因素的影响，保证总体中每个个体单位都有一定的机会被抽中。比如，从装有500支新冠疫苗的包装盒中随机抽取10支疫苗进行临床试验，以了解疫苗的临床预防效果，如果采用重复随机抽样的方法，每支疫苗被抽取的概率为0.02，重复抽取10次，便得到了样本容量为10的样本。这个样本是按随机原则抽取的，样本单位的抽取概率是可以计算出来。这里需要说明的是随机并非随便，随机有严格的科学含义，可用概率来描述，而随便带有人为的或主观的因素，它不是一个科学的概念，随机与随便的本质区别在于，是否按照一定的抽样概率，并通过相应的随机化程序抽取样本单位。

第二，根据样本单位的数量特征来推断总体相应的数量特征。根据概率抽样的原理，样本数据与相对应的总体数据之间存在着内在联系，两者的数据分布有规律可循，因而提供了根据样本单位的数量特征去推断总体相应数量特征的科学方法。常见的有：根据样本均值推断总体均值，根据样本比例推断总体比例，根据样本方差去推断总体方差等。

第三，抽样误差可以计算并进行控制。以样本单位的数量特征去推断总体数量特征，不可避免地会产生误差，但这种误差根据有关资料可以计算出来，并通过一定的途径控制其范围，以保证推断结果达到我们预期的可信度。

至于如何进行推断，怎样计算并控制误差详见本书第 6 章参数估计。

统计调查实践中概率抽样主要有以下几种方式。

（1）简单随机抽样。**简单随机抽样**又称为纯随机抽样，是按随机原则直接从总体 N 个单位的抽样框中抽取 n 个单位作为样本。这里的抽样框通常指包含总体中全部个体单位的名录，进行简单随机抽样需要编制抽样框。比如，我们要从某高校注册在校的学生中抽取部分学生进行调查，该校所有注册在校的学生就构成了一个名录抽样框。抽样框不仅提供了备选单位的名单以供抽取，它还是计算各个体单位入样概率的依据。抽样框在实际工作中一般表现为名录抽样框、时间抽样框和地域抽样框三种形式。简单随机抽样，根据抽样框中名录的多少、分布状况等因素，其具体实施方法有直接抽取法、抽签法和查随机数字表法等。

简单随机抽样对总体不加任何限制，也未经任何形式的分组，从总体中直接抽取，是最简单、最符合随机原则的随机抽样，是其他抽样方式的基础。但这种抽样方式在实际工作中存在着一定的局限：其一，由于是直接随机抽取，有可能出现极端情况，造成抽取的样本代表性不高，出现有偏的样本；其二，当抽样框中包含的单位数很大，且又相当分散时，给抽样调查增加了困难，也就是说在较大规模的调查中，很少直接采用简单随机抽样，而是采用其他的抽样方式加以替代。

（2）分层抽样。**分层抽样**是先将总体划分为具有某一共同特征的层（组），然后运用简单随机抽样方式从各层（组）中分别抽取样本单位，最后得到整个样本，它也可称为分组抽样、类型抽样。

为什么要进行分层抽样呢？举个例子就清楚了。在一所规模较大的高校中，我们想了解学生日常生活费的开支情况，假定这所高校男生占 40%、女生占 60%，由于男女生日常生活费的开支是有差异的，如果我们采用简单随机抽样抽取 100 名学生进行调查，有可能出现这样的样本：30 名男生、70 名女生，或者 35 名男生、65 名女生，这样一来，我们依据不同的样本对该校学生日常生活开支的估计就会存在较大的差异。为了减少样本变异，我们可将该校学生按性别分组，然后分别从男生和女生中抽取 40 名、60 名，经过这样的处理，样本对总体的代表性可能更好。这个例子告诉我们，采用分层抽样可提高样本的代表性，降低样本间的变异程度，从而提高估计的精确性和可靠性；同时，分层抽样也能帮助我们分析各层之间的差异。

（3）系统抽样。**系统抽样**是将总体中的所有个体单位按照某种标志排列，然后按相等的间隔抽取样本单位。假设总体由 N 个单位组成，按某种顺序排列并编上 1 到 N 的号码，要在其中抽取容量 n 的样本，先在 1 到 k 的数字中抽取一个数字为 r 的号码作为初始单位，然后依次抽取 $r+k$，$r+2k$，…，$r+(n-1)k$，如此便抽到了样本容量为 n 的样本。这里的 k 为抽样距离或抽样间隔，抽样距离为 $N/n \approx k$，k 为最接近 N/n 的一个整数。系统抽样被抽取的单位与单位之间距离相等，只要抽取了第一个单位，后面的单位随着相等的间隔机械地确定下来，因此，这种抽样又称为等距抽样或机械抽样。

系统抽样实施起来比较简单，所研究总体只要确定了排列的标志，按照相等的抽样距离就能抽到相应的样本单位。这里排列的标志根据其是否与所研究的内容有关，可分为有关标志与无关标志。例如，我们将某高校在校学生根据其家庭人均收入水平的高低排列，以研究在校学生的月生活费开支情况，这里“家庭人均收入水平”与学生生活费开支之间有一定的关系，就称为有关标志；而如果将学生按注册的学号排列，“学生学号”与学生生活费开支之间没有关系，就称为无关标志。从这个角度而言，我们可以将有关标志排列进行的系统抽样看成是一种特殊的分层抽样，而将无关标志排列进行的系统抽样看成是一种特殊的简单随机抽样。究竟是采用有关标志还是无关标志排列，依研究者的习惯或研究对象的特点来确定。

（4）整群抽样。**整群抽样**是指将总体单位划分为若干群（组），以群（组）为抽样对象，随机抽取其中的部分群（组），然后对中选群（组）中的所有单位都进行调查的方法。这种抽样方法与前面三种抽样方法相比，它不是一个一个地抽取，而是一群（组）一群（组）地抽取，抽样组织工作大为简化，样本单位相对集中，从而可以节省一定的调查费用。现实生活中，工业产品质量检验就一般采用整群抽样的方式进行。

整群抽样一般要求，在同一群内的单位具有相似的数量特征，且保证每个群内所含的单位数相等。在每个群（组）充分代表总体的前提下，整群抽样的样本具有相对的无偏性，否则，整群抽样的样本是有偏的，从而影响估计的精确度。

（5）多阶段抽样。**多阶段抽样**是指先抽取群，但并不是调查群内的所有单位，而是再进行下一步的抽样，从选中的群中抽取出若干个单位进行调查。比如，我国城市住户调查采用的就是多阶段抽样，先从全国各城市抽取若干个城市，再在城市中抽街道，然后在各街道中抽取居民家庭。多阶段抽样实际上是分层抽样、整群抽样和简单随机抽样综合起来的一种抽样方式。它相比其他抽样方式特点较明显。一是抽样单位的抽选不是一步到位，而是要经过两个及两个以上的阶段；二是实行了再抽样，使调查单位在更广泛的范围内展开；三是在较大规模的抽样调查中，多阶段抽样是经常采用的方法，如农作物产品产量调查、我国人口普查完成之后，接着开展的人口抽样调查等。

2. 非概率抽样

非概率抽样是相对于概率抽样而言的，它是指抽取样本时并不遵守随机原则，而是根据研究者的主观判断或客观条件限制有目的地从总体中挑选出部分单位进行的调查。这种抽样样本的确定是主观的、没有按随机原则，因而其调查结果不能用于总体特征的估计，也不能计算与控制误差。常见的非概率抽样主要有以下几种。

非概率抽样及数据收集的基本方法

（1）方便抽样。**方便抽样**是指调查者依据方便的原则抽选样本。例如，调查员在街头、公园、商场等公共场所拦截过往的行人进行某种民意调查；厂家在出售自家产品的柜台前对路过的顾客进行调查；交通管理部门在机场、车站、码头对乘客进行调查，以了解本市的交通状况及服务情况等。

方便抽样具有操作简单、成本低、取样方便的特点，但样本的代表性差，带有很大的偶然性。例如，街头拦截开展的民意调查，它仅对路过的行人进行，而没有路过的行人或刚好在调查时段没有路过的行人就不在调查的范围之内，显然其样本的代表性存在很大的问题，有很大的偶然性。因此，其调查数据不能作为推断总体特征的依据。

（2）判断抽样。**判断抽样**是指调查员根据经验、判断和对研究对象的了解，有目的地选择一些单位作为样本。判断抽样中样本单位的确定，取决于研究的目的，通常有重点抽样、典型抽样和代表性抽样三种形式。重点抽样是抽取总体中的重点单位进行的调查，以研究现象的基本情况。重点单位的数量虽不多，但它们在总体中地位重要。比如，选择对宝武、首钢、鞍钢、包钢和攀钢等企业进行调查，这些企业的产量占全国钢产量的绝大部分，是钢铁行业的重点单位，通过对它们的调查，就可以了解我国钢铁行业产量变化的基本情况。典型抽样是指从总体中选择一些典型单位进入深入研究，来描述或揭示所研究问题的本质和规律，或者说对新生事物、新问题进行更深入的研究。比如，我们要研究某城市工业企业的亏损情况，可选择一些亏损额比较大、亏损时间比较长的典型企业进行深入研究，解剖这家企业亏损的原因以及能否扭亏为盈等，进而提出针对性比较强的指导性意见。实际上，我们平常所讲的“解剖麻雀”式的调查就属于典型抽样。代表性抽样是指从总体中选择一些有代表性的单位所进行的调查，以掌握研究现象的一般水平。比如，某尿不湿生产厂家要了解市场对其产品的消费需求，可调查一些年轻的妈妈，因为他们购买尿不湿的数量较大，具有较高的代表性，通过她们可以了解消费者对尿不湿产品的购买意向和质量要求。

判断抽样样本的选择取决于研究者的经验积累、专业程度、主观判断和创造性，具有抽样成本低、操作方便的特点；但样本单位的代表性低，因而其数量特征不能代表总体的数量特征，也不能作为推断总体数量特征的依据。

（3）自愿样本。**自愿样本**是指样本不是经过抽取，而是被调查者自愿接受调查而形成的样本。例如，主动参与报刊或网络上的问卷调查，向某电视台拨打热线电话，飞机上或高铁上自动填写乘务员发放的调查表等。自愿样本与抽样的随机性无关，它针对的是一些特定群体，尤其集中于对该类活动感兴趣的人群。因此，其样本是有偏的，不能据此作为推断总体特征的依据。

自愿样本调查成本低、组织方便，且参与者大多对该问题比较关心，调查人员能够很容易地得到该类群体对此问题的意见与看法，这对于了解情况、分析问题、查找原因都是十分重要的。

（4）滚雪球抽样。**滚雪球抽样**是以“滚雪球”的方式抽取样本，即通过对少量单位的调查以获取更多单位的信息，它是一种针对特定群体的调查。在这种方式的调查中，先选择一组单位，对其进行调查之后，再由他们提供相应信息以获得更多的调查单位，然后再对这些单位跟踪调查获取资料，如此循环下去，形成“滚雪球”效应。比如，武汉市体委要对该市业余游泳爱好者平时的工作、生活习惯进行调查。首先，武汉市体委可先对参加“武汉渡江节①”的部分业余游泳选手进行调查；然后，再由这些选手向体委推荐介绍其他业余游泳爱好者，以便能得到其他游泳选手的相关资料。“滚雪球”抽样方式具有能迅速找到特定被调查者、调查成本低的特点，但由于被调查者之间应具有某种相似的特征，因此，它只适合特定群体的资料搜集和研究。

（5）配额抽样。**配额抽样**是将总体中的各单位按一定的标准分为若干类别，然后按照方便抽样或判断抽样的方法抽取各类别当中的相应配额。配额抽样可以保证样本结构与总体结构一致，从而使样本更具有代表性，但由于在抽取样本时没有按随机原则，它仍属于非概率抽样，其调查结果不能用于总体特征的推断。

配额抽样时配额的多少可以由单变量控制，也可由交叉变量控制。例如，某高校在校学生按配额抽样方式，抽取 400 名学生进行调查，可分别采用性别和年龄进行单变量控制配额，也可采用性别和年龄交叉变量控制配额（如表 2-1～表 2-4 所示）。

表 2-1　　该校在校学生性别与年龄构成表　　单位：人

年龄	男	女	合计
17 岁以下	1 000	800	1 800
17～19 岁	1 000	1 600	2 600
19～21 岁	2 000	2 600	4 600
21～23 岁	2 500	4 000	6 500
23 岁及以上	1 500	3 000	4 500
合计	8 000	12 000	20 000

① 武汉渡江节是武汉市为了纪念毛泽东主席 1966 年 7 月 16 日以 73 岁高龄畅游长江而举办的全民节日，每年 7 月 16 日举行，到 2021 年已成功举办了 46 届。

表 2－2　单一变量控制配额表（性别）

单位：人

性别	人数
男	160
女	240
合计	400

表 2－3　单一变量控制配额表（年龄）

单位：人

年龄	人数
17 岁以下	36
17～19 岁	52
19～21 岁	92
21～23 岁	130
23 岁及以上	90
合计	400

表 2－4　交叉变量控制配额表（性别与年龄）

年龄	男	女	合计
17 岁以下	20	16	36
17～19 岁	20	32	52
19～21 岁	40	52	92
21～23 岁	50	80	130
23 岁及以上	30	60	90
合计	160	240	400

3. 概率抽样与非概率抽样的比较

概率抽样与非概率抽样是两种不同性质的非全面调查，实际中究竟采用何种抽样取决于多种因素，包括研究问题的性质、使用数据需要说明的问题、调查对象的特征、调查费用与时间等。具体来讲两者之间存在如下差异。

（1）概率抽样是按随机原则抽取样本，排除了人为因素的干扰，调查单位抽中与否完全是偶然的、随机的；而非概率抽样不是按随机原则抽取样本，而是根据调查者的主观判断、经验、方便以及研究对象客观条件有目的地抽取样本，人为因素的影响严重，调查单位是人们有意识抽取的。

（2）概率抽样中样本单位的数量特征其理论分布是确定的，基本上反映了总体单位的数量分布特征，因而能够利用样本单位的数量特征推断估计总体单位的数量特征，能计算抽样误差，并将抽样误差控制在允许的范围之内；而非概率抽样中样本单位的数量特征理论分布是不确定的，不能够反映总体单位的数量分布特征，不能对非抽样误差进行控制，更谈不上计算其误差，因而不能根据样本单位的数量特征去推断估计总体单位的数量特征。

（3）概率抽样的结果能推断分析现象的总体数量特征与规律，应用于用样本数量特征去推断总体数量特征的研究；而非概率抽样的结果用于发现问题，为更深入的数量研究做准备，应用于探索性研究。

总之，概率抽样中“好样本”是可以抽出来的，但要花力气，严格意义上的抽样应满足随机原则，单位入样概率已知并能计算，可以计算并控制抽样误差。非概率抽样简单、方便、快捷、成本低，抽样技术要求不高，但不能用于对总体目标量的估计，特别是不能对调查的精度进行评估。现实生活中我们要严防将非概率数据当作概率抽样数据处理。完美的调查是科学和艺术的结合，科学体现在对抽样误差的把握，艺术体现在对非抽样误差的掌控。目前我国很多抽样调查项目，存在着科学性不足、艺术性欠缺的问题，误差的计算与控制更是我们面临的严重挑战。

2.2.3　统计调查方案的设计

无论是何种形式的统计调查，在调查工作正式开始之前，都必须事先设计一个切实可行、科学周密的统计调查方案，依此方案开展统计调查，可保证调查的顺利进行，顺利获得研究所需要的调查数据。一般来讲，统计调查方案应包括以下几个方面的内容。

（1）明确调查目的。明确调查目的就是明确调查要解决的问题，也就是要解决“为什么”调查。只有调查目的明确，数据的搜集工作才能有序地进行。

（2）确定调查对象和调查单位。调查对象和调查单位就是要确定“向谁调查”，由谁提供所需要的数据。所谓调查对象是指需要调查的现象总体，调查单位是构成调查对象中的每一个单位，它是调查项目与内容的承担者。比如，要研究某市国有企业能源的消耗情况，那么该市所有的国有企业就是调查对象，而每一个国有企业就是调查单位。这里要注意的是，调查单位与报告单位是有区别的，报告单位也称填报单位，它是负责向上报告调查内容、提交数据资料的单位。报告单位一般在行政上、经济上具有一定独立性，而调查单位可以是个人、企事业单位，也可以是物。根据不同的调查目的，调查单位与报告单位有时一致，有时不一致。例如，若进行工业企业调查，每个工业企业既是调查单位又是报告单位；若进行工业企业职工基本情况调查，调查单位是工业企业的每一位职工，而报告单位是每家工业企业。

（3）设计调查项目。调查项目是要回答“调查什么”的问题。调查项目是调查的具体内容，它可以是调查单位的数量特征，如一个人的年龄、收入，一家企业的产量、产值等，也可能是调查单位的某种属性或品质特征，如一个人的性别、文化程度，一家企业所属的行业、所有制形式等。

（4）设计调查表和调查问卷。将各个调查项目按照一定的顺序排列在相关的表格上便形成调查表。利用调查表可以有条理地填写需要收集的资料，以便于后续对资料的汇总整理。

调查表一般有两种形式：单一表和一览表。单一表是每个调查单位填写一份，可容纳较多的调查内容；一览表是把许多调查单位的内容填写在一份表上，内容相对较简单。究竟采用何种调查表，是由研究目的、调查任务而定的。

调查问卷是调查项目和调查表的另一种表现形式，常用于民意测验或市场调查。根据调查目的，在调查对象中随机选取或有意识地确定调查单位，以书面文字或表格形式了解被调查者的意见，调查者自愿、自由地回答问卷中所提出的问题。调查问卷一般由问卷标题、说明词、问题与选项、填写要求、编码和必要的说明等部分组成。

（5）确定调查时间。确定调查时间，是为了更好地保证数据的准确性和时效性，解决“什么时间”调查的问题。这里统计调查时间有两层含义，即调查时间和调查期限。调查时间是调查资料所属的时间，在统计调查中，如果所调查的现象是时期现象，就要明确规定调查资料所反映的起止时间。例如，调查某城市 2020 年第四季度商品房的销售量，则调查时间是从 2020 年 10 月 1 日起到 12 月 31 日止，3 个月。如果所要调查的现象是时点现象，调查时间就是规定的标准时点。例如，我国第七次人口普查的标准时点是 2020 年 11 月 1 日零点，也就是说在 11 月 1 日零点以前死亡的和零点以后出生的人员不在普查的范围之内，而 11 月 1 日零点以前出生的和零点以后死亡的人员应在普查的范围之内。调查期限是调查工作的时限，包括收集资料和报送资料的工作所需要的时间。例如，我国第七次人口普查规定普查的登记复查由 2020 年 11 月 1 日开始到 12 月 10 日结束，则调查期限为 11 月 1 日 ~12 月 10 日，共 40 个工作日。

（6）制订组织实施计划。计划包括确定调查的组织机构，参与的人员及其培训，调查经费的来源与开支，数据的处理方法、报送方式和公布调查结果的时间，以及调查报告的撰写及完成时间等。

2.3　数据搜集的方法与道德准则

数据有各种各样的类型，可通过各种各样的方法搜集而得到。在数据搜集过程中，道德准则是我们必须考虑的另一个重要问题，因为它是我们一切行为活动中应遵循的行为准则。因此，接下来我们将对数据搜集的方法和道德准则问题进行探讨。

2.3.1　数据搜集方法

在明确统计研究目的之后，根据统计调查方案所设计的问题对调查单位实施调查，即从调查单位中搜集所需要的数据，数据搜集的方法归纳起来可以分为自填法、面访法、电话法、观察法和实验法等。

1. 自填法

自填法是指在没有调查人员协助的情况下由被调查者自己填写，完成调查内容。调查内容多数情况下以问卷或调查表的形式呈现，调查问卷和调查表通过调查员分发、邮寄、报刊或网络上刊登等方式递送给被调查者。由于被调查者自行完成调查内容的填写，对于调查内容中的问题要明确清晰、指标简单明了、内容结构严谨，不应让被调查者有理解上的歧义与疑问；另外，问卷和调查表上应告知调查人员的联系电话，以便被调查者遇到相关问题时与调查人员沟通。

自填法一般要求被调查者具有一定的文化素养，能够看懂调查内容，对相关问题有自己独立的观点和想法。与其他形式的数据搜集方法相比，自填法对调查组织者而言，管理相对容易、成本较低，可以进行较大范围的调查；对被调查者来讲，不拘时间、地点完成问卷，可参考相关资料回答调查内容；同时，调查人员不在现场，可减少被调查者的心理压力和负担，可从容完成调查内容。当然，自填法的缺陷也相当明显。一是被调查者不够重视、比较随意，因而导致调查内容的回收率低，准确性也不高；二是递送与回收的周期较长，对数据的时效性有影响；三是调查内容不宜太复杂，尤其是调查问卷，最好不要出现跳答、转答之类的问题，否则被调查者可能放弃答题，从而使我们搜集不到相应的信息。这就需要调查组织者及调查员对调查内容、递送方式和回收办法等进行科学设计、仔细研究，并认真做好跟踪回访工作，尽可能提高数据资料的质量。

2. 面访法

面访法是指由调查者与被调查者通过面对面交流而获得数据的方法，具体包括入户调查、座谈会和个别访问等形式。面访法有标准式面访和非标准式面访两种。标准式面访是按照调查人员事先设计好的有固定格式的标准化问卷，有顺序依次提问，并由受访者回答，填入问卷。在标准式面访中使用统一的问卷和表格，调查结果便于汇总整理，比如在居民入户调查中通常采用标准式面访。非标准式面访指事先不制作统一的问卷和表格，没有统一的提问顺序，调查人员只是给一个题目或提纲，由调查人员与受访者自由交谈，以获取所需的资料。与标准式面访相比较，非标准式面访具有较大的弹性，在社会调查和市场调查中经常采用。

面访法具有以下特点：①面访过程是搜集数据和了解情况相结合的过程；②面访法具有较高的回答率；③面访中可以使用复杂的调查问卷；④面访法得到的数据准确性相对较高；⑤面访法的成本较高；⑥调查人员要进行一定的心理学培训，掌握一定的沟通技巧，面对敏感问题的调查更应注意。

3. 电话法

电话法是调查人员通过打电话与被调查者交流以获得数据资料的方法。电话调查具有时效快、费用低等特点。电话调查适合于样本单位比较分散的情况，但被调查者只限于有电话和能通电话者，电话提问受到时间限制以及无法出示调查说明、照片、图表等背景材料，尤其当下电话诈骗多发，给电话调查带来了极大的困难，这是电话调查局限之所在。为了克服这一困难，电话调查正朝计算机辅助电话调查（Computer Assisted Telephone Interview，CATI）的方向发展。在进行电话调查时，调查的问卷、答案都由计算机显示，整个调查过程，包括拨号、调查记录、数据处理等都借助计算机完成。目前在发达国家，使用计算机辅助电话调查已成为数据搜集的最主要方法。

4. 观察法

观察法是调查人员深入调查现象或进入一定的情境，借助于感觉器官或仪器设备，直接或间接地观察对象以获得数据的方法。比如，调查人员在交通要道观察行人或车辆在单位时间里通过的数量，或现象拍照摄取违规违章的数据资料，企业生产安全员深入车间、流水线等作业场所观察生产人员是否违反了生产安全操作的现象，超市、宾馆通过监控设备观察人员的出入人数、购物状况，等等。观察法可以获得大量真实的第一手材料，是获得感性认识和发现问题、研究问题产生原因的重要途径，能保证搜集资料的准确性，具有资料可靠性高、简便易行、灵活性强的特点；但观察法只能观察现象的外部情况，不能反映其内在的动机，且受到时间和空间的限制，被观察者难免不受到一定程度的干扰而不能处于完全自然的状态，同时它还需要耗费一定的人力、物力、财力及时间等。

5. 实验法

实验法是数据搜集的另一种重要方法，关于它的讨论与研究请见本章 2.4 节实验法。

2.3.2　数据搜集中的道德准则

人工智能和大数据时代的今天，统计数据的搜集在分析、表述和说明现象过程中的作用从来没有如此之重要，道德准则是统计数据搜集中不得不考虑的另一个重要问题。在统计数据的搜集中，不道德行为的形式多种多样，其中包括不正确的抽样、不恰当的数据描述、误导性的图表绘制以及片面的统计结果解释等。

道德准则是我们在一切活动中的追求。道德准则的涵盖范围很广，不仅适用于统计工作者，同样对统计数据的使用者也有效。开展统计工作时，我们要鼓励在数据搜集、分析、口头陈述以及在书面报告中，要保持公平、谨慎、客观和中立的态度。另外，作为数据的使用者，也应注意到他人在统计过程中不道德行为的可能性。当我们在报刊、电视、互联网或其他媒介上见到统计数据时，要保持几分怀疑态度，关注统计数据的来源、目的和客观性。

比如，某灯泡生产企业希望抽样结果支持他们声称的新灯泡的平均使用寿命至少 8 000 个小时以上，抽样检测人员不断地抽样检测，每次抽取 200 个，重复许多次，直到有一个样本的寿命（仅是偶然）给出他们希望的结果，从而支持该生产企业的声称。这就是不道德的，有违统计从业人员的职业操守和职业精神。再比如，在我国的许多酒店内是不允许吸烟的，假如烟草公司在允许吸烟的饭店进行调查，目的是估计赞成在饭店内允许吸烟的比例，抽样结果表明 90% 的受访者同意在饭店内允许吸烟。在这个案例中，我们应该指出只在允许吸烟的饭店所做的抽样会歪曲调查结果，这也是不道德的，违反了统计从业人员不当行为指控的道德准则。一般而言，道德准则主要体现在：职业精神和职业操守；对投资者、客户和企业的责任；对所研究问题的责任；对研究问题团队的同事的责任；对其他统计学家或统计从业人员的责任；关于不当行为指控的责任；机构、个人、企业使用数据的责任；其他聘用统计从业人员的责任等。正如《中华人民共和国统计法》第二十九条强调的“统计机构、统计人员应当依法履行职责，如实搜集、报送统计资料，不得伪造、篡改统计资料，不得以任何方式要求任何单位和个人提供不真实的统计资料，不得有其他违反本法规定的行为”。

思政元素

2021 年 8 月 30 日习近平总书记主持召开中央全面深化改革委员会第二十一次会议，审议通过了《关于更加有效发挥统计监督职能作用的意见》，强调要强化统计监督职能，提高统计数据质量，加快构建系统完整、协同高效、约束有力的统计监督体系。国家统计局深入研究提升统计监督效能、推进统计现代化改革的具体措施，推动统计监督与纪律监督、监察监督、巡视监督等统筹衔接，加强工作协调和统计监督结果运用。积极配合国家发展改革委、中央组织部制定印发高质量发展综合绩效评价办法，建立高质量发展综合绩效评价指标体系，科学评价各地区推动高质量发展总体情况。制定《“十四五”时期统计现代化改革规划》《法治统计建设规划（2021—2025 年）》；组织实施地区生产总值统一核算等重点领域统计制度方法改革，改进“三新”统计、服务消费统计。通过开展统计督察，着力从地方和部门问题中反思顶层设计问题，从突出问题中探索综合治理的有效手段，从共性问题中寻找标本兼治的长效机制，统计管理体制机制和统计制度方法不断完善，统计治理能力和统计监督作用进一步提升。①

2.4 实验法

实验法

通过实验获取数据资料，是数据搜集的另一种重要途径。在实验中控制一个或多个变量并测量操纵的结果，从而获得数据的方法称为实验法。而在实验中控制实验对象而搜集到变量的数据称为实验数据。例如，如果给一组植物施肥，另一组不给施肥，那么我们就是在控制植物土壤的成分，可以测量像增长率、成活率

① 宁吉喆．统计督察发挥有效作用，防惩统计造假成效显著［N］．经济日报．2021－09－02．

等变量。实验是检验变量间因果关系的一种方法，在实验中，研究者控制某一情形的所有相关方面，操纵少数感兴趣的变量，然后观察实验结果，从而得到了有关植物生长的实验数据。

实验法最早的案例发生在 17 世纪初，当时英国海军试图寻找坏血病的起因。该病症症状为牙龈肿大出血，皮肤上有青灰斑点，长期在海上航行的水手经常患有此病，英国海军部怀疑是因为缺乏柑橘类水果所致。当这个想法被提出来时，正好有四艘军舰要离开英国而做长期航行，为调查是否是因缺乏柑橘类水果而导致了坏血病，就安排其中一艘军舰上的水手每天喝柑橘汁，而其他三艘军舰则没有供应柑橘汁。航行还未结束，其他三艘军舰就有很多的水手染上了坏血病，以致不得不将每天喝柑橘汁的水手安排到这些军舰上帮助进港。尽管该实验方法存在着值得改进的地方，但也初步证实了最初的想法。

2.4.1　实验组和对照组

利用实验法得到实验数据需要实验组和对照组。**实验组**是指随机选择的实验对象的子集，实验组的个体要接受对照组所没有的某种特殊待遇。**对照组**是实验对象中一个被随机选择的子集，其中的个体没有特殊待遇。坏血病的例子中，喝柑橘汁的水手就构成了实验组，喝柑橘汁是特殊待遇，而不喝柑橘汁的水手就成了对照组，这一组就没有喝柑橘汁的特殊待遇。

几乎所有的设计较好的实验都有一个对照组和一个或多个实验组。需要对照组的原因是：没有对照组，就没有办法确定这样的操作或是某些其他变量（几个联合变量）是否产生了作用。试想一下，如果四艘军舰上的水手都喝柑橘汁，那么，没有感染坏血病也许就要归因于某种特别好的食物配给或其他因素，而坏血病的病因就无法证实。实验组和对照组的唯一差别是前者喝了柑橘汁而后者没有，因此可得出结论，柑橘汁使水手们避免了坏血病是合乎逻辑的。而实验组和对照组的产生是随机的，这样就可以将无关变量的作用相互抵消，不会影响最终的实验结果。此例中，如果对每一个水手随机地决定谁喝柑橘汁或不喝柑橘汁，而不是按军舰建制来分配的话，那么，健康与不健康的水手在每一组中数目差不多，身体状况对导致坏血病的影响就消除了，实验结果会更有说服力。

一个好的实验，实验组和对照组的产生不仅是随机的，而且应该是相匹配的。所谓匹配，是指对实验单位的背景材料进行分析比较，将情况类似的每对单位分别随机地抽选到实验组和对照组，以保证实验组和对照组具有大致相同的背景。例如，在实验新药或新的疗法时，将接受试验的患者根据其年龄、性别、患病情况等变量匹配后随机抽选到实验组和对照组。这样，不同组的患者有大致背景，同时，分组的结果不让患者知道，最好参与实验的医生也不清楚，这就是通常所讲的“双盲”原则，“双盲”原则在涉及人的实验时是应该遵守的基本原则。

如此看来，上述坏血病实验是不够完善的。主要表现在两个方面：第一，实验组与对照组的产生不是随机的，而是按军舰建制主观分为实验组和对照组，这就导致可能有其他变量影响坏血病的发生，而不能证实英国海军部怀疑是因为缺乏柑橘类水果所致的想法。第二，匹配度不符合要求，离港之前四艘军舰上水手的匹配度是否进行了必要的比较分析与科学分组，不清楚。它包括水手的身体健康条件、饮食习惯、是否喜欢喝柑橘汁、军舰上的内部环境或者说另外三艘军舰上有没有导致坏血病的东西存在等因素。

2.4.2 实验法中的统计

大多数做实验的研究者愿意接受统计建议。统计对实验过程的贡献集中体现在三个方面：确定合适的观测数以得到统计显著的结果；将统计思维融入实验设计，使实验设计符合统计分析的标准；提供尽可能最有效地同时研究几个变量影响的方法。

需要多少观测数以达到预期统计显著的效果，统计学可以给出相应的建议。通常来说，数据越多越好。但相对于较少的观测值，观测值多时，花费较高，收集数据所需的时间也较长。统计学将告诉我们如何在精确度与费用的平衡中做出决断的参考信息。

实验设计本身就是一个统计问题。在当今复杂的统计分析的世界里，即使是最成熟的研究者在设计实验方案时也需要将统计思想融入其中。统计学知识将帮助我们如何根据研究目的，制订一个科学的实验计划；采用什么方法对参加实验的单位进行分组归类；如何按随机原则抽选实验组和对照组；如何对实验组和对照组的背景材料进行匹配；使实验设计符合统计分析的标准，等等。

当我们想要研究几个实验变量对一个结果变量的影响时，统计变得尤为重要。一个人可以做若干次实验，每次用一个变量。例如，若一个运动心理学家想要研究饮食、锻炼和自信对体重的影响时，他或者她可以做三次实验分别研究每个变量的效果。罗纳德·费希尔（Ronal Fisher）发明了一种方法，在一次实验里同时使用所有变量，因而可以减少数据的随机性，并可以比较每个变量作用的相对大小。因此，在上面的例子中，那位运动心理学家就可以测量饮食、锻炼和自信对一个人的体重有怎样的相对重要性，这正是多元统计分析研究的内容，多元统计分析提供了尽可能最有效地同时研究几个变量影响的方法，从而引发了各种分析实验的多元统计设计的发展。关于多元统计分析将在本书第 10 章相关分析与回归分析中有详细的讨论。

2.4.3 实验法产生的问题

实验法的逻辑严密，可以较好地证明假设，分析事物之间的因果关系。但在实验过程中，尤其是对人做实验时，将面临着更为严峻的挑战。

1. 组织问题

我们知道，在进行实验时随机分配实验组和对照组，这是相当困难的，尤其是以人为对象时，这种挑战将更为严峻。因为人们都有自己的工作计划、兴趣爱好和处世原则等，即使在满足他们的若干条件之后，也未必对我们的研究问题有兴趣，人们不愿意让自己的行为处于一定的控制之下，受到某种约束或暗示，这就需要我们做出更为细致的工作，掌握更多与人交往的技巧，克服人为因素造成的各种困难，在尊重个人意愿的前提下随机分配实验组和对照组，顺利组织科学实验。

2. 心理学问题

在实验研究中，人们对被研究是非常敏感的，这会让他们注意自我，从而对他们的行为产生很多约束。比较有名的实验案例是 1924—1933 年通用电气公司关于工人生产率的系列调查。在一次调查中，一组社会学家和公司人事部门的成员研究了各种照明程度对生产灯泡的工人生产率的影响。研究者增大照明度，发现产量增加。但奇怪的是，当他们减少照明度时，发现产量也增加。看来无论研究者做什么，工人的产量都会增加。后来发现，增加产量的原因不是照明度，而是工人对研究者的行为有了反应，尽管这种行为不是他们愿意做出的，而是外界的影响对他们产生了某种心理暗示，从而很自然地表现出来。

3. 道德问题

道德问题使得对人和动物做的实验复杂化了。当道德问题与收集观测数据联系在一起时，实验者更容易陷入道德困境之中。比如，使人们接受某种不可预知结果的药物治疗是正确的吗？一方面，接受的患者可能遭到出乎意料的负作用，负作用的担忧可能使医生在检验和介绍新药时采取保守的态度；另一方面，如果新药的治疗效果是有益的，没有接受治疗的患者应该等待多长时间去接受该种新药？他们能够等多长时间？他们有可能会因为延误治疗而失去生命……所有这些都有可能遭到患者、患者家属，甚至社会的道德非议。再比如，有一种理论认为，人口密度增大会导致犯罪率上升。研究人员对小白鼠进行试验，以了解小白鼠的行为变化特征，观察发现随着被关在一起的小白鼠数量增多，密度越来越大，小白鼠变得越来越烦躁不安，最后互相攻击、自相残杀。显然，将人关在一起做这种实验是不道德的，那么，对小白鼠做这样的试验就道德吗？因此，道德问题是实验法不得不考量的另一个重要问题，如果处理不好，有可能造成实验者进退两难的尴尬局面。

思政元素

2021 年 7 月 10 日，国家统计局党员干部前往中国共产党历史展览馆，参观“不忘初心、牢记使命”中国共产党历史展览，从党的百年奋斗历程中感悟初心使命、汲取奋进力量。

本次展览紧扣“不忘初心、牢记使命”主题，贯穿“为人民谋幸福、为民族谋复兴、为世界谋大同”的主线，首次全方位、全过程、全景式、史诗般展现中国共产党波澜壮阔的百年历程。全体党员干部沿着百年党史脉络，依次参观了

"建立中国共产党，夺取新民主主义革命伟大胜利""成立中华人民共和国，进行社会主义革命和建设""实行改革开放，开创和发展中国特色社会主义""推进中国特色社会主义进入新时代，全面建成小康社会，开启全面建设社会主义现代化国家新征程"4个部分展览内容，深入学习党的不懈奋斗史、不怕牺牲史、理论探索史、为民造福史、自身建设史，深情回顾党带领人民走过的光辉历程，深刻感悟中国共产党人的初心使命。

2.5 数据的误差

数据的误差是指通过调查搜集到的数据与研究对象真实数据之间的差异。数据的误差有两类：抽样误差和非抽样误差。

2.5.1 抽样误差

抽样误差是指由随机原则抽样引起的样本结果与总体真值之间的差异。只要概率抽样存在，抽样误差就始终存在，它是无法避免的。在概率抽样中，依据随机原则抽取样本，可能抽取这样一些单位组成的样本，也可能抽取另外一些单位组成的样本。根据不同的样本，可能得到不同的观测结果。例如，在一次城市住房状况的抽样中，也许并不是40%的家庭对现有住房是满意的，而是35%或45%或其他相近的比例对现有住房是满意的。但是，即便不同的样本会产生不同的答案，大部分的答案仍都会位于总体真值的某一个变化范围之内。比如，对该城市多次抽取300个家庭组成的样本调查中，大部分样本（95%）得出的比例和实际的比例至多相差5个百分点。也就是说，抽样误差等于加或减5个百分点（±5%）。这种结果仅仅是每一个概率抽样固有的随机性的反映。别忘了这些比例是来自不同的样本，别指望一个样本的结果与另一个样本的结果完全一致。另外，没有理由相信某一特定样本的结果恰好等于从总体中可能得到的结果。

图2-1为抽样误差的示意图。它表明当实际的总体比例为40%时，我们重复调查100次，可得到100个不同样本，其中，有95个样本比例位于35%~45%之间。在这种情况下，我们说有±5%的抽样误差——45%比40%多（+）5个百分点，35%比40%少（-）5个百分点。这个±5%的误差是由抽样的随机性产生的，我们把这种误差称为抽样误差，也称为随机性误差。

由此可看出，抽样误差并不是针对某个具体样本的检测结果与总体真实结果的差异而言的，抽样误差描述的是所有样本可能的结果与总体真实结果之间的平均差异。例如，在图2-1中，我们说全部样本中有95%的样本结果与总体真值之间的差异上下不超过5%的范围。

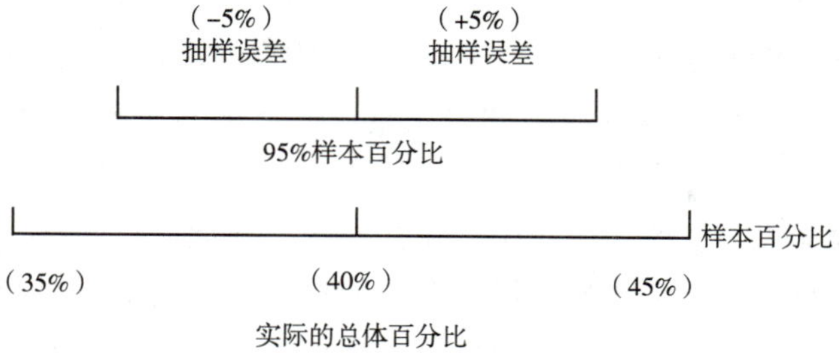

图 2-1　实际的总体比例和抽样误差示意图

这个例子是基于实际的总体比例为 40%，而现实中，我们是不知道这个数字的。现实中之所以要做调查，就是要估计总体比例。然而，我们通过样本依然可以计算出抽样误差有多大。在本书第 6 章的参数估计中会给出抽样误差的计算公式。

抽样误差的大小与许多因素有关，其中最主要有：①样本量的大小。样本量越大，抽样误差就越小；反之，就越大。当样本量大到与总体单位数相等时，抽样调查就变成普查，这个时候就不存在抽样误差了，在这种情况下，抽样误差为零。②总体的变异性。总体的变异性越大，即各单位之间的差异越大，抽样误差也就越大；反之，总体的变异性越小，抽样误差也就越小。如果总体的变异性为零，即所有单位都完全一模一样，就没有必要进行抽样调查，只需调查一个单位就可以，因而也就不存在抽样误差了。③抽样的方法与方式。对调查对象是采用重复抽样还是不重复抽样的抽样方法，以及不同的概率抽样方式，抽样误差都是有差异的，关于这方面的内容在“抽样技术”课程中有专门的介绍。

在公布任何概率抽样调查结果时都应说明抽样误差的大小，不管是比例、均值还是其他形式。抽样误差告诉我们，样本结果距离总体的实际值可能有多远。

2.5.2　非抽样误差

非抽样误差是相对抽样误差而言的。非抽样误差是指除抽样误差之外，由其他因素引起的样本结果与总体真值之间的差异。抽样误差是一种随机性误差，只存在于概率抽样中，而非抽样误差存在于所有的调查之中，也就是说概率抽样、非概率抽样、普查等都有可能产生非抽样误差。从理论上来讲，非抽样误差是可以避免的。它一般有以下几种情形。

1. 抽样框误差

抽样框误差是指由于抽样框与研究对象总体不一致而形成样本结果与总体真值之间的差异。前面已提到，在概率抽样中需要根据研究对象的特点设置不同的抽样框，样本是从抽样框中抽取的，抽样框中的单位应与研究总体中的单位存在一致，否则，便会造成抽样框误差。例如，某小区物业公司要了解居民对公司的管理水平与服务质量进行抽样调查，该调查以小区房屋售卖时的居民购房名单作为研究对象并设置抽样框，这就可能存在抽样框误差。因为，该小区的现有居民与当初购房时的居民有可能存在不一致的地方，诸如，也许有新的居民进来；有的居民可能根本就没有住进来，此房或用于出租或已将房屋出售；还有的居民搬进来之后因为其他原因已迁居别处等。这样一来，现有的居民与原购房的居民就存在差异，由此，以小区房屋售卖时的名单设置抽样框进行抽样，有新搬来的居民不在此抽样框，有的居民名单虽在，但已不属于研究总体，这样就造成抽样过程中的单位入样概率有误，结果导致推论错误，由此便产生了抽样框误差。

2. 回答误差

回答误差是指在调查过程中由于问题的措辞、问题所涉及的时间、问题的敏感性等原因而造成被调查者给出的回答与真实情况的偏差。主要有理解误差、记忆误差和有意识误差等。

理解误差是指被调查者对调查问题中措辞的理解不一而造成回答上的偏差。这种误差在自填法的调查中表现得尤为普遍。因为调查人员不在身旁，对某些问卷措辞或表格中的有关指标理解上有差异，同一个问题不同的人有不同理解和答案，因而引起回答内容与真实情况有差异。这就要求我们在设计问卷和调查表时尽可能简单明了、直接，不要让被调查者产生理解上的歧义，缩小由此类问题引起的误差。

记忆误差是指被调查者记忆的数据与真实数据有偏差。由于有些调查内容可能过去了一段时间，需要被调查者回忆，需要回忆的时间越久，调查数据可能越不准确。这就要求我们进行调查时尽可能缩短需要被调查者记忆的时间，科学确定调查内容，尽量减少这种误差。

有意识误差是指调查的问题比较敏感，被调查者不愿回答，或者迫于某种情形不得不回答，因而被调查者提供一个不真实的数据因而造成的偏差。这里一般有两种情形：一是调查的问题涉及个人隐私，被调查者不愿意如实回答，因而提供一个错误的数据；二是由于利益驱动或虚荣心，被调查者编造一个不真实的数据。这样就可能出现被调查者提供的数据要么偏高、要么偏低，因而形成了有意识误差。减少调查中的有意识误差需要各方努力。调查者一方面要积极与被调查者交流、沟通，增进了解，解除被调查的心理负担，尽量减少或避免敏感内容；另一方面遵守职业道德和职业操守，严格遵守国家的数字保密制度，保证不将调查内容外漏或挪作他用。被调查者要积极配合，力争成为具有良好社会责任和社会公德的明理诚信的正直公民。

3. 无回答误差

无回答误差是指包含在样本中的一部分人未回应调查而造成的误差。它包括进行面访调查时被调查者不在家，电话调查时电话拨通后无人接听或没有电话，自填式调查中邮寄地址有误、被调查者已搬走、虽收到问卷不填写或忘记填写等。在广告、业务推送、资金信贷等充斥着我们日常生活的今天，拒绝参加所有形式的调查的人的比例正在上升，人们越来越不愿回答问题，因为他们怀疑某一项调查是推销产品或服务的一种伪装。有资料显示，即使是名声好的调查组织得到的回答率也不超过 60%。对研究者来说，高比例的拒绝回答率是一个令人头痛的问题，但好像也没有找到更好的办法，对其产生的影响也不好判断，我们唯一能做的就是尽可能降低无回答率，以减少无回答误差给我们的研究结果造成的影响。

4. 调查员误差

调查员误差是指由于调查人员的原因而产生的误差。例如，调查员粗心使调查记录出现重复、遗漏、汇总等方面的错误；调查过程中，调查人员的措辞、语气、语速、有意或无意流露出来的某种看法或倾向、以及肢体语言都可能影响被调查者；另外，调查人员的性别、年龄、职级的高低也可能影响被调查人员回答问题的质量。

5. 测量误差

如果调查与测量、计数有关，则有可能产生测量误差。比如，某高校对在校学生进行视力检查时，由于现场的光线、测试距离就会给调查结果带来测量误差；再比如，调查员对进入某商场顾客的人数、交通十字路口通过的车辆计数时，就有可能由于注意力不集中造成计数上的差异。

2.5.3　误差的控制

上面我们对误差进行了较为详尽的讨论。如何控制和减少误差，提高统计数据质量，是统计研究人员和现场调查人员面临的重要问题。

抽样误差是由抽样的随机性而产生的误差，只要概率抽样存在，这种误差就始终存在，无法避免。但统计理论告诉我们，这种误差是能够计算出来的，并且在一定的条件下可控制其变化的范围。例如，要对某一个轮胎制造企业进行轮胎里程的抽查，要求轮胎里程估计的误差不超过 ±500 公里，这个 ±500 公里就是允许的抽样误差。允许的抽样误差有多大，取决于估计精度的要求。一旦这个允许误差确定下来，就可以采取相应的措施进行控制。控制抽样误差的一个主要方面是改变样本量的大小。抽样误差越小，需要的样本量就越大；反之，就越小。本书第 6 章参数估计给出了样本量的影响因素及相应的计算公式。另外，抽样的方式、方法也影响抽样误差的大小，这就需要研究人员根据研究的目的要求，结合研究对象的特点，科学合理地采用适当的概率抽样形式与方法进行调查。

非概率抽样误差与抽样的随机性无关，存在于概率抽样、非概率抽样和普查之中。产生的原因多种多样，控制起来相对比较困难，我们能做的是尽可能减少非抽样误差。主要措施有：根据实际情况设置抽样框，使抽样框中单位与研究总体中的单位一一对应；科学设计调查问卷和调查表，尽可能减少理解上的差异；加大宣传力度，使被调查者尽可能地配合调查；加强调查过程的质量控制，它包括调查员的挑选、培训、专业水准，对调查结果的检验、评估，以及适当的奖惩制度等。

思政元素

《关于深化统计管理体制改革提高统计数据真实性的意见》是中央全面深化改革领导小组第二十八次会议2016年10月11日通过并成文。

该《意见》指出防范和惩治统计造假、弄虚作假，根本出路在深化统计管理体制改革。要遵循统计工作规律，完善统计法律法规，健全政绩考核机制，健全统一领导、分级负责的统计管理体制，健全统计数据质量责任制，强化监督问责，依纪依法惩处弄虚作假，确保统计机构和统计人员独立调查、独立报告、独立监督职权不受侵犯，确保各类重大统计数据造假案件得到及时有效查处，确保统计资料真实准确、完整及时。

本章小结

从现有来源中得到的数据称为间接来源的数据。对间接来源的数据从“5W”和“1H”等方面进行评估。通过研究者本人的调查或实验活动，直接获得的数据为直接来源的数据。主要通过统计调查和实验法获得。

对总体中的所有个体单位或元素所进行的调查称为普查。

概率抽样。它是指按照随机原则从总体中抽取若干单位组成样本，然后根据样本数据去推断所属总体相应特征的调查过程，也称为随机抽样。

概率抽样有五种方式：简单随机抽样、分层抽样、系统抽样、整群抽样、多阶段抽样。

非概率抽样是根据研究者的主观判断或客观条件限制有目的地从总体中挑选出部分单位进行的调查。非概率抽样有五种形式：方便抽样、判断抽样、自愿样本、滚雪球抽样、配额抽样。

概率抽样与非概率抽样的比较：是否按随机原则抽取样本；样本单位的数量特征的分布是否确定；样本结果是否能推断总体特征。

统计调查方案包括明确调查目的、确定调查对象和调查单位、设计调查项目、设计调查表和调查问卷、确定调查时间、制订组织实施计划。

数据的搜集方法有自填法、面访法、电话法、观察法和实验法。

在实验中控制一个或多个变量并测量操纵的结果，从而获得数据的方法称为实验法。通过实验法获取数据资料，是数据搜集的另一种重要途径。实验组是指随机选择的实验对象的子集，实验组的个体要接受对照组所没有的某种特殊待遇；

对照组是实验对象中一个被随机选择的子集，其中的个体没有特殊待遇。实验组和对照组的产生是随机的，且要匹配。

数据的误差是指调查搜集到的数据与研究对象真实数据之间的差异。抽样误差是指由随机原则抽样引起的样本结果与总体真值之间的差异。只要概率抽样存在，它始终存在，且无法避免。抽样误差的主要影响因素：样本量的大小、总体的变异性、抽样的方式方法。非抽样误差是指除抽样误差之外，由其他因素引起的样本结果与总体真值之间的差异。它存在于所有的调查之中，理论上可以避免。非抽样误差包括：抽样框误差、回答误差、无回答误差、调查员误差、测量误差。控制抽样误差的因素：改变样本量的大小、抽样的方式方法。非抽样误差产生的原因多样，我们能做的是尽可能减少非抽样误差。

思政园地

重洋难隔赤子心——统计学家胡孝绳

胡孝绳（1917—1995 年），新加坡统计学家。1917 年 4 月 11 日出生于福建省福州。1939 年考入厦门大学经济学系，1943 年毕业。先后担任新加坡南洋大学经济系主任、香港中文大学经济系主任、香港浸会大学系主任。主要撰写出版了《统计学》《统计理论与分析》《公共事业与经济》《经济学新编》等十多部专著。《统计学》一书尤为著名，此书 1960 年出版后被新加坡南洋大学、香港中文大学作为统计学教材达 20 多年，统计学界评价很高。

胡先生虽身居海外，但对中国内地经济建设与发展非常关心，重洋难隔赤子心。改革开放之初，内地高校统计学教材比较贫乏，1980 年胡先生给中国统计学会寄赠《统计学》1 000 本，这对我国统计学专业的建设与发展无异于雪中送炭，国内很多高校将胡先生《统计学》的影印本作为统计学教材或参考书。胡先生多次热情地在中国香港的《华侨日报》《文汇报》等发表文章，作电视讲话，介绍内地的经济建设，鼓励海外人士为内地经济建设出资出力。他时刻关注内地的经济发展状况，积极向内地介绍香港及海外经济发展的新动向，为福建省输送人才赴港培训提出了许多建议和设想。自 1980 年开始，他多次赴国家统计局、中国统计学会、北京大学、厦门大学、福州大学等单位讲学，受到中央和地方领导的亲切接见和热情接待，倍感祖国的温暖，他直抒胸臆地说：“我要经常与内地同行交流学术，为故乡经济腾飞尽一份微薄之力。我不需要报酬，在开出鲜艳花朵的祖国土地上，曾经洒过大哥也频[①]的碧血，我对祖国的热忱，岂可后人……”

胡先生生前多次赴厦门大学讲学，与厦门大学结下了深厚的感情，向厦门大学捐款，设立胡孝绳奖励基金。厦门大学经济学院统计系现设有“胡孝绳奖学金”，以奖励品学兼优、科研成果突出、全面发展的统计系学生。

（摘自胡少璋：“流在心里的血　澎湃着中华的声音——记经济学家胡孝绳”，《学会》，1985 年第 3 期；有删节。）

▶ **讨论：**

1. 从以上示例中，你学到了什么？

2. 是一种什么样的精神使得胡孝绳先生虽身居海外，仍然对国内经济建设与发展如此关心？

思考与练习

一、思考题

2.1　数据的来源渠道有哪些？

2.2　对二手资料评估时“5W”和“1H”具体指什么？

2.3　搜集直接来源的数据主要有哪两种方法？

2.4　什么是普查？举出 3 种以上我国现有的普查形式。

2.5　一个好的样本一般具有哪些属性？

2.6　比较概率抽样和非概率抽样的特点，并说明它们一般在什么情况下采用？

2.7　假如要对你所在高校的在校学生进行调查，试设计一个调查方案。

2.8　搜集数据中的道德准则主要有哪些？

2.9　实验法中实验组和对照组的产生为什么要遵守随机原则和匹配原则？

2.10　什么是误差？主要表现为哪两类？

2.11　如何理解抽样误差，主要影响因素是什么？

2.12　什么是非抽样误差？举例说明 3 种以上非抽样误差的形式。

二、练习题

2.1　在统计调查中，我们经常采用调查问卷的形式。在一次有关电视收视率的调查中，询问被调查者这样一个问题。

① 胡孝绳为左联五烈士之一胡也频的四弟。

您经常看电视节目？

(1) 从来不看；(2) 偶尔看；(3) 有时看；(4) 经常看；(5) 天天看。

你认为上述问题措辞准确吗？会产生怎样的误差，应该进行怎样的修改？

2.2　表 2－5 为第七次人口普查的调查表，俗称短表。

表 2－5　　　　第七次全国人口普查表（短表）

经国务院批准进行第七次全国人口普查　　　　表　　号：R601 表

人口普查的标准时点为 2020 年 11 月 1 日零时　　　　制定机关：国家统计局

人口普查的原始资料不向任何单位和个人提供，仅供汇总使用　　　　国务院人口普查办公室

批准文号：国发〔2019〕24 号

公民应履行如实申报普查项目的义务　　　　有效期至：2021 年 3 月

地址：________省（区、市）________市（地、州、盟）________县（市、区、旗）________乡（镇、街道）________普查区________普查小区________户编号。

一、住户项目

H1. 户别

1. 家庭户。

2. 集体户。

H2. 本户应登记人数

2020 年 10 月 31 日晚居住本户的人数________人。

户口在本户，2020 年 10 月 31 日晚未住本户的人数________人。

H3. 本户 2019 年 11 月 1 日至 2020 年 10 月 31 日期间的出生人口

男________人，女________人。

H4. 本户 2019 年 11 月 1 日至 2020 年 10 月 31 日期间的死亡人口

男________人，女________人。

H5. 住所类型

1. 普通住宅。

2. 集体住所。

3. 工作地住所。

4. 其他住房。

5. 无住房。

（选择 2～5 的，跳至个人项目。）

H6. 本户现住房建筑面积

________平方米。

H7. 本户现住房间数

________间。

续表

二、个人项目

每个人都填报的项目

D1. 姓名

____

D2. 与户主关系

0. 户主。
1. 配偶。
2. 子女。
3. 父母。
4. 岳父母或公婆。
5. 祖父母。
6. 媳婿。
7. 孙子女。
8. 兄弟姐妹。
9. 其他。

D3. 公民身份证号码

□□□□□□□□□□□□□□□□□□

D4. 性别

1. 男。
2. 女。

D5. 出生年月

出生于：________年________月。

D6. 民族

________族。

D7. 普查时点（2020 年 11 月 1 日零时）居住地

1. 本普查小区。
2. 本村（居）委会其他普查小区。
3. 本乡（镇、街道）其他村（居）委会。
4. 本县（市、区、旗）其他乡（镇、街道）。
5. 其他县（市、区、旗），请在下面填写地址：

________省（区、市）。

________市（地、州、盟）。

________县（市、区、旗）。

6. 香港特别行政区、澳门特别行政区、台湾地区。
7. 国外。

D8. 户口登记地

1. 本村（居）委会。

续表

2. 本乡（镇、街道）其他村（居）委会。 3. 本县（市、区、旗）其他乡（镇、街道）。 4. 其他县（市、区、旗），请在下面填写地址： ________省（区、市）。 ________市（地、州、盟）。 ________县（市、区、旗）。 5. 户口待定→D11。 D9. 离开户口登记地时间 1. 没有离开户口登记地→D11。 2. 不满半年。 3. 半年以上，不满一年。 4. 一年以上，不满二年。 5. 二年以上，不满三年。 6. 三年以上，不满四年。 7. 四年以上，不满五年。 8. 五年以上，不满十年。 9. 十年以上。 D10. 离开户口登记地原因 0. 工作就业。 1. 学习培训。 2. 随同离开/投亲靠友。 3. 拆迁/搬家。 4. 寄挂户口。 5. 婚丧嫁娶。 6. 照料孙子女。 7. 为子女就学。 8. 养老/康养。 9. 其他。
三、3 周岁及以上（2017 年 10 月 31 日以前出生）的人填报的项目 D11. 受教育程度 1. 未上过学。 2. 学前教育。 3. 小学。 4. 初中。 5. 高中。 6. 大学专科。 7. 大学本科。

续表

8. 硕士研究生。 9. 博士研究生。
四、15 周岁及以上（2005 年 10 月 31 日以前出生）的人填报的项目 D12. 是否识字 1. 是。 2. 否。

你认为上面的调查表是单一表还是一览表？调查单位是谁？报告单位又是谁？标准时点 11 月 1 日零时意味着什么？

2.3　在概率抽样中我们可能遇到这样的情况：某新型汽车上市销售之前进行市场调查，市场调查专家只选择他们熟悉的人或朋友、亲人开展调查，估计有 30% 的潜在消费者喜欢该款汽车；类似地，某教育管理部门在对大学毕业生就业状况的调查中，高校管理部门只选择已经就业的毕业生进行调查，结论是有 75% 的毕业生对现有工作状况是满意的。你认为这样的样本是好的样本吗？所得到的结论是值得相信的吗？

2.4　调查表明，作弊在大学里是一个严重的问题，然而，并不总是知道谁作弊了，谁可能被冤枉了。你对研究考试作弊对撒谎的心理变化指数的影响很感兴趣。作为教授心理学课程的你，可以在期中考试时安排一半学生在考试时的多选题答题纸中找到答案（看起来好像是由于你工作失误）。你能够知道哪些同学收到了“作弊者”考卷，而哪些没有。然后，当你由于他们作弊而质问时，你可以偷偷地把这场景录下来。最后你就能够据此观察心理变化指数，并看到作弊的学生对质问如何反映。假定这个研究有科学价值并且能够被实施，你注意到其中存在的问题了吗？都是些什么问题呢？

2.5　从上海到成都的航班上，一共有 300 名旅客，为了某种目的需要进行抽样调查，请说明以下抽样方式的类型：

（1）根据旅客登机的顺序，每隔 10 个人抽取 1 名旅客；

（2）根据办理的登机牌，从头等舱中随机抽取 5 名旅客，从普通舱中随机抽取 25 名旅客；

（3）从所有座位中随机抽取 30 个座位，对该座位上的旅客进行调查；

（4）随机抽取座位的位置，比如靠飞机左（右）侧窗口、左（右）侧中间位置、左（右）侧过道等，对这些位置座位上的旅客进行调查。

单选题　　判断题

第 3 章
数据的整理与展示

育人目标

1. 了解我国宏观经济数据，展示中国特色社会主义建设的成就，展示经济发展成果和人民生活的变化，激发学生的爱国情怀。

2. 了解在我国统计学发展过程中做出巨大贡献的榜样人物，确立正确的就业观、职业观，不歪曲数据特征，不误导读者，实事求是，培养严肃认真的工作态度。

案例

如何展示普通高等教育学校（机构）情况？

国家统计局数据显示，2020 年我国 31 个省（区、市）普通高等教育学校（机构）数为 2 738 所，教职工数为 2 668 708 人。图 3－1 为各地普通高等教育学校（机构）分布情况。你认为可以选择哪些统计图来展示这些数据呢？这些数据有什么特征呢？

	A	B	C	D	E	F
1	地区	学校数（所）	教职工数（人）	地区	学校数（所）	教职工数（人）
2	北京	92	150 203	湖北	129	134 736
3	天津	56	49 551	湖南	128	111 678
4	河北	125	117 593	广东	154	177 919
5	山西	85	61 035	广西	82	82 313
6	内蒙古	54	41 887	海南	21	17 948
7	辽宁	114	97 912	重庆	68	66 474
8	吉林	64	63 666	四川	132	135 028
9	黑龙江	80	75 226	贵州	75	54 246
10	上海	63	78 995	云南	82	58 107
11	江苏	167	180 839	西藏	7	3 981
12	浙江	109	104 059	陕西	96	110 130
13	安徽	120	86 988	甘肃	50	42 277
14	福建	89	77 119	青海	12	7 260
15	江西	105	90 593	宁夏	20	12 574
16	山东	152	172 041	新疆	56	34 225
17	河南	151	172 105			

图 3－1　2020 年我国 31 省市普通高等教育学校（机构）情况

数据来源：《中国统计年鉴 2021》，http：//www. stats. gov. cn/tjsj/ndsj/2021/indexch. htm。

3.1 数据的预处理

3.1.1 数据的审核

数据审核是指在进行数据整理之前对数据的审查和核对，以保证数据的质量。数据审核主要包括以下内容。

1. 完整性审核

完整性审核主要是检查应调查的单位或个体是否缺失，所有的调查项目或指标是否填写齐全等。当数据量较大时，如果某条记录存在信息缺失，尤其存在较多关键信息缺失，则可以将该条记录删除。当数据量较少或缺失数据的记录较多时，通过删除整条记录的方法并不可行，而是需要填补缺失数据。

2. 准确性审核

准确性审核主要是检查数据是否有错误，是否存在异常值等。审核数据准确性的方法主要有逻辑检查和计算检查。对异常值的判断要仔细，如果异常值属于记录错误，则需要给予纠正或剔除；如果异常值是正确的数值，则给予保留并分析造成异常的原因。

3. 适用性审核

对于二手数据，除了对其完整性和准确性进行审核外，还应着重审核数据的适用性和时效性。二手数据可能是为某个特定目的通过专门调查取得的，或者是已经按照特定目的的需要做了加工整理，因此，使用者应弄清楚数据的来源、目标总体的界定、数据的解释以及有关的背景资料等信息，确定这些数据是否与当前研究相匹配，是否需要重新加工整理等事项，不能盲目使用。

4. 时效性审核

对于二手数据的审核，还需注意数据的搜集时间。如果所取得的数据过于滞后，可能失去了研究的意义。

3.1.2 数据的筛选与排序

1. 数据筛选

数据筛选可以快速定位符合特定条件的数据。例如，筛选出某学校统计学成绩在85分（含）以上的同学；筛选出某市文化程度是大学（含）以上的常住居民等。数据筛选方便使用者快速获取需要的数据信息。尤其是大数据环境下，从海量数据中筛选出所需的数据十分重要。

2. 数据排序

数据排序是将数据按一定顺序排列，以便研究者发现数据的特征或趋势。排序还有助于对数据进行检查纠错，也可为重新归类或分组等提供方便。在某些场合，排序本身就是分析的目的。

思政元素

自鸦片战争以来，我国遭受西方列强欺负，从此我们经历了屈辱的百年历史，新中国成立以来，我们凭着中华民族优良的品质，奋发图强，国家面貌发生了巨大的改变，如今我们正走在中华民族伟大复兴的道路上。那么，我们如何衡量中华民族的伟大复兴呢？这当然需要多方面综合考量，其中，国内生产总值也就是“GDP”是一个重要指标。根据国家统计局数据发布的《中华人民共和国 2021 年国民经济和社会发展统计公报》数据显示，2021 年我国发展水平再上新台阶。2021 年我国的 GDP 总量为 114.367 万亿元，首次超过 110 万亿元，居世界第二位，比上年增长 8.1%。[①] 面对突如其来的新冠疫情，我们坚持人民至上、生命至上，坚持外防输入、内防反弹，坚持动态清零不动摇，开展抗击疫情人民战争、总体战、阻击战，最大限度保护了人民生命安全和身体健康，统筹疫情防控和经济社会发展取得重大积极成果。[②]

3.2　品质数据的图表

品质数据的图表整理

品质数据包括无序分类数据和有序分类数据，它们的图表展示方法基本相同，即将数值按照不同的类别统计，然后将结果记录到统计表或通过统计图展示。

3.2.1　分类数据的图表

1. 频数分布表

频数是指某个类别中数据的个数。把各个类别及其频数用表格形式列出来，称为频数分布表。用 Excel 生成频数分布表的方法中，最常用的是生成数据透视表。

某大学一个学生调研小组调查 2021 年 11 月在校本科生网购消费情况，抽选 50 名

① 《2021 年国民经济和社会发展统计公报》发布，2021 年我国发展水平再上新台阶 [EB/OL]. (2022 - 03 - 01). http://www.stats.gov.cn/tjgz/spxw/202203/t20220301_1828168.html.

② 《高举中国特色社会主义伟大旗帜，为全面建设社会主义现代化国家而团结奋斗——在中国共产党第二十次全国代表大会上的报告》。

学生作为样本发放调查问卷。由问卷数据得到关于“花费最多网购商品类型”分组的频数分布表（如表3－1所示）。可以看出，2021年11月该校多数在校本科生在“服饰”和“日常生活用品”两类商品上的花费较多，在“食品”和“书籍等”两类商品上的花费较少。

表3－1　2021年11月某高校在校本科生花费最多网购商品类型频数分布表　单位：人

花费最多网购商品类型	人数
电子产品	9
服饰	17
日常生活用品	10
食品	5
书籍等	9
总计	50

频数分布表是展示数据的一个基本工具，形式多种多样。研究者可以根据研究目的和数据特征绘制不同的统计表。表3－2将“花费最多网购商品类型”和“性别”两个变量交叉分组，这样的频数分布表称为列联表或交叉表。

表3－2　2021年11月某高校在校本科生花费最多网购商品类型和性别交叉表　单位：人

性别 花费最多网购商品类型	男	女	合计
电子产品	4	5	9
服饰	7	10	17
日常生活用品	4	6	10
食品	4	1	5
书籍等	2	7	9
总计	21	29	50

统计表一般包括以下几个部分。

（1）表头。表头一般包括表号、总标题、表中数据的计量单位等内容，位于统计表上方居中位置。总标题应简单明了概况统计表的内容，一般来说应满足“3W”原则，即能够说明表中数据的时间（When）、地点（Where）和内容（What）。如果表中数据计量单位全相同，则写在表头的右侧；若数据有不同的计量单位，则需要在每个变量名称后标明，或单列一列。

（2）行标题、列标题。行标题和列标题用来说明调查的变量名称和分类名称。通常，行标题安排在统计表的第一列，列标题安排在统计表的第一行。可以根据具体调查问题，将行标题和列标题的位置互换，以避免统计表过高或过宽。

（3）数据。各空格内按要求填写的数字。若数据缺失的单元格，应用“—”表示。

（4）横线。统计表的上下两条横线一般用粗线，其他的线用细线。行标题之间不需横线隔开，列标题之间必要时可用竖线隔开。统计表的左右两边不封口。

（5）注释。使用统计表，必要时需要在表的下方增添注释，以对数据来源、指标注释等信息进行必要的说明。

2. 条形图

当需要展示分类变量数据时，可以选用条形图，也称柱状图。条形图中，每一类别的数据用一个条形来表示。条形的宽度相同，高度或长度表示某类别数据值的大小。条形间断排列，之间存在间隔。条形图可以横置，也可以竖置；可以是简单条形图（如图 3－2 所示），也可以是复式条形图（如图 3－3 所示）。

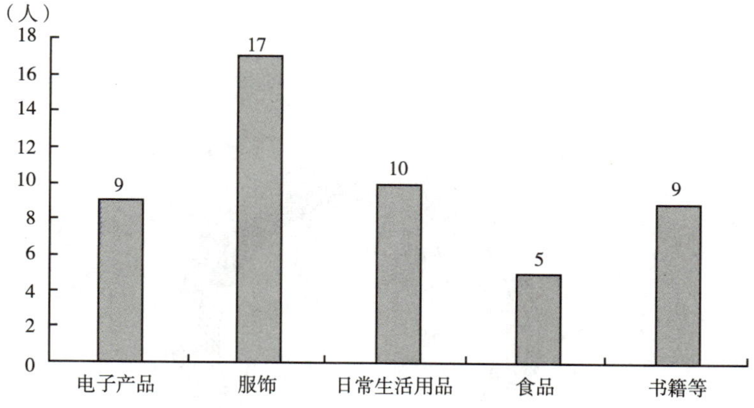

图 3－2　花费最多网购商品类型统计简单条形图

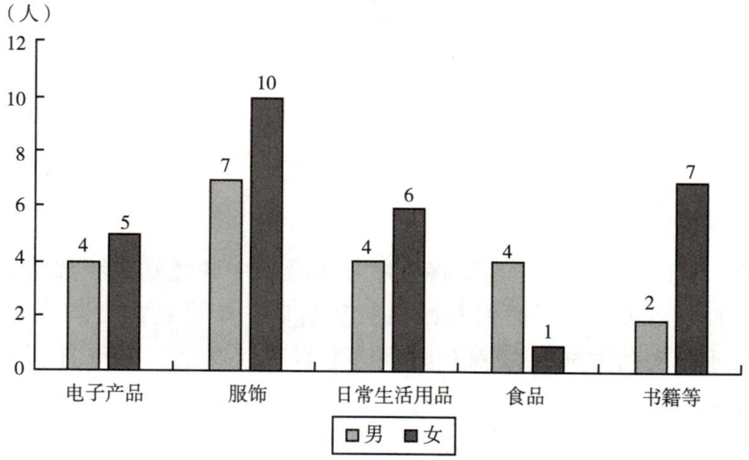

图 3－3　花费最多网购商品类型统计复式条形图

3. 饼图和环形图

当侧重研究结构性问题时，可以选用饼图。饼图中，每一类别的数据用一个扇形来表示。扇形的角度或面积表示某类别数据值或某类别数据在全部数据中所占的比例（如图 3-4 所示）。当需要比较不同总体或样本（比如不同性别）之间的结构性问题时，则可以绘制环形图（如图 3-5 所示）。

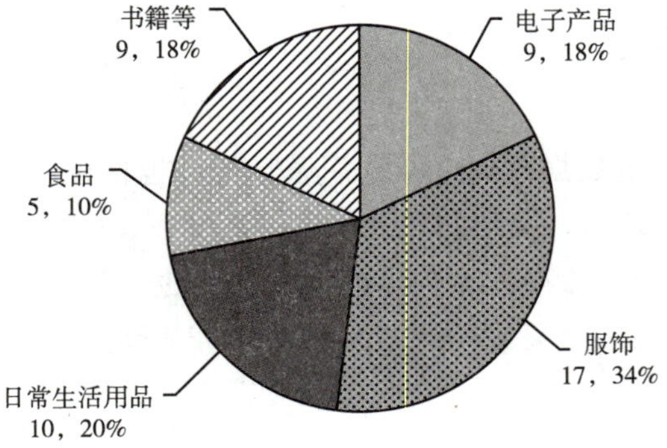

图 3-4　花费最多网购商品类型统计饼图

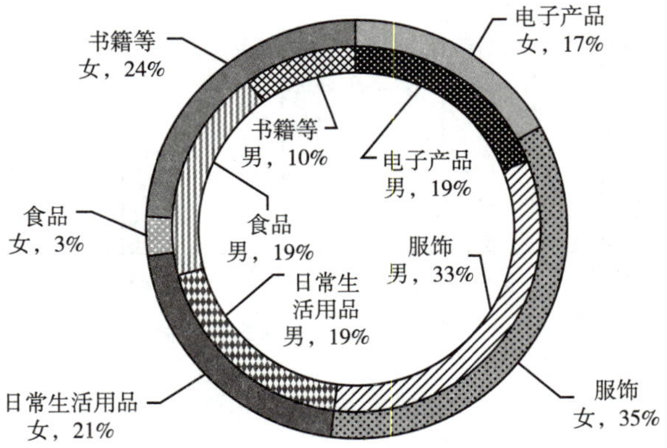

图 3-5　花费最多网购商品类型统计环形图

3.2.2　有序分类数据的图表

1. 累积频数分布表

累积频数，又称累计频数，是指将有序分类数据中各类别的频数按顺序逐级累加得到的频数。如果是从第一个类别开始累积到最后一个类别的方向（数值型分组数据按变量值从小到大的方向）累积，则称向上累积；反之，则称向下累积。通过累积频数，可以很容易看出某一类别（或数值）以下或某一类别（或数值）以上的频数之和。根据累积频数可以绘制累积频数分布表，表 3-3 为某年某地居民收入分布表。

表 3－3　　某年某地居民收入频数分布表

收入等级	居民数（万户）	百分比（%）	向上累积		向下累积	
			居民数（万户）	百分比（%）	居民数（万户）	百分比（%）
低	12	5.9	12	5.9	203	100.0
较低	43	21.3	55	27.2	191	94.1
中等	76	37.4	131	64.6	148	72.8
较高	50	24.6	181	89.2	72	35.4
高	22	10.8	203	100.0	22	10.8

2. 累积频数分布图

根据累积频数可以绘制累积频数分布图，图 3－6 为某年某地居民的收入累积分布图。

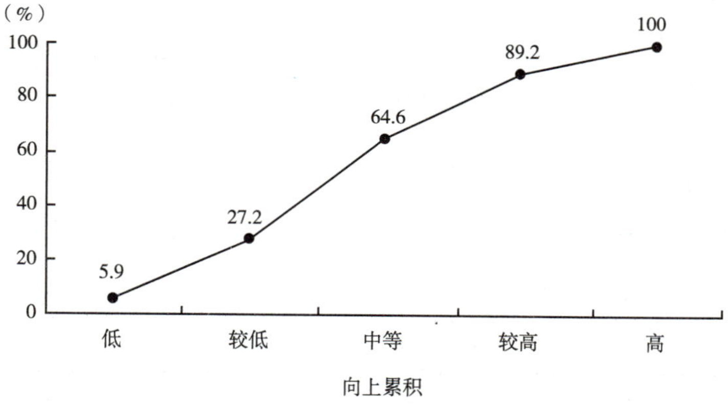

图 3－6　某年某地居民收入累积分布图

思政元素

2020 年初，新型冠状病毒侵扰中华大地。为了不给病毒留下“可乘之机”，各地民众纷纷减少了外出活动。这样一来，短时间内线上消费占比的大幅提升无疑给电商平台、快递服务以及消费体验带来巨大考验。《消费者报道》基于生鲜平台、第三方快递服务、旅游/订票平台这三个领域，在全国范围内开展了一项问卷调查活动。截至 2020 年 2 月 21 日，共回收有效问卷 3 569 份。当中，受访者的年龄主要集中在 18～40 岁，较好地涵盖了主力消费群体。整体上看，将近七成受访者对疫情期间的线上消费感到满意。根据《消费者报道》调查结果，每日优鲜、京东到家、盒马鲜生、美团买菜、叮咚买菜分列生鲜平台使用榜前五。而只有10.1%的受访者表示在疫情期间没有使用生鲜平台。值得一提的是，将近一半受访者表示因为疫情而初次使用生鲜平台，并会在今后继续使用。连同勾选“一直都有使用生鲜平台”的人，超过七成受访者今后会使用生鲜平台。这将会是一个充满消费潜力的市场。①

3.3 数值型数据的图表

数值型数据的图表整理

适用于品质数据的统计图表同样适用于数值型数据；但反之不可行。

3.3.1 数据的分组

数据分组是指根据研究目的，按照某个标准把原始数据分成若干组。数据分组的主要作用是反映数据的分布特征。根据研究需要，数据分组可以分为单项式分组和组距分组。

1. 单项式分组

单项式分组是指一个变量值作为一个组，如表3－4所示。它只适合于离散变量，且变量值变化幅度不大时。

表3－4　某班级学生拥有电子产品数量分布表

学生拥有电子产品的数量（个）	学生数（人）	百分比（%）
1	20	42.6
2	15	31.9
3	8	17.0
4	4	8.5
合计	47	100

2. 组距分组

组距分组是将数据分成若干个区间，一个区间作为一个组，如表3－5所示。这种分组方法适合变量值变化幅度较大的离散变量或连续变量。

① “3·15”消费调查：京东到家、盒马满意度高；百世、德邦快递表现一般［EB/OL］．（2020－03－28）．客户满意度测评公共服务平台，http：//www.ccc315.org/newsinfo/50358.html.

表 3-5　　某班级学生月平均生活费用分布表

月平均生活费用（元）	学生数（人）	百分比（%）
1 500 以下	4	8.5
1 500～2 000	20	42.6
2 000～2 500	15	31.9
2 500 以上	8	17.0
合计	47	100

（1）上限和下限：组距分组中，一个组的最小值称为**下限**，一个组的最大值称为**上限**。

（2）组距：一个组的**组距**等于该组的上限与下限的差。通常，开口组以相邻组的组距作为其组距。

（3）组中值：一个组的**组中值**＝（上限＋下限）÷2。通常使用组中值作为该组数据的一个代表值。如果各组数据在组内分布均匀或在组中值左右对称分布，则组中值的代表性高；反之，组中值的代表性低。

采用组距分组时，需要遵循“不重不漏”的原则。“不重”是指每一个数据只能分在某一组中，不能重复出现在多组中。为实现“不重”原则，可以把组的上限改为小数的形式，比如表 3-5 中，可以把“月平均生活费用”分组为 1 499.99 元以下、1 500～1 999.99 元、2 000～2 499.99 元、2 500 元以上，但这样处理可能会为后续的计算带来麻烦。通常，组距分组规定“计入下限组”，即当相邻两组的上下限相同时，恰好等于某一组下限的变量值计入到该组内。“不漏”是指所有的数据都必须被分到某一组中，不能遗漏任何数据。组距分组的步骤具体如下：

第一步：确定组数。数据分组的作用是反映数据特征，所以组数太少或太多都不能显示数据的分布特征和规律。一般而言，组数不应少于 5 组，也不应多于 15 组。实际问题中，需要根据数据的数量和特征来确定组数。

第二步：确定组距。组距可以由组数来计算，具体来说，组距＝（全部数据的最大值－最小值）÷组数。同时，为了计算方便，组距通常取 5 或 10 的倍数，且第一组的下限小于最小值，最后一组的上限大于最大值。

第三步：计算每一组的频数，并绘制频数分布表。

3.3.2　数值型数据的图表

1. 直方图

直方图是展示分组数据分布的一种统计图，它由一系列高度不等的条形组成。通常用横轴表示数据分组，纵轴表示数据分布。同条形图一样，直方图中条形的高度表示各组数据频数的多少。与条形图不同的是，直方图中条形的宽度表示各组的组距；

各条形连续排列没有间隔。这是因为条形图是用来展示品质数据，而直方图是用来展示数值型数据。

调查某班级 80 名学生在一周内与家人聊天沟通的时长（单位：分钟），并根据调查数据绘制直方图（如图 3－7 所示）。

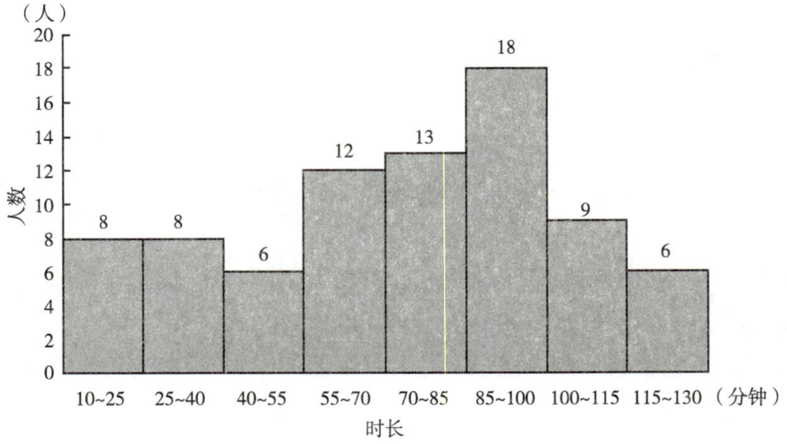

图 3－7　直方图

2. 茎叶图

茎叶图是展示原始数值型数据分布的一种统计图。它包含"茎"和"叶"两部分，都由数字组成。"茎"在前"叶"在后，且"茎"与"叶"之间被隔开。

图 3－8 是用 SPSS 软件绘制的 20 位应聘人员面试成绩的茎叶图。图中"树茎"部分是面试成绩的百位和十位数字，"叶子"上只保留该成绩的个位数字，例如，162 的茎是 16，叶是 2；199 的茎是 19，叶是 9。图 3－8 的第一列（frequency）给出每个茎上所拥有叶子的频数，第二列（Stem）给出茎的数值，第三列（leaf）给出每个茎上叶的数值；茎宽是 10；每个叶子代表一个数据。

```
面试成绩Stem-and Leaf Plot

Frequency    Stem & Leaf

  1.00      16.2
  2.00      16.67
  1.00      17.3
  3.00      17.558
  4.00      18.0123
  4.00      18.5567
  3.00      19.012
  2.00      19.89

Stem width:    10.00
Each leaf:     1 case (s)
```

图 3－8　茎叶图

从茎叶图可以看出数据的分布特征，有些类似横放的直方图。但不同的是，茎叶图能够列出每一个原始数据，描述的是原始数据的分布；而直方图不能保留原始数据信息，描述的是分组数据的分布。因此，茎叶图适用于小批量的数据，而直方图适用于大批量的数据。

3. 箱线图

箱线图是展示原始数值型数据分布的一种统计图，更多用于多组数据分布特征的比较。箱线图一般由一组数据的最大值、最小值、中位数、上四分位数和下四分位数 5 个值绘制而成。一组数据的上四分位数和下四分位构成一个箱体，分别是箱体的上底和下底；中位数在箱体的中间；该组数据的最大值和最小值通常由箱体外部的上下边界画出，并用线段与箱体连接。图 3－9 是用 SPSS 软件绘制的 20 位应聘人员在业务知识、学习能力、理解能力、创新能力、应变能力、人际技能等项目面试成绩的箱线图。

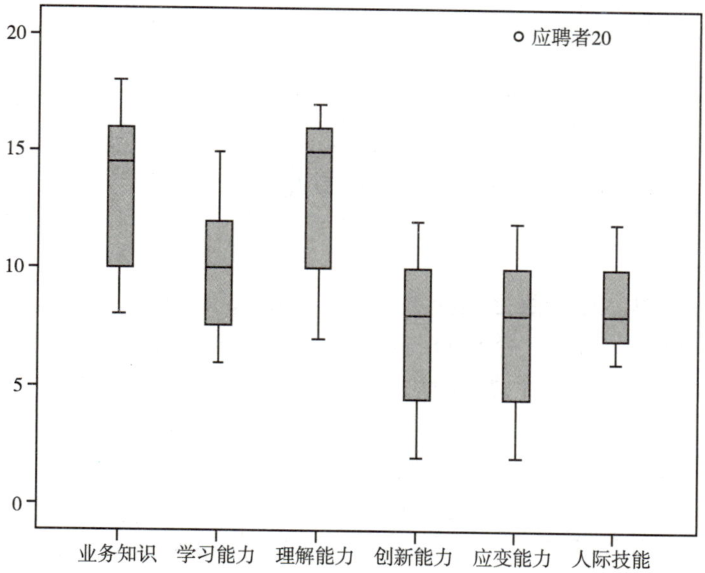

图 3－9　箱线图

箱线图中，中位数的大小反映该组数据平均水平的高低。例如，20 位应聘人员的业务知识和理解能力的平均成绩较高，而创新能力、应变能力和人际技能的平均成绩较低。箱体包含了一组数据位于中间位置 50% 的数据，因此箱体的高度在一定程度上可以反映数据的波动程度。例如，20 位应聘人员应变能力的差异程度大于人际技能的差异程度。有时，上下边缘外部会有一些点，可以理解为该组数据的异常值。例如，第 20 号应聘人员的应变能力得分远远高于其他应聘者的成绩，因此被列为离群点。

4. 散点图

当需要展示两个变量之间关系时，可以选用散点图。两个变量分别用坐标横轴和竖轴表示，坐标系中的每个点表示一个样本点（x_i, y_i），n 个样本点就在坐标系中形成了 n 个点。坐标轴和散点组成的二维统计图称为散点图。图 3－10 为某市 11 个区县地区生产总值和社会消费品零售总额的散点图，可以直观看出，地区生产总值和社会消费品零售总额具有较明显的线性关系。

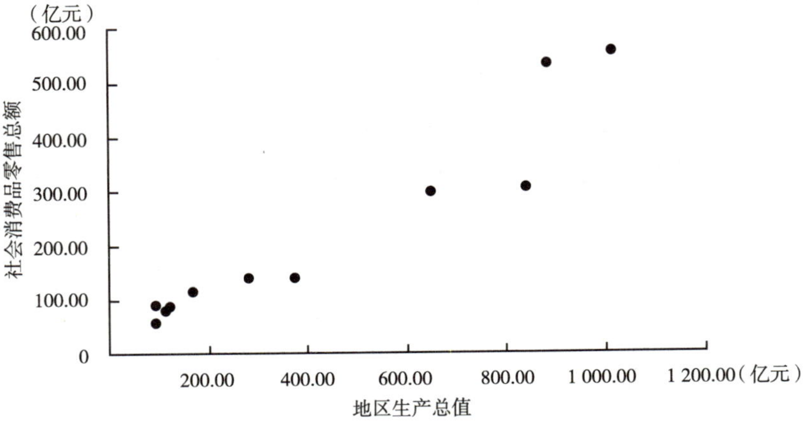

图 3－10　散点图

5. 雷达图

当需要展示多样本多变量之间的关系时，可以选用雷达图。雷达图是从一个点引出多条射线，一条射线代表一个变量。将某个样本的每个变量数据点连接起来围成一个区域，多个样本围成多个区域，就形成雷达图。图 3－11 为 2020 年北京、天津两地

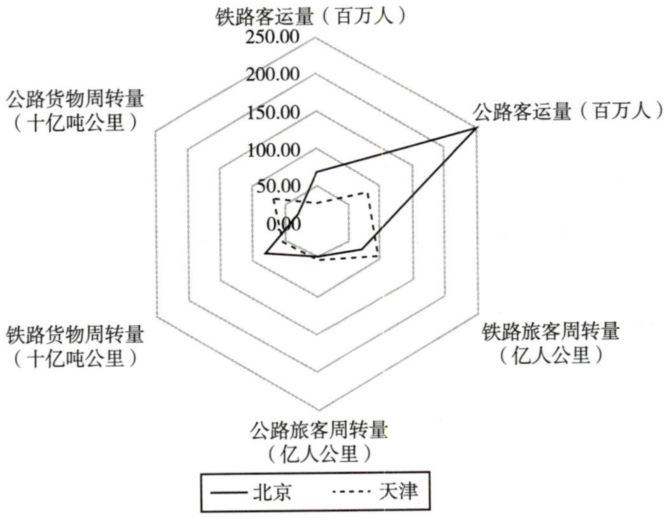

图 3－11　雷达图

客运货运若干指标的雷达图，可以看出，2020 年北京的“铁路客运量”比天津高，但“铁路旅客周转量”比天津低。

6. 折线图

当需要展示时间序列数据的变化趋势时，可以选用折线图。折线图的横轴是时间变量，竖轴是目标变量。图 3－12 是 2010—2018 年湖北省农村和城镇居民消费水平（单位：元）的折线图，可以直观看出，这 9 年间湖北省农村和城镇居民消费水平都有显著的提高，且每年提高幅度大致相同。

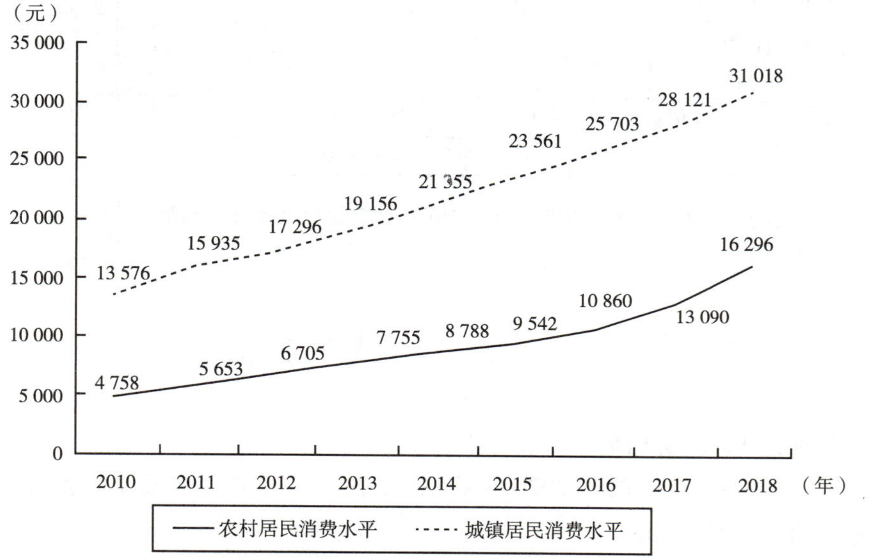

图 3－12　折线图

思政元素

2021 年，我国全年国内生产总值 1 143 670 亿元，比上年增长 8.1%，两年平均增长 5.1%。其中，第一产业增加值 83 086 亿元，比上年增长 7.1%；第二产业增加值 450 904 亿元，增长 8.2%；第三产业增加值 609 680 亿元，增长 8.2%。第一产业增加值占国内生产总值比重为 7.3%，第二产业增加值比重为 39.4%，第三产业增加值比重为 53.3%（见图 3－13）。①

① 数据来源：《中华人民共和国 2021 年国民经济和社会发展统计公报》。

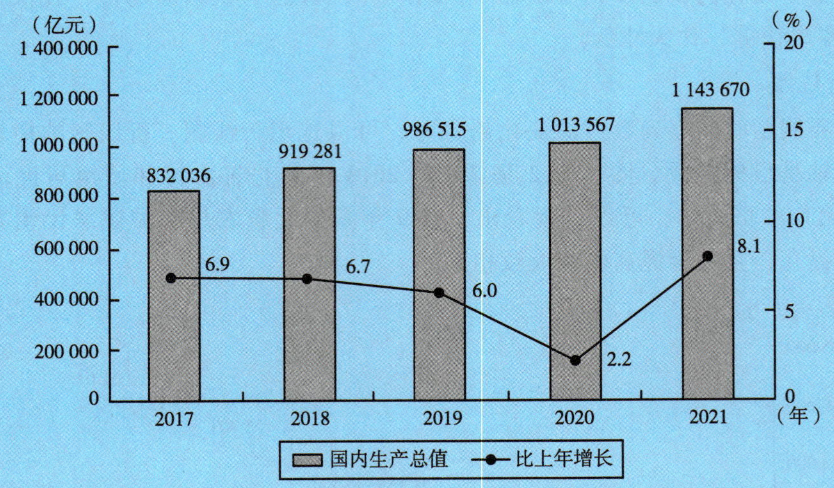

图 3－13　2017—2021 年国内生产总值及其增长速度

3.4　Excel 实践与提高

本节将通过 Excel 实现统计图表的绘制。

例 3.1　图 3－1 反映的是 2020 年我国 31 省（区、市）普通高等教育学校（机构）分布情况。试筛选出：

（1）31 省（区、市）中普通高等教育学校（机构）数为 100 所（含）以上的地区；教职工数最高的前 6 名地区；学校（机构）数为 150 所（含）以上或教职工数小于 50 000 人（不含）的地区。

解： 用 Excel 进行数据筛选的具体操作步骤：

第一步：将光标放在 Excel 表任意数据单元格，然后选择“数据”—“筛选”，则数据的第一行会出现下拉箭头，结果如图 3－14 所示。

	A	B	C
1	地区	学校数（所）	教职工数（人）
2	北京	92	150 203
3	天津	56	49 551
4	河北	125	117 593
5	山西	85	61 035
6	内蒙古	54	41 887
7	辽宁	114	97 912
8	吉林	64	63 666
9	黑龙江	80	75 226

图 3－14　Excel 数据筛选功能

第二步：选择筛选条件。

（1）筛选学校数为 100 所（含）以上的地区。点击“学校数”单元格的下拉箭头，选择“数字筛选”—“大于或等于”，然后在弹出窗口“大于或等于”后输入数字 100，如图 3－15 所示。点击“确定”，得到筛选结果如图 3－16 所示。

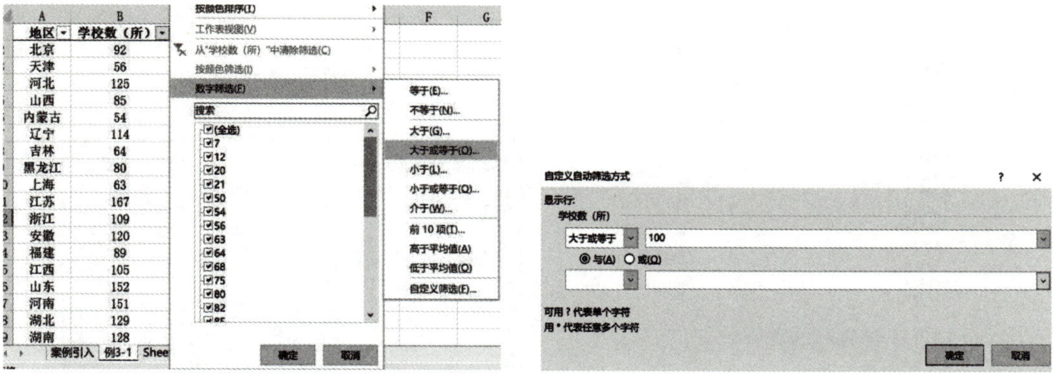

图 3－15　Excel 数字筛选命令

	地区	学校数（所）	教职工数（人）
4	河北	125	117 593
7	辽宁	114	97 912
11	江苏	167	180 839
12	浙江	109	104 059
13	安徽	120	86 988
15	江西	105	90 593
16	山东	152	172 041
17	河南	151	172 105
18	湖北	129	134 736
19	湖南	128	111 678
20	广东	154	177 919
24	四川	132	135 028

图 3－16　学校数为 100 所（含）以上的地区

（2）筛选教职工数最高的前 6 名地区。点击“教职工数”单元格的下拉箭头，选择“数字筛选”—“前 10 项”，然后在弹出窗口“最大”后输入数字 6，如图 3－17 所示。点击“确定”，得到筛选结果如图 3－18 所示。

（3）筛选学校（机构）数为 150 所（含）以上或教职工数小于 50 000 人（不含）的地区。因为筛选限定条件较多，因此需要使用“高级筛选”命令。

使用“高级筛选”命令时，需至少留出三行设置条件区域，如图 3－19 中在 E、F 和 G 列的第 1～3 行输入筛选条件。选择“数据”—“高级筛选”，然后在弹出框中的“列表区域”和“条件区域”分别输入数据所在区域（A1：C32）和筛选条件所在区域（E1：G3），如图 3－19 所示。点击“确定”，得到结果如图 3－20 所示。

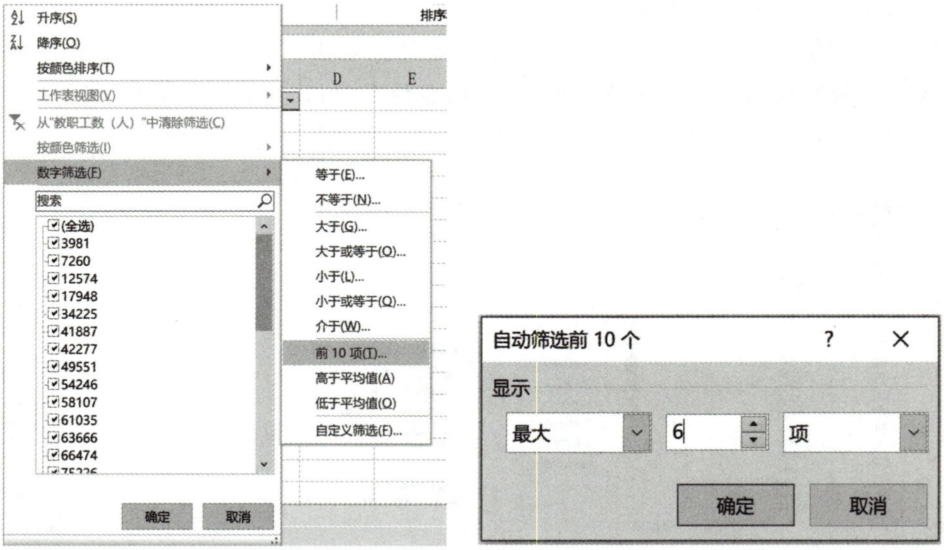

图 3－17　Excel 数字筛选命令

	A	B	C
1	地区	学校数（所）	教职工数（人）
2	北京	92	150 203
11	江苏	167	180 839
16	山东	152	172 041
17	河南	151	172 105
20	广东	154	177 919
24	四川	132	135 028

图 3－18　教职工数最高的前 6 名地区

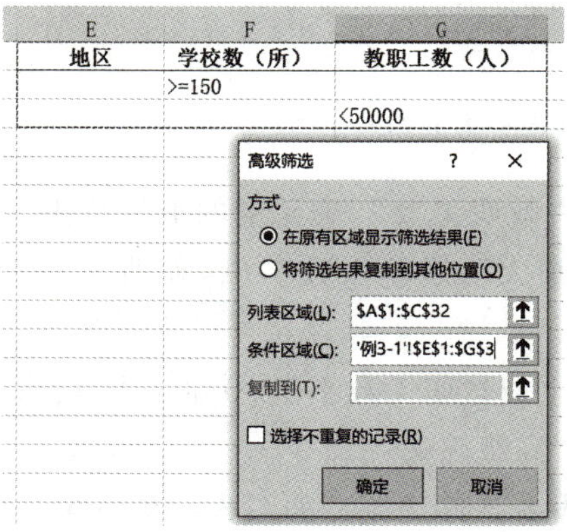

图 3－19　Excel 高级筛选命令

	A	B	C
1	地区	学校数（所）	教职工数（人）
3	天津	56	49 551
6	内蒙古	54	41 887
11	江苏	167	180 839
16	山东	152	172 041
17	河南	151	172 105
20	广东	154	177 919
22	海南	21	17 948
27	西藏	7	3 981
29	甘肃	50	42 277
30	青海	12	7 260
31	宁夏	20	12 574
32	新疆	56	34 225

图 3－20　学校（机构）数为 150 所（含）以上或教职工数小于 50 000 人（不含）的地区

例 3.2　图 3－1 反映的是 2020 年我国 31 省（区、市）普通高等教育学校（机构）分布情况。试将此数据按学校（机构）数从小到大进行排序。

解： 用 Excel 进行数据排序的具体操作步骤：

将光标放在任意数据单元格，选择“数据”—“排序”，然后在弹出框中的“主要关键字”后选择“学校数”，“排序依据”后选择“单元格值”，“次序”后选择“升序”，然后点击“确定”即可得到排序后的数据。Excel 还可以实现按多个条件排序：添加不同的排序条件，并做相应的设置。排序从“主要关键字”开始排序，如遇数据相同的记录则再以“次要关键字”排序，如图 3－21 所示。

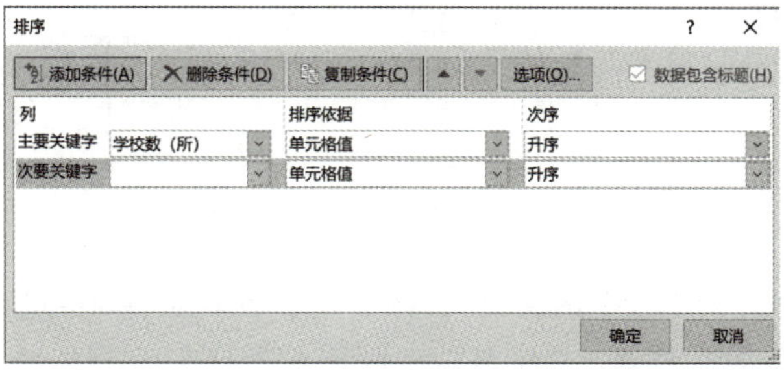

图 3－21　Excel 排序命令

例 3.3　某大学一个学生调研小组调查 2021 年 11 月在校本科生网购消费情况，抽选 50 名学生作为样本发放调查问卷。图 3－22 反映的是问卷中关于样本学生性别、所在年级及花费最多网购商品类型的数据。试观察：花费最多的网购商品不同类型的学生分布状况；花费最多网购商品类型和性别的分布状况。

	A	B	C	D	E	F	G	H
1	编号	性别	年级	花费最多网购商品类型	编号	性别	年级	花费最多网购商品类型
2	1	男	大三	服饰	26	女	大四	服饰
3	2	女	大三	日常生活用品	27	男	大二	电子产品
4	3	男	大一	电子产品	28	女	大三	日常生活用品
5	4	女	大二	服饰	29	女	大一	电子产品
6	5	女	大二	服饰	30	男	大四	食品
7	6	女	大二	电子产品	31	男	大二	服饰
8	7	男	大三	日常生活用品	32	男	大三	服饰
9	8	男	大二	食品	33	女	大三	服饰
10	9	女	大二	服饰	34	女	大二	日常生活用品
11	10	女	大三	日常生活用品	35	男	大一	日常生活用品
12	11	男	大二	食品	36	男	大三	日常生活用品
13	12	男	大三	服饰	37	女	大一	书籍等
14	13	男	大四	书籍等	38	女	大一	书籍等
15	14	男	大四	食品	39	女	大二	服饰
16	15	女	大三	日常生活用品	40	男	大四	服饰
17	16	女	大三	书籍等	41	男	大四	电子产品
18	17	女	大二	服饰	42	女	大一	书籍等
19	18	女	大二	书籍等	43	女	大四	服饰
20	19	男	大四	日常生活用品	44	女	大一	书籍等
21	20	女	大二	电子产品	45	女	大三	书籍等
22	21	女	大一	服饰	46	男	大四	服饰
23	22	男	大四	书籍等	47	男	大四	电子产品
24	23	女	大四	日常生活用品	48	女	大三	服饰
25	24	女	大一	电子产品	49	女	大二	电子产品
26	25	女	大二	食品	50	男	大三	服饰

图 3－22　2021 年 11 月在校本科生网购消费调查问卷数据

解： 用 Excel 进行生成数据透视表的具体操作步骤：

（1）选择“插入”—“数据透视表”，将“花费最多网购商品类型”字段分别拖入“行字段”和“值字段”位置（如图 3－23 所示），得到汇总结果如图 3－24 所示。

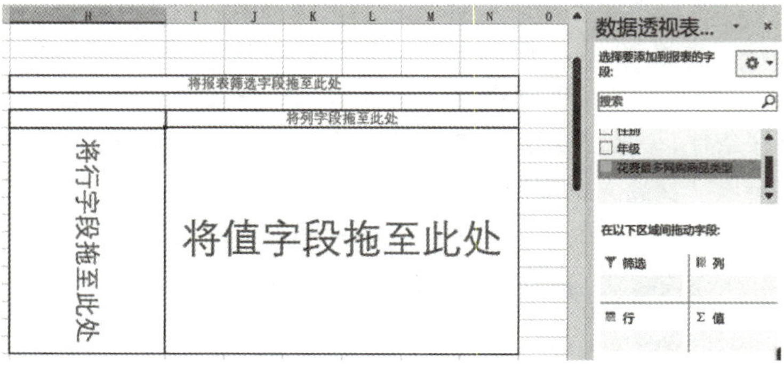

图 3－23　数据透视表操作步骤

（2）选择“插入”—“数据透视表”，将“花费最多网购商品类型”字段分别拖入“行字段”和“值字段”位置，“性别”字段拖入“列字段”位置，得到汇总结果如图 3－25 所示。

计数项:花费最多网购商品类型	
花费最多网购商品类型	汇总
电子产品	9
服饰	17
日常生活用品	10
食品	5
书籍等	9
总计	50

图 3－24　数据透视表输出结果

计数项:花费最多网购商品类型	性别		
花费最多网购商品类型	男	女	总计
电子产品	4	5	9
服饰	7	10	17
日常生活用品	4	6	10
食品	4	1	5
书籍等	2	7	9
总计	21	29	50

图 3－25　数据透视表输出结果

例 3.4　表 3－6 为某班级 80 名学生在一周内与家人聊天沟通的时长，试对数据进行组距分组。

表 3－6　　某班级 80 名学生在一周内与家人聊天沟通的时长　　单位：分钟

80	75	12	57	82	40	11	89	87	91	35	80	111	50	24	67
99	31	13	33	76	84	22	25	71	84	120	33	64	86	54	83
118	65	98	32	76	13	99	86	112	19	118	43	38	62	87	58
94	80	111	119	66	74	115	120	53	64	104	72	52	113	114	93
102	90	95	94	11	31	95	94	67	88	106	56	92	63	106	59

解： 第一步：确定组数。不妨把组数设为 8 组。

第二步：确定组距。80 个数据中，最大值是 120 分钟，最小值是 11 分钟，则组距 $=(120-11)\div 8=13.625$（分钟）。但为了便于计算，将组距取为 15 分钟。因此，时长数据具体分组为：10～25 分钟，25～40 分钟，…，115～130 分钟。

第三步：计算每一组的频数，用 Excel 绘制频数分布表。因为 Excel 在绘制频数分布表时，默认每一组的数据包括该组的上限值，因此在 Excel 中输入一列“24，39，54，…，114，130”（不妨放在 F5 ~ F12 位置）作为“接收区域”。选择“数据”—“数据分析”—“直方图”（如果“数据分析”不在“数据”工具栏中，则需要先通过“加载宏”，添加“数据分析库”选项），在弹出框“输入区域”后输入原始数据所在的位置（A1：A80），在“接收区域”后输入接收区域的位置（F5：F12），并选择“输出区域”（如图 3 - 26 所示）。

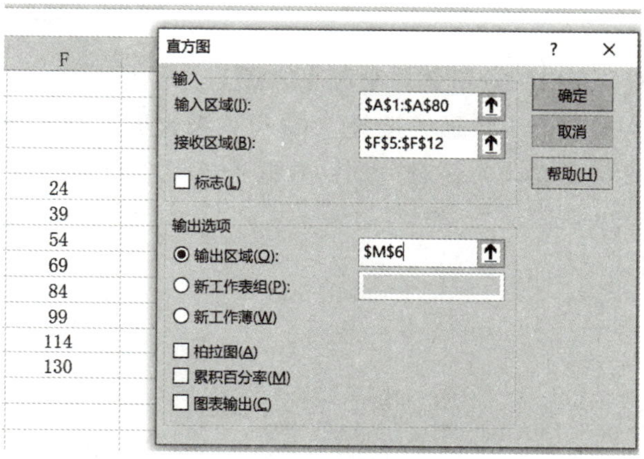

图 3 - 26　绘制频数分布表的步骤

点击“确定”，得到结果如图 3 - 27 所示。

接收	频率
24	8
39	8
54	6
69	12
84	13
99	18
114	9
130	6
其他	0

图 3 - 27　Excel 频数分布表输出结果

最后根据本例题调查问题背景，修改整理分布表中的文字说明即可（如表 3 - 7 所示）。

表 3 - 7　交流时长的频数分布表

按时长分组（分钟）	人数（人）
10 ~ 25	8
25 ~ 40	8
40 ~ 55	6

续表

按时长分组（分钟）	人数（人）
55～70	12
70～85	13
85～100	18
100～115	9
115～130	6
合计	80

例 3.5 根据例 3.4 中的分组数据绘制直方图。

解： 选中例 3.4 中的分组数据，选择“插入”条形图，得到图 3－28。然后通过右键，把“间隔宽度”改为 0，并对边框、数据标签等项目进行修改和完善，就得到了直方图（如图 3－29 所示）。

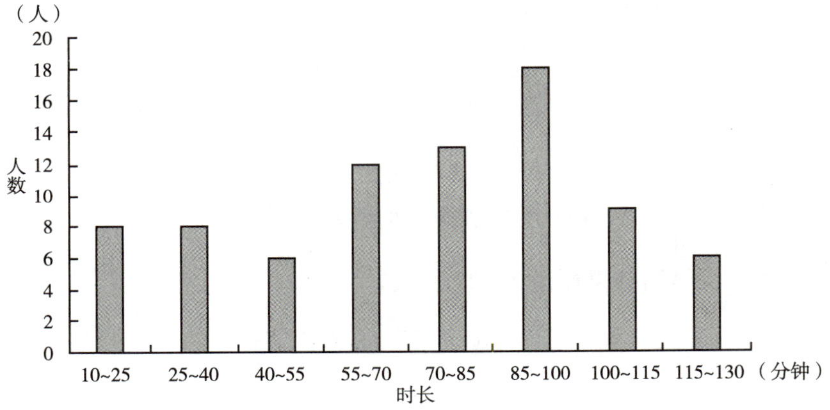

图 3－28 交流时长的条形图

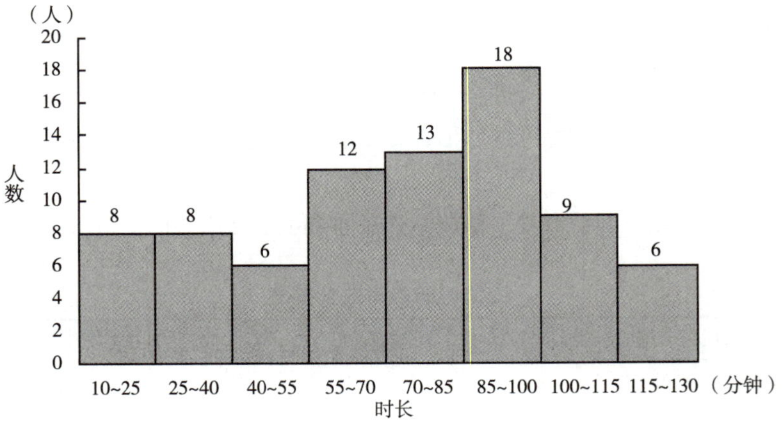

图 3－29 交流时长的直方图

例 3.6 表 3－8 是某市 11 个区县主要经济指标数据，试绘制地区生产总值和社会消费品零售总额的散点图。

表 3－8　某市 11 个区县主要经济指标数据

序号＼地区	地区生产总值（亿元）	社会消费品零售总额（亿元）	地方一般公共预算收入（亿元）	外贸出口（亿元）	城镇常住居民人均可支配收入（万元）	农村常住居民人均可支配收入（万元）
1	371.34	138.35	34.79	43.85	3.74	2.24
2	842.04	306.13	67.12	15.28	3.74	2.36
3	1 013.28	552.38	51.38	188.15	3.87	2.27
4	888.57	531.00	45.64	42.71	3.49	2.15
5	281.82	138.35	15.34	7.56	2.92	1.34
6	647.18	297.88	34.71	36.27	4.18	2.16
7	167.99	113.91	8.07	6.46	2.98	1.18
8	95.15	87.31	3.91	7.48	2.83	1.14
9	117.12	77.07	5.05	6.94	2.87	1.15
10	87.68	59.83	3.97	1.90	2.83	1.13
11	120.46	85.67	5.99	5.52	2.97	1.15

解： 选中地区生产总值和社会消费品零售总额数据，选择“插入”散点图（如图 3－30 所示），然后通过右键菜单，修改“坐标轴标题”。从图 3－30 可以直观看出，地区生产总值和社会消费品零售总额具有较明显的线性关系。

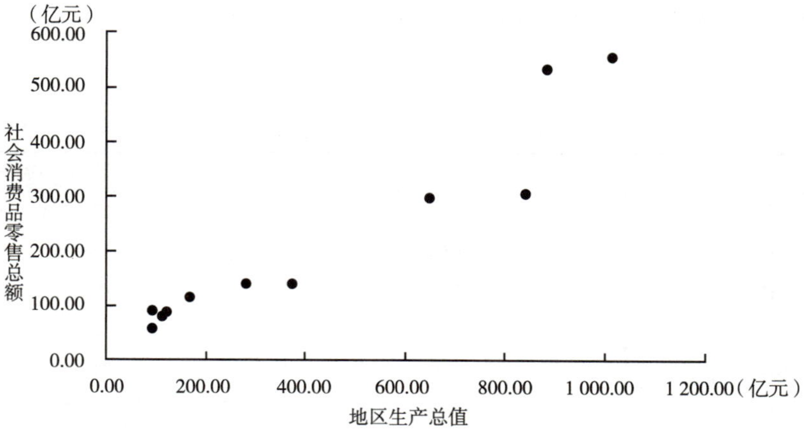

图 3－30　地区生产总值和社会消费品零售总额的散点图

例 3.7 表 3－9 为 2020 年北京、天津两地客运货运数据，试绘制雷达图。

表 3-9　　2020 年北京、天津客运货运指标

地区	铁路客运量（百万人）	公路客运量（百万人）	铁路旅客周转量（亿人公里）	公路旅客周转量（亿人公里）	铁路货物周转量（十亿吨公里）	公路货物周转量（十亿吨公里）
北京	63.88	245.48	70.69	43.67	76.71	26.57
天津	26.36	79.26	95.99	47.47	51.82	64.01

数据来源：国家统计局网站。

解：选中所给数据，选择“插入”雷达图即可（见图 3-31）。

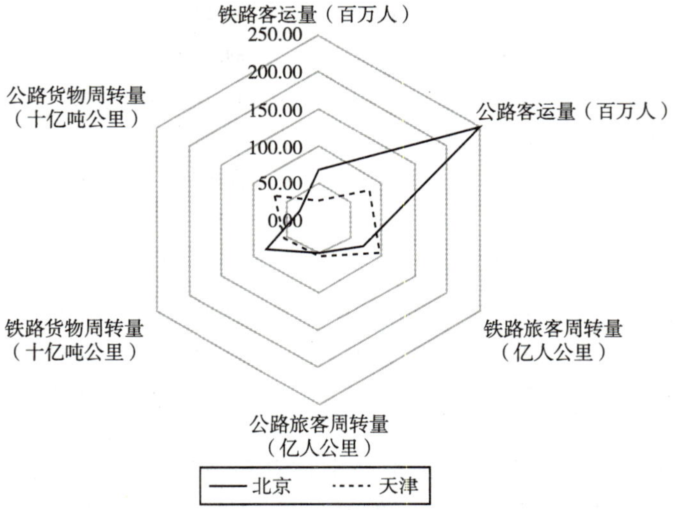

图 3-31　2020 年北京、天津客运货运雷达图

例 3.8　表 3-10 是 2010—2018 年湖北省居民消费水平数据（单位：元），试绘制折线图。

表 3-10　　2010—2018 年湖北省居民消费水平　　单位：元

年份	农村居民消费水平	城镇居民消费水平
2010	4 758	13 576
2011	5 653	15 935
2012	6 705	17 296
2013	7 755	19 156
2014	8 788	21 355
2015	9 542	23 561
2016	10 860	25 703
2017	13 090	28 121
2018	16 296	31 018

数据来源：湖北省统计局网站。

解： 将数据输入 Excel 表，并选中数据，选择“插入”折线图；选择“添加图表元素”—“坐标轴标题”—“主要纵坐标轴”；输入“(单位：元)”；右键选择“设置坐标轴标题格式”—“文本选项”—“文字方向”—“横排”，即得到图 3－32。

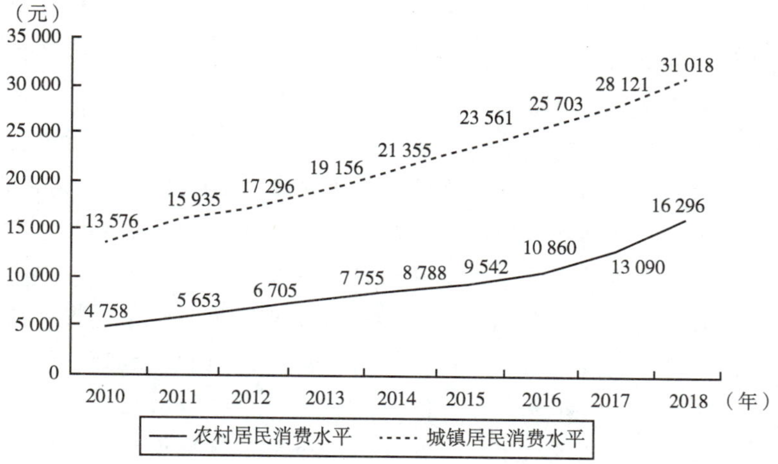

图 3－32　2010—2018 年湖北省居民消费水平折线图

思政元素

2021 年 12 月 18—19 日，第二十一次全国统计科学讨论会在京召开，会议主题为“统计现代化改革与统计学科发展”。时任国家发展和改革委员会副主任兼国家统计局局长、党组书记，中国统计学会会长宁吉喆指出，党的十八大以来，统计部门不断深化统计管理体制改革，健全完善统计制度方法，实施地区生产总值统一核算，扎实开展重大国情国力普查调查，创新重大战略监测评价，强化统计数据发布解读，扩大统计对外开放，加强统计科学研究，统计数据质量显著提高，统计在服务经济发展和民生改善中发挥了重要作用。当前世界百年未有之大变局加速演进，中华民族伟大复兴进入关键时期，统计工作面临新形势新任务新挑战。广大统计科研工作者要胸怀“国之大者”拿出“国之大数”，充分认识做好统计工作和统计科研工作的重要意义，全面把握保障统计数据质量、加快改革统计方法制度的重要要求，围绕加快构建现代化统计调查体系、建立健全推动高质量发展统计体系、完善中国特色社会主义统计体制等重点统计工作任务，着力推动统计理论创新，积极促进统计理论与经济社会科学结合，更好服务宏观决策、社会生产和人民生活。①

① 国家统计局．宁吉喆在第二十一次全国统计科学讨论会上强调发挥科研优势为推进统计现代化改革提供智力支持（2021－12－19）．http：//www.stats.gov.cn/tjgz/tjdt/202112/t20211219_1825472.html.

本章小结

数据的整理与展示是描述统计的基础。本章首先介绍了**数据的预处理**。数据的预处理包括两部分内容：一是数据的审核，其中完整性审核主要是检查应调查的单位或个体是否缺失，所有的调查项目或指标是否填写齐全等。准确性审核主要是检查数据是否有错误，是否存在异常值等。数据准确性审核的方法主要有逻辑检查和计算检查。适用性审核主要针对二手数据，使用者应弄清楚数据的来源、目标总体的界定、数据的解释以及有关的背景资料等，确定这些数据是否与当前分析研究相匹配，是否需要重新加工整理等。时效性审核主要针对二手数据，注意数据的搜集时间是否在有效期限内。二是数据的筛选和排序，其中数据筛选是指筛选出研究需要的、具有某些特征的数据。数据排序是将数据按一定顺序排列，以便研究者发现数据的特征或趋势。

然后按数据的计量尺度的不同，分别先后介绍了适用于分类数据和数值型数据的统计图表。值得注意的是，适用于低计量尺度数据的统计图表同样适用于高计量尺度数据；但反之，适用于高计量尺度数据的统计图表不一定适用于低计量尺度数据。

适用于无序分类数据的统计图表包括：①频数分布表。把各个类别及其频数用表格形式列出来，称为频数分布表。用 Excel 生成频数分布表的方法中，最常用的是生成数据透视表。统计表一般包括表头、行标题、列标题、数据、横线、注释等部分。②条形图，也称柱状图，用来展示分类变量数据，每一类别的数据用一个条形来表示。条形图包括简单条形图和复式条形图。③饼图和环形图。饼图侧重研究一个总体或样本结构性问题，每一类别的数据用一个扇形来表示。环形图可以比较多个总体或样本之间的结构性问题。

适用于有序分类数据的统计图表包括：①累积频数分布表。将有序分类数据中各类别的频数按顺序逐级累加频数，并把各个类别及其累加频数用表格形式列出来，称为累积频数分布表，包括向上累积频数分布表和向下累积频数分布表。②累积频数分布图。

对于数值型数据，在绘制统计图表之前，往往需要进行**统计分组**。数据分组是指根据研究目的，按照某个标准把原始数据分成若干组。主要作用是反映数据的分布特征。可以分为单变量值分组和组距分组。单变量值分组是把一个变量值作为一个组，适合于变量值变化幅度不大的离散变量。组距分组是将数据分成若干个区间，一个区间作为一个组，适合于变量值变化幅度较大的离散变量或连续变量。组距分组中，一个组的最小值称为下限，一个组的最大值称为上限。一个组的组中值 =（上限 + 下限）÷2，通常组中值作为该组数据的代表值。一个组的组距等于该组的上限与下限之差。通常，开口组以相邻组的组距作为其组距。组距分组需要遵循“不重不漏”的原则。通常，组距分组规定“计入下限组”。组距分组的步骤：确定组数，确定组距，计算每一组的频数，绘制频数分布表。

适用于数值型数据的统计图表包括：①直方图。用来展示分组数据分布，由一系列高度不等的条形组成。通常用横轴表示数据分组，纵轴表示数据分布。需注意直方图与条形图适用场景的不同。②茎叶图。用来展示原始数值型数据分布，包含“茎”和“叶”两部分，“茎”和“叶”都由数字组成。需注意直方图与茎叶图适用场景的不同。③箱线图。用来展示原始数值型数据分布，更多用于多组数据分布特征的比较。箱线图由一组数据的最大值、最小值、中位数、上四分位数和下四分位数 5 个值绘制而成。④散点图。用来展示两个变量之间关系。两个变量分别用坐标横轴和竖轴表示，坐标系中的每个点表示一个样本点。⑤雷达图。用来展示多样本多变量之间关系。从一个点引出多条射线，一条射线代表一个变量，将某个样本的每个变量数据点连接起来围成一个区域，多个样本围成多个区域，就形成雷达图。⑥折线图。用来展示时间序列数据的变化趋势，横轴是时间变量，竖轴是目标变量。

最后介绍如何用 **Excel 实现绘制常用统计图表**，要求学会通过 Excel 操作实现多种统计图表的绘制。

思政园地

中国生命统计及卫生统计事业的奠基人——卫生统计学家许世瑾[①]

许世瑾（1903—1988 年），著名卫生统计学家，中国卫生统计事业的创始人与奠基者之一。许世瑾教授 1903 年出生于浙江绍兴，1923 年毕业于北京医学专门学校，1930 年获美国约翰·霍普金斯大学公共卫生学硕士学位。许世瑾教授从事卫生统计工作 60 余年，兢兢业业，勤勤恳恳，为我国的卫生统计事业发展作出了卓越的贡献。

早在 1926 年，他在北京协和医学院从事死因调查和统计分析工作时，就提出了我国第一个死因分类表。在美

① 上海医科大学公共卫生学院．著名卫生统计学家——许世瑾教授［J］．中华预防医学杂志，1987（02）：106－107.

国留学期间，因深感我国医学发展迫切需要卫生统计工作，他不图名利，选择了卫生统计学作为研讨方向。回国后，他即从事卫生统计学的教学和科研工作。1934 年，他率先在南京市和江苏省句容县建立了生命统计实验区，每年总结出经过详细分析的死亡报告，1934—1936 年南京市的死亡率结果在《世界生命统计》年报上刊出。这是我国生命统计资料第一次在国际上发表。1935 年起，他与国内 204 个大医院联系，组成一个 19 种重要传染病和寄生虫病的全国报告系统，对我国 19 种重要疾病的地理分布进行了分析，为防治疾病提供了重要信息。许世瑾教授还是我国第一个男女儿童生长发育指标的体重、身长对照表的制订者。这个对照表发表在 1932 年的《中华医学杂志》上，它不仅提供了当时儿童的发育水平、身长与体重的关系，还为后来的研究工作提供了对比的基础。

中华人民共和国成立以后，许世瑾教授同教研组内外有关同志一起进行了上海药水弄、曹杨新村和日晖新村等劳动人民住宅区详细的人口和住宅环境等方面的情况调查和资料分析；并数次深入淮南煤矿、铜官山铜矿、戚墅堰机车修配厂等处调查研究，为保障工人健康和改进厂矿管理做了大量的工作。

许教授作为医学教育家，满腔热情，循循善诱，真正做到了诲人不倦，他以严谨的治学方法和严肃认真的科学态度，为祖国培养了大批卫生统计学人才。中华人民共和国成立初期，他主办高级卫生统计训练班，为新中国培养了第一批生命统计专业人员。20 世纪 50 年代以来，他主要从事卫生统计学的教学研究工作，为教学写了大量的教材，发表各种论著 100 余篇，为中国培育了几代卫生统计学专门人才。1963—1964 年，年逾花甲的许教授参加了暑期讲学团赴江西、福建两省及广西壮族自治区为当地的医学、卫生人员作系统的医学统计方法讲演，并为这次讲演编写了《医学统计讲学专刊》。1979 年，他虽已 76 岁高龄，但仍与教研室其他同志一起编写了 49 万字的《医学统计方法》一书，备受广大医学工作者欢迎，连续印刷 3 次。

▶ **讨论：**

1. 从以上示例中，你学到了什么？

2. 是一种什么样的精神使得许世瑾先生能够坚持钻研，满腔热情投身到国家的卫生统计事业？

思考与练习

一、思考题

3.1 简述数据预处理的内容。

3.2　简述统计表的主要组成部分及需要注意的事项。

3.3　简述数值型数据组距分组的步骤。

3.4　简述直方图和条形图的异同。

3.5　简述直方图和茎叶图的异同。

二、练习题

练习本章例 3.1～例 3.8 的 Excel 操作。

单选题　　判断题

第 4 章 数据分布特征的度量

育人目标

1. 通过学习数据分布特征的度量，使学生能从数据的集中趋势、离中趋势、数据分布的偏度与峰度等方面来认识数据、处理数据，激发学生利用统计知识、开发数据的热情。

2. 了解数据的集中趋势、离中趋势等数据分布特征的度量在实际工作中的应用，加深学生对我国改革开放成果的认识及统计知识的理解。

3. 了解在我国统计发展过程中作出巨大贡献的榜样人物，树立学生正确的人生观、价值观，培养学生实事求是、锐意创新的开拓精神。

案例

2021 年上半年我国居民收入和消费支出情况分析

一、居民收入情况

2021 年上半年，全国居民人均可支配收入①为 17 642 元，比上年同期名义增长 12.6%，扣除价格因素，实际增长 12.0%，增幅较高，主要是受 2020 年上半年低基数影响；比 2019 年上半年增长 15.4%，两年平均增速②为 7.4%，扣除价格因素，两年平均实际增长 5.2%，略低于同期经济增速，居民收入增长与经济增长基本同步。

分城乡看，城镇居民人均可支配收入为 24 125 元，增长（以下如无特别说明，均为同比名义增速）11.4%，扣除价格因素，实际增长 10.7%；农村居民人均可支配收入 9 248 元，增长 14.6%，扣除价格因素，实际增长 14.1%。

2021 年上半年，全国居民人均可支配收入中位数③为 14 897 元，增长 11.6%，

---

① 居民可支配收入是指居民可用于最终消费支出和储蓄的总和，即居民可用于自由支配的收入，既包括现金收入，也包括实物收入。按照收入的来源，可支配收入包括工资性收入、经营净收入、财产净收入和转移净收入。

② 两年平均增速是指以 2019 年相应同期数为基数，采用几何平均的方法计算的增速。

③ 人均收入中位数是指将所有调查户按人均收入水平从低到高顺序排列，处于最中间位置的调查户的人均收入。

中位数是平均数的 84.4%。其中，城镇居民人均可支配收入中位数为 21 517 元，增长 9.7%，中位数是平均数的 89.2%；农村居民人均可支配收入中位数为 7 956 元，增长 19.1%，中位数是平均数的 86.0%（如图 4－1 所示）。

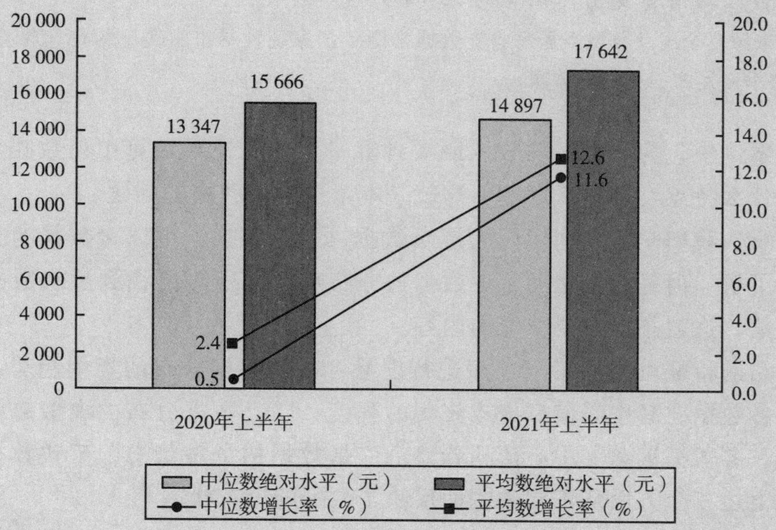

图 4－1　2021 年上半年居民人均可支配收入平均数与中位数

数据来源：国家统计局网站。

注：全国及分城乡居民收支数据来源于国家统计局组织实施的住户收支与生活状况调查，按季度发布。

二、居民消费支出情况

2021 年上半年，全国居民人均消费支出[①] 11 471 元，比上年同期名义增长 18.0%，扣除价格因素，实际增长 17.4%，比 2019 年上半年增长 11.0%，两年平均增长 5.4%，扣除价格因素，两年平均实际增长 3.2%。

分城乡看，城镇居民人均消费支出 14 566 元，增长 16.7%，扣除价格因素，实际增长 16.0%；农村居民人均消费支出 7 464 元，增长 20.2%，扣除价格因素，实际增长 19.7%。

2021 年上半年，全国居民人均食品烟酒消费支出 3 536 元，增长 14.2%，占人均消费支出的比重为 30.8%；人均衣着消费支出 742 元，增长 21.4%，占人均消费支出的比重为 6.5%；人均居住消费支出 2 649 元，增长 7.5%，占人均消费支出的比重为 23.1%；人均生活用品及服务消费支出 669 元，增长 15.1%，占人均消费支出的比重为 5.8%；人均交通通信消费支出 1 455 元，增长 17.5%，占人

① 居民消费支出是指居民用于满足家庭日常生活消费需要的全部支出，既包括现金消费支出，也包括实物消费支出。消费支出包括食品烟酒、衣着、居住、生活用品及服务、交通通信、教育文化娱乐、医疗保健以及其他用品及服务八大类。

均消费支出的比重为12.7%；人均教育文化娱乐消费支出1 119元，增长68.5%，占人均消费支出的比重为9.8%；人均医疗保健消费支出1 015元，增长19.7%，占人均消费支出的比重为8.8%；人均其他用品及服务消费支出286元，增长33.0%，占人均消费支出的比重为2.5%。

（资料来源：全国及分城乡居民收支数据来源于国家统计局组织实施的住户收支与生活状况调查，按季度发布，此处有删减。）

在以上案例中，为什么人均收入既要计算平均数，还要计算中位数呢？平均数与中位数各有什么特点？有什么区别？这就是本章要学习解决的问题。

在第3章，我们学习了利用图表展示数据，通过图表，可以对数据的分布特征有一个大致的了解，但是，要全面了解数据的分布特征，还需要找到反映数据分布特征的各个代表值，这就是本章要学习的内容。

数据分布的特征可以从三个方面进行度量：一是数据分布的集中趋势，它反映一组数据中，各数据向其中心值靠拢或聚集的程度；二是数据分布的离散趋势，它反映一组数据中，各数据远离其中心值的趋势；三是数据的分布状态，反映数据分布的偏态与峰态。上述三个方面从不同的侧面反映了数据的分布状态。

4.1 集中趋势的度量

集中趋势的度量

集中趋势（central tendency），它是一组数据向其中心值靠拢的倾向和程度。度量集中趋势就是寻找一组数据的代表值或中心值。不同类型的数据用不同的集中趋势度量值来度量；低层次数据的度量值适用于高层次的度量数据，但高层次数据的度量值并不适用于低层次的度量数据。因此，选用哪一个度量值来反映一组数据的集中趋势，要根据已知的数据的类型和特征来确定。

思政元素

党的十八大召开十年来，我们经过接续奋斗，实现了小康这个中华民族的千年梦想，我国发展站在了更高历史起点上。我们坚持精准扶贫、尽锐出战，打赢了人类历史上规模最大的脱贫攻坚战，全国832个贫困县全部摘帽，近一亿农村贫困人口实现脱贫，960多万贫困人口实现易地搬迁，历史性地解决了绝对贫困问题，为全球减贫事业作出了重大贡献。①

① 摘自《高举中国特色社会主义伟大旗帜，为全面建设社会主义现代化国家而团结奋斗——在中国共产党第二十次全国代表大会上的报告》。

4.1.1　分类数据：众数

众数（mode），是一组数据中出现次数最多的变量值，习惯上用M_o来表示。众数适用于数据量较多且具有明显的集中趋势时；它不受极端值的影响；一组数据中可能没有众数，也可能有多个众数；众数主要用于分类数据集中趋势的度量，也可用于数值型数据集中趋势的度量。

1. 无序分类数据的众数

例 4.1　某学校自动售货柜某天销售的部分商品品种及数量统计如表 4-1 所示。

表 4-1　不同商品频数分布表

商品名称	频数（瓶）	频率（%）
农夫山泉矿泉水	62	40.00
百事可乐	18	11.61
可口可乐	15	9.68
怡宝矿泉水	28	18.06
红牛饮料	32	20.65
合计	155	100.00

这里的变量为"商品名称"，这是个无序分类变量，不同类型的商品就是变量值。从统计表中的数据可以看出，农夫山泉矿泉水卖得最多，为 62 瓶，占总量的 40%，因此众数为"农夫山泉矿泉水"这一商品，即

$$M_o = \text{农夫山泉矿泉水}$$

2. 有序分类数据的众数

例 4.2　某物业公司为了了解小区业主对物业服务是否满意，在其服务的小区随机抽取 180 户进行调查，得到结果如表 4-2 所示。

表 4-2　小区业主对物业服务是否满意调查结果统计表

满意程度	业主户数（户）	频率（%）
非常不满意	8	4.44
不满意	78	43.33
一般	50	27.78
满意	34	18.89
非常满意	10	5.56
合计	180	100.00

这里的数据为有序分类数据。变量为“满意程度”。小区业主对物业服务表示不满意的户数最多，为 78 户，因此众数为“不满意”这一类别，即

$$M_o = \text{不满意}$$

4.1.2 有序分类数据：中位数和分位数

1. 中位数（median）

它是一组数据排序后处于中间点位置上的值，习惯上用M_e表示。中位数不受极端值的影响，主要用于有序分类数据，也可用于数值型数据，但不能用于无序分类数据。各变量值与其中位数的离差绝对值之和最小。

对于有序分类数据求中位数其步骤为，先将一组数据排序，计算中间点的位置，然后通过累计次数找到中间点的位置（找一个累计方向向下或向上累计，累计到刚好等于或者第一次包含中间点的位置为止），其对应的变量值就是中位数。

例 4.3 以表 4－2 中的数据为例，累计次数如表 4－3 所示，求其中位数。

表 4－3 小区业主满意程度累计表

满意程度	业主户数（户）	向上累计	向下累计
非常不满意	8	8	180
不满意	78	86	172
一般	50	136	94
满意	34	170	44
非常满意	10	180	10
合计	180	—	—

$$\text{中间点位置} = \frac{n+1}{2} \qquad (4-1)$$

式中，n 为数据的个数。

例中，$\frac{180+1}{2} = 90.5 \approx 91$。从表 4－3 中的累计次数可以看出，中位数是“一般”。

2. 四分位数

四分位数（quartile）是通过 3 个点将一组数据等分为 4 部分，其中每一部分包含 25% 的数据。显然，中间的四分位数就是中位数，因此，通常所说的四分位数是指处在 25% 位置上的数值（习惯称为下四分位数）和处在 75% 位置上的数值（习惯称为上四分位数）。

有序分类数据的四分位数的计算步骤是：先将一组数据排序，根据公式确定四分

位数所在的位置，然后通过累计找到四分位数所在的位置，该位置所对应的变量值就是四分位数。

四分位数位置的确定：

$$Q_L\text{位置} = \frac{n}{4};\quad Q_U\text{位置} = \frac{3n}{4} \tag{4-2}$$

式中，Q_L为下四分位数；Q_U为上四分位数。

确定四分位数位置还有其他方法，这里不做一一介绍。

例 4.4　以表 4-2 中的数据为例，累计次数如表 4-3 所示，求其四分位数。

从表 4-3 可以看出，

Q_L位置 $= \frac{n}{4} = \frac{180}{4} = 45$，所以$Q_L$为“不满意”；

Q_U位置 $= \frac{3n}{4} = \frac{3 \times 180}{4} = 135$，所以$Q_U$为“一般”。

对于未分组的数值型数据求四分位数，先将数据排序，然后找下四分位数和上四分位数的位置，计算得出对应的四分位数。

例 4.5　现有 9 个学生，某月生活费支出数据如下：

原始数据：	1 500	750	780	1 080	850	960	2 000	1 250	1 630
排　　序：	750	780	850	960	1 080	1 250	1 500	1 630	2 000
位　　置：	1	2	3	4	5	6	7	8	9

$$Q_L\text{位置} = \frac{n}{4} = \frac{9}{4} = 2.25 \qquad Q_U\text{位置} = \frac{3n}{4} = \frac{3 \times 9}{4} = 6.75$$

则，$Q_L = 780 + (850 - 780) \times 0.25 = 797.5$(元)

$Q_U = 1\,250 + (1\,500 - 1\,250) \times 0.75 = 1\,437.5$(元)

4.1.3　数值型数据：平均数

平均数

平均数（mean），也称为均值。它是集中趋势中最常用的度量值，在统计学中具有重要地位。它是一组数据的均衡点所在，体现了数据的必然性特征；易受极端值的影响；主要适用于数值型数据，不适用于分类数据。

根据总体数据计算的，称为总体平均数，记为μ；根据样本数据计算的，称为样本平均数，记为$\overline{X}$。

平均数的作用主要表现在：利用平均数可以进行同类现象在不同空间的对比，也可以进行同一总体在不同时间上的比较；利用平均数可以分析现象之间的依存关系；利用平均数还可以进行数量上的推算，可以作为论断事物的一种数量标准或参考。

1. 算术平均数

算术平均数反映的是两个总量的对比，是数值平均数中最基本、最常用的一种平均数。其基本公式为：

$$算术平均数 = \frac{总体变量值总量}{总体个数总量} \tag{4-3}$$

算术平均数根据所掌握的数据不同，其计算有简单式和加权式。

（1）简单算术平均数。如果掌握的数据为未分组数据，则用简单式，对于样本数据，其计算公式如下：

$$\bar{x} = \frac{x_1 + x_2 + \cdots + x_n}{n} = \frac{\sum_{i=1}^{n} x_i}{n} \tag{4-4}$$

式中：$\bar{x}$为算术平均数；x_i 为各个体的变量值；n 为样本单位个数。

（2）加权算术平均数。如果掌握的数据为分组数据，则用加权式，对于样本数据，其计算公式如下：

$$\bar{x} = \frac{x_1 f_1 + x_2 f_2 + \cdots + x_n f_n}{\sum_{i=1}^{n} f_i} = \frac{\sum_{i=1}^{n} x_i f_i}{\sum_{i=1}^{n} f_i} = \sum_{i=1}^{n} x_i \times \frac{f_i}{\sum_{i=1}^{n} f_i} \tag{4-5}$$

式中：$\bar{x}$为算术平均数，x_i 为各组变量值（组距式数列为各组组中值）；f_i 为各组变量值出现的次数（即权数）。

例 4.6 现收集到某企业第一车间工人某天产量资料，如表 4－4 所示。

表 4－4 某企业第一车间工人某天产量资料表

按日产量分组（千克）	组中值（千克）x_i	工人数（人）f_i	各组产量（千克）$x_i f_i$
60 以下	55	10	550
60～70	65	19	1 235
70～80	75	50	3 750
80～90	85	36	3 060
90～100	95	27	2 565
100～110	105	14	1 470
110 以上	115	8	920
合计	—	164	13 550

要求：计算该企业第一车间平均日产量。

分析：平均日产量为总产量除以总人数。这里，总人数已知，需求总产量，总产量为各组产量的和，所以要先求各组组中值，再求各组产量，然后汇总得出总产量。由于是分组数据，用加权式计算如下：

$$\bar{x} = \frac{\sum_{i=1}^{n} x_i f_i}{\sum_{i=1}^{n} f_i} = \frac{13\ 550}{164} = 82.6220（千克）$$

所以，该企业第一车间平均日产量为 82.62 千克。

这里加权式的权数为频数（工人数），权数也可以用频率（即例中各组工人数占总人数的比重）计算。

例 4.7　用表 4－4 中的数据计算得到表 4－5 数据。

表 4－5　加权式频率计算表

按日产量分组（千克）	组中值（千克）x_i	工人人数比重 $\frac{f_i}{\sum_{i=1}^{n} f_i}$	$x_i \times \frac{f_i}{\sum_{i=1}^{n} f_i}$
60 以下	55	0.0609	3.3495
60～70	65	0.1159	7.5335
70～80	75	0.3049	22.8675
80～90	85	0.2195	18.6575
90～100	95	0.1646	15.6370
100～110	105	0.0854	8.9670
110 以上	115	0.0488	5.6096
合计	—	1.00	82.6216

$$\bar{x} = \sum_{i=1}^{n} x_i \times \frac{f_i}{\sum_{i=1}^{n} f_i} = 82.6216(\text{千克})$$

与前面的计算结果有一点点误差，是因为计算工人人数比重四舍五入的影响。

简单算术平均数只受变量值 x_i 大小这一个因素的影响。加权算术平均数既受变量值 x_i 大小的影响，还受权数的影响。对于加权式，如果各组的权数相等，则权数的影响不存在，此时，加权式等于简单式。

算术平均数适合用代数方法运算，因此运用比较广泛；但是它易受极端变量值的影响，使变量值的代表性变小，其中受极大值的影响要大于受极小值的影响。当组距数列为开口组时，由于组中值不易确定，使算术平均数的代表性也不是很可靠，它只是一个近似值。

算术平均数有一些形式上的变形，如调和平均数。**调和平均数**是各个变量值倒数的算术平均数的倒数。

例 4.8　已知某商品在三个集贸市场上的平均价格及销售额资料如表 4－6 所示。要求，根据资料计算其平均价格。

表 4-6　　某商品在三个集贸市场上的平均价格及销售额资料表

市场名称	平均价格（元）x_i	销售额（元）m_i	$f_i=\frac{m_i}{x_i}$
甲	1.00	30 000	30 000
乙	1.50	30 000	20 000
丙	1.40	35 000	25 000
合计	—	95 000	75 000

从资料可以看出，知道了各个市场的销售额 m_i，但是不知道各个市场的销售量，所以先求各个市场的销售量$\frac{m_i}{x_i}$，用各个市场的销售额除以各个市场的平均价格，然后用加权式计算调和平均数如下：

$$\bar{x}_h=\frac{\sum_{i=1}^{3}m_i}{\sum_{i=1}^{3}\frac{m_i}{x_i}}=\frac{95\ 000}{75\ 000}=1.27(\text{元})$$

在计算调和平均数的过程中，如果数列中有一变量值等于零，则无法计算$\bar{x}_h$；它作为一种数值平均数，同样受所有极端值的影响，但较之算术平均数，受极端值的影响要小，调和平均数的适用范围较小。

算术平均数和调和平均数二者的平均数经济意义相同，通常情况下，调和平均数常作为算术平均数的变形使用。由于 $m=xf$，$f=\frac{m}{x}$，于是 $\bar{x}=\frac{\sum_{i=1}^{n}x_i f_i}{\sum_{i=1}^{n}f_i}=\frac{\sum_{i=1}^{n}m_i}{\sum_{i=1}^{n}\frac{m_i}{x_i}}=\bar{x}_h$。

但是，两种平均数应用场合不相同：如果掌握的资料中，分母已知，分子未知，则用算术平均数，其中，如果各组分母相同，用简单算术平均；如果各组分母不同，用加权算术平均。如果掌握的资料中，分母未知，分子已知，则用调和平均数，其中，如果各组分组相同，用简单调和平均；如果各组分组不同，用加权调和平均。

2. 几何平均数（对数平均数）

几何平均数是若干个变量值的连乘积开若干次方根。它适用于计算比率数据的平均数。根据掌握的数据不同，其计算有简单式和加权式。

（1）简单几何平均数。如果掌握的数据为未分组数据，则用简单式，对于样本数据，其计算公式如下：

$$\bar{x}_G=\sqrt[n]{x_1\times x_2\times\cdots\times x_n}=\sqrt[n]{\prod_{i=1}^{n}x_i} \tag{4-6}$$

式中，$\bar{x}_G$为几何平均数。

例 4.9　某企业生产某种产品要经过三道工序，第一道工序的产品合格率是 92%，第二道工序的产品合格率是 95%，第三道工序的产品合格率是 90%，要求计算该产品三道工序的平均合格率。

这里，各个变量值出现的次数一致，且为比率数据，所以用简单式，计算如下：

$$\bar{x}_G = \sqrt[n]{\prod_{i=1}^{n} x_i} = \sqrt[3]{92\% \times 95\% \times 90\%} = 92.31\%$$

该产品三道工序的平均合格率为 92.31%。

（2）加权几何平均数。如果掌握的数据为分组数据，则用加权式，对于样本数据，其计算公式如下：

$$\bar{x}_G = \sqrt[\sum_{i=1}^{n} f_i]{\prod_{i=1}^{n} x_i^{f_i}} \tag{4-7}$$

式中，f_i 为各变量值出现的次数。

例 4.10 某定期存款 25 年的年利率如表 4-7 所示，若按复利计算，试计算平均年利率。

表 4-7 某定期存款 25 年的年利率表

年份	第 1 年	第 2~5 年	第 6~13 年	第 14~23 年	第 24~25 年
年利率（%）	2.2	2.7	2.9	3.5	5.8

这里，利率为比率数据，随着时间变化，利率也在变化且不同时间利率的时间跨度不同，用加权式计算。要求计算复利，也就是计算时利率要加上本金，计算完后，再剔除本金。计算如下：

$$\begin{aligned}\bar{x}_G &= \sqrt[\sum_{i=1}^{n} f_i]{\prod_{i=1}^{n} x_i^{f_i}} - 1 \\ &= \sqrt[25]{1.022^1 \times 1.027^4 \times 1.029^8 \times 1.035^{10} \times 1.058^2} - 1 \\ &= 3.31\%\end{aligned}$$

该定期存款 25 年的平均年利率为 3.31%。

对于几何平均数，如果数列中有一个变量值等于零或负值，就无法计算 $\bar{x}_G$；它同样用变量值来计算，因此，也受极端值的影响，但较 $\bar{x}$ 和 $\bar{x}_h$ 要小。它适用于反映特定现象的平均水平，即比率数据。

3. 众数、中位数和平均数的比较

（1）众数（M_o）、中位数（M_e）和平均数（$\bar{x}$）的关系。从数据分布的角度看，当数据分布呈对称状态时，三者合而为一，即 $M_o = M_e = \bar{x}$（如图 4-2 所示）。当数据分布呈不对称状态时，即数据出现偏态分布，此时，三者会不一致。如果数据是左偏分布，说明数据存在极小值，必然拉动平均数向极小值一方靠拢，所以三者之间的关系表现为 $M_o > M_e > \bar{x}$（如图 4-3 所示）。如果数据是右偏分布，说明数据存在极大值，必然拉动平均数向极大值一方靠拢，则三者之间的关系表现为 $M_o < M_e < \bar{x}$（如图 4-4 所示）。

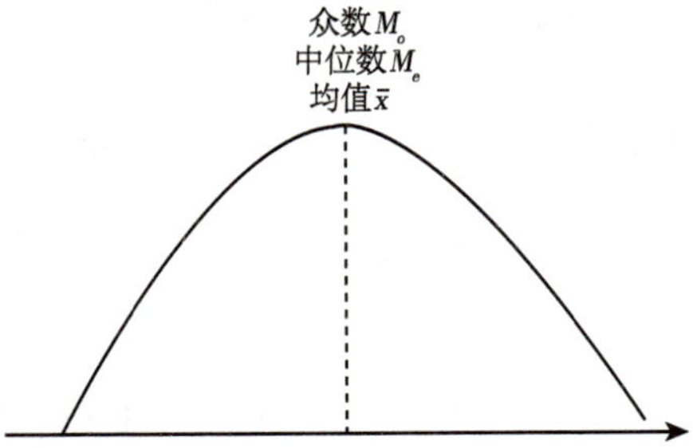

图 4－2　对称分布

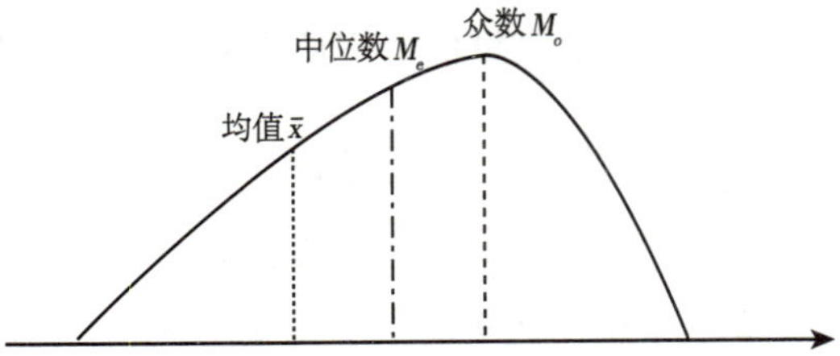

图 4－3　左偏分布

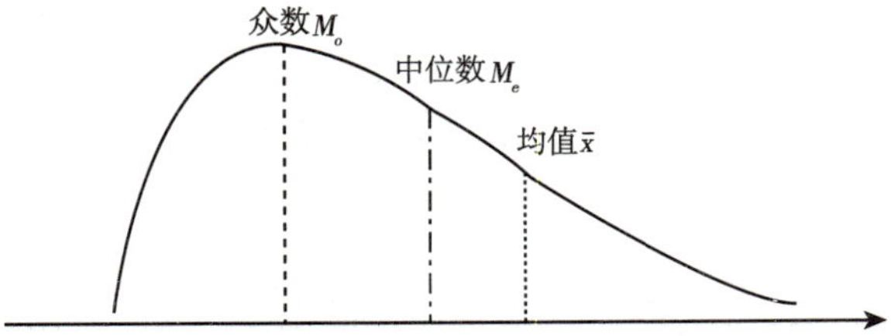

图 4－4　右偏分布

（2）众数、中位数和平均数的特点与应用。

众数是一组数据分布的峰值，它不受极值的影响且具有不唯一性。众数只有在数据量较多时使用才有意义，它主要适用于分类数据集中趋势的度量，也可以作为数值型数据集中趋势的度量。

中位数是一组数据中间点位置上的代表值，它不受极值的影响。当一组数据的分布偏斜程度较大时，使用中位数比较合适。中位数主要适用于有序分类数据集中趋势的度量，也可以作为数值型数据集中趋势的度量，但不适用于无序分类数据集中趋势的度量。

平均数是针对数值型数据计算的，它利用了一组数据的全部信息，是实际中应用最广泛的集中趋势度量值，但是它容易受数据极端值的影响。因此，当数据呈对称分布或接近对称分布时，应选择平均数作为集中趋势的代表值。当数据为偏态分布，特别是偏斜程度较大时，应选择中位数或众数，此时，它们的代表性要比平均数的代表性好。

4.2　离散程度的度量

数据的离散程度是数据分布的另一个重要特征，它反映各变量值远离其中心值的程度（离散程度）。它从另一个侧面说明了集中趋势度量值的代表程度，数据的离散程度越大，集中趋势的度量值对该组数据的代表性就越差；反之，则代表性就越好。

根据数据的类型不同，数据离散程度的度量值主要有异众比率、四分位差、极差、平均差、方差、标准差及测度相对离散程度的离散系数等。

思政元素

习近平总书记2021年8月17日在中央财经委员会第十次会议上讲话指出："现在，我们正在向第二个百年奋斗目标迈进。适应我国社会主要矛盾的变化，更好满足人民日益增长的美好生活需要，必须把促进全体人民共同富裕作为为人民谋幸福的着力点，不断夯实党长期执政基础。""同时，必须清醒认识到，我国发展不平衡不充分问题仍然突出，城乡区域发展和收入分配差距较大。""要加快完善社会主义市场经济体制，推动发展更平衡、更协调、更包容。要增强区域发展的平衡性，实施区域重大战略和区域协调发展战略，健全转移支付制度，缩小区域人均财政支出差异，加大对欠发达地区的支持力度。要强化行业发展的协调性，加快垄断行业改革，推动金融、房地产同实体经济协调发展。要支持中小企业发展，构建大中小企业相互依存、相互促进的企业发展生态。"

4.2.1　分类数据：异众比率

异众比率（variation ratio）是非众数组的频数占总频数的比例，用V_r表示。其计算公式为：

$$V_r = \frac{\sum_{i=1}^{k} f_i - f_m}{\sum_{i=1}^{k} f_i} = 1 - \frac{f_m}{\sum_{i=1}^{k} f_i} \tag{4-8}$$

式中，$\sum_{i=1}^{k} f_i$ 为总频数；f_m为众数组的频数；$i=1,2,3,\cdots,k$。

异众比率主要用于度量众数对一组数据的代表程度。V_r越大，说明众数的代表性越差；反之，则代表性越好。它一般主要适用于分类数据离散程度的测度，当然，数值型数据也可以计算。

例 4.11　用表 4－1 中数据计算得，$V_r=60\%$。

4.2.2　有序分类数据：四分位差

四分位差（quartile deviation）是对顺序数据离散程度的度量，也称为内距或四分间距，它是上四分位数与下四分位数之差，表示为

$$Q_d = Q_U - Q_L \tag{4-9}$$

四分位差反映了中间50%数据的离散程度，其数据越小，中间的数据越集中；反之，则越分散。它不受极端值的影响，主要用于度量中位数的代表性。它一般主要用于度量有序分类数据的离散程度，也可以度量数值型数据的离散程度，但不适合度量无序分类数据的离散程度。

例4.12 利用例4.5中的数据计算可得：

$$Q_d = Q_U - Q_L = 1\,437.5 - 797.5 = 640(\text{元})$$

4.2.3 数值型数据：极差、平均差、方差和标准差

方差与标准差

度量数值型数据离散程度主要用极差、平均差、方差和标准差，其中最常用的是方差和标准差。下面分别说明。

1. 极差（range）

极差是一组数据的最大值与最小值之差，也称全距。它是离散程度的最简单度量值，易受极端值影响，未考虑数据的分布状况，不能反映除了两个极值外其他数据的离散状况。计算公式为：

$$R = \max(x_i) - \min(x_i) \tag{4-10}$$

2. 平均差（mean deviation）

平均差是各变量值与其平均数离差绝对值的平均数，能全面反映一组数据的离散程度，但是其数学性质较差，实际中应用较少。

计算公式为：

$$\text{未分组数据：} M_d = \frac{\sum_{i=1}^{n} |x_i - \bar{x}|}{n} \tag{4-11}$$

$$\text{分组数据：} M_d = \frac{\sum_{i=1}^{k} |x_i - \bar{x}| f_i}{\sum_{i=1}^{k} f_i} \tag{4-12}$$

式中：x_i 为各变量值或各组中值。

例4.13 利用例4.6中的数据计算平均差如表4-8所示。

表4-8　平均差计算表

按日产量分组（千克）	组中值（千克）x_i	工人数（人）f_i	$\lvert x_i - \bar{x} \rvert$	$\lvert x_i - \bar{x} \rvert f_i$
60以下	55	10	27.62	276.20
60～70	65	19	17.62	334.78

续表

按日产量分组（千克）	组中值（千克）x_i	工人数（人）f_i	$\lvert x_i-\bar{x}\rvert$	$\lvert x_i-\bar{x}\rvert f_i$
70～80	75	50	7.62	381.00
80～90	85	36	2.38	85.68
90～100	95	27	12.38	334.26
100～110	105	14	22.38	313.32
110 以上	115	8	32.38	259.04
合计	—	164	—	1 984.28

从例 4.6 中计算可以知道$\bar{x}=82.62$ 千克。

根据表 4－8 中有关数据，计算得

$$M_d=\frac{\sum_{i=1}^{k}\lvert x_i-\bar{x}\rvert f_i}{\sum_{i=1}^{k}f_i}=\frac{1\,984.28}{164}=12.10(\text{千克})$$

3. 方差和标准差

方差（variance）是各变量值与其平均数离差平方的平均数；标准差（standard deviation）是方差的平方根，是数值型数据离散程度的最常用度量值，反映了各变量值与其均值的平均差异。

根据总体数据计算的，称为总体方差（标准差），记为 $\sigma^2(\sigma)$；根据样本数据计算的，称为样本方差（标准差），记为 $s^2(s)$。

根据样本数据计算方差s^2：

$$\text{未分组数据：}s^2=\frac{\sum_{i=1}^{n}(x_i-\bar{x})^2}{n-1}\tag{4－13}$$

$$\text{分组数据：}s^2=\frac{\sum_{i=1}^{k}(x_i-\bar{x})^2 f_i}{n-1}\tag{4－14}$$

根据样本数据计算标准差 s：

$$\text{未分组数据：}s=\sqrt{\frac{\sum_{i=1}^{n}(x_i-\bar{x})^2}{n-1}}\tag{4－15}$$

$$\text{分组数据：}s=\sqrt{\frac{\sum_{i=1}^{k}(x_i-\bar{x})^2 f_i}{n-1}}\tag{4－16}$$

式中：x_i 为各变量值或各组中值。

例 4.14 利用例 4.6 中的数据计算标准差如表 4－9 所示。

表 4－9 标准差计算表

按日产量分组（千克）	组中值（千克）x_i	工人数（人）f_i	$(x_i-\bar{x})^2$	$(x_i-\bar{x})^2f_i$
60 以下	55	10	762.8644	7 628.6440
60～70	65	19	310.4644	5 898.8236
70～80	75	50	58.0644	29 303.2200
80～90	85	36	5.6644	203.9184
90～100	95	27	153.2644	4 138.1388
100～110	105	14	500.8644	7 012.1016
110 以上	115	8	1 048.4644	8 387.7152
合计	—	164	—	36 172.5616

从例 4.6 中计算可以知道 $\bar{x}=82.62$ 千克。

根据表 4－9 中有关数据，计算得

$$s=\sqrt{\frac{\sum_{i=1}^{k}(x_i-\bar{x})^2f_i}{n-1}}=\sqrt{\frac{36\ 172.5616}{164-1}}=14.8969(\text{千克})$$

另外，根据总体数据计算方差 σ^2：

$$\text{未分组数据：}\sigma^2=\frac{\sum_{i=1}^{N}(x_i-\mu)^2}{N} \tag{4－17}$$

$$\text{分组数据：}\sigma^2=\frac{\sum_{i=1}^{k}(x_i-\mu)^2f_i}{N} \tag{4－18}$$

根据总体数据计算标准差 σ：

$$\text{未分组数据：}\sigma=\sqrt{\frac{\sum_{i=1}^{N}(x_i-\mu)^2}{N}} \tag{4－19}$$

$$\text{分组数据：}\sigma=\sqrt{\frac{\sum_{i=1}^{k}(x_i-\mu)^2f_i}{N}} \tag{4－20}$$

式中：x_i 为各变量值或各组中值。

（根据总体数据计算标准差 σ，大家自己找数据计算，这里不举例说明。）

4. 相对离散程度：离散系数（coefficient of variation）

前面介绍的各种离散程度度量指标，都与平均数有相同的计量单位，是反映其离散程度的绝对指标，其数值的大小，不仅受变量值之间差异程度的影响，而且还受变量值水平高低的影响。因此，在比较两个总体或数列的离散程度、衡量其平均数的代表性时，如果两个总体或数列的性质不同、计量单位不同或平均水平不同，就不能采用前述的某种离散程度指标直接比较其差异的大小，而应计算分析其离散程度的相对数，即离散系数。离散系数是极差、平均差和标准差与其算术平均数的对比值，分别称为极差系数、平均差系数和标准差系数。在实际工作中，标准差系数的应用最为普遍。其计算公式如下：

根据样本数据计算：
$$V_s = \frac{s}{\bar{x}} \times 100\% \tag{4-21}$$

根据总体数据计算：
$$V_\sigma = \frac{\sigma}{\bar{x}} \times 100\% \tag{4-22}$$

例 4.15　利用例 4.6 的资料计算离散系数。从前面的例题中可知：$\bar{x} = 82.62$（千克），$s = 14.8969$（千克），则 $V_s = \frac{s}{\bar{x}} \times 100\% = \frac{14.8969}{82.62} \times 100\% = 18.03\%$。

标准差与其相应的均值之比，是对数据相对离散程度的度量，消除了数据平均水平高低和计量单位的影响，用于对不同组别数据离散程度的比较。

4.2.4　相对位置的度量：标准分数、经验法则、切比雪夫不等式

1. 标准分数

标准分数（standard score）是变量值与其均值的离差除以标准差，即：

$$Z_i = \frac{x_i - \bar{x}}{s} \tag{4-23}$$

标准分数给出一组数据中各变量值的相对位置，也可用于判断一组数据中是否存在离群点。表 4-10 中是 12 名考生的某次考试成绩，其均值 $\bar{x} = 84.75$，标准差 $s = 9.37$。表中数据显示，11 号考生的标准分数为 1.41，说明该考生成绩比平均分数高 1.41 个标准差；10 号考生的标准分数为 -0.08，说明该考生成绩比平均分数低 0.08 个标准差；同理可得到其他考生考试成绩的相对位置。12 个考生的标准分数均在 -2 到 2 之间，由此可见，本次考试成绩不存在离群点。

表 4-10　　12 名考生考试成绩的标准分数

编号	考试分数（分）	标准分数
1	93	0.88
2	74	-1.15
3	80	-0.51

续表

编号	考试分数（分）	标准分数
4	84	-0.08
5	77	-0.83
6	84	-0.08
7	87	0.24
8	97	1.31
9	92	0.77
10	84	-0.08
11	98	1.41
12	67	-1.89

2. 经验法则

经验法则表明：若一组数据是对称分布，则约有 68% 的数据在均值 ±1 个标准差的范围内；95% 的数据在均值 ±2 个标准差的范围内；99% 的数据在均值 ±3 个标准差的范围内。

一组数据中均值 ±3 个标准差范围以外的数据，统计上称为离群点。

3. 切比雪夫不等式

若一组数据不是对称分布，则需由切比雪夫不等式计算数据分布的比例：至少有 $(1-1/k^2)$ 的数据在均值 $\pm k$ 个标准差的范围内，其中 $k>1$。

当 $k=2$，3，4 时，数据分布具体表现为：至少有 75% 的数据在均值 ±2 个标准差的范围内；至少有 89% 的数据在均值 ±3 个标准差的范围内；至少有 94% 的数据在均值 ±4 个标准差的范围内。

4.3 偏态与峰态的度量

偏态与峰态的度量

4.3.1 偏态

偏态（skewness）是统计学家皮尔逊（Pearson）于 1895 年首次提出，它是对数据分布偏斜程度的度量。

如果偏态系数为 0，则数据为对称分布；如果偏态系数大于 0，则数据为右偏分布；如果偏态系数小于 0，则数据为左偏分布。

偏态系数的计算公式如下：

根据未分组数据计算：
$$SK=\frac{n\sum_{i=1}^{n}(x_i-\bar{x})^3}{(n-1)(n-2)s^3} \tag{4-24}$$

根据分组数据计算：
$$SK=\frac{\sum_{i=1}^{k}(x_i-\bar{x})^3 f_i}{ns^3} \tag{4-25}$$

式中，x_i为各组变量值或各组组中值。

如果偏态系数大于 1 或小于 -1，则为高度偏态分布；如果偏态系数在 0.5 ~ 1 或 -1 ~ -0.5 之间，则为中等偏态分布；偏态系数越接近 0，偏斜程度就越低。

从式（4-24）可以看到，它是离差三次方的平均数再除以标准差的三次方。当数据分布对称时，离差三次方后正负离差可以相互抵消，因而 SK 的分子等于 0，则 $SK=0$；当数据分布不对称时，正负离差不能抵消，就形成了正或负的偏态系数 SK。当 SK 为正值时，表示正离差值较大，可以判断为正偏或右偏；反之，当 SK 为负值时，表示负离差值较大，可判断为负偏或左偏。在计算 SK 时，将离差三次方的平均数除以s^3，是为了将偏态系数转化为相对数。SK 的数值越大，表示偏斜的程度越大。

例 4.16　利用例 4.6 中的资料计算偏态系数，如表 4-11 所示。

表 4-11　　某企业日产量偏态系数和峰态系数计算表

按日产量分组（千克）	组中值（千克）x_i	工人数（人）f_i	$(x_i-\bar{x})^3 f_i$	$(x_i-\bar{x})^4 f_i$
60 以下	55	10	-210 703.1473	5 819 620.9201
60 ~ 70	65	19	-103 937.2713	1 831 374.7203
70 ~ 80	75	50	-22 122.5364	168 573.7167
80 ~ 90	85	36	485.3268	1 155.0778
90 ~ 100	95	27	51 230.1591	634 229.3697
100 ~ 110	105	14	156 930.8342	3 512 112.0694
110 以上	115	8	271 594.2184	8 794 220.7918
合计	—	164	143 477.5835	20 764 983.2961

从前面的例题中可知：$\bar{x}=82.62$ 千克，$s=14.8969$ 千克，则

$$SK=\frac{\sum_{i=1}^{k}(x_i-\bar{x})^3 f_i}{ns^3}=\frac{143\,477.5835}{164\times 3\,305.8847}=0.2646$$

从计算结果可以看出，该企业第一车间日产量的偏态系数为 0.2646，为轻微的右偏分布。

4.3.2 峰态

峰态（kurtosis）是统计学家皮尔逊（Pearson）于1905年首次提出的。它是对数据分布扁平程度的测度。如果峰态系数为0，则数据扁平峰度适中；如果峰态系数小于0，则数据为扁平分布；如果峰态系数大于0，则数据为尖峰分布。

峰态系数的计算公式如下：

根据未分组数据计算：$$K=\frac{n(n+1)\sum_{i=1}^{n}(x_i-\bar{x})^4-3\left[\sum_{i=1}^{n}(x_i-\bar{x})^2\right]^2(n-1)}{(n-1)(n-2)(n-3)s^4} \tag{4-26}$$

根据分组数据计算：$$K=\frac{\sum_{i=1}^{k}(x_i-\bar{x})^4 f_i}{ns^4}-3 \tag{4-27}$$

式中：x_i为各变量值或各组中值。

用峰态系数（K）说明分布的尖峰和扁平程度，是通过与标准正态分布的峰态系数进行比较来实现的。由于正态分布的峰态系数为0，当$K>0$时为尖峰分布，数据的分布更集中；当$K<0$时为扁平分布，数据的分布越分散。式（4－27）中也可以不减3。此时的比较标准是3，当$K>3$时，则数据为尖峰分布；当$K<3$时，则数据为扁平分布。

例4.17 根据表4－10中的数据，计算日产量的峰态系数如下：

$$K=\frac{\sum_{i=1}^{k}(x_i-\bar{x})^4 f_i}{ns^4}-3=\frac{20\ 764\ 983.2961}{164\times 49\ 247.4343}-3=-0.4290$$

从计算结果可以看出，该企业第一车间日产量的峰态系数为－0.4290，为轻微的扁平分布。

4.3.3 实践与提高

学习用Excel计算有关集中趋势和离散程度。

（1）利用Excel中的MODE函数可以计算一组数值型数据的众数。其语法为MODE(number1,number2,…)。number1、number2……是用于计算众数的1～30个参数，也可以使用单一数组（即对数组区域的引用）来代替由逗号分隔的参数。如果一组数据中不含有重复的数据，则MODE函数返回错误值N/A。

（2）利用Excel中的MEDIAN函数计算一组数值型数据的中位数。其语法为MEDIAN(number1,number2,…)。number1、number2……是用于计算中位数的1～30个参数。如果一组数据中包含偶数个数字，则MODE函数将返回位于中间的两个数的平均值。

（3）利用Excel中的QUARTILE函数计算一组数值型数据的四分位数。其语法为QUARTILE(array,quart)。参数为需要求得四分位数的数组或数字的单元格区域。quart

决定返回哪一个四分位数。如果 quart 等于 0，函数 QUARTILE 返回最小值；如果 quart 等于 1，函数 QUARTILE 返回第一个四分位数；如果 quart 等于 2，函数 QUARTILE 返回中位数；如果 quart 等于 3，函数 QUARTILE 返回第三个四分位数；如果 quart 等于 4，函数 QUARTILE 返回最大值。

（4）利用 Excel 中的 AVERAGE 函数计算一组数值型数据的算术平均数。其语法为 AVERAGE(number1,number2,…)。number1、number2……是用于计算算术平均数的 1～30 个参数。

（5）利用 Excel 中的 GEOMEAN 函数计算一组数值型数据的几何平均数。其语法为 GEOMEAN(number1,number2,…)。number1、number2……是用于计算几何平均数的 1～30 个参数，也可以不使用这种逗号分隔参数的形式，而用单个数组或数组引用的形式。如果任何数据点小于 0，则函数 GEOMEAN 返回错误值 #NUM!。

（6）利用 Excel 中的 AVEDEV 函数计算一组数值型数据的平均差。其语法为 AVEDEV(number1,number2,…)。number1、number2……是用于计算绝对偏差平均值的一组参数，参数可以有 1～30 个。

（7）利用 Excel 中的 STDEV 函数计算一组数值型数据的样本标准差。其语法为 STDEV(number1,number2,…)。number1、number2……为样本的 1～30 个参数。如果是总体数据，则应该使用函数 STDEVP 来计算标准差。

（8）利用 Excel 中的 SKEW 函数计算一组数值型数据的偏态系数。其语法为 SKEW(number1,number2,…)。number、number2……是用于计算偏斜度的 1～30 个参数。如果数据点个数少于 3 个，或样本标准差为 0，则函数 SKEW 返回错误值#DIV/O!。

（9）利用 Excel 中的 KURT 函数可以计算一组数值型数据的峰态系数。其语法为 KURT(number1,number2,…)。number1、number2……是用于计算峰值的 1～30 个参数。如果数据点个数少于 4 个，或样本标准差为 0，则函数 KURT 返回错误值 #DIV/0!。

思政元素

在资本市场上，峰度系数和偏度系数在量化交易中起着重要的作用。首先，峰度和偏度可以应用在数据的分布特征分析以及正态性检验。峰度和偏度的分析可让我们直观地了解数据的分布形状，并与正态分布做比较。若数据是服从正态分布的，那么金融市场上众多基于正态分布假设的量化模型便可得以应用了。其次，峰度和偏度的另一个应用体现在趋势跟随策略中。确定趋势和趋势的强度需要应用峰度和偏度。在金融市场，峰度大于 0 表现为无趋势，峰度小于 0 表现为趋势市；偏度大于 0 可以解释为数据倾向于汇聚成正的趋势，偏度小于 0 可以解释为数据倾向于汇聚成负的趋势。最后，峰度和偏度还可以作为收益和风险类因子进行因子选股量化研究。如股收益的 20 日、60 日、120 日峰度和股价偏度等因子数据。

本章小结

数据分布的特征可以从三个方面进行度量：一是数据分布的集中趋势，它反映一组数据中，各数据向其中心值靠拢或聚集的程度；二是数据分布的离散趋势，它反映一组数据中，各数据远离其中心值的趋势；三是数据的分布状态，反映数据分布的偏态与峰态。上述三个方面从不同的侧面反映了数据的分布状态。

集中趋势是一组数据向其中心值靠拢的倾向和程度。度量集中趋势就是寻找一组数据的代表值或中心值。不同类型的数据用不同的集中趋势度量值；低层次数据的度量值适用于高层次的度量数据，但高层次数据的度量值并不适用于低层次的度量数据。因此，选用哪一个度量值来反映一组数据的集中趋势，要根据已知的数据的类型和特征来确定。

众数是一组数据中出现次数最多的变量值，习惯上用M_o来表示。众数不受极端值的影响，主要用于分类数据集中趋势的度量，也可用于数值型数据集中趋势的度量。

中位数是一组数据排序后处于中间点位置上的值，习惯上用M_e表示。中位数不受极端值的影响，主要用于有序分类数据，也可用于数值型数据，但不能用于无序分类数据。各变量值与其中位数的离差绝对值之和最小。

四分位数是通过 3 个点将一组数据等分为 4 部分，其中每一部分包含 25% 的数据。中间的四分位数就是中位数，因此，通常所说的四分位数是指处在 25% 位置上的数值（习惯称为下四分位数）和处在 75% 位置上的数值（习惯称为上四分位数）。

平均数，也称为均值，它是一组数据的均衡点所在，体现了数据的必然性特征。它易受极端值的影响。它主要适用于数值型数据，不适用于分类数据。它主要有算术平均数、调和平均数、几何平均数。

数据的离散程度是数据分布的另一个重要特征，它反映各变量值远离其中心值的程度（离散程度）。它从另一个侧面说明了集中趋势度量值的代表程度，数据的离散程度越大，集中趋势的度量值对该组数据的代表性就越差，反之，则代表性就越好。根据数据的类型不同，数据离散程度的度量值主要有异众比率、四分位差、极差、平均差、方差、标准差及度量相对离散程度的离散系数等。

异众比率主要用于度量众数对一组数据的代表程度。四分位差是对有序分类数据离散程度的度量，也称为内距或四分间距。度量数值型数据离散程度主要用极差、平均差、方差和标准差，其中最常用的是方差和标准差。方差是一组数据中各变量值与其平均数离差平方的算术平均数；标准差是方差的平方根。方差与标准差是数值型数据离散程度的最常用度量值，反映了各变量值与其均值的平均差异。

在比较两个总体或数列的离散程度、衡量其平均数的代表性时，如果两个总体或数列的性质不同、计量单位不同或平均水平不同，就不能采用极差、平均差和标准差等指标直接比较其差异的大小，而应分析离散程度指标的相对数，即离散系数。它是极差、平均差和标准差与其算术平均数的对比值，分别称为极差系数、平均差系数和标准差系数。在实际工作中，标准差系数的应用最为普遍。标准差与其相应的均值之比，是对数据相对离散程度的度量，消除了数据水平高低和计量单位的影响，用于对不同组别数据离散程度的比较。

偏态是对数据分布偏斜程度的度量。如果偏态系数为 0，则数据为对称分布；如果偏态系数大于 0，则数据为右偏分布；如果偏态系数小于 0，则数据为左偏分布。如果偏态系数大于 1 或小于 -1，则为高度偏态分布；如果偏态系数在 0.5 ~ 1 或 -1 ~ -0.5 之间，则为中等偏态分布；偏态系数越接近 0，偏斜程度就越低。

峰态是对数据分布扁平程度的度量。如果峰态系数为 0，则数据扁平峰度适中；如果峰态系数小于 0，则数据为扁平分布；如果峰态系数大于 0，则数据为尖峰分布。用峰态系数说明分布的尖峰和扁平程度，是通过与标准正态分布的峰态系数进行比较来实现的。由于正态分布的峰态系数为 0，当 $K>0$ 时为尖峰分布，数据的分布更集中；当 $K<0$ 时为扁平分布，数据的分布越分散。

思政园地

统计学家兼经济学家——杨坚白①

杨坚白（1911—2004 年），男，辽宁本溪人。

杨坚白同志的一生，坚信马克思主义，淡泊名利，心胸坦荡，不循教义，锐意创新，不屈不挠追求科学真理。

杨坚白于 1932 年参加革命，1933 年加入中国共产党。1938 年由东北南下重庆参加抗战工作，1941 年起在太行山根据地做工业管理工作，1947 年在工业管理部门做研究工作。1948 年 4 月后，历任辽北省、辽西省政府研究室主任。1951 年 11 月至 1954 年秋在东北统计局工作，历任东北统

① 资料来源：中国社会科学院经济研究所网站：http：//ie. cssn. cn/scholars/seniors_masters/201904/t20190426_4870476. html。

计局秘书长、副局长。1954年调入国家统计局，主管全国的国民收入计算和国民经济综合平衡统计工作。1956年调入国家计委世界经济研究局，从事研究工作。1958年10月，调入中国社会科学院经济所，任综合平衡研究组组长。1980年3月定为研究员，1987年12月离休，仍担任中国社会科学院研究生院教授。

杨坚白曾兼任中国统计学会顾问、中国合作经济学会理事、中国工合国际委员会委员。著有《统计理论基本问题》《统计学理论研究》《论工业和农业的关系》《国民经济综合平衡的理论和方法论问题》等，主编《社会主义社会国民收入的若干理论问题》《合作经济学概论》《社会主义宏观经济学》等。

杨坚白同志在宏观经济理论、统计学理论、生产价格理论和经济改革理论等方面的学术思想和成就，对我国社会主义经济建设、发展和改革的理论探索产生了历史性的深刻影响。他首创新中国的国民收入和国民经济综合平衡研究，全面完整论述了社会主义宏观经济理论，强调社会主义经济与资本主义经济运行机制基本相同，具有被事后实践证明正确的理论先见性。杨坚白同志主张加强统计监督，强调统计学原理的共同性，为我国社会经济统计学引进数理统计方法打开突破口。他严以治学，宽以待人，为推进我国经济学研究做出了卓越贡献。

► **讨论：**

1. 从以上资料中，你学到了什么？

2. 是一种什么样的精神使杨坚白先生能够在艰苦条件下，仍能坚持不懈地追求科学真理？

思考与练习

一、思考题

4.1 一组数据的分布特征可以从哪几个方面进行度量？

4.2 说明众数和中位数的特点。

4.3 比较算术平均数、调和平均数、几何平均数，说明各自的特点是什么？

4.4 说明众数、中位数和算术平均数的应用场合。

4.5 说明异众比率、四分位差、方差或标准差的应用场合。

4.6 度量数据分布状况的统计量有哪些？怎么判断？

二、练习题

4.1 某小吃店统计10月上旬每天外卖销售数量（单位：份）情况如下：

32 45 30 35 28 29 31 33 27 32

要求：

（1）计算该店外卖的众数、中位数、平均数。

（2）计算该店外卖的四分位差、标准差。

（3）说明该店外卖的分布特征。

4.2　从两个企业获取它们 9 月份成本数据如表 4－12 所示。

表 4－12　两个企业 9 月份成本数据

产品名称	单位成本（元）	总成本（万元）	
		甲企业	乙企业
A	280	56 000	50 400
B	495	74 258	86 625
C	650	65 000	84 500

要求：比较两个企业的总平均成本哪个低，并说明其原因。

4.3　某车间工人月加工零件资料如表 4－13 所示。

表 4－13　某车间生产情况表

按加工零件数分组（件）	工人数（人）	按加工零件数分组（件）	工人数（人）
100 以下	5	140～160	35
100～120	12	160～180	18
120～140	20	180 以上	10
		合计	100

要求：根据资料计算该车间工人加工零件的平均数和标准差。

4.4　甲、乙两个企业职工工资的资料如下表所示。

表 4－14　两个企业职工工资统计表

甲企业		乙企业	
月工资（元）	职工人数（人）	月工资（元）	职工人数（人）
3 000 以下	10	4 000 以下	16
3 000～4 000	30	4 000～5 000	33
4 000～5 000	70	5 000～6 000	64
5 000～6 000	96	6 000～7 000	98
6 000～7 000	44	7 000～8 000	45
7 000～8 000	33	8 000～9 000	30
8 000 以上	17	9 000 以上	18
合计	300	合计	304

要求：比较两家企业平均工资的代表性。

4.5　在对武汉市某高校的在校大学生的体重状况研究发现，男生的平均体重为60千克，标准差为5千克；女生的平均体重为50千克，标准差为5千克，请回答下面的问题：

(1) 是男生的体重差异大？还是女生的体重差异大？为什么？

(2) 大致估计一下，男生中有百分之几的人体重在55~65千克？

(3) 大致估计一下，女生中有百分之几的人体重在40~60千克？

4.6　某企业的一条产品生产线平均每天的产量为3 700件，标准差为50件。如果某一天的产量低于或高于平均产量，并落在±2个标准差的范围之外，就认为该生产线失去控制。现从该企业10月份，抽取一周的产量数据如表4－15所示。问这一周中，该生产线哪几天失去了控制？

表4－15　一周的产量

星期	一	二	三	四	五	六	日
产量（件）	3 850	3 670	3 690	3 720	3 610	3 590	3 700

4.7　从某学校抽取两个班，研究学生统计学考试情况。甲班平均成绩76分，标准差12分；乙班成绩分布如表4－16所示。

表4－16　乙班成绩分布

成绩分组（分）	人数（人）
60以下	3
60~70	12
70~80	23
80~90	8
90以上	2
合计	48

要求：

(1) 计算乙班同学统计学考试的平均成绩、标准差；成绩的偏态系数与峰态系数，并判断成绩的分布状况。

(2) 比较两个班统计学考试平均成绩的代表性。

单选题　　判断题

第 5 章 抽样分布理论

育人目标

1. 了解统计学发展史，认清理论学习的重要性，同时树立正确的质量强国意识。正是统计学方法理论不断地创新和完善，才使得今天统计学广泛地应用于各个领域，推动社会的发展。

2. 了解统计学者张尧庭的励志故事和高尚情操，培养学生追求科学真理的坚定信念，树立正确的人生观和世界观，努力成为德才兼备的高素质人才。

案例

如何评价某种疫苗的有效性？

一种新的疫苗在投放市场前，必须对其有效性做出评价。疫苗的有效性是指面对所有人群是否有效。然而，不可能对所有人进行疫苗的有效性试验，只能通过抽取样本进行试验，从而获得该疫苗的有效性信息。那么，应该用哪种抽样方式抽取样本？抽取多少样本才能保证疫苗有效的可靠性？这就需要用到抽样估计的理论与方法的支持。

利用统计学方法研究任何问题首先要做的工作就是收集研究对象的相关数据，而不管以哪种方式获得的原始数据，我们很难从中直接看出有价值的规律或特征。除了本书第 3 章和第 4 章给出的方法外，还可以对原始数据按照某种统计方法进行运算，获得一些有代表性的数字，以反映出研究现象某些规律或特征，这些代表性的数字就是统计量。通过从总体中抽取样本构造统计量，分析样本的性质，从而推断总体的性质的统计学方法就是推断统计。本章将介绍正态分布与二项分布参数与统计量的定义、抽样分布理论、由正态分布导出的几个重要分布等内容。

5.1 正态分布与二项分布

正态分布与二项分布是抽样理论的基础，尤其是正态分布，它在统计学理论中具有十分重要的地位，也是抽样推断的理论基础。

5.1.1 正态分布

1. 正态分布

在实际问题中，有很多现象都可以由正态分布来描述，其他的一些分布也可以利用正态分布作近似计算，而且由正态分布还可以导出一些重要分布，如χ^2分布、t分布和F分布等。

定义 如果随机变量X的概率密度函数为

$$f(x)=\frac{1}{\sqrt{2\pi}}e^{-\frac{1}{2\sigma^2}(x-\mu)^2},-\infty<x<+\infty \tag{5-1}$$

则称X服从**正态分布**，记作$X\sim N(\mu,\sigma^2)$，其中，μ是正态随机变量的均值，$-\infty<\mu<+\infty$，σ^2是正态随机变量的方差，它们是正态分布的两个参数。$X\sim N(\mu,\sigma^2)$通常读作随机变量X服从均值为μ、方差为σ^2的正态分布，即$E(X)=\mu$，$D(X)=\sigma^2$。

当μ和σ的值不同时，对应不同的正态分布，其概率密度函数的图像如图5-1所示。

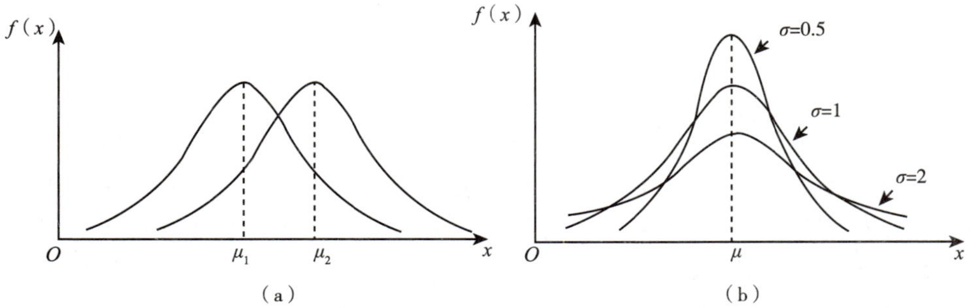

图5-1 参数μ和σ对正态分布密度曲线位置和形状的影响

正态分布的概率密度函数$f(x)$的性质如下：

(1) $f(x)\geqslant 0$，即概率密度曲线在x轴上方。

(2) 概率密度曲线是关于$x=\mu$对称的钟形曲线，并在$x=\mu$处达到最大值。

(3) 均值μ可以取实数轴上的任意值，它决定了概率密度曲线的位置；标准差σ为大于零的实数，它决定了概率密度曲线的形状；σ越大，概率密度曲线越扁平；σ越小，概率密度曲线越陡峭。

(4) 当x趋于无穷时，概率密度曲线以x轴为渐近线。

2. 标准正态分布

当正态分布的两个参数$\mu=0$、$\sigma=1$时，概率密度函数记为

$$\varphi(x)=\frac{1}{\sqrt{2\pi}}e^{-\frac{x^2}{2}},-\infty<x<+\infty \tag{5-2}$$

相应的正态分布$N(0,1)$称为标准正态分布。对于服从标准正态分布的随机变量

落在某一区间的概率可以通过本书所附的标准正态分布表（附录 1）查得。标准正态分布对应的分布函数记为 $\Phi(x)$。

若 $X \sim N(0,1)$，则标准正态分布随机变量取值在区间 $[a,b]$ 上的概率可表示为

$$P(a \leqslant X \leqslant b)=\Phi(b)-\Phi(a) \tag{5-3}$$

$$P(X \geqslant a)=1-\Phi(a) \tag{5-4}$$

且有

$$\Phi(-x)=1-\Phi(x) \tag{5-5}$$

如果要求任意一个服从一般正态分布的随机变量落在某个区间的概率，要将该随机变量标准化，转换为标准正态分布再求概率，即如果 $X \sim N(\mu,\sigma^2)$，则 $\dfrac{X-\mu}{\sigma} \sim N(0,1)$。于是，对于服从一般正态分布的随机变量 X，取值在区间 $[a,\ b]$ 上的概率可以通过标准正态分布求得：

$$\begin{aligned}P(a \leqslant X \leqslant b) &= P\left(\frac{a-\mu}{\sigma} \leqslant \frac{X-\mu}{\sigma} \leqslant \frac{b-\mu}{\sigma}\right)\\ &= \Phi\left(\frac{b-\mu}{\sigma}\right)-\Phi\left(\frac{a-\mu}{\sigma}\right)\end{aligned} \tag{5-6}$$

$$P(X \leqslant x)=P\left(\frac{X-\mu}{\sigma} \leqslant \frac{x-\mu}{\sigma}\right)=\Phi\left(\frac{x-\mu}{\sigma}\right) \tag{5-7}$$

例 5.1　若 $X \sim N(2,4^2)$，计算以下概率：

（1）$P(1 \leqslant X \leqslant 6)$；

（2）$P(X \geqslant 8)$。

解：（1）

$$\begin{aligned}P(1 \leqslant X \leqslant 6) &= P\left(\frac{1-2}{4} \leqslant \frac{X-2}{4} \leqslant \frac{6-2}{4}\right)\\ &= P\left(-0.25 \leqslant \frac{X-2}{4} \leqslant 1\right)\\ &= \Phi(1)-\Phi(-0.25)\\ &= \Phi(1)-[1-\Phi(0.25)]\\ &= 0.8413+0.5987-1\\ &= 0.4400\end{aligned}$$

（2）$P(X \geqslant 8)=1-P(X \leqslant 8)=1-P\left(\dfrac{X-2}{4} \leqslant \dfrac{8-2}{4}\right)=1-\Phi(1.5)=1-0.9332=0.0668$

5.1.2　二项分布

1. 伯努利分布

如果一个随机试验只有两种可能结果，称为伯努利试验。例如，投掷硬币，要么正面朝上，要么反面朝上；产品质量的检查，要么是合格品，要么不合格。一般地，可以将两种试验结果看作“成功”或“失败”，也可以看作“是”或“否”，可以用

数值“1”表示“成功”，数值“0”表示“失败”。将一次伯努利试验成功的次数记为 X，则 X 取值为“1”或“0”，其概率分布为

$$P(X=1)=p, P(X=0)=1-p \tag{5-8}$$

或

$$P(X=x)=p^{x}(1-p)^{1-x} \tag{5-9}$$

称随机变量 X 服从参数为 p 的**伯努利分布**或**两点分布**，也称 **0－1 分布**，其中 p 为随机试验“成功”的概率，$1-p$ 则是“失败”的概率，x 等于“1”或“0”。

2. 二项分布

如果将伯努利试验独立地重复 n 次，该试验称为 n 重伯努利试验。n 重伯努利试验满足以下条件：

（1）试验包含了 n 次相同且独立的试验；

（2）每次试验只有两个可能结果，即“成功”或“失败”，“是”或“否”等；

（3）每次试验结果“成功”的概率为 p，“失败”的概率为 $1-p$；

（4）试验结果为“成功”或“失败”的次数是一个离散随机变量。

用随机变量 X 表示 n 重伯努利试验“成功”的次数，则次数 X 取值为 k 的概率是：

$$P(X=k)=C_n^k p^k(1-p)^{n-k}(k=0,1,2,\cdots,n) \tag{5-10}$$

称 X 服从参数为 n、p 的**二项分布**，记作 $X\sim B(n, p)$。

当 $n=1$ 时，二项分布就是两点分布，此时只进行了一次伯努利试验。

二项分布的数学期望和方差分别为

$$E(X)=np, D(X)=np(1-p) \tag{5-11}$$

5.2 参数与统计量

5.2.1 参数

参数是描述总体特征的概括性数字度量，是研究者想要了解的总体的某种特征值；所关心的参数主要有总体均值（μ）、总体标准差（σ）、总体比例（π）等；总体参数通常用希腊字母表示。

总体可以分为有限总体和无限总体。有限总体是由具体的、大量的、有限的元素组成的集合。例如，已经接种了流感疫苗的人群约有一亿人，这些人就是接种了流感疫苗的总体。无限总体是元素的假设集合。例如，一条生产线上已生产和将要生产的某种产品的集合。

5.2.2 统计量

统计量是描述样本特征的概括性数字度量，它是根据样本数据计算出来的一些量，

所以它们的值是已知的，是样本的函数；所关心的样本统计量有样本均值（$\overline{X}$）、样本标准差（S）、样本比例（P）等；样本统计量通常用英文字母来表示。

定义：设（$X_1, X_2, \cdots, X_n$）是来自总体 X 的一个样本，$g(X_1, X_2, \cdots, X_n)$ 是样本的函数，若 g 中不含任何未知参数，则 $g(X_1, X_2, \cdots, X_n)$ 称是一个统计量。

常见的统计量有：

样本均值

$$\overline{X} = \frac{1}{n}\sum_{i=1}^{n} X_i \tag{5-12}$$

样本方差

$$S^2 = \frac{1}{n-1}\sum_{i=1}^{n}(X_i - \overline{X})^2 \tag{5-13}$$

样本比例

$$P = \frac{n_0}{n} \tag{5-14}$$

其中，n_0 是具有某种属性的单位个数，如合格品的件数，n 是样本容量。

参数和统计量之间存在着重要差别。参数是有关总体的固定值，一般都是未知的，而统计量是一个随机变量（见图 5-2）。要用样本统计量去推断未知的总体参数，必须知道样本统计量的分布函数，这就是抽样分布的理论。

$$\text{未知参数}\left\{\begin{matrix} \mu & \text{均值} & \overline{X} \\ \sigma & \text{标准差} & S \\ \pi & \text{比例} & P \end{matrix}\right\}\text{已知统计量}$$

图 5-2　总体参数与样本统计量

思政元素

统计学源于 17 世纪中叶，最初用于记录和分析国家的经济社会状况。当时，德国称其为“国势学”，英国则称其为“政治算术学”。随着古典概率论的产生，近代数理统计学的奠基人凯特勒融合概率论、国势学与算术为一体，形成“凯特勒统计思想”，此后在不同政治和经济条件的影响下，发展为不同的统计学分支。在德国以凯特勒的“统计基本理论”为核心形成了德国社会统计学，在英国则以凯特勒的“论数学与大量观察的关系”为基础、以概率论为核心形成了数理统计学。①

① 万东华等．我国近现代统计学发展［J］．统计研究，2020，37（6）：121-128.

5.3 抽样分布理论

抽样分布理论

5.3.1 抽样分布的定义

样本统计量是一个随机变量，由于在一个统计总体中可以重复抽取样本，所以在理论上统计量的值有无数个，可以用概率分布来进行描述这些统计量的值的变化特征。用统计学语言表述就是：**抽样分布**是样本统计量的概率分布，是在重复选取容量为 n 的样本时，由该统计量的所有可能取值形成的相对频数分布。样本统计量的概率分布是一种理论分布，它提供了样本统计量长远而稳定的信息，是进行推断的理论基础，也是抽样推断科学性的重要依据，也是一种理论与实际相联系的有效途径。

事实上，求出一个统计量的精确分布是十分困难的，而在实际问题中，大多总体都服从正态分布，下面介绍几种利用正态分布导出的一些重要统计量的精确分布。

5.3.2 χ^2 分布

χ^2分布是一种连续型随机变量的概率分布。这个分布是由别奈梅（Benayme）、赫尔默特（Helmert）、皮尔逊（Pearson）分别于 1858 年、1876 年、1900 年所发现，它由正态分布派生而来。

1. 定义

设随机变量$X_1, X_2, \cdots, X_n$是来自标准正态分布 $X \sim N(0,1)$ 的一组简单随机样本，则随机变量

$$Y = \sum_{i=1}^{n} X_i^2 \tag{5-15}$$

服从自由度为 n 的χ^2分布，记为 $Y \sim \chi^2(n)$。

2. 基本性质

（1）χ^2分布的可加性：

设 $X \sim \chi_1^2(m)$，$Y \sim \chi_2^2(n)$，且 X 与 Y 相互独立，则 $X+Y \sim \chi^2(m+n)$。

（2）若 $X \sim \chi^2(n)$，则 $E(X)=n$，$D(X)=2n$。

3. 与χ^2分布有关的结论

设$X_1, X_2, \cdots, X_n$是来自总体 $X \sim N(\mu, \sigma^2)$ 的一个样本，μ，σ^2为已知常数，则：

（1）统计量为：

$$\chi^2 = \frac{1}{\sigma^2} \sum_{i=1}^{n} (X_i - \mu)^2 \sim \chi^2(n) \tag{5-16}$$

事实上，令$Y_i = \dfrac{X_i - \mu}{\sigma}$，则 $Y_i \sim N(0,1)$，于是$\chi^2 = \sum\limits_{i=1}^{n} Y_i^2 \sim \chi^2(n)$。

（2）样本均值$\overline{X}$与样本方差S^2相互独立，则统计量为：

$$\frac{(n-1)S^2}{\sigma^2}=\frac{1}{\sigma^2}\sum_{i=1}^{n}(X_i-\overline{X})^2\sim\chi^2(n-1) \tag{5-17}$$

证明请参阅有关数理统计的课本。

χ^2分布通常用于总体方差的估计和非参数检验等。不同自由度的χ^2分布概率密度曲线见图 5－3。

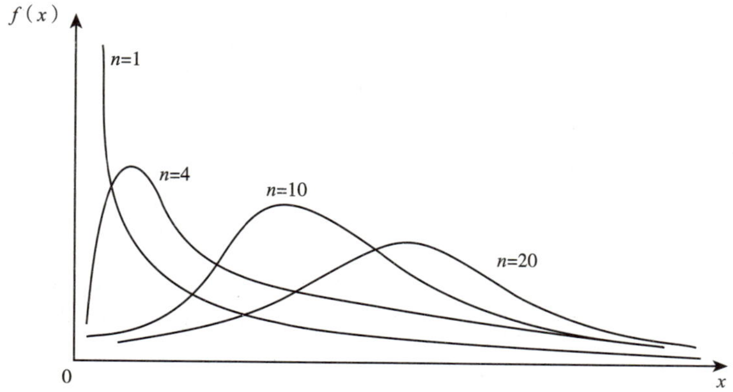

图 5－3　不同自由度的χ^2分布

由图 5－3 可知，当自由度足够大时，χ^2分布的概率密度曲线趋于对称。事实上，由数理统计知识可知，当自由度趋于无穷时，χ^2分布的极限是正态分布。

5.3.3　t 分布

t 分布也称为学生氏分布，是戈塞特（W. S. Gosset）于 1908 年在一篇以“Student”为笔名的论文中首次提出。

1. 定义

设 $X\sim N(0,1)$，$Y\sim\chi^2(n)$，且 X 与 Y 相互独立，统计量：

$$T=\frac{X}{\sqrt{Y/n}} \tag{5-18}$$

服从的分布是自由度为 n 的 t 分布，记为 $T\sim t(n)$。

2. 基本性质

（1）$t(n)$ 关于 $x=0$ 对称；

（2）$t(n)$ 在 $x=0$ 时达最大值；

（3）x 轴是 $t(n)$ 的水平渐近线；

（4）当 $n\to\infty$ 时，$t(n)\to N(0,1)$。一般地，当 $n\geqslant30$ 时，t 分布与 $N(0,1)$ 非常接近。

（5）若 $T\sim t(n)$，则 $n>1$ 时，$E(T)=0$；$n>2$ 时，$D(T)=\frac{n}{n-2}$。

3. 与 t 分布有关的结论

（1）设X_1，X_2，…，X_n是来自总体 $X\sim N(\mu,\sigma^2)$ 的一个样本，统计量为：

$$T=\frac{\overline{X}-\mu}{S/\sqrt{n}}\sim t(n-1) \tag{5-19}$$

事实上，由$\overline{X}\sim N(\mu,\sigma^2/n)$ 可得$\frac{\overline{X}-\mu}{\sigma/\sqrt{n}}\sim N(0,1)$，又$\frac{(n-1)S^2}{\sigma^2}\sim\chi^2(n-1)$，且$\overline{X}$与$S^2$相互独立，则$\frac{\overline{X}-\mu}{\sigma/\sqrt{n}}$与$\frac{(n-1)S^2}{\sigma^2}$相互独立，由 t 分布的定义可知：

$$T=\frac{\dfrac{\overline{X}-\mu}{\sigma/\sqrt{n}}}{\sqrt{\dfrac{(n-1)S^2}{\sigma^2}/(n-1)}}=\frac{\overline{X}-\mu}{S/\sqrt{n}}\sim t(n-1) \tag{5-20}$$

（2）设$X_1,X_2,\cdots,X_m$是来自总体 $X\sim N(\mu_1,\sigma_1^2)$ 的一个样本，$Y_1,Y_2,\cdots,Y_n$来自总体 $Y\sim N(\mu_2,\sigma_2^2)$ 的一个样本，且 X 与 Y 相互独立，当$\sigma_1^2=\sigma_2^2=\sigma^2$时，统计量：

$$T=\frac{(\overline{X}-\overline{Y})-(\mu_1-\mu_2)}{S\sqrt{\dfrac{1}{n}+\dfrac{1}{m}}}\sim t(m+n-2) \tag{5-21}$$

其中 $S^2=\frac{(m-1)S_1^2+(n-1)S_2^2}{m+n-2}$，称为总体方差的合并估计量，$S_1^2$、$S_2^2$分别是$X_1,X_2,\cdots,X_m$和$Y_1,Y_2,\cdots,Y_n$的方差。

事实上，$\overline{X}\sim N\left(\mu_1,\frac{\sigma^2}{m}\right),\overline{Y}\sim N\left(\mu_2,\frac{\sigma^2}{n}\right)$，且$\overline{X}$与$\overline{Y}$相互独立，于是

$$\overline{X}-\overline{Y}\sim N\left(\mu_1-\mu_2,\frac{\sigma^2}{m}+\frac{\sigma^2}{n}\right) \tag{5-22}$$

亦即

$$\frac{(\overline{X}-\overline{Y})-(\mu_1-\mu_2)}{\sqrt{\dfrac{\sigma^2}{m}+\dfrac{\sigma^2}{n}}}\sim N(0,1) \tag{5-23}$$

又

$$\frac{(m-1)S_1^2}{\sigma^2}\sim\chi^2(m-1) \tag{5-24}$$

$$\frac{(n-1)S_2^2}{\sigma^2}\sim\chi^2(n-1) \tag{5-25}$$

且它们相互独立，由χ^2分布的可加性

$$\frac{(m-1)S_1^2}{\sigma^2}+\frac{(n-1)S_2^2}{\sigma^2}\sim\chi^2(m+n-2) \tag{5-26}$$

由 t 分布的定义可得

$$T=\frac{(\overline{X}-\overline{Y})-(\mu_1-\mu_2)}{S\sqrt{\frac{1}{n}+\frac{1}{m}}}\sim t(m+n-2) \tag{5-27}$$

t 分布的概率密度函数曲线与标准正态分布的概率密度曲线非常相似，t 分布的概率密度函数曲线更加平坦和分散。随着 t 分布自由度的增加，其概率密度曲线越来越接近标准正态分布密度曲线，如图 5－4 所示。t 分布的发现对统计学中小样本理论及其应用具有重要作用。

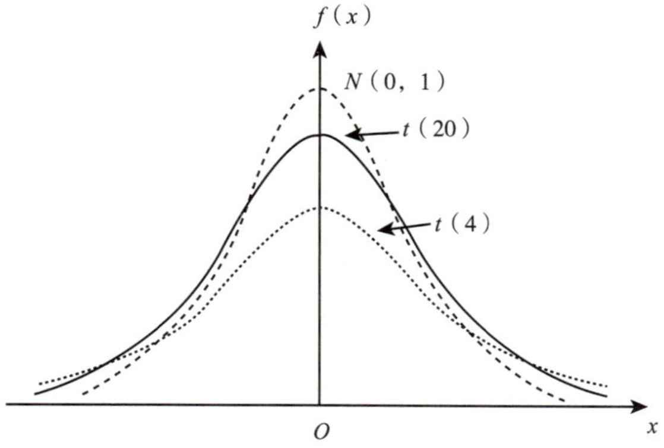

图 5－4　t 分布与标准正态分布概率密度曲线

5.3.4　F 分布

F 分布是连续型随机变量的另一种重要的小样本分布，它是统计学家费希尔（Fisher）首先提出的，应用也相当广泛。它可用来检验两个总体的方差是否相等、多个总体的均值是否相等。F 分布还是方差分析和正交设计的理论基础。

1. 定义

设 $X\sim\chi^2(m)$，$Y\sim\chi^2(n)$，且 X 与 Y 相互独立，则统计量

$$F=\frac{X/m}{Y/n} \tag{5-28}$$

服从自由度为 (m,n) 的 F 分布，记作 $F\sim F(m,n)$，m 为第一自由度，n 为第二自由度。

2. 性质

（1）若 $F\sim F(m,n)$，则 $\frac{1}{F}\sim F(n,m)$，$F_{\alpha}(m,n)=\frac{1}{F_{1-\alpha}(n,m)}$。

（2）若 $F\sim F(m,n)$，当 $n>2$ 时，

$$E(F)=\frac{n}{n-2} \tag{5-29}$$

当 $n>4$ 时，

$$D(F)=\frac{2n^2(m+n-4)}{m(n-2)^2(n-4)} \tag{5-30}$$

（3）与 F 分布有关的结论。

设$X_1,X_2,\cdots,X_m$是来自总体 $X\sim N(\mu_1,\sigma_1^2)$ 的一个样本，$Y_1,Y_2,\cdots,Y_n$来自总体 $Y\sim N(\mu_2,\sigma_2^2)$ 的一个样本，且 X 与 Y 相互独立，则统计量：

$$F=\frac{S_1^2/\sigma_1^2}{S_2^2/\sigma_2^2}\sim F(m-1,n-1) \tag{5-31}$$

事实上，

$$\frac{(m-1)S_1^2}{\sigma_1^2}\sim\chi^2(m-1) \tag{5-32}$$

$$\frac{(n-1)S_2^2}{\sigma_2^2}\sim\chi^2(n-1) \tag{5-33}$$

由 F 分布的定义可知

$$F=\frac{\frac{(m-1)S_1^2}{\sigma_1^2}/(m-1)}{\frac{(n-1)S_2^2}{\sigma_2^2}/(n-1)}=\frac{S_1^2/\sigma_1^2}{S_2^2/\sigma_2^2}\sim F(m-1,n-1)$$

另外，如果随机变量 X 服从自由度为 n 的 t 分布，则 X^2 服从 $F(1,n)$ 的 F 分布。

F 分布的 α 分位数 $F_\alpha(m,n)$ 可以查 F 分布的分位数表获得，且

$$F_\alpha(m,n)=\frac{1}{F_{1-\alpha}(n,m)} \tag{5-34}$$

由此可知，F 分布的两个自由度不可交换。这一性质在查 F 分布的分位数表有重要应用。F 分布的概率密度曲线如图 5－5 所示。

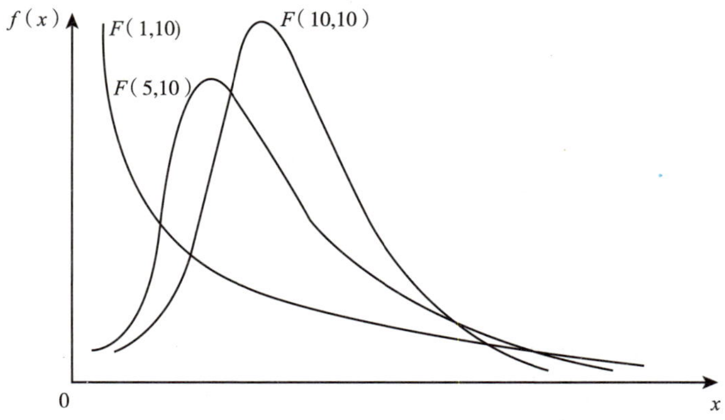

图 5－5　不同自由度下 F 分布的概率密度曲线

思政元素

统计学于20世纪初通过日本传入我国，成为我国统计学的渊源。统计学在我国100年左右的发展历程大致可分为以下三个阶段。第一阶段是清朝末年至民国时期，这一时期我国统计学处于萌芽阶段，主要通过翻译统计学著作引进西方的统计理论和思想；第二阶段是新中国成立之后的前30年，这一时期我国统计学发展主要集中在社会经济统计学领域，数理统计学发展受到较大限制；第三阶段是1978年至今，党的十一届三中全会之后，我国统计学发展迎来"百家争鸣"，统计学界关于统计学科性质、研究对象、内容体系等问题进行了几次著名的大讨论，不同统计学科之间由相互对立逐渐走向相互融合，极大促进了我国统计学科的发展。①

5.4 样本均值的抽样分布与中心极限定理

5.4.1 样本均值的抽样分布

样本均值的抽样分布与中心极限定理

设 $X_1, X_2, \cdots, X_n$ 是来自同一总体的一个样本，则 $X_1, X_2, \cdots, X_n$ 独立且与总体分布相同。要推导样本均值的抽样分布，一般需要知道总体的分布。当总体分布为最常见的正态分布时，由概率论知识可知有以下结论：

设 $X_1, X_2, \cdots, X_n$ 是来自总体 $X \sim N(\mu, \sigma^2)$ 的一个样本，样本均值服从均值为 μ、方差为 $\frac{\sigma^2}{n}$ 的正态分布，即

$$\overline{X} \sim N\left(\mu, \frac{\sigma^2}{n}\right) \tag{5-35}$$

该结论表明，无论样本量 n 的大小是多少，样本均值 $\overline{X}$ 的期望与总体均值相同，方差是总体方差的 $\frac{1}{n}$。这意味着当用样本均值 $\overline{X}$ 估计总体均值 μ 时，平均来说没有偏差，随着 n 的增大，样本均值 $\overline{X}$ 的方差变小，即离散程度变小，说明用样本均值 $\overline{X}$ 估计总体均值 μ 的误差越来越小。

5.4.2 中心极限定理

在研究实际问题时，其总体并不一定服从正态分布，或者总体分布形式未知。那

① 万东华等．我国近现代统计学发展［J］．统计研究，2020，37（6）：121－128.

么，在此情况下样本均值服从的分布形式是否可知？个别现象的变化受偶然因素的影响会呈现不同的变化，而大量随机现象的平均则是趋于稳定的，反映这种现象的结论就是著名的大数定理的内容，简单来说就是频率稳定于概率，平均值稳定于期望值。而大量随机现象的稳定性不仅表现在平均结果上，同时也表现在分布上，这就是中心极限定理要阐述的内容，即无论总体的分布形式是什么，只要总体的均值 μ 和方差 σ^2 存在，当样本容量足够大时，样本均值的分布总是近似正态分布，且

$$E(\overline{X}) = E\left(\frac{1}{n}\sum_{i=1}^{n} X_i\right) = \frac{1}{n}E\left(\sum_{i=1}^{n} X_i\right) = \frac{1}{n}\cdot n\mu = \mu$$

$$D(\overline{X}) = D\left(\frac{1}{n}\sum_{i=1}^{n} X_i\right) = \frac{1}{n^2}D\left(\sum_{i=1}^{n} X_i\right) = \frac{1}{n^2}\cdot n\sigma^2 = \frac{\sigma^2}{n}$$

中心极限定理：设 X 是均值为 μ 和方差为 σ^2 的任意总体，从中重复抽取容量为 n 的随机样本，当 n 充分大时，样本均值 $\overline{X}$ 的抽样分布近似于均值为 μ 和方差为 $\frac{\sigma^2}{n}$ 的正态分布，即

$$\overline{X} \overset{\text{近似}}{\sim} N\left(\mu, \frac{\sigma^2}{n}\right)$$

该中心极限定理是在 19 世纪 20 年代由林德伯格和勒维证明的。

中心极限定理要求 n 充分大，那么多大才是充分大？这与总体的分布形状有关。总体偏离正态越远，要求 n 越大，而实际研究中总体的分布往往未知，一般而言 $n \geqslant 30$ 均可满足要求。该结论表明无论总体服从何种分布，只要其期望与方差存在，就可以以增加样本容量 n 的方式，使得样本均值 $\overline{X}$ 的抽样分布近似服从正态分布，n 越大，样本均值的抽样分布就越接近正态分布。

由于正态分布在统计学中的重要性，往往把证明某个分布的极限为正态分布的定理统称为中心极限定理，因此中心极限定理有不同的呈现形式，最早的中心极限定理是 18 世纪初德莫佛证明的二项分布以正态分布为极限。中心极限定理也是推断统计中连接抽样调查和抽样分布的纽带。

例 5.2 设从均值 $\mu = 100$、标准差 $\sigma = 6$ 的总体中随机选取容量为 $n = 36$ 的样本，已知该总体是右偏的，求均值 $\overline{X}$ 小于 99 的概率。

解：根据中心极限定理，任意总体的样本均值 $\overline{X}$ 近似服从均值为 μ 和方差为 $\frac{\sigma^2}{n}$ 的正态分布。于是

$$\mu_{\overline{X}} = \mu = 100$$

$$\sigma_{\overline{X}} = \sqrt{\frac{\sigma^2}{n}} = \frac{\sigma}{\sqrt{n}} = \frac{6}{6} = 1$$

即
$$\overline{X} \overset{\text{近似}}{\sim} N(100, 1^2)$$

于是

$$P(\overline{X}<99)=P\left(\frac{\overline{X}-100}{1}<\frac{99-100}{1}\right)$$
$$=P(Z<-1)$$
$$=1-P(Z<1)$$
$$=1-\phi(1)$$
$$=0.1587$$

例 5.3　某企业从一批电子元件中随机抽取了 64 个元件以测试其使用寿命。根据过去的经验，该企业生产的该种电子元件的标准差为 320 小时，要求计算样本平均寿命与总体均值相差 80 个小时以上的概率。

解： 由于企业所生产的电子元件是大批量的，抽样比例虽然很小但已经是大样本，所以样本均值的抽样分布为正态分布，其均值为 μ，方差为 σ^2/n。根据题意，要求 $P(|\overline{X}-\mu|>80)$，即

$$P(|\overline{X}-\mu|>80)=P(\overline{X}-\mu>80)+P(\overline{X}-\mu<-80)$$
$$=P\left(\frac{\overline{X}-\mu}{\sigma/\sqrt{n}}>\frac{80}{320/\sqrt{64}}\right)+P\left(\frac{\overline{X}-\mu}{\sigma/\sqrt{n}}<\frac{-80}{320/\sqrt{64}}\right)$$
$$=P\left(\frac{\overline{X}-\mu}{\sigma/\sqrt{n}}>2\right)+P\left(\frac{\overline{X}-\mu}{\sigma/\sqrt{n}}<-2\right)$$
$$=1-\Phi(2)+\Phi(-2)$$
$$=0.0456$$

即样本平均寿命与总体均值相差 80 小时以上的概率为 4.56%。

思政元素

统计是动态的历史，历史是静态的统计。了解统计学发展的历史，从统计历史长河中撷取具有“智慧”的“统计思维”，可以帮助统计学者更好地在统计学广泛的应用中把握未来前行的方向。国际上，Hacking 的专著《概率的产生》、Stigler 的专著《统计的历史：1900 年前不确定性的测度》和 Hald 的专著《1750 年至 1930 年的数理统计史》，已成为标志性的研究成果。国内关于数理统计学术史研究的奠基性著作，当属陈希孺院士 2002 年出版的《数理统计学简史》。在此基础上，于忠义对 1654—1935 年期间的统计学术史，分萌芽中的统计学、推断统计的兴起、统计学应用领域的拓展及在遗传学领域的突破、现代统计学理论建立的四个阶段进行了全面梳理和深入分析，并对高尔顿发现相关与回归的历史进行了回顾与反思。①

① 郝丽等．统计历史的发展和统计科学的智慧［J］．统计与信息论坛，2017，32（11）：118－126．

5.5 样本比例的抽样分布

比例是指总体或样本中具有某种属性的单位占全部单位数的比值，譬如一条生产线上合格品数量与全部产品数量之比。又如，脱贫攻坚战中成功脱贫人群占总人群的比例。在很多实际问题中，常常用样本比例 P 去推断总体比例 π。如果一个总体有 N 个单位，具有某种属性的单位个数为N_0，则总体比例为 $\pi=\frac{N_0}{N}$。如果抽取 n 个样本单位，具有某种属性的单位个数为 n_0，则样本比例 $P=\frac{n_0}{n}$。

在重复选取容量为 n 的样本时，由样本比例的所有可能取值形成的相对频数分布，称为样本比例的抽样分布。

由概率论知识可知，当样本量 n 充分大时，样本比例 P 近似服从正态分布，这里 n 充分大是指 nP 和 $n(1-P)$ 都要大于等于 5。样本比例 P 的数学期望和方差分别为：

$$E(P)=\pi$$

$$D(P)=\frac{\pi(1-\pi)}{n}$$

即

$$P\sim N\left(\pi,\frac{\pi(1-\pi)}{n}\right) \tag{5-36}$$

5.6 样本方差的抽样分布

样本方差的分布比较复杂，它与总体分布有关。这里只介绍当总体分布为正态分布时样本方差的分布。

若总体 $X\sim N(\mu,\sigma^2)$，$(X_1,X_2,\cdots,X_n)$ 是来自正态分布的一个样本，则

$$\frac{(n-1)S^2}{\sigma^2}\sim\chi^2(n-1) \tag{5-37}$$

其中S^2是样本方差。

本章小结

抽样分布是参数估计和假设检验的理论基础。本章首先介绍了正态分布和二项分布，然后介绍了参数和统计量的定义，接着介绍了由正态分布推导出的几个重要分布，最后介绍了样本均值、样本比例和样本方差的抽样分布。从一个假定

的总体中进行抽样，并观察所有可能的样本均值形成的抽样分布。特别是发现随着样本量的增加，不论总体分布如何，样本均值形成的分布越来越趋向于正态，并且样本均值的均值就等于总体均值，样本均值的方差等于总体方差除以样本量。抽样分布的这一性质称为中心极限定理，是统计推断的理论基础。

在统计推断中，不仅关注总体均值，也关注总体比例和总体方差。了解了总体均值、总体比例和总体方差，就把握了总体的主要特征。因而在样本均值抽样分布的基础上，进一步介绍了样本比例、样本方差的抽样分布。

思政园地

力推应用，数理统计学家——张尧庭①②③

张尧庭（1933—2007 年），原籍江苏武进。1951 年考入清华大学，1952 年院系调整后进入北京大学数学力学系学习，1956 年毕业后留校任教。历任北京大学讲师，武汉大学教授、统计系主任，湖北省统计学会副会长，全国概率统计学会第二届常务理事。从事数理统计的研究和应用，在多元分析理论、部分平衡不完全区组设计、广义相关系数及应用方面，取得研究成果。

张尧庭先生治学勤奋，科研成果丰富，也是公认的统计教育大家，尤其是在应用统计的理论、方法和应用方面，他身先士卒，竭力推进，开创了我国应用统计研究和应用的新局面，功不可没。他累计出版学术专著 27 本，发表学术论文 75 篇，为统计学界留下了许多宝贵的学术财富。他在统计学上的造诣，尤其是在多元统计分析方面的杰出成就，在国内外统计学界享有很高的声誉。他与方开泰合著的《多元统计分析引论》（1982 年由科学出版社出版，1998 年、1999 年两次重印）已成为几代中国统计工作者的标准参考书；他 1982 年翻译的美国统计学家科克伦的著作《抽样技术》，对统计专业学生和工作者了解现代统计抽样理论的主要内容起到积极作用，出版不到一年即第二次印刷；他的英文著作 *Generalized Multivariate Analysis* 曾经获得全国科技图书优秀奖。

在著书立说的同时，他也十分注重统计理论的推广和应用。从 1958 年开始，他就一直与实际部门和其他学科保持广泛的联系，其中包括与北大地质地理系

① 德高望重，躬身潜行——深切缅怀著名统计学家张尧庭先生［J］. 统计研究，2007（07）.

② 龚凤乾. 化神奇为平易——张尧庭统计教育思想研究［J］. 统计研究，2008，25（09）：92－97.

③ 龚凤乾. 目光深远的统计学大师——张尧庭先生逝世五周年纪念［J］. 统计研究，2012，29（07）：107－110.

合作的希夏邦马考察资料分析，与北大地球物理系合作的天气预报研究，与北京市政工程研究所合作的污水处理、供水预报研究等。即使在“文化大革命”时期，他受到不公正待遇，而被迫中断研究工作时，也从未间断对统计的推广。他利用下工厂教学的机会推广正交设计，先后在北京分析仪器厂、燕山石油化工厂做了不少实验，产生了积极的效果。

张尧庭教授为中国统计学教育事业的发展倾注了毕生精力。从教四十余年，他一直勤勤恳恳在教育第一线从事教学工作，他的教学经验丰富，教学态度认真，具有坚实的理论基础和丰富的专业知识，讲课条理清晰，深入浅出，深受学生的欢迎和好评。他一生高风亮节，朴实谦和，淡泊名利，平易近人，赢得了广大师生和同行的敬重。

▶ **讨论：**

1. 从以上示例中，你学到了什么？

2. 是一种什么样的精神使得张尧庭先生面对问题肯钻研，为统计学界留下了宝贵的学术财富？

思考与练习

一、思考题

5.1　什么是参数？什么是统计量？

5.2　简述中心极限定理的内容。

5.3　简述χ^2分布、t分布、F分布及正态分布之间的关系。

5.4　指出下列样本函数中的统计量。

$$g_1 = \frac{1}{n}\sum_{i=1}^{n} X_i$$

$$g_2 = \max\{X_1, X_2, \cdots, X_n\}$$

$$g_3 = \sqrt{X_2 + X_3} - \mu$$

$$g_4 = \frac{1}{n-1}\sum_{i=1}^{n} (X_i - \overline{X})^2$$

二、练习题

5.1　设从均值$\mu = 10$、标准差$\sigma = 0.6$的总体中随机选取容量为$n = 36$的样本。

已知该总体是右偏的，求样本均值$\overline{X}$在总体均值附近0.1范围内的近似概率。

5.2　设一批零件的长度服从正态分布，其平均长度为 10cm、标准差为 1cm，试问：

（1）从该批零件中随机抽取零件，其长度不到 9.7cm 的概率是多少？

（2）为了保证产品质量，是否能要求以 95% 的概率保证零件长度在 9.7 ~ 10.3cm 之间？

单选题　判断题

第6章 参数估计

育人目标

1. 通过统计推断理论的学习，培养学生的问题意识以及不断寻找解决办法的能力，而不会被事物的表面现象所迷惑，盲目跟从。利用区间估计的思想研究社会经济问题时，应考虑到其复杂性，不应盲目下结论，在偶然性中寻找必然性。

2. 通过许宝騄的一生以及中外统计学发展史的比较、我国国情的发展了解我国统计学发展史，尤其学习许宝騄等优秀统计学家热爱祖国、兢兢业业工作的光荣事迹，践行社会主义核心价值观，树立正确的爱国主义理想信念。

案例

某款车型的汽车安全吗？

如何判断某款车型汽车的安全性？最简单粗暴的方法就是"撞"，通过碰撞测试汽车在各种极端环境下的主动及被动安全表现，从而判断汽车质量的优劣，这就是汽车碰撞测试。近年来，中国保险汽车安全指数（C－IASI）持续开展测评研究工作，2020年度中国保险汽车安全指数完成了23款车型测试，传统燃油车型为18款，占比78%，新能源车型为5款，占比22%。结果显示：车辆耐撞性与可维修性有待进一步提高；2020年获得一般及以上占比为48%；2020年测试车型气囊误起爆率为17%，较2019年的26%降低了9个百分点，但与国际主要汽车市场5%的低速碰撞气囊误起爆率相比，仍有一定提升空间①。这种汽车碰撞测试是具有破坏性的测试，我们不可能对某款车型的每一辆汽车都进行碰撞测试，只能通过抽取一定数量的样本进行测试或调查，通过抽样调查的结果来推断该车型汽车的安全性。这是无法搜集到总体中全部元素的情形，即使能，所需时间、精力和金钱往往难以承受，此时研究者就用样本代替总体。

从样本数据得出与总体参数相关结论的过程称为**统计推断**，包括估计和假设

① 中国保险汽车安全指数（2020版）首批车型测评结果发布［EB/OL］．（2021－10－28）．http：//www.ciasi.org.cn/news－detail？id＝576.

检验两部分，估计又分为参数估计和非参数估计。本章将介绍参数估计的内容，包括参数估计的基本概念、基本方法以及这些方法在一个总体参数估计和两个总体参数估计中的应用。非参数估计不在本书中讨论。

6.1　参数估计的一般问题

6.1.1　估计量与估计值

在统计估计问题的研究中，当研究对象的分布状况未知时，直接对总体分布进行的估计称为非参数估计。有些情况下总体分布的形式是已知的，但分布的参数未知。当总体分布已知时，利用样本统计量对总体参数进行估计的方法称为**参数估计**（**parameter estimate**）。例如，用样本均值估计总体均值，用样本比例估计总体比例，用样本方差估计总体方差，等等。一般将总体参数笼统地用 θ 表示，参数估计是利用样本信息来推断总体参数的，相对于普查而言，节省了调查成本，在具有破坏性的产品质量检验中应用也很广泛。

在参数估计中，用来估计总体参数的统计量称为**估计量**（**estimator**），一般用符号$\hat{\theta}$表示。例如，样本均值、样本比例、样本方差都是估计量。随机抽取一个具体样本后，利用样本信息与估计量计算出来的具体数值，称为**估计值**（**estimated value**）。例如，要估计某年某地新生儿的平均体重，该地新生儿的平均体重是未知的，称为参数，根据样本计算的平均体重就是一个估计量。如果计算出来的新生儿样本平均体重为 3 200 克，这个 3 200 克就是估计量的具体数值，称为估计值。

6.1.2　点估计与区间估计

假设研究某款车型气囊的误起爆率，报告研究结果的方法有以下两种："12%"或者"10% 到 14% 之间"，不妨考虑它们各自的优缺点。这两种结果代表了估计总体参数时所用的两种不同的方式。第一种报告结果的方法是点估计，第二种报告结果的方法就是区间估计。

1. 点估计

点估计是指利用样本估计量$\hat{\theta}$的一个具体取值直接作为总体参数 θ 的估计值。比如，样本均值$\overline{X}$是总体均值 μ 的估计量，若利用样本信息计算出来的一个样本均值$\overline{X}$具体取值为$\bar{x}$，那么$\bar{x}$是总体均值 μ 的估计值。同理，可以用样本比例 p 直接作为总体比例 π 的估计值，用样本方差s^2直接作为总体方差σ^2的估计值。例如，要估计某个品牌车型气囊的误起爆率，根据抽样结果计算出气囊的误起爆率为 12%，于是将 12% 直接作为该车型气囊误起爆率的估计值。

然而，来自一个样本的估计值大概率不会精确地等于总体参数的真值，需要进行重复抽样，在此条件下点估计的均值期望等于总体真值。在用点估计值作为总体参数值的同时，还必须给出衡量点估计值可靠性的度量，也就是说，必须给出点估计值与总体参数真实值接近的程度。

2. 区间估计

某款车型气囊的误起爆率的“取值范围是10%到14%”是一个区间估计，这种估计方法提供的信息比“估计值是12%”多。

区间估计是在点估计的基础上，给出总体参数估计的一个范围，该区间通常由样本统计量加减误差得到。即对于大多数总体参数，估计区间是用如下方法找到的：首先找到样本统计量，比如样本均值或样本比例；其次计算出抽样误差；最后用样本统计量加、减抽样误差就得到了估计区间的两个端点。例如，在对某款车型气囊误起爆率的抽样调查中，样本中某个车型气囊的误起爆率为12%，抽样误差是±3%，则总体比例的置信区间是

$$12\% - 3\% = 9\% \text{ 到 } 12\% + 3\% = 15\%$$

用这三步得到的区间称为**置信区间**（confidence interval），置信区间的最小值称为置信下限，置信区间的最大值称为置信上限。我们希望未知的总体参数也就是未知总体比例在此区间内。如果再抽取多个样本，就会得到多个样本统计量的值以及置信区间，这些样本统计量的值及置信区间很大可能不会相同，但仍然希望这些区间都包含真实的总体参数值。

统计学家们在某种程度上有信心认为置信区间会包含真实的总体参数值，所以给它命名为置信区间。其理由是：如果收集了多个不同的样本，则可以构造出多个置信区间。如果其中有95%的置信区间包含了总体参数的真值，95%这个值就被称为**置信水平**（confidence level）。一般地，如果抽取多个样本，将构造置信区间的步骤重复多次，得到的多个置信区间中，包含总体参数真值的置信区间的个数占全部置信区间个数的比例称为**置信水平**。置信水平也称为**置信度**或**置信系数**。95%是比较常用的置信水平值，也能用90%、99%等其他值作为置信水平，一般记为$1-\alpha$，称α为**显著性水平**，其值可以取0.1、0.05、0.01等。

有关置信区间的概念可以用图6－1来表示。

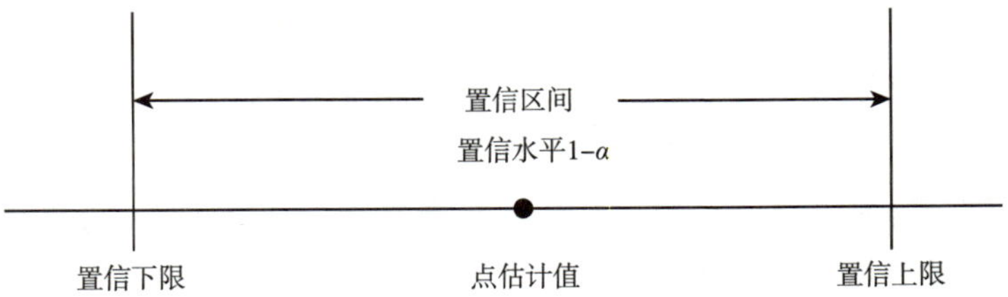

图6－1 置信区间的概念

怎样理解上例中的 9% 到 15% 这个置信区间？这个区间包含未知总体比例的真值吗？对于一个特定的区间，这个问题是无法回答的。因为总体比例的真值未知，一个未知总体参数要么被包含在置信区间内，要么不在置信区间内。假设总体比例的真值是 12.5%，则区间 9% 到 15% 一定包含真值，而不是以 95% 的概率包含真值；假设总体比例的真值是 16%，那么区间 9% 到 15% 就不包含真值。因此，9% 到 15% 这个特别的区间以 95% 的概率包含了未知的总体比例的说法是不正确的。应该理解为，如果做了 100 次随机抽样，大概有 95 次抽样得到的区间包含真值，剩余的 5 次抽样得到的区间不包含真值。图 6－2 给出了假如某款车型气囊误起爆率真值为 12% 时，重复抽取的 20 个样本所得的 20 个置信区间。总体比例的真值 12% 对应图中竖线。第一个样本的区间是从 8% 到 14%，第二个从 6.5% 到 12.5%，等等。不同的样本有不同的点估计值，因此可以得到不同的置信区间。20 个样本的置信区间中，只有第 11 个置信区间不包含总体比例的真值，也就是说有 95% 的置信区间包含了总体比例的真值，5% 的置信区间没有包含总体比例的真值。

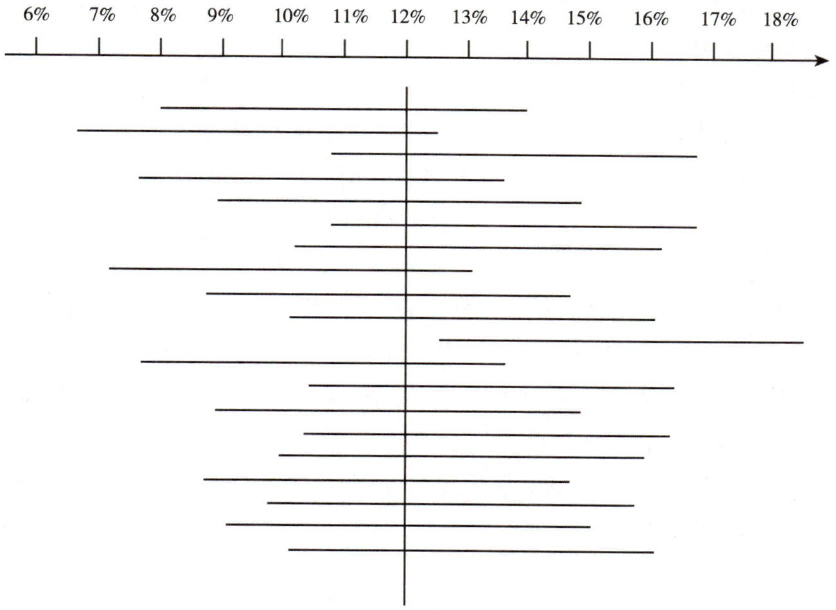

图 6－2　重复构造的 20 个样本的置信区间

对置信区间的理解，还有以下几点需要注意：

（1）在其他条件不变的情况下，利用较大样本容量得到的置信区间较窄，较小的样本容量得到的置信区间较宽，较宽的置信区间的可靠性更大。比如，一个未知总体比例的置信区间是 0% 到 100%，那么总体参数的真值百分百落在该区间，但是这样精度太低。而较窄的置信区间能比较宽的置信区间提供更多的有关总体参数的信息。比如，一个未知总体比例的置信区间是 12% 到 14%，几乎要知道未知总体比例的真值了，置信区间的精度非常高。

（2）置信区间的宽窄反映了估计的精度，而置信水平的大小反映了估计的可靠性。在样本容量不变的条件下，若置信水平增加，则置信区间必然增大，估计的可靠性增加，但估计的精度将降低；若估计的精度提高，则置信区间必然缩短，置信水平将减小。要同时提高估计的置信度和精度，唯一的办法就是增加样本容量。

下面以总体均值的区间估计为例讨论其置信区间，设 X 是均值为 μ 和方差为 σ^2 的任意总体，由样本均值的抽样分布理论，在重复抽取 n 个样本的情形下，当 n 充分大时，样本均值服从或近似服从期望为 μ、方差为 $\sigma_{\overline{X}}$ 的正态分布，其中 $\sigma_{\overline{X}} = \dfrac{\sigma}{\sqrt{n}}$。于是，可以求出样本均值 $\overline{X}$ 在总体均值 μ 两侧各两个抽样标准差范围内的概率为：

$$P(\mu - 2 \cdot \sigma_{\overline{X}} < \overline{X} < \mu + 2 \cdot \sigma_{\overline{X}}) = 0.9545$$

同理，样本均值 $\overline{X}$ 落在总体均值 μ 两侧各一个和三个抽样标准差范围内的概率分别为 0.6827 和 0.9973。实际上，可以求出样本均值 $\overline{X}$ 落在总体均值 μ 两侧任意个抽样标准差范围内的概率。

但实际估计时，样本均值 $\overline{X}$ 是已知的，而总体均值 μ 是未知的待估参数。由于 $\overline{X}$ 与 μ 的距离对称，如果某个样本的平均值落在 μ 的两个标准差范围内，反过来，μ 也被包含在以 $\overline{X}$ 为中心的左右两个标准差的范围之内。即

若 $$\mu - 2 \cdot \sigma_{\overline{X}} < \overline{X} < \mu + 2 \cdot \sigma_{\overline{X}}$$

则有 $$\overline{X} - 2 \cdot \sigma_{\overline{X}} < \mu < \overline{X} + 2 \cdot \sigma_{\overline{X}}$$

因此，若有 95% 左右的样本均值会落在 μ 的两个标准差的范围内，也就是约有 95% 的样本均值加减两个标准差的区间包含 μ，95% 就是置信水平。通俗地说，如果重复抽取 100 个样本来估计总体均值，所构造的 100 个置信区间中，约有 95 个区间包含总体均值，而另外约有 5 个区间不包含总体均值。

在构造置信区间时，可以用任意的置信水平值，常用的置信水平及正态曲线下右侧面积为 $\alpha/2$ 时的临界值 $z_{\alpha/2}$ 如表 6 - 1 所示。

表 6 - 1　　常用置信水平的 $z_{\alpha/2}$ 的值

置信水平	α	$\alpha/2$	$z_{\alpha/2}$
90%	0.10	0.05	1.645
95%	0.05	0.025	1.96
99%	0.01	0.005	2.58

图 6 - 3 给出了区间估计的示意图。

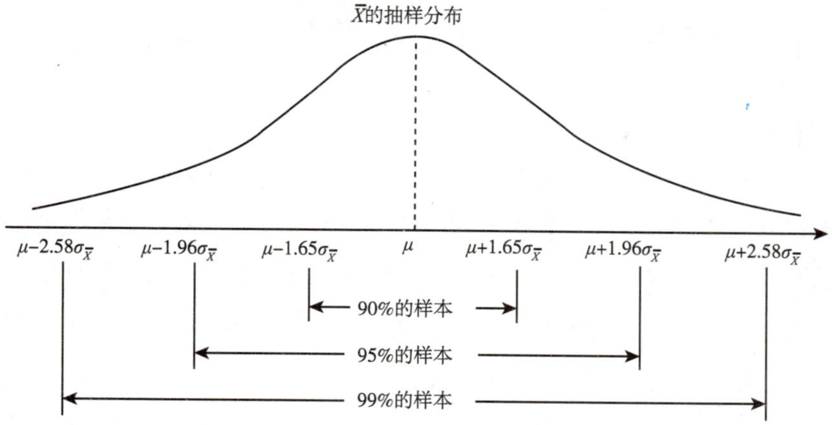

图 6－3　区间估计示意图

6.1.3　评价估计量的准则

参数估计是利用样本统计量$\hat{\theta}$作为总体未知参数 θ 的估计。实际上，用于估计 θ 的样本统计量并不唯一，比如，我们常用样本均值作为总体均值的估计，还可以用样本中位数作为总体均值的估计。那么什么样的估计量才是好的估计量呢？一般有以下三条标准。

1. 无偏性

无偏性是指估计量抽样分布的数学期望等于被估计的总体参数。设总体参数为 θ，对应的估计量为$\hat{\theta}$，如果 $E(\hat{\theta})=\theta$，则称$\hat{\theta}$是 θ 的无偏估计量。换句话说，如果在无数个样本上应用该估计量，计算出来估计值的均值等于总体参数的真值，那么这个估计量就是一个无偏估计量。虽然每一次计算的估计值的结果可能不等于总体参数真值，但多次重复抽样结果的平均就会等于总体参数的真值。如果多次重复抽样后得到的多个估计值的均值仍然不等于总体参数的真值，称这种估计是有偏的。

图 6－4 给出了点估计量无偏和有偏的情形。

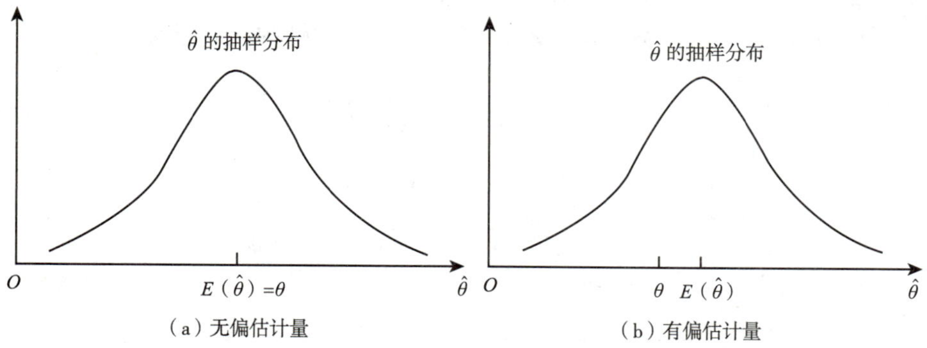

图 6－4　无偏估计量和有偏估计量

根据样本均值、样本比例的抽样分布理论可知，$E(\overline{X})=\mu$ 和 $E(p)=\pi$，还可以证明 $E(s^2)=\sigma^2$。因此，样本均值 $\overline{X}$、样本比例 p 和样本方差 s^2 分别是总体均值 μ、总体比例 π 和总体方差 σ^2 的无偏估计量。

2. 有效性

一个无偏估计量并不一定意味着它非常接近被估计的总体参数，还要求它与总体参数的离散程度比较小。对于同一总体参数的两个无偏估计量而言，方差越小的估计量越有效，称为估计量的**有效性**。假设 $\hat{\theta}_1$ 和 $\hat{\theta}_2$ 是同一总体参数的两个无偏估计量，$D(\hat{\theta}_1)$ 和 $D(\hat{\theta}_2)$ 分别是它们抽样分布的方差。如果 $D(\hat{\theta}_1)<D(\hat{\theta}_2)$，则 $\hat{\theta}_1$ 是比 $\hat{\theta}_2$ 更有效的估计量。

图 6－5 是两个无偏估计量的抽样分布。由图 6－5 可知，尽管 $\hat{\theta}_1$ 与 $\hat{\theta}_2$ 都是无偏估计量，但 $\hat{\theta}_1$ 的方差比 $\hat{\theta}_2$ 的方差小，因此 $\hat{\theta}_1$ 的值比 $\hat{\theta}_2$ 的值更接近总体的参数，$\hat{\theta}_1$ 是比 $\hat{\theta}_2$ 更有效的估计量，是一个更好的估计量。

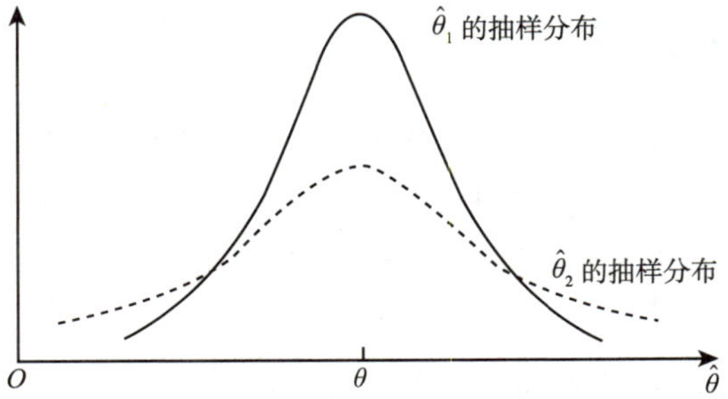

图 6－5　两个无偏估计量的抽样分布

3. 一致性

一致性是指随着样本量的增大，点估计量的值越来越接近被估计总体的参数。也就是说，一个大样本给出的估计量要比一个小样本给出的估计量更接近总体的参数。比如，由抽样分布理论可知，样本均值抽样分布的标准差为 $\sigma_{\overline{X}}=\sigma/\sqrt{n}$，当样本量 n 越大，$\sigma_{\overline{X}}$ 的值就越小。因此，大样本量给出的估计量更接近被估计的总体均值 μ，样本均值是总体均值的一个一致估计量。图 6－6 给出了一致性的直观意义。

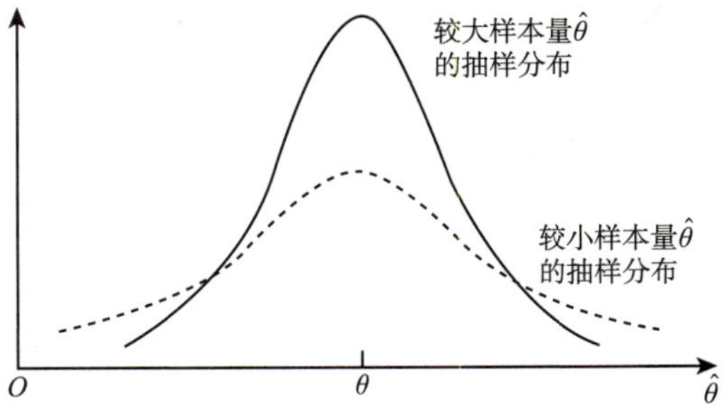

图 6－6　两个不同样本量的样本统计量的抽样分布

思政元素

《墨子》云："夫尚贤者，政之本也。"重视人才是中国自古以来的传统，在当前中国经济向创新驱动转型的关键期，更有重要的现实意义。近年来中国大量城市为更好实现经济转型升级，纷纷出台人才政策，通过各类优惠和补贴吸引人才到当地工作生活。那么，各地出台人才政策是否起到了吸引人才、促进创新的作用？孙鲲鹏等（2021 年）研究了近年来各地出台的人才政策，对企业研发人员招聘和企业创新的影响。估计结果表明，人才政策总体上起到了降低企业人才招聘成本、促进企业创新的作用，未来应继续鼓励推行更加行之有效的人才政策。① 可见，参数估计广泛地应用于实际问题中，研究结果具有政策借鉴意义。

6.2　一个总体参数的区间估计

对一个总体参数进行研究时，所关心的参数主要有总体均值 μ、总体比例 π 和总体方差 σ^2 等。本节将介绍如何利用样本统计量抽样分布理论来构造总体参数的置信区间。注意，当样本统计量表示估计量时，用大写的字母表示，当我们要求一个具体问题的置信区间时，首先要抽取一个样本，再求估计量的估计值，估计值用小写的字母表示。譬如，样本均值 $\overline{X}$ 是估计量，抽取一个样本后，可以得到估计量 $\overline{X}$ 的估计值 $\bar{x}$。后文中为了方便起见，不再特意区分估计量和估计值，结论中统一使用小写字母表示。

6.2.1　总体均值的区间估计

总体均值的区间估计

虽然区间估计的原理相同，但进行总体均值的区间估计时，需要考虑总体是否为正态分布，总体方差是否已知，构造估计量的样本是大样本（一般要求 $n \geqslant 30$）还是小样本（$n < 30$）。条件不同时总体参数估计的具体方法不同。

1. 正态总体、方差已知或非正态总体、大样本的情形

当总体服从正态分布且方差 σ^2 已知时，无论样本量的大小如何，由样本均值的抽样分布理论可知，样本均值 $\bar{x}$ 服从均值为 μ、方差为 $\frac{\sigma^2}{n}$ 的正态分布。于是

$$Z = \frac{\bar{x} - \mu}{\sigma/\sqrt{n}} \sim N(0,1) \tag{6-1}$$

① 孙鲲鹏，等．人才政策、研发人员招聘与企业创新［J］．经济研究，2021（08）：143－159.

对于给定的置信水平 $1-\alpha$，由标准正态分布的性质可知

$$P\left(-Z_{\alpha/2}<\frac{\bar{x}-\mu}{\sigma/\sqrt{n}}<Z_{\alpha/2}\right)=1-\alpha$$

于是

$$P\left(\bar{x}-Z_{\alpha/2}\frac{\sigma}{\sqrt{n}}<\mu<\bar{x}+Z_{\alpha/2}\frac{\sigma}{\sqrt{n}}\right)=1-\alpha$$

故置信水平为 $1-\alpha$ 时，总体均值 μ 的置信区间为

$$\left(\bar{x}-Z_{\alpha/2}\frac{\sigma}{\sqrt{n}},\bar{x}+Z_{\alpha/2}\frac{\sigma}{\sqrt{n}}\right)$$

记为

$$\mu=\bar{x}\pm Z_{\alpha/2}\frac{\sigma}{\sqrt{n}} \qquad (6-2)$$

式（6－2）中 $\bar{x}-Z_{\alpha/2}\frac{\sigma}{\sqrt{n}}$ 称为置信下限，$\bar{x}+Z_{\alpha/2}\frac{\sigma}{\sqrt{n}}$ 称为置信上限。α 是事先给定的概率值，也被称为风险值，它是总体均值不包括在置信区间内的概率。$1-\alpha$ 是置信水平，$Z_{\alpha/2}$ 是标准正态分布右侧面积为 $\alpha/2$ 时的 Z 值，亦即标准正态分布的 $\alpha/2$ 分位数值，可以通过查找标准正态分位数表得到其值，也可以利用 Excel 计算求得。$\frac{\sigma}{\sqrt{n}}$ 是样本均值抽样分布的标准差，$Z_{\alpha/2}\frac{\sigma}{\sqrt{n}}$ 是估计总体均值时的估计误差。这也表明，总体均值的置信区间由点估计加减估计误差组成。

当总体不服从正态分布但为大样本时，由中心极限定理可知，样本均值 $\bar{x}$ 近似服从均值为 μ、方差为 $\frac{\sigma^2}{n}$ 的正态分布。于是，当总体方差 σ^2 已知时，可以按式（6－2）建立总体均值的置信区间。

当总体服从正态分布且总体方差 σ^2 未知，或不服从正态分布且总体方差 σ^2 未知，只要是在大样本条件下，式（6－2）中的总体方差 σ^2 就可以用样本方差 s^2 代替，此时置信水平为 $1-\alpha$ 时总体均值 μ 的置信区间为：

$$\left(\bar{x}-Z_{\alpha/2}\frac{s}{\sqrt{n}},\bar{x}+Z_{\alpha/2}\frac{s}{\sqrt{n}}\right)$$

于是，总体均值的置信区间可记为

$$\mu=\bar{x}\pm Z_{\alpha/2}\frac{s}{\sqrt{n}} \qquad (6-3)$$

例 6.1 某食品企业生产袋装薯片，规定每袋薯片重量为 135 克。为了对产品重量是否符合规定进行监测，企业质检部每月进行一次抽检。现从某天生产的一批薯片中随机抽取 25 袋，它们的样本均值为 140.36 克。已知薯片重量服从正态分布，且总体

标准差为 10 克。试估计置信水平为 95% 时，该天生产薯片平均重量的置信区间。

解： 已知 $n=25$、$\sigma=10$、$\bar{x}=140.36$，置信水平 $1-\alpha=95\%$，由标准正态分布的分位数表可知$Z_{\alpha/2}=Z_{0.025}=1.96$。已知总体服从正态分布且总体方差已知，由式（6－2）可知，该天生产薯片平均重量 μ 的置信区间为：

$$\mu=\bar{x}\pm Z_{\alpha/2}\frac{\sigma}{\sqrt{n}}=140.36\pm1.96\times\frac{10}{\sqrt{25}}=(136.44,144.28)$$

该批薯片平均重量在 95% 的置信水平下，置信区间为 136.44～144.28 克。

例 6.2　对我国某中等城市进行居民家庭年人均服饰消费支出调查，随机抽取 400 户居民家庭，调查结果显示居民家庭年人均服饰消费支出额为 600 元，标准差为 120 元，试估计置信水平为 95% 时，该城市居民家庭年人均服饰消费支出的置信区间。

解： 已知 $n=400$、$\bar{x}=600$、$s=120$，置信水平 $1-\alpha=95\%$，由标准正态分布的分位数表可知$Z_{\alpha/2}=Z_{0.025}=1.96$。总体分布未知且总体方差未知，由式（6－3）可知，该城市居民家庭年人均服饰消费支出的置信区间为：

$$\mu=\bar{x}\pm Z_{\alpha/2}\frac{s}{\sqrt{n}}=600\pm1.96\times\frac{120}{\sqrt{400}}=(588.24,611.76)$$

该城市居民家庭年人均服饰消费支出在 95% 的置信水平下，置信区间为 588.24～611.76 元。

2. 正态总体、方差未知且小样本

若总体服从正态分布、总体方差σ^2未知，且为小样本时，需要用样本方差s^2代替总体未知的方差σ^2，由第 5 章抽样分布理论可知

$$t=\frac{\bar{x}-\mu}{s/\sqrt{n}}\sim t(n-1) \tag{6-4}$$

对于给定的置信水平 $1-\alpha$，由 t 分布的性质可知

$$P\left(-t_{\alpha/2}<\frac{\bar{x}-\mu}{s/\sqrt{n}}<t_{\alpha/2}\right)=1-\alpha$$

于是

$$P\left(\bar{x}-t_{\alpha/2}\frac{s}{\sqrt{n}}<\mu<\bar{x}+t_{\alpha/2}\frac{s}{\sqrt{n}}\right)=1-\alpha$$

故置信水平为 $1-\alpha$ 时总体均值 μ 的置信区间为

$$\left(\bar{x}-t_{\alpha/2}\frac{s}{\sqrt{n}},\bar{x}+t_{\alpha/2}\frac{s}{\sqrt{n}}\right)$$

于是，总体均值的置信区间可记为

$$\mu=\bar{x}\pm t_{\alpha/2}\frac{s}{\sqrt{n}} \tag{6-5}$$

式（6－5）中，$t_{\alpha/2}$是自由度为 $n-1$ 时，t 分布右侧面积为 $\alpha/2$ 时的 t 值，亦即 t 分布的 $\alpha/2$ 分位数值，可以通过查找 t 分布分位数表得到其值，也可以利用 Excel 计算求得。

例 6.3 某电子元件厂要估计新型产品的平均使用寿命，在生产线上随机抽取了 9 个元件并进行了测试，取得了下面的数据（单位：小时）。

5 100　5 100　5 400　5 260　5 400　5 100　5 320　5 180　4 940

假设产品使用寿命服从正态分布，要求以 95% 的置信水平估计这种新产品的平均使用寿命的置信区间。（保留整数）

解： 总体服从正态分布，总体方差 σ^2 未知，$n=9$ 为小样本，置信水平 $1-\alpha=95\%$。

经计算可得样本均值 $\bar{x}=5\ 200$，样本标准差 $s=156.5$。

置信水平为 95% 时，$t_{\alpha/2}(n-1)=t_{0.025}(9-1)=2.306$。

置信区间为：

$$\mu=\bar{x}\pm t_{\alpha/2}\frac{s}{\sqrt{n}}=5\ 200\pm 2.306\times\frac{156.5}{\sqrt{9}}=(5\ 079,5\ 320)$$

这种新产品的平均使用寿命在 95% 的置信水平下，置信区间为 5 079 ~ 5 320 小时。

6.2.2 总体比例的区间估计

总体比例的区间估计

总体比例是指总体中具有某种属性的单位所占的比例，它也是实际工作中常见的待估参数之一。例如，估计产品的合格率、对公共服务表示满意的人数占全部人员的比例、城市污水处理率等。本书只讨论大样本情况下总体比例的估计问题。由第 5 章样本比例的抽样分布理论可知，当样本量足够大时，样本比例 p 近似服从期望为 π、方差为 $\frac{\pi(1-\pi)}{n}$ 的正态分布，即

$$p\overset{\text{近似}}{\sim}N\left(\pi,\frac{\pi(1-\pi)}{n}\right)$$

于是

$$Z=\frac{p-\pi}{\sqrt{\pi(1-\pi)/n}}\overset{\text{近似}}{\sim}N(0,1)$$

与总体均值的区间估计类似，对于给定的置信水平 $1-\alpha$，由标准正态分布的性质可知

$$P\left(-Z_{\alpha/2}<\frac{p-\pi}{\sqrt{\pi(1-\pi)/n}}<Z_{\alpha/2}\right)=1-\alpha$$

故置信水平为 $1-\alpha$ 时总体比例 π 的置信区间为

$$\pi=p\pm Z_{\alpha/2}\sqrt{\frac{\pi(1-\pi)}{n}} \tag{6-6}$$

用式（6-6）计算总体比例元的置信区间时，π 值应该是已知的。但实际情况不然，π 值恰好是要估计的，所以，需要用样本比例 p 来代替 π。这时，总体比例的置信区间可表示为：

$$\pi=p\pm Z_{\alpha/2}\sqrt{\frac{p(1-p)}{n}} \tag{6-7}$$

式中，α 是显著性水平，$Z_{\alpha/2}\sqrt{\frac{p(1-p)}{n}}$ 是估计总体比例时的估计误差，即总体比例的置信区间由点估计值和描述估计量精度的估计误差组成。

例 6.4　某城市想要估计城市家庭用车为新能源汽车所占的比例，随机抽取了 100 个有车家庭进行调查，其中 25 个家庭用车为新能源汽车。试以 95% 的置信水平估计该城市家庭用车为新能源汽车比例的置信区间。

解：已知 $n=100$，置信水平为 $1-\alpha=95\%$，$Z_{\alpha/2}=Z_{0.025}=1.96$，根据抽样结果计算的样本比例为：

$$p=\frac{25}{100}=25\%$$

由式（6-7）可知，

$$\pi=p\pm Z_{\alpha/2}\sqrt{\frac{p(1-p)}{n}}=25\%\pm1.96\times\sqrt{\frac{25\%\times(1-25\%)}{100}}$$
$$=(16.51\%,33.49\%)$$

该城市家庭用车为新能源汽车比例在 95% 的置信水平下，置信区间为 16.51% ~ 33.49%。

6.2.3　总体方差的区间估计

总体方差的区间估计

现实中，方差是比较重要的统计量，常用来衡量数据之间差异程度或数据偏离总体平均水平程度，我们有时需要对它进行估计。例如，企业生产的电子元件的平均寿命虽然合乎要求，但若电子元件使用寿命的方差很大，那么这些产品的质量也是有问题的。因而，我们在了解其平均寿命的同时，往往还需要了解其总体方差或标准差的大小。

本书只讨论正态总体方差的估计问题。根据第 5 章样本方差抽样分布理论可知，在正态总体的条件下，统计量 $\frac{(n-1)s^2}{\sigma^2}$ 服从自由度为 $n-1$ 的 χ^2 分布，即

$$\chi^2=\frac{(n-1)s^2}{\sigma^2}\sim\chi^2(n-1)$$

于是，对于给定的置信水平 $1-\alpha$，由 χ^2 分布的性质可知

$$P\left(\chi^2_{1-\alpha/2}<\frac{(n-1)s^2}{\sigma^2}<\chi^2_{\alpha/2}\right)=1-\alpha$$

故置信水平为 $1-\alpha$ 时，一个具体问题的总体方差 σ^2 的置信区间为

$$\frac{(n-1)s^2}{\chi^2_{\alpha/2}}<\sigma^2<\frac{(n-1)s^2}{\chi^2_{1-\alpha/2}} \tag{6-8}$$

例 6.5　电子元件厂从企业生产的产品中随机抽取 31 个产品并进行测试，根据样本数据计算的使用寿命的方差为 300，假设产品使用寿命服从正态分布，求置信水平为 95% 时总体方差 σ^2 的置信区间。

解：由于样本方差 $s^2=300$，置信水平为 $1-\alpha=95\%$，可得出

$$\chi^2_{\alpha/2}(n-1)=\chi^2_{0.025}(31-1)=46.979$$

$$\chi^2_{1-\alpha/2}(n-1)=\chi^2_{0.975}(31-1)=16.791$$

由式（6-8）可知，置信水平为95%时总体方差 σ^2 的置信区间为

$$\frac{(n-1)s^2}{\chi^2_{\alpha/2}}<\sigma^2<\frac{(n-1)s^2}{\chi^2_{1-\alpha/2}}$$

于是

$$\frac{(31-1)\times 300}{46.979}<\sigma^2<\frac{(31-1)\times 300}{16.791}$$

即

$$191.575<\sigma^2<536.001$$

思政元素

2022年3月8日，第十三届全国人民代表大会第五次会议在人民大会堂举行第二次全体会议。科技部部长王志刚会后接受采访表示，新冠疫苗和药物研发获积极进展，在新冠疫苗方面，今年又有1个重组蛋白疫苗附条件上市。还有2条技术路线取得积极进展，一个是mRNA疫苗，另一个是DNA疫苗，已进入三期临床试验。在药物研发方面，1个中和抗体药已附条件上市，还有3个小分子药进入三期临床试验。新药研发的过程不可避免地应用统计推断的理论方法。这正是我们国家广大科研工作者用他们的奉献和执着所取得的进展。①

6.3 两个总体参数的区间估计

在实际生活与工作中，我们经常要对来自两个不同总体的参数进行比较，如比较两个地区职工的平均工资、两个单位的产品合格率，或是两个品牌产品的使用寿命，等等。但是在比较时，往往无法直接得到总体的数据，因而只能通过样本数据进行估计。所关心的参数主要有两个总体均值之差 $\mu_1-\mu_2$、总体比例之差 $\pi_1-\pi_2$ 和总体方差之比 σ_1^2/σ_2^2。

设两个总体均值分别为 μ_1、μ_2，总体方差分别为 σ_1^2、σ_2^2，分别从这两个总体中抽取容量为 n_1 和 n_2 的样本，样本均值分别为 $\bar{x}_1$、$\bar{x}_2$，样本方差分别为 s_1^2、s_2^2。

① 张伟. 科技部部长王志刚“部长通道”回应热点关切［EB/OL］.（2022-03-08）. www.163.com/oly/article/H/V2AABE0550B304.html.

6.3.1 两个总体均值之差的区间估计

1. 两个独立样本均值之差的区间估计

如果两个样本是从两个总体中独立抽取的，即一个样本中的元素与另一个样本中的元素相互独立，则称为独立样本。

（1）两个独立正态总体、方差已知或两个独立非正态总体且大样本。当两个总体独立且服从正态分布时，无论样本量大小，其样本均值之差 $\bar{x}_1-\bar{x}_2$ 仍服从期望为 $\mu_1-\mu_2$、方差为 $\frac{\sigma_1^2}{n_1}+\frac{\sigma_2^2}{n_2}$ 的正态分布。当两个独立总体是非正态总体且大样本，由中心极限定理可知，其样本均值之差 $\bar{x}_1-\bar{x}_2$ 近似服从期望为 $\mu_1-\mu_2$、方差为 $\frac{\sigma_1^2}{n_1}+\frac{\sigma_2^2}{n_2}$ 的正态分布。

即有：

$$\bar{x}_1-\bar{x}_2\sim N\left(\mu_1-\mu_2,\frac{\sigma_1^2}{n_1}+\frac{\sigma_2^2}{n_2}\right)$$

则

$$Z=\frac{(\bar{x}_1-\bar{x}_2)-(\mu_1-\mu_2)}{\sqrt{\frac{\sigma_1^2}{n_1}+\frac{\sigma_2^2}{n_2}}}\sim N(0,1)$$

于是，当两个总体方差 σ_1^2、σ_2^2 已知时，置信水平为 $1-\alpha$ 时两个总体均值之差 $\mu_1-\mu_2$ 的置信区间为：

$$\mu_1-\mu_2=(\bar{x}_1-\bar{x}_2)\pm Z_{\alpha/2}\sqrt{\frac{\sigma_1^2}{n_1}+\frac{\sigma_2^2}{n_2}} \tag{6-9}$$

当两个独立总体为正态总体或非正态总体，方差 σ_1^2、σ_2^2 未知时，只要满足大样本条件，可以用样本方差 s_1^2、s_2^2 代替式（6-9）中的 σ_1^2、σ_2^2。此时，置信水平为 $1-\alpha$ 时，两个总体均值之差 $\mu_1-\mu_2$ 的置信区间为：

$$\mu_1-\mu_2=(\bar{x}_1-\bar{x}_2)\pm Z_{\alpha/2}\sqrt{\frac{s_1^2}{n_1}+\frac{s_2^2}{n_2}} \tag{6-10}$$

例 6.6 从北京和武汉两个城市各随机抽取 25 户居民家庭，调查其子女一个月的课外教育费用支出。利用样本数据计算可知：北京居民子女每月课外教育消费平均支出为 450 元，武汉居民子女每月课外教育消费平均支出为 325 元。已知北京和武汉居民子女课外教育费用支出服从正态分布，且北京总体方差为 750，武汉总体方差为 850。求置信水平为 95% 时，北京和武汉居民家庭在子女课外教育平均支出差异的置信区间。

解： 设北京和武汉居民子女每月课外教育消费的总体均值分别为 μ_1、μ_2。已知总体方差 $\sigma_1^2=750$、$\sigma_2^2=850$，样本均值 $\bar{x}_1=450$、$\bar{x}_2=325$，样本量 $n_1=25$、$n_2=25$。置

信水平为 $1-\alpha=95\%$，$Z_{\alpha/2}=Z_{0.025}=1.96$。

由于两总体均服从正态分布，因此 $\bar{x}_1-\bar{x}_2$ 服从正态分布，由式（6-9）可得：

$$\mu_1-\mu_2=(\bar{x}_1-\bar{x}_2)\pm Z_{\alpha/2}\sqrt{\frac{\sigma_1^2}{n_1}+\frac{\sigma_2^2}{n_2}}=(450-325)\pm 1.96\times\sqrt{\frac{750}{25}+\frac{850}{25}}$$
$$=(109.32,140.68)$$

即北京和武汉居民家庭子女课外教育费用平均支出之差的 95% 的置信区间是 109.32 元到 140.68 元之间。

（2）两个独立正态总体、方差未知且小样本。在两个总体独立且服从正态分布、总体方差未知且小样本的条件下，分为以下两种情况讨论。

a. 方差未知且相等。小样本的情况下，当两个总体服从正态分布，方差未知且相等，即 $\sigma_1^2=\sigma_2^2=\sigma^2$，由第 5 章 t 分布的结论可知，样本样本均值之差标准化后服从自由度为 n_1+n_2-2 的 t 分布，即有：

$$t=\frac{(\bar{x}_1-\bar{x}_2)-(\mu_1-\mu_2)}{S\sqrt{\frac{1}{n_1}+\frac{1}{n_2}}}\sim t(n_1+n_2-2)$$

其中 $S^2=\frac{(n_1-1)s_1^2+(n_2-1)s_2^2}{n_1+n_2-2}$，称为总体方差的合并估计量。

因此，置信水平为 $1-\alpha$ 时两个总体均值之差 $\mu_1-\mu_2$ 的置信区间为：

$$\mu_1-\mu_2=(\bar{x}_1-\bar{x}_2)\pm t_{\alpha/2}S\sqrt{\frac{1}{n_1}+\frac{1}{n_2}} \tag{6-11}$$

b. 方差未知且不等。小样本的情况下，当两个独立正态总体的方差未知且不等，即 $\sigma_1^2\neq\sigma_2^2$，两个样本均值之差标准化后服从自由度为 n 的 t 分布，即有：

$$t=\frac{(\bar{x}_1-\bar{x}_2)-(\mu_1-\mu_2)}{\sqrt{\frac{s_1^2}{n_1}+\frac{s_2^2}{n_2}}}\sim t(n)$$

其中，自由度 n 的计算公式为：

$$n=\frac{(s_1^2/n_1+s_2^2/n_2)^2}{\frac{(s_1^2/n_1)^2}{n_1-1}+\frac{(s_2^2/n_2)^2}{n_2-1}}$$

自由度的计算结果一般为非整数，需四舍五入后再查 t 分布表。

于是，置信水平为 $1-\alpha$ 时两个总体均值之差 $\mu_1-\mu_2$ 的置信区间为：

$$\mu_1-\mu_2=(\bar{x}_1-\bar{x}_2)\pm t_{\alpha/2}(n)\sqrt{\frac{s_1^2}{n_1}+\frac{s_2^2}{n_2}} \tag{6-12}$$

例 6.7 某企业有两台生产同一种产品的机器设备，为分析两台机器所生产的产品重量的差异，从两台机器所生产的产品中分别随机抽取 11 个和 21 个产品作为样本，并对产品重量进行了测量。根据测量结果计算得到：$\bar{x}_1=610\text{g}$、$\bar{x}_2=595\text{g}$、$s_1^2=18$、

$s_2^2=20$。已知两台机器生产均处于正常状态，其产品重量均近似服从正态分布，且总体方差相同。试建立两台机器生产产品重量均值之差的 95% 的置信区间。

解： 由于产品重量均近似服从正态分布，总体方差未知且相同，由式（6-11）可得：

$$\mu_1-\mu_2=(\bar{x}_1-\bar{x}_2)\pm t_{\alpha/2}S\sqrt{\frac{1}{n_1}+\frac{1}{n_2}}$$

其中合并方差

$$S^2=\frac{(n_1-1)s_1^2+(n_2-1)s_2^2}{n_1+n_2-2}=\frac{(11-1)\times 18+(21-1)\times 20}{11+21-2}=19.333$$

又 $t_{\alpha/2}(n_1+n_2-2)=t_{0.025}(11+21-2)=2.042$

于是

$$\mu_1-\mu_2=(610-595)\pm 2.042\times\sqrt{19.333}\sqrt{\frac{1}{11}+\frac{1}{21}}$$
$$=(11.68,18.31)$$

即两台机器设备生产的产品重量差的 95% 的置信区间为 11.68 ~ 18.31 克。

例 6.8　为估计两种方法组装产品所需时间差异，分别为两种不同的组装方法随机安排工人。第一种方法随机安排 12 个工人，第二种方法随机安排 8 个工人。根据样本数据计算得到两种方法下组装产品平均时间分别为 $\bar{x}_1=32.5$ 小时、$\bar{x}_2=27.875$ 小时，组装产品时间的方差为$s_1^2=15.996$、$s_2^2=23.014$。假定两种方法组装产品的时间服从正态分布，试建立两种方法组装产品所需平均时间之差的 95% 的置信区间。

解： 由于两个总体服从正态分布，总体方差未知且为小样本，由式（6-12）可得：

$$\mu_1-\mu_2=(\bar{x}_1-\bar{x}_2)\pm t_{\alpha/2}(n)\sqrt{\frac{s_1^2}{n_1}+\frac{s_2^2}{n_2}}$$

其中自由度 n 为：

$$n=\frac{(s_1^2/n_1+s_2^2/n_2)^2}{\frac{(s_1^2/n_1)^2}{n_1-1}+\frac{(s_2^2/n_2)^2}{n_2-1}}=\frac{(15.996/12+23.014/8)^2}{\frac{(15.996/12)^2}{12-1}+\frac{(23.014/8)^2}{8-1}}=13.188\approx 13$$

于是$t_{\alpha/2}(n)=t_{0.025}(13)=2.1604$。两个总体均值之差的 95% 的置信区间为：

$$\mu_1-\mu_2=(32.5-27.875)\pm 2.1604\times\sqrt{\frac{15.996}{12}+\frac{23.014}{8}}$$
$$=(0.192,9.058)$$

两种方法组装产品所需平均时间之差的 95% 的置信区间为 0.192 ~ 9.058 小时。

2. 两个匹配样本均值之差的区间估计

在例 6.8 中使用的是两个独立的样本，但使用独立样本估计两个总体均值之差可能存在一些弊端。比如，在为每种方法随机指派 12 个工人时，偶尔可能会将技术比较差的 12 个工人指定给方法 1，而将技术较好的 12 个工人指定给方法 2，这种不公平的指派可能会掩盖两种方法组装产品所需时间的真正差异。

为解决这一问题，可以使用**匹配样本**，即一个样本中的数据与另一个样本中的数据具有相依关系。在什么情况下可以把两个样本看成是匹配样本？可以考虑下面两个例子。一个例子是研究人员检验新品种橘树和旧品种橘树是否有显著差异。如果从一个地区抽取新品种样本，从另一个地区抽取旧品种的样本，则两个样本是独立的；但如果将一块地一分为二，一边月新品种橘树，另一边用旧品种橘树，这时橘树生长所依赖的土壤、水分、气候等自然条件均相同，这样的样本就是匹配样本。又比如，先指定 12 个工人用第一种方法组装产品，然后再让这 12 个工人用第二种方法组装产品，这样得到的两种方法组装产品的数据就是匹配数据。匹配样本可以消除由于样本指定的不公平造成的两种方法组装时间上的差异。

使用匹配样本进行估计时，在大样本条件下，两个总体均值之差$\mu_d=\mu_1-\mu_2$在置信水平为 $1-\alpha$ 时的置信区间为：

$$\mu_d=\bar{d}\pm Z_{\alpha/2}\frac{\sigma_d}{\sqrt{n}} \qquad (6-13)$$

式（6－13）中，d 表示两个匹配样本对应数据的差值，$\bar{d}$表示差值的均值，σ_d表示差值的标准差。当总体的 σ_d未知时，可以用样本差值的标准差 s_d来代替。

小样本的情形下，假定两个总体各观察值的配对差服从正态分布。两个总体均值之差 $\mu_d=\mu_1-\mu_2$在置信水平为 $1-\alpha$ 时的置信区间为：

$$\mu_d=\bar{d}\pm t_{\alpha/2}(n-1)\frac{s_d}{\sqrt{n}} \qquad (6-14)$$

例 6.9 由 10 名学生组成一个随机样本，分别采用 A 和 B 两套试卷进行测试，结果如表 6－2 所示。假定两套试卷分数之差服从正态分布，试建立两套试卷平均分数之差 $\mu_d=\mu_1-\mu_2$的 95% 的置信区间。

表 6－2 10 名学生两套试卷的得分

学生编号	试卷 A	试卷 B	差值 d
1	83	76	7
2	68	49	19
3	77	66	11
4	94	89	5
5	96	79	17
6	54	56	-2
7	73	60	13
8	81	65	16
9	91	82	8
10	60	44	16

解： 根据上表数据计算得

$$\bar{d}=\frac{1}{n}\sum_{i=1}^{n}d_i=\frac{110}{10}=11$$

$$s_d=\sqrt{\frac{1}{n-1}\sum_{i=1}^{n}(d_i-\bar{d})^2}=6.53$$

又知 $t_{\alpha/2}(n-1)=t_{0.025}(10-1)=2.262$，由式（6－14）可知，两套试卷平均分数之差 $\mu_d=\mu_1-\mu_2$ 的 95% 的置信区间为：

$$\mu_d=\bar{d}\pm t_{\alpha/2}(n-1)\frac{s_d}{\sqrt{n}}=11\pm 2.262\times\frac{6.53}{\sqrt{10}}=(6.3,15.7)$$

即两套试卷平均分数之差 95% 的置信区间为 6.3～15.7 分。

6.3.2　两个总体比例之差的区间估计

由样本比例的抽样分布可知，从两个二项总体中抽取两个具有某种特征的独立样本，样本单位数的比例近似服从期望为 π、方差为 $\frac{\pi(1-\pi)}{n}$ 的正态分布。由正态分布的性质可知，两个独立样本的样本比例之差 p_1-p_2 也近似服从正态分布，即

$$p_1-p_2\sim N\left(\pi_1-\pi_2,\frac{\pi_1(1-\pi_1)}{n}+\frac{\pi_2(1-\pi_2)}{n}\right)$$

两个样本的比例之差经标准化后服从标准正态分布，即

$$Z=\frac{(p_1-p_2)-(\pi_1-\pi_2)}{\sqrt{\frac{\pi_1(1-\pi_1)}{n_1}+\frac{\pi_2(1-\pi_2)}{n_2}}}\sim N(0,1) \qquad (6-15)$$

当两个总体比例 π_1、π_2 未知时，用样本比例 p_1、p_2 来代替。因此，两个总体比例之差 $\pi_1-\pi_2$ 的 $1-\alpha$ 置信水平下的置信区间为：

$$\pi_1-\pi_2=(p_1-p_2)\pm Z_{\alpha/2}\sqrt{\frac{p_1(1-p_1)}{n_1}+\frac{p_2(1-p_2)}{n_2}} \qquad (6-16)$$

例 6.10　在关于通勤时间的调查中，从城市 A 随机调查了 500 人，有 45% 的人单程通勤时间超过半小时，从城市 B 随机调查了 400 人，有 32% 的人单程通勤时间超过半小时。试以 90% 的置信水平估计城市 A 和城市 B 单程通勤时间超过半小时人数比例之差的置信区间。

解： 设城市 A 单程通勤时间超过半小时的人数比例为 $p_1=45\%$，城市 B 单程通勤时间超过半小时的人数比例为 $p_2=32\%$。置信水平 $1-\alpha=90\%$，$Z_{\alpha/2}=Z_{0.05}=1.645$。因此，单程通勤时间超过半小时人数比例之差的置信区间为：

$$\begin{aligned}\pi_1-\pi_2&=(p_1-p_2)\pm Z_{\alpha/2}\sqrt{\frac{p_1(1-p_1)}{n_1}+\frac{p_2(1-p_2)}{n_2}}\\&=(45\%-32\%)\pm 1.645\times\sqrt{\frac{45\%(1-45\%)}{500}+\frac{32\%(1-32\%)}{400}}\\&=(8.3\%,18.3\%)\end{aligned}$$

城市 A 和城市 B 单程通勤时间超过半小时人数比例之差 90% 的置信区间为 8.3% ~ 18.3%。

6.3.3 两个总体方差之比的区间估计

实际问题中，经常会遇到比较两个总体方差的问题。比如，希望比较两台机器设备加工产品的精度及生产的稳定性，等等。

由于第 5 章内容可知，在两个正态总体条件下，两个样本方差比服从 F 分布，即

$$F=\frac{s_1^2/\sigma_1^2}{s_2^2/\sigma_2^2}\sim F(n_1-1,n_2-1)$$

因此，可以用 F 分布来构造两个总体方差比σ_1^2/σ_2^2的置信区间。

于是，对于给定的置信水平 $1-\alpha$，由 F 分布的性质可知

$$P\left(F_{1-\alpha/2}<\frac{s_1^2/\sigma_1^2}{s_2^2/\sigma_2^2}<F_{\alpha/2}\right)=1-\alpha$$

故置信水平为 $1-\alpha$ 时，两个总体方差比σ_1^2/σ_2^2的置信区间为

$$\frac{s_1^2/s_2^2}{F_{\alpha/2}}<\frac{\sigma_1^2}{\sigma_2^2}<\frac{s_1^2/s_2^2}{F_{1-\alpha/2}} \tag{6-17}$$

式（6-17）中，$F_{\alpha/2}$和$F_{1-\alpha/2}$分别是分子自由度为 n_1-1 和分母自由度为 n_2-1 的 F 分布的右侧面积为 $\alpha/2$ 和 $1-\alpha/2$ 分位数。

例 6.11 为了研究我国东部和中部两个地区应届毕业生在月薪上的差异，在这两个地区的应届毕业生中分别随机抽取了 25 名学生，得到以下结果（单位：元）：

东部：$\overline{X}_1=5\ 200$，$s_1^2=2\ 600$；

中部：$\overline{X}_2=4\ 800$，$s_2^2=2\ 800$。

试求 90% 置信水平下东部和中部应届毕业生在月薪方差比的置信区间。

解： 查表可知 $F_{\alpha/2}(n_1-1,n_2-1)=F_{0.05}(25-1,25-1)=1.98$

$$F_{1-\alpha/2}(n_1-1,n_2-1)=F_{0.95}(25-1,25-1)=\frac{1}{1.98}=0.505$$

由式（6-17）可知方差比的置信区间为：

$$\frac{s_1^2/s_2^2}{F_{\alpha/2}}<\frac{\sigma_1^2}{\sigma_2^2}<\frac{s_1^2/s_2^2}{F_{1-\alpha/2}}$$

于是

$$\frac{2\ 600/2\ 800}{1.98}<\frac{\sigma_1^2}{\sigma_2^2}<\frac{2\ 600/2\ 800}{0.505}$$

即 $0.47<\frac{\sigma_1^2}{\sigma_2^2}<1.84$，90% 置信水平下东部地区和中部地区应届毕业生在月薪方差比的置信区间为 0.47 ~ 1.84。

思政元素

2016 年底中国“四纵四横”高铁干线网基本成型，高铁客运量占 2016 年铁路客运总量的 43.4%。中国高铁的快速发展，在推动经济增长、改善区域可达性、增加就业、重组城市结构以及传递知识等方面为经济社会环境带来深远的影响。那么，高铁开通带来的人员流动是否有助于缓解地区间市场分割，促进区域间价格一体化？王永进等（2022 年）通过地理信息构建工具变量的思路，为中国高铁网络构建了两个最小生成树作为工具变量，研究了人员流动对城市间商品价格差异的影响，估计结果表明，高铁开通带来的人员流动，能通过促进要素市场一体化和地区间商务往来，显著降低城市间商品价格差异，由此促进地区间产品市场的一体化。①

6.4 样本容量的确定

样本容量的确定

在参数区间估计的讨论中，估计值和总体的参数之间存在着一定的差异，这种差异是由样本的随机性产生的。所以首先应确定的是样本量，也就是应该抽取多大的样本来估计总体参数。在样本容量不变的情况下，若要增加估计的可靠度，置信区间就会扩大，估计的精度就降低了。若要在不降低可靠性的前提下，增加估计的精确度，就只有扩大样本容量。但是，样本容量的增加又会带来工作量的增加、费用的增多、时间的延长、非抽样误差的加大等问题，因此样本容量并不是越大越好。以需要在满足一定精确度的条件下，确定适当的样本量是抽样估计中要考虑的问题。

6.4.1 估计一个总体均值时的样本容量

总体均值的置信区间由样本均值和估计误差两部分组成。在重复抽样或无限总体抽样条件下，估计误差为$Z_{\alpha/2}\frac{\sigma}{\sqrt{n}}$。$Z_{\alpha/2}$的值、总体标准差 σ 和样本量 n 共同确定了估计误差的大小，$Z_{\alpha/2}$的值由 $Z_{\alpha/2}$的值置信水平 $1-\alpha$ 确定。对于给定的 $Z_{\alpha/2}$的值和总体标准差 σ，可以确定任一允许的估计误差所需要的样本容量。令 E 表示允许的估计误差，即

$$E = Z_{\alpha/2}\frac{\sigma}{\sqrt{n}} \tag{6-18}$$

因此

$$n = \frac{(Z_{\alpha/2})^2 \cdot \sigma^2}{E^2} \tag{6-19}$$

① 王永进，等．人员流动与城市间商品价格差异：来自高铁开通的证据［J］．世界经济，2022（1）：206－232.

例 6.12 欲估计某校大学本科毕业生毕业后的起薪水平，打算进行一次随机抽样调查。现根据过去经验得知起薪水平的标准差大约为 550 元，要求在 95% 的置信水平下进行估计，且允许误差不超过 200 元，试确定样本容量。

解： 已知 $\sigma=550$ 元、$E=200$ 元、$1-\alpha=95\%$、$Z_{\alpha/2}=Z_{0.025}=1.96$。

代入样本容量的计算公式：

$$n=\frac{(Z_{\alpha/2})^2\cdot\sigma^2}{E^2}=\frac{(1.96)^2\cdot 550^2}{200^2}=29.05\approx 30$$

即应至少随机抽取 30 人进行调查。注意，求样本量时要遵循圆整法则，小数点后的值不管多少一律进位。

在计算样本容量时，必须知道总体的方差，而在实际抽样调查前，往往总体的方差是未知的。在实际操作时，可以用过去的资料，若过去曾有若干个方差，应该选择最大的，以保证抽样估计的精确度；也可以进行一次小规模的调查，用调查所得的样本方差来替代总体的方差。

6.4.2 估计一个总体比例时的样本容量

估计总体比例时样本容量的确定方法与估计总体均值方法一致。总体比例的置信区间由样本比例和估计误差两部分组成。在重复抽样或无限总体抽样条件下，估计误差为 $Z_{\alpha/2}\sqrt{\frac{\pi\ (1-\pi)}{n}}$。$Z_{\alpha/2}$ 的值、总体比例 π 和样本量 n 共同确定了估计误差的大小，$Z_{\alpha/2}$ 的值由 $Z_{\alpha/2}$ 的值置信水平 $1-\alpha$ 确定。由于总体比例的值是固定的，所以估计误差由样本量确定。对于给定的 $Z_{\alpha/2}$ 的值和总体比例 π，可以确定任一允许的估计误差所需要的样本容量。令 E 表示允许的估计误差，即

$$E=Z_{\alpha/2}\sqrt{\frac{\pi(1-\pi)}{n}} \tag{6-20}$$

因此

$$n=\frac{(Z_{\alpha/2})^2\cdot\pi(1-\pi)}{E^2} \tag{6-21}$$

计算样本容量时需要总体比例，但是总体比例 π 通常是未知的，在实际的抽样调查时，可先进行小规模的试调查求得的样本比例来代替，也可用历史的资料，如果有若干个比例可供选择，则应选择最接近 π 为 50% 的比例，尽量使 $\pi(1-\pi)$ 最大，以保证估计的精确度。

例 6.13 为了检查某企业生产的 10 000 个液晶屏的合格率，需要确定样本的容量。根据以往经验，合格率为 90%、91.7%。如果要求估计的允许误差不超过 0.0275，置信水平为 95%，应该抽取多少个液晶屏样本？

解： 已知 $E=0.0275$、$1-\alpha=95\%$、$Z_{\alpha/2}=Z_{0.025}=1.96$，应选择 $\pi=90\%$ 计算样本容量，代入样本容量的计算公式：

$$n=\frac{(Z_{\alpha/2})^2\cdot\pi(1-\pi)}{E^2}=\frac{(1.96)^2\cdot 90\%(1-90\%)}{0.0275^2}=457.18\approx 458$$

应该抽 458 件液晶屏进行检验。

总体来说，理论上样本容量的大小主要取决于以下几个因素：

第一，允许的抽样误差的大小。允许的抽样误差是指得到的估计值与总体真值之间的离差，反映了对估计精度的要求。估计区间越大，精度越低，在其他条件相同时，样本容量就越小；估计区间越小，精度越高，在其他条件相同时，样本容量就越大。

第二，对置信水平的要求。置信水平说明了估计的可靠程度。置信水平与样本容量成正比，当其他条件相同时，置信度越高，样本容量要越大；而置信水平越低，对样本容量的要求也就越小。

第三，总体方差的大小。总体方差是说明总体内部各单位之间差异大小的，其与样本容量成正比关系。在其他条件相同的情况下，总体的方差越大，要求的样本容量越大；反之，如果总体方差越小，对样本容量的要求也越小。

第四，抽样方式方法的不同。在相同的条件下，重复抽样的抽样平均误差比不重复抽样的抽样平均误差大，因此对样本容量的要求也就不同。重复抽样需要更大的样本容量，而不重复抽样的样本容量则可小一些。本书假定抽样方式为有放回的简单随机抽样。

此外，实际工作中，调查经费与调查时间的限制也直接影响样本容量的大小。

本章小结

参数估计是在随机抽样调查的基础上，以样本统计量的抽样分布为理论依据，根据样本信息，来估计总体参数的。对于一个总体，其参数主要有总体均值、总体比例和总体方差，对于两个总体，其参数则主要是两个总体均值之差、两个总体比率之差和两个总体的方差比。参数估计的方法有点估计和区间估计。区间估计是在点估计的基础上，给出总体参数的一个置信区间，即点估计加减允许误差。

估计一个总体均值的置信区间时，需要考虑两种情况：①在正态总体、方差已知或非正态总体、大样本的情况下，可用正态分布构造总体均值的置信区间；②在正态总体、方差未知、小样本的情况下，则需要用 t 分布构造总体均值的置信区间。估计一个总体比率的置信区间，通常是在大样本条件下，由正态分布给出的。而总体方差的置信区间，则是由 χ^2 分布给出的。

估计两个总体均值之差的置信区间时，需要考虑两种情况：①独立样本，在大样本下，由正态分布构造其置信区间，在小样本条件下则由 t 分布构造其置信区间；②匹配样本，在大样本条件下，由正态分布构造其置信区间，在小样本条件下则由 t 分布构造其置信区间。估计两个总体比率之差的置信区间时，通常也是在大样本的条件下，由正态分布给出的。而两个总体方差比的置信区间，则是由

F 分布给出的。

在实际抽样调查中，样本容量需事先进行计算并加以确定。6.4 节内容介绍了各种参数的区间估计方法下，必要的样本容量的确定方法。

抽样分布的概念及其理论是本章重点之一，因为只有理解并掌握了抽样分布，才能学好参数估计、假设检验等内容。

一个总体参数估计方法和两个总体参数估计的方法如表 6－3 和表 6－4 所示。

表 6－3　　　　一个总体参数的区间估计

参数	点估计	标准差	$1-\alpha$ 的置信区间	假定条件
总体均值 μ	$\bar{x}$	$\frac{\sigma}{\sqrt{n}}$	$\bar{x} \pm Z_{\alpha/2}\frac{\sigma}{\sqrt{n}}$	（1） σ 已知 （2） 大样本（$n \geqslant 30$）
			$\bar{x} \pm Z_{\alpha/2}\frac{s}{\sqrt{n}}$	（1） σ 未知 （2） 大样本（$n \geqslant 30$）
			$\bar{x} \pm t_{\alpha/2}\frac{s}{\sqrt{n}}$	（1） 正态总体 （2） σ 未知 （3） 小样本（$n<30$）
总体比例 π	p	$\sqrt{\frac{p(1-p)}{n}}$	$p \pm Z_{\alpha/2}\sqrt{\frac{p(1-p)}{n}}$	（1） 二项总体 （2） 大样本（$n \geqslant 30$）
总体方差 σ^2	s^2	—	$\frac{(n-1)s^2}{\chi^2_{\alpha/2}} < \sigma^2 < \frac{(n-1)s^2}{\chi^2_{1-\alpha/2}}$	正态总体

表 6－4　　　　两个总体参数的区间估计

参数	点估计	标准差	$1-\alpha$ 的置信区间	假定条件
总体均值之差 $\mu_1-\mu_2$	$\bar{x}_1-\bar{x}_2$	$\sqrt{\frac{\sigma_1^2}{n_1}+\frac{\sigma_2^2}{n_2}}$	$(\bar{x}_1-\bar{x}_2) \pm Z_{\alpha/2}\sqrt{\frac{\sigma_1^2}{n_1}+\frac{\sigma_2^2}{n_2}}$	（1） σ_1、σ_2 已知 （2） 独立大样本
			$(\bar{x}_1-\bar{x}_2) \pm Z_{\alpha/2}\sqrt{\frac{s_1^2}{n_1}+\frac{s_2^2}{n_2}}$	（1） σ_1、σ_2 未知 （2） 独立大样本
			$(\bar{x}_1-\bar{x}_2) \pm t_{\alpha/2}S\sqrt{\frac{1}{n_1}+\frac{1}{n_2}}$ 其中合并方差 $S^2=\frac{(n_1-1)s_1^2+(n_2-1)s_2^2}{n_1+n_2-2}$	（1） 两个正态总体 （2） σ_1、σ_2 未知且相等 （3） 独立小样本
			$(\bar{x}_1-\bar{x}_2) \pm t_{\alpha/2}(n)\sqrt{\frac{s_1^2}{n_1}+\frac{s_2^2}{n_2}}$	（1） 两个正态总体 （2） σ_1、σ_2 未知且不等 （3） 独立小样本

续表

参数	点估计	标准差	$1-\alpha$ 的置信区间	假定条件
总体均值之差 $\mu_1-\mu_2$	$\bar{d}$	$\dfrac{\sigma_d}{\sqrt{n}}$	$\bar{d}\pm Z_{\alpha/2}\dfrac{\sigma_d}{\sqrt{n}}$	（1）两个正态总体 （2）匹配大样本
			$\bar{d}\pm t_{\alpha/2}(n-1)\dfrac{s_d}{\sqrt{n}}$	（1）两个正态总体 （2）匹配小样本
总体比例 π	p_1-p_2	$\sqrt{\dfrac{\pi_1(1-\pi_1)}{n_1}+\dfrac{\pi_2(1-\pi_2)}{n_2}}$	$(p_1-p_2)\pm Z_{\alpha/2}\sqrt{\dfrac{p_1(1-p_1)}{n_1}+\dfrac{p_2(1-p_2)}{n_2}}$	（1）两个二项总体 （2）大样本
总体方差 σ^2	s_1^2/s_2^2	—	$\dfrac{s_1^2/s_2^2}{F_{\alpha/2}}<\dfrac{\sigma_1^2}{\sigma_2^2}<\dfrac{s_1^2/s_2^2}{F_{1-\alpha/2}}$	两个正态总体

思政园地

多元统计分析的奠基人之一——许宝騄

许宝騄（1910—1970 年），祖籍浙江杭州，1910 年 9 月 1 日生于北京。他出身名门，家学渊源。幼年时，在中国传统文化和西方近代启蒙文化两方面就打下了坚实的功底。许先生 1933 年毕业于清华大学数学系，1934 年到北京大学任教。1935 年，他与江泽涵教授合作发表了关于“临界点”的论文，初步显露了他的数学才能。1936 年，他再次考取了赴英留学的机会，被派往伦敦大学学院（University College London），在高尔顿实验室和统计系学习数理统计。当时的统计系人才济济，罗纳德·费希尔（R. A. Fisher）接替卡尔·皮尔逊（K. Pearson）任实验室主任，美国多元分析专家哈罗德·霍特林（H. Hotelling）、S. 斯威克斯（S. SWiks），频率曲线专家 C. C. 克莱格（C. C. Craig），概率专家威廉·费勒（W. Feller）等都在该系学习工作过，这段时间对许先生的学术思想和研究方向产生了一定的影响。①

在此学习的四年间，许先生以他坚实的数学基础与能力，结合英国先进的统计思想，迅速发表了一系列重要论文。许先生于 1938 年获得哲学博士学位，1940 年又获科学博士学位，1940 年底回到中国，继续在北京大学任教。1945—1947 年，

① 刘冰楠．西南联大数学名师许宝騄的数学贡献［J］．数学通报，2019，58（11），9－13．

他应邀赴美国加利福尼亚大学（Berkeley）、哥伦比亚大学和北卡洛林纳大学（Chapel Hil）讲学。此后回到中国，一直在北京大学任教。1948 年，他当选中央研究院院士，1955 年当选中国科学院学部委员。他在多元统计分析与统计推断方面发表了一系列出色的论文，成为我国在数理统计学和概率论研究领域达到世界先进水平的一位杰出学者和一代统计宗师。

在多元统计分析和统计推导方面，许先生发展了矩阵变换的技巧，推导样本协方差矩阵的分布与某些行列式方程的根的分布，推进了矩阵论在数理统计学中的应用。他对 Gauss – Markov 模型中方差最优估计的研究是后人关于方差分量和方差的最佳二次估计的众多研究的起点。他揭示了线性假设的似然比检验的第一个优良性质，推动了人们对所有相似检验进行研究。在概率论方面，他得到了样本方差的分布的渐近展开以及中心极限定理中误差大小的阶的精确估计。与 H. Robbins 合作提出的“完全收敛”则是强大数律的有趣加强，是后来一系列有关强收敛速度的研究的起点。许先生在矩阵偶于某些变换下的分类、马氏过程转移函数的可微性、次序统计量的极限分布及部分平衡不完全区组设计等方面均有出色的工作。[①]

许先生主持翻译、校阅了辛钦的《数学分析简明教程》、史捷班诺夫的《微分方程教程》和格涅坚科的《概率论教程》等俄文教材，帮助教师学习俄语，精读俄文原版《数学分析八讲》等教材，这些工作对新中国成立初期我国数学教材建设及人才培养具有重要意义。许先生发表学术论文 40 篇[②]，其中《变叙的项的极限分布》和《部分平衡不完全区组设计》这两篇文章，是许先生所主持的讨论班的成果，以其笔名“班成”的名义发表。许先生 1970 年逝世后，后人将其主持的讨论班（1964 年冬至 1965 年春）上得到的大部分成果，发表《随机矩阵的重合性质》一文；1990 年，许先生逝世 20 周年，《应用概率统计》刊载了其研究成果《有限状态马尔可夫链的某些研究》。

许先生关于数理统计学的第一篇论文发表于 1938 年，文中讨论了所谓的 Behrens – Fisher 问题。其中，对于σ_1和σ_2不一定相等的情况，给出了相应的统计量，找到了统计量的密度函数的级数展开式，并用它研究否定域的功效。此项工作被著名统计学家谢非（H. Scheffe，1970）称为“数学严格的典范”。这种方法被学者们称为“许方法”，时至今日，仍是解决这一问题的最实用的方法。此后，许先生发表了多篇多元统计分析理论发展的前沿论文，并得到同行的认可。

许宝騄一生心系教学与科研，严谨治学，诲人不倦，在艰苦条件下仍能坚持不懈地追求科学，为中华民族的人才培养做出了卓越贡献。

---

① 王元. 20 世纪中国知名科学家学术成就概览 · 数学卷 · 第一分册［M］. 北京：科学出版社，2001：206 – 216.

② 北京大学《许宝騄文集》编辑委员会. 许宝騄文集［M］. 北京：科学出版社，1981：前言.

▶ **讨论：**

1. 从以上示例中，你学到了什么？
2. 是一种什么样的精神使得许宝騄先生能够在艰苦条件下仍能坚持不懈地追求科学？

思考与练习

一、思考题

6.1　统计推断的目的是什么？

6.2　解释估计量和估计值。

6.3　解释总体参数 95% 的置信区间。

6.4　置信水平这个名字的来由是什么？

6.5　描述缩短置信区间长度的两个方法。

6.6　评价估计量的标准有哪些？

6.7　什么是一个参数的点估计和区间估计？并说出这两类参数估计方法的区别以及各自的优缺点。

6.8　为什么从总体中抽样时必须强调随机性？

6.9　简述样本量与置信水平、总体方差、估计误差的关系。

6.10　什么是独立样本和匹配样本？

6.11　假设从总体中抽取了大量样本，并且用每个样本都构造了一个总体均值的置信区间。如果从这些置信区间中随机选一个，那么它不包含总体参数的区间的机会有多大？

6.12　当调查设计者们在全国范围对一个新产品的评判有兴趣时，他们不用总体而用样本来进行研究。请给出他们这样做的三个理由。

二、练习题

6.1　某地区为了解职工家庭的收入情况，从本地区 3 000 户家庭中，按不重复抽样的方法抽取 300 户职工家庭进行调查，调查结果如表 6－5 所示。

表 6－5　职工家庭收入情况调查

每户月收入（元）	收入调查户数（户）
6 000 以下	40
6 000～10 000	80
10 000～14 000	120
14 000～18 000	50
18 000 以上	10
合　计	300

（1）若用这300户家庭的月收入资料推算该地区3 000户家庭月收入情况，试估计置信水平为95%时该地区家庭月收入的置信区间。

（2）若又从抽样资料知，月平均收入在14 000元以上的户数的比重为20%，试估计置信水平为95%时，月收入在14 000元以上比例置信区间。

6.2　已知某种球体直径服从期望为μ、方差为σ^2的正态分布，μ和σ^2未知，某位科学家测量到的一个球体直径的5次记录为：6.33、6.37、6.36、6.32和6.37cm，试在95%置信水平下估计μ和σ^2。

6.3　对某一选举区内随机抽取的100位选民的民意调查表明，他们中的55%支持某位候选人，求选民中支持这位候选人的比例分别在置信水平为95%、99%的置信区间。

6.4　某土畜进出口公司出口一种名茶，抽样检验结果如表6-6所示。

表6-6　茶叶抽样检验结果

每包重量x（克）	包数f（包）	xf
148～149	10	1 485
149～150	20	2 990
150～151	50	7 525
151～152	20	3 030
合计	100	15 030

又知这种茶叶每包规格重量不低于150克，试以95%的置信水平：

（1）确定每包重量的抽样误差；

（2）估计这批茶叶的重量范围，确定是否达到规格重量要求。

6.5　某汽车制造厂为了测定某种型号汽车轮胎的使用寿命，其寿命服从正态分布。随机抽取16只作为样本进行寿命测试，计算出轮胎平均寿命为43 000公里、标准差为4 120公里，试以95%的置信度推断该厂这批汽车轮胎的平均使用寿命。

6.6　对生产某种规格的灯泡进行使用寿命检验，根据以往正常生产的经验，灯泡使用寿命标准差$\sigma=0.4$小时，而合格品率90%，现用重复抽样方式，在95%的置信水平下，平均使用寿命的抽样误差不超过0.08小时，必要的样本容量应为多大？抽样合格率的误差不超过5%，必要的样本容量应为多大？

6.7　从两个正态总体中分别抽取两个独立随机样本，总体1的样本均值$\bar{x}_1=50$、样本方差$s_1^2=32$，总体2的样本均值$\bar{x}_2=46$、样本方差$s_2^2=40$。

（1）设$n_1=n_2=50$，求$\mu_1-\mu_2$的90%的置信区间。

（2）设$n_1=n_2=20$，$\sigma_1=\sigma_2$，求$\mu_1-\mu_2$的95%的置信区间。

（3）设$n_1=10$，$n_2=20$，$\sigma_1\neq\sigma_2$，求$\mu_1-\mu_2$的 95% 的置信区间。

6.8　某工厂为了估计两种方法组装产品的时间，随机抽取 10 名工人用两种方法组装产品，这些工人所花时间如表 6－7 所示。

表 6－7　工人组装产品所花时间数据　单位：分钟

序号	方法 1	方法 2
1	80	73
2	65	46
3	74	63
4	91	86
5	93	76
6	51	53
7	70	57
8	78	62
9	87	79
10	57	41

构建两种方法平均组装时间之差的 95% 的置信区间。

6.9　从两个总体中各随机抽取 100 个独立随机样本，来自总体 1 的样本比例为 45%，来自总体 2 的样本比例为 35%。求置信水平分别为 90% 和 95% 时，两个总体比例之差的置信区间。

6.10　从某品牌饮料公司两条瓶装饮料生产线分别随机抽取 21 个样本，测得瓶装饮料体积的数据如表 6－8 所示。

表 6－8　抽样瓶装饮料体积数据　单位：mL

生产线 1			生产线 2		
230.00	214.67	260.00	214.67	218.67	223.33
213.33	198.67	246.67	225.33	212.67	220.00
214.67	250.00	218.67	220.00	213.33	203.33
233.33	225.33	223.33	220.00	219.33	222.00
196.67	230.00	213.33	222.67	223.33	218.00
210.67	232.00	208.00	218.67	210.67	218.67
213.33	212.00	216.67	220.00	222.67	216.67

求两个总体方差比的 95% 的置信区间。

单选题　　判断题

第 7 章
假设检验

育人目标

1. 通过假设检验理论等学习，掌握假设检验理论方法应用于实际问题，针对具体问题能提出合理的假设，并对决策结果做出合理解释。

2. 学习吴定良院士的科研精神和理论联系实际、解决实际问题的统计思想，培养严谨的思维方式，以科学态度对待科学。

案例

有疵点电路板的比率超过了设计规定比率的证据是什么？

宏道公司是一家通信设备生产商，需要在 RF 电路板上焊接电子元器件，在一次产品抽查中，发现不少产品焊接没能达到规定的质量标准。工程部负责对这一问题展开调查，经过对众多影响焊接的因素加以分析后，确定焊接问题可能由 RF 电路板表层有疵点引起。

工程部想知道，存货中有疵点的 RF 电路板的比率是否超过了供应商设计中规定的比率。随机抽取一定的样本后，发现存货中表层有疵点的 RF 板所占比率超过了供应商设计中所规定的值。进一步调查发现，所贮存的 RF 板受到了污染是导致这一比率过高的原因。于是，采取措施，改变贮存环境，消除污染，工程部就此解决了这一问题。工程部认为存货中表层有疵点的 RF 板所占比率超过了供应商设计中所规定的值的证据是什么呢？回答这个问题需要用到假设检验。

本章的目的正是要说明如何对总体的参数做出检验。

假设检验是推断统计的另一项重要内容，它与参数估计类似，但角度不同。参数估计是利用样本信息推断未知的总体参数，而假设检验则是先对总体参数提出一个假设，然后利用样本信息判断这一假设是否成立。假设检验方法在许多领域都有应用。本章首先介绍有关假设检验的一些基本问题，然后再介绍一个总体参数和两个总体参数的检验方法。

假设检验可分为两类，一是参数假设检验；二是非参数检验或自由分布检验，主要是总体分布形式的假设检验。本书只讨论几种重要的参数检验。

7.1 假设检验的一般问题

假设检验的基本问题

7.1.1 假设检验问题的提出

例 7.1 某企业生产一种零件，该零件的生产标准是零件的直径为 10cm。为了对零件质量进行监测，工作人员现在随机抽取 100 个零件，测得样本零件直径的均值为 9.94cm。请问，零件直径是否发生了显著的变化？

从调查结果来看，抽取的 100 个零件直径为 9.94cm，比生产标准的直径 10cm 少了 0.06cm。这样的差异究竟是什么原因导致的？不外乎两种可能：一是生产的零件直径是符合生产标准的，0.06cm 的差异是由于抽样的随机性导致的；二是抽样的随机性不可能导致 0.06cm 这么大的差异，生产的零件直径发生了显著的变化，不符合生产标准。

要解决这个问题，可以采取假设的方法。假设现在生产的零件是符合生产标准的，零件直径的均值用 μ 表示，零件的直径标准用 μ_0 表示，即 $\mu_0=10$。于是，假设可以记为 $\mu=\mu_0$。现在要利用随机抽取的 100 个零件的信息检验上述假设是否成立。如果成立，说明生产的零件直径是符合生产标准的；如果不成立，说明生产的零件直径发生了显著的变化，不再符合生产标准。

由上面例子可以看出，问题是以假设的形式提出的，问题的解决方案是利用样本信息检验假设是否成立。所以，假设检验是预先对总体参数的取值作出假定，提出关于总体参数数值的某种说法，然后用样本数据进行验证，作出是否拒绝假设的决策。假设检验可以作为帮助研究人员和管理人员决策的一种辅助手段，是进行实证分析的重要方法。

7.1.2 假设的陈述

对总体进行假设检验，首先要对研究的总体提出假设。对每个假设检验问题，一般可同时提出两个相反的假设：原假设和备择假设。原假设又称零假设，记为 H_0；备择假设是拒绝原假设后可供选择的假设，记为 H_1。

原假设和备择假设不是随意提出的，应根据所检验问题的具体背景而定。常常是采取“不轻易拒绝原假设”的原则，即把没有充分理由不能轻易否定的命题作为原假设，而相应地把没有足够把握就不能轻易肯定的命题作为备择假设。

一般地，以总体均值为例，假设有三种形式：

第 1 种：$H_0:\mu=\mu_0, H_1:\mu\neq\mu_0$。

这种形式的假设检验称为双侧检验。

第 2 种：$H_0:\mu\geqslant\mu_0, H_1:\mu<\mu_0$。

这种形式的假设检验称为左侧检验。

第 3 种：$H_0:\mu\leqslant\mu_0, H_1:\mu>\mu_0$。

这种形式的假设检验称为右侧检验。

左侧检验和右侧检验统称为单侧检验。采用哪种假设，要根据所研究的实际问题而定。确定原假设和备择假设在假设检验中十分重要，它直接关系到检验的结果。一般来说，原假设和备择假设是一个完备的事件组，而且相互对立。这意味着，在一项假设检验中，原假设和备择假设必有一个成立，而且只有一个成立。由于原假设所表达的含义总是指参数没有变化或变量之间没有关系，因此等号“=”通常放在原假设。因此，在双侧检验中，一个总体均值的原假设和备择假设就是$H_0:\mu=\mu_0, H_1:\mu\neq\mu_0$。例 7.1 就是双侧检验，建立的假设为：$H_0:\mu=10, H_1:\mu\neq10$。

在单侧检验中，原假设通常是研究者要搜集证据想要推翻的说法，而研究者推翻的假设和研究者支持的假设最终会取决于研究者本人的意向，因而假设的确定带有一定的主观色彩。实际统计检验时，即使是对同一个问题，由于立场不同，研究目的不同，也可能提出截然不同的假设，但是，只要假设的建立符合研究者的目的，就是合理的。

再如，在例 7.1 中，如果在乎的是零件直径是否比原来有所缩短，则可采用单侧检验，即$H_0:\mu\geqslant10$，$H_1:\mu<10$。又如，食品厂生产的某种产品包装上称其净重量为 500 克，地方消协从消费者的利益出发，从产品中随机抽取一批产品来验证其包装说明是否属实。此检验的目的是要保障消费者的利益，倾向于证明该批产品的净重量不足 500 克，因而建立的原假设和备择假设应为：$H_0:\mu\geqslant\mu_0$，$H_1:\mu<\mu_0$。当然，如果从企业的立场出发，则更倾向于证明该批产品净重量大于或等于 500 克，因而建立的原假设应为：$H_0:\mu\leqslant\mu_0$，$H_1:\mu>\mu_0$。在建立假设时，通常是先确定备择假设，然后再确定原假设。这样做的原因是备择假设是人们所关心的，是想要支持或证实的，因而比较清楚和容易确定。由于原假设和备择假设是对立的，只要确定了备择假设，原假设就很容易确定出来。

最后，我们还应注意一个问题，假设检验的目的主要是收集证据拒绝原假设。原假设提出后被假定是成立的，要根据样本数据确定是否有足够的不符合原假设的证据以拒绝原假设。这与法庭上对被告的定罪类似：先要假定被告是无罪的，直到有证据证明他是有罪的。被告人在审判前被认为是无罪的（原假设被认为是真），审判中需要提供证据。如果有足够的证据与原假设（被告无罪）不符，则拒绝原假设（认为被告有罪）。如果没有足够的证据证明被告有罪，就不能认定被告有罪，但也没有证明被告就是无辜的。假设检验得出的统计结论都是根据原假设进行阐述的。要么拒绝原假设，要么不拒绝原假设。当不能拒绝原假设时，并不意味着“接受原假设”，因为没有证明原假设是真的（如果采用“接受”，则意味着证明了原假设是正确的）。在最初进行检验时我们认为原假设是真的，没有足够的证据拒绝原假设时，并不等于“证明”了原假设是真的。它仅仅意味着没有足够的证据拒绝原假设，因此不能拒绝原假设，而拒绝原假设时的证据是充分的，得出的结论是清楚的。

7.1.3　两类错误与显著性水平

假设检验的目的是要根据样本信息作出决策。那么，假设检验作出决策的依据是什么呢？假设检验依据的是概率论中的小概率原理，应用反证法思想作出决策。所谓小概率原理，就是认为小概率随机事件在一次试验中几乎不可能发生；如果真的发生了，那么关于这个事件的说法（即原假设）就值得怀疑。例如，厂商声称，他们厂的产品合格率很高，可以达到99.9%，如果厂商所讲的是真的，即他们厂的产品合格率的确是99.9%，根据小概率原理，随机抽取一件产品就是次品的情况几乎不可能发生。但是，随机抽取一件产品就是次品，那么就有理由拒绝厂商的说法，不认为他们的产品合格率能够达到99.9%，这就是反证法思想的应用。

那么，多小的概率才算小呢？一个概率到底算不算小概率还跟事件的重要性或犯错的后果有关系。譬如，一件事情发生的概率是0.01，如果这件事情是你购买一瓶饮料，开盖后发现中了“再来一瓶”的概率，你会觉得中奖概率还是比较小的，买100瓶才能中奖。如果这件事情是飞机失事的概率，你肯定不敢再乘坐飞机，因为失事的概率实在太大了。所以，一个概率是大还是小，其实是相对的。然而在生活中，极端的例子相对较少，因此，统计学上提出了一个判断小概率的一般标准，这个标准就是**显著性水平**，一般用 α 表示。英国著名统计学家费希尔最早给出了小概率值的标准0.05。虽然费希尔没有对为什么选择0.05给出充分的解释，但人们还是沿用了这个标准，将比0.05更小的概率看作小概率。有时候也把显著性水平0.05扩大到0.1或缩小到0.01。显然，显著性水平 α 越小，越不容易拒绝原假设。

然而，小概率事件在一次试验中也可能发生，在上述例子中，刚好就抽到了那件次品，那么根据反证法作出的决策就是错误的。

虽然研究者总是希望能作出正确的决策，也就是当原假设H_0成立时不拒绝它，当原假设H_0不成立时拒绝它。但由于决策是建立在样本信息的基础之上，而样本又是随机的，因而就有可能犯错误。假设检验过程中可能发生以下两类错误：

当原假设为真时拒绝原假设，所犯的错误称为第Ⅰ类错误，又称弃真错误。因为没有充分理由不能轻易否定的命题作为原假设，所以原假设往往是更加可靠的，于是犯第Ⅰ类错误的概率通常比较小。事实上，犯第Ⅰ类错误的概率就是显著性水平 α。

当原假设为假时没有拒绝原假设，所犯的错误称为第Ⅱ类错误，又称取伪错误。犯第Ⅱ类错误的概率通常记为 β。

人们希望犯两类错误的概率都尽可能小，要使 α 和 β 同时减小的唯一办法是增加样本量。但样本量的增加又会受到很多因素的限制。一般来说，发生哪一类错误的后果更为严重，就应该首要控制哪类错误发生的概率。而且，原假设是什么常常是明确的，备择假设是什么常常是模糊的，因此在假设检验中，往往先控制第Ⅰ类错误的发生概率。

7.1.4 检验统计量与拒绝域

如何做出决策呢？在参数的假设检验中，如同在参数估计中一样，要借助于样本统计量进行统计推断。对样本数据进行加工并用来判断是否拒绝原假设的统计量称为**检验统计量**。

比如，要检验原假设$H_0:\mu=\mu_0$，即要检验总体均值是否为μ_0，那么，可以计算样本均值$\bar{x}$。若样本均值$\bar{x}$与假设的总体均值μ_0相差很大，则有充分的理由拒绝原假设。但是，样本均值$\bar{x}$与假设的总体均值μ_0相差多大才是很大，需要进行测量。根据抽样分布理论，当总体是正态分布或非正态总体，从总体中抽取一个大样本时，样本均值服从正态分布，这时衡量样本均值$\bar{x}$与假设的总体均值μ_0之间差异的大小，可以用样本均值的抽样标准差作为标准，分析两者之间相差几个抽样标准差。于是，可以将样本均值标准化，即计算$Z_0=\dfrac{\bar{x}-\mu_0}{\sigma/\sqrt{n}}$作为检验统计量。在具体问题里，选择什么统计量作为检验统计量，需要考虑的因素与参数估计相同。例如，用于进行检验的样本是大样本还是小样本，总体方差已知还是未知，等等。在不同的条件下应选择不同的检验统计量。

以总体均值为例，当总体服从正态分布或随机抽取的样本是大样本且总体方差已知时，由参数估计理论可知，统计量$\dfrac{\bar{x}-\mu}{\sigma/\sqrt{n}}$服从标准正态分布，且有：

$$P\left(-Z_{\alpha/2}<\frac{\bar{x}-\mu}{\sigma/\sqrt{n}}<Z_{\alpha/2}\right)=1-\alpha \tag{7-1}$$

如果原假设$\mu=\mu_0$成立，$\dfrac{\bar{x}-\mu_0}{\sigma/\sqrt{n}}$的值就应该在区间$(-Z_{\alpha/2},Z_{\alpha/2})$内。也就可以说，当$\dfrac{\bar{x}-\mu_0}{\sigma/\sqrt{n}}$的值在区间$(-Z_{\alpha/2},Z_{\alpha/2})$内时，说明不应该拒绝原假设$\mu=\mu_0$。当$\dfrac{\bar{x}-\mu_0}{\sigma/\sqrt{n}}$的值不在区间$(-Z_{\alpha/2},Z_{\alpha/2})$内时，则说明应该拒绝原假设，意味着该样本是拒绝原假设的一个证据。但是，如果原假设$\mu=\mu_0$确实为真，$\dfrac{\bar{x}-\mu_0}{\sigma/\sqrt{n}}$的值又不在区间$(-Z_{\alpha/2},Z_{\alpha/2})$内，则作出拒绝原假设的决策，此时犯了第Ⅰ类错误。显然，$\dfrac{\bar{x}-\mu_0}{\sigma/\sqrt{n}}$的值不在区间$(-Z_{\alpha/2},Z_{\alpha/2})$内的概率也就是犯第Ⅰ类错误的概率，其大小为$\alpha$，$\alpha$就是

显著性水平。

记

$$Z=\frac{\bar{x}-\mu_0}{\sigma/\sqrt{n}} \tag{7-2}$$

式（7-2）即为检验统计量。区间（$-Z_{\alpha/2}, Z_{\alpha/2}$）的端点 $-Z_{\alpha/2}$ 与 $Z_{\alpha/2}$ 称为**临界值**。区间（$-Z_{\alpha/2}, Z_{\alpha/2}$）外的区域称为**拒绝域**。其他总体参数的双侧假设检验问题也可用类似的方法得出临界值和拒绝域。双侧检验的拒绝域、临界值、显著性水平与置信水平可以用更直观的图来表示，如图 7-1 所示。

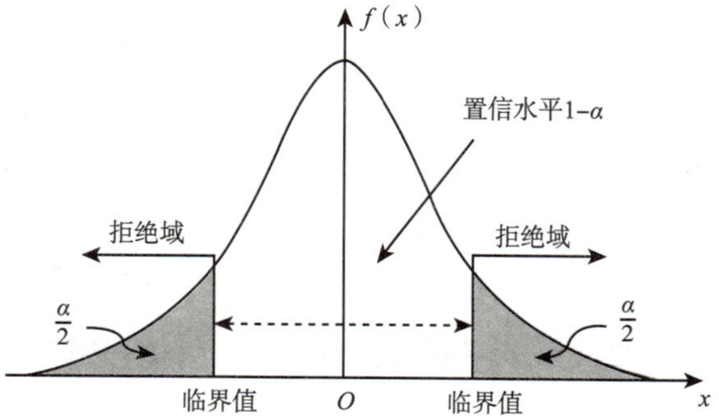

图 7-1　双侧检验

同理，左侧检验的拒绝域位于统计量分布曲线的左侧，右侧检验的拒绝域位于统计量分布曲线的右侧，如图 7-2 所示。

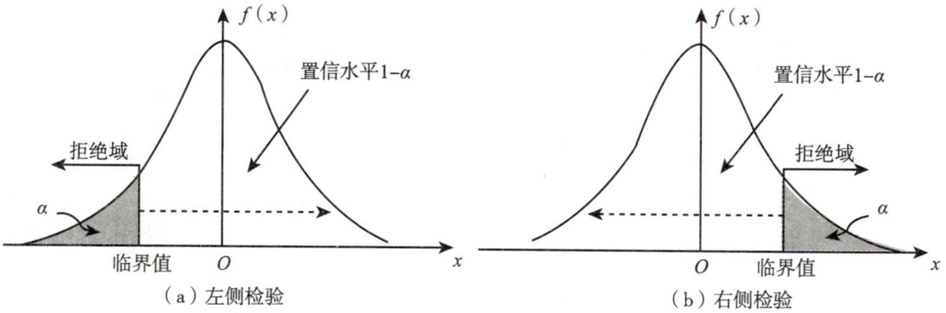

图 7-2　左侧检验与右侧检验

7.1.5　根据 P 值做决策

显著性水平是在检验之前确定的，这也就意味着事先确定了拒绝域。这样，不论检验统计量的值是大还是小，只要它的值落入拒绝域就拒绝原假设 H_0，否则就不拒绝原假设 H_0。这种固定的显著性水平 α 对检验结果的可靠性起一种度量作用。但不足的是，α 是犯第 Ⅰ 类错误的上限控制值，它只能提供检验结论可靠性的一个大致范围，而对于一个特定的假设检验问题，却无法给出观测数据与原假设之间不一致程度的精确度量。也就是说，仅从显著性水平来比较，如果选择的 α 值相同，所有检验结论的可靠性都一样。要测量出样本观测数据与原假设中假设的值 μ_0 的偏离程度，则需要计算 P 值。

如果原假设 H_0 为真，样本结果或更极端的结果出现的概率称为 P 值，也称为观察到的显著性水平。

P 值与原假设对或错的概率无关，它是关于数据的概率。P 值表明在某个总体的许多样本中，某一类数据出现的频繁程度。也就是说，P 值是当原假设正确时，得到所观测的数据的概率。很小概率才能抽取到的样本，就是原假设不对的合理证据。事实上，对总体来说，原假设是否正确永远未知。如果取显著性水平为 5%，意味着原假设为真时，抽取到当前这个样本数据只有 5% 的概率会发生。P 值是反映实际观测到的数据与原假设 H_0 之间不一致程度的一个概率值。P 值越小，说明实际观测到的数据与 H_0 之间不一致的程度就越大，检验的结果也就越显著。

P 值也是用于确定是否拒绝原假设的另一个重要工具，它有效地补充了 α 提供的关于检验可靠性的有限信息。对于不同检验的 P 值，可以用图 7－3 来表示。

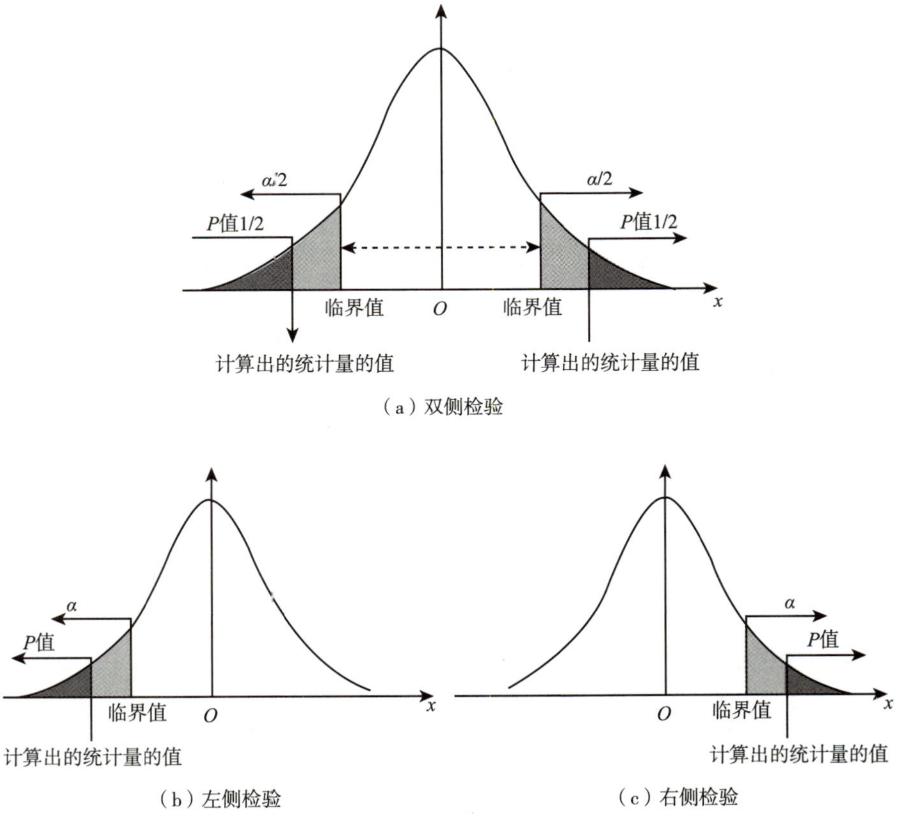

图 7－3　双侧与单侧检验的 P 值示意图

利用 P 值进行决策的规则比较简单。在已知 P 值的条件下，将其与给定的显著性水平 α 值进行比较，就可以确定是否应该拒绝原假设。由图 7－3 可知，双侧检验的 P 值位于分布的两侧，两侧各为 $P/2$ 值。通常，将两侧面积的总和定义为 P 值，这样定义的好处是可以将 P 值直接与给定的显著性水平进行比较。单侧检验的 P 值位于抽样分布的一侧。

因此，不论是双侧检验还是单侧检验，用 P 值进行决策的准则都是：如果 $P<\alpha$，拒绝H_0；如果 $P>\alpha$，不拒绝H_0。

P 值的大小取决于三个因素：一是样本数据与原假设之间的差异，比如例 7.1 中的 9.94cm 与 10cm 的差异；二是样本量，例 7.1 中的样本量 $n=100$；三是被假设参数的总体分布。手工计算 P 值比较麻烦，但使用计算机计算 P 值很方便，大部分统计软件都能够输出有关假设检验的主要计算结果，其中就包括 P 值。本书将使用 Excel 计算 P 值，后面有专门介绍。

可以说，P 值的应用几乎取代了传统的统计量检验方法，它不仅能得到与统计量检验相同的结论，而且给出了统计量检验不能给出的信息。当然，也可以使用 P 值直接作出决策，这时 P 值本身就代表了显著性水平。也可以使用 P 值按照所需的显著性水平进行判断和决策，具体做法就是将 P 值和所需的显著性水平进行比较。

综上所述，可以将假设检验的具体步骤总结如下：

第一步，提出原假设H_0和备择假设H_1。

第二步，确定一个适当的检验统计量，并利用样本数据算出其具体数值。

第三步，确定一个适当的显著性水平 α，并计算出其临界值。

第四步，将检验统计量的值与临界值进行比较，并做出决策。若统计量的值落在拒绝域内，拒绝原假设H_0，否则不拒绝原假设H_0，或直接用 P 值做出决策。

7.2　一个总体参数的假设检验

与参数估计类似，当研究一个总体时，要研究的参数主要是总体均值、总体比例和总体方差。

7.2.1　总体均值的检验

总体均值的检验

在对总体均值进行假设检验时，采用什么检验统计量需要考虑总体是否为正态分布，总体方差是否已知，随机抽取的样本是大样本还是小样本。条件不同时采取的检验统计量不同。

1. 正态总体、方差已知或非正态总体、大样本的情形

当总体服从正态分布且方差σ^2已知时，无论样本量的大小如何，由样本均值的抽

样分布理论可知，样本均值$\bar{x}$服从服从均值为μ、方差为$\frac{\sigma^2}{n}$的正态分布。于是$\frac{\bar{x}-\mu}{\sigma/\sqrt{n}} \sim N(0,1)$，因此采用正态分布的检验统计量。当$\mu=\mu_0$时，总体均值的检验统计量为

$$Z=\frac{\bar{x}-\mu_0}{\sigma/\sqrt{n}} \tag{7-3}$$

当总体不服从正态分布但为大样本时，由中心极限定理可知，样本均值$\bar{x}$近似服从均值为μ、方差为$\frac{\sigma^2}{n}$的正态分布。于是，当总体方差σ^2已知时，总体均值的检验统计量仍然采用式（7－3）的形式。

当总体服从正态分布且总体方差σ^2未知，或不服从正态分布且总体方差σ^2未知，只要是在大样本条件下，式（7－3）中的总体方差σ^2就可以用样本方差s^2代替，此时检验统计量为

$$Z=\frac{\bar{x}-\mu_0}{s/\sqrt{n}} \tag{7-4}$$

例 7.2 矿泉水采用自动生产线生产，每瓶的标准容量是 550mL，为检验每瓶容量是否符合生产标准要求，质检人员随机抽取了 100 瓶进行检查，测得每瓶平均容量为 556mL、标准差为 24mL，问在显著性水平$\alpha=0.05$时，检验该天生产的矿泉水容量是否符合标准要求。

解： 这里关心的问题是该天生产的矿泉水容量是否符合标准要求，也就是μ是否为 550mL。大于或小于 550mL 都不符合要求，因此为双侧检验。于是，提出如下假设：

$H_0:\mu=550$ 符合生产标准要求

$H_1:\mu\neq550$ 不符合生产标准要求

由题意可知，$\mu_0=550\text{mL}$、$s=24\text{mL}$、$\bar{x}=556\text{mL}$，$n=100$ 为大样本，故选用式（7－4）的 Z 检验统计量。

$$Z=\frac{\bar{x}-\mu_0}{s/\sqrt{n}}=\frac{556-550}{24/\sqrt{100}}=2.5$$

又知$\alpha=0.05$，在双侧检验下，查表可得临界值$\pm Z_{\alpha/2}=\pm Z_{0.025}=\pm1.96$。

因为$Z=2.5$大于 1.96，不在置信区间（－1.96，1.96）内，所以在显著性水平为 0.05 时拒绝原假设H_0。认为该天生产的矿泉水容量不符合生产标准要求。

用 Excel 中的统计函数功能计算 P 值的操作步骤：

第 1 步：进入 Excel 表格界面，选择“公式”下拉菜单。

第 2 步：选择“f_x插入函数”。

第 3 步：在函数类别选择“NORM. S. DIST”，然后点击“确定”。

第 4 步：输入 Z 的绝对值，“Cumulative”逻辑值输入 1，得到一个结果记为δ。

第 5 步：双侧检验，则计算$P=2\times(1-\delta)$得到 P 值；单侧检验，则计算$P=1-\delta$，

得到 P 值。

本例Z_0的绝对值为 2.5，计算得到 δ 的值为 0.99379，意味着在标准正态分布的条件下，Z_0值 2.5 左边的面积为 0.99379，如图 7－4 所示。

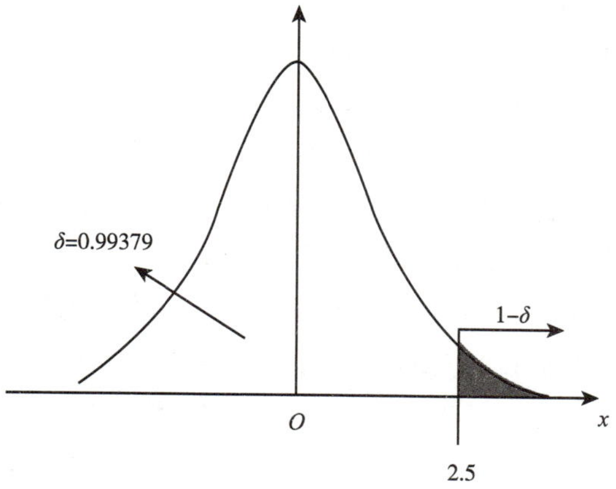

图 7－4　标准正态分布Z_0值

于是

$$P=2\times(1-\delta)=2\times(1-0.99379)=0.012419$$

因为 P 值 0.012419 小于的 α 值 0.05，所以拒绝原假设H_0，得到与用临界值做决策相同的结论。

例 7.3　某水稻研究所的某个品种的超级杂交水稻的平均产量为 900 千克/亩，标准差为 80 千克/亩。经过技术上的改良后种植了一些试验田，专家组随机抽取了 9 块攻关田验收，经烘干去杂后，测得杂交水稻品种产量的均值为 927 千克/亩。已知超级杂交水稻的亩产量服从正态分布，请问在 0.05 的显著性水平下，能否认为技术改良后该品种的杂交水稻的亩产量有显著提高。

解： 待检验的结论是技术改良后该品种的杂交水稻的亩产量是否有显著提高，即待检验的是 $\mu>900$，待检验的假设作为备择假设。于是提出如下假设：

$H_0:\mu\leqslant 900$　亩产量没有显著提高

$H_1:\mu>900$　亩产量有显著提高

由题意可知，$\mu_0=900$ 千克/亩、$\sigma=80$ 千克/亩、$\bar{x}=927$ 千克/亩，$n=9$ 为小样本，亩产量服从正态分布且总体方差已知，故选用式（7－3）的 Z 检验统计量。

$$Z=\frac{\bar{x}-\mu_0}{\sigma/\sqrt{n}}=\frac{927-900}{80/\sqrt{9}}=1.0125$$

在右侧检验下，又知 $\alpha=0.05$，查表可得临界值$Z_\alpha=Z_{0.05}=1.6449$。

因为 $Z=1.0125$ 小于 1.6449，所以在显著性水平为 0.05 时不能拒绝原假设H_0，即不能认为技术改良后该品种的杂交水稻的亩产量有显著提高。

若用 P 值检验，方法与前面相同，在 Z 值框内输入 1.0125，得到函数值为 0.84435，由于是单侧检验，故 P 值为：

$$P = 1 - 0.84435 = 0.15565$$

由于 $P > \alpha$，所以不能拒绝H_0，不能认为技术改良后该品种的杂交水稻的亩产量有显著提高。

例 7.4 某城市 2018 年家庭平均产生 628 千克生活垃圾，为了改善生态环境质量，该城市进行了一系列环保宣传工作并开始实施垃圾分类工作。为了评价环保工作的实施情况，2022 年调查小组随机抽取了 36 户家庭进行调查，结果显示这些家庭平均产生 590 千克生活垃圾、标准差为 65 千克。请问与 2018 年相比，2022 年该城市家庭垃圾产生的数量是否有显著减少？（显著性水平 $\alpha = 0.1$）

解： 待检验的结论是 2022 年该城市家庭垃圾产生的数量是否有显著减少，即待检验的是 $\mu < 628$，待检验的假设作为备择假设。于是提出如下假设：

$H_0: \mu \geqslant 628$　家庭垃圾产生量没有显著减少

$H_1: \mu < 628$　家庭垃圾产生量有显著减少

由题意可知，$\mu_0 = 628$ 千克、$\bar{x} = 590$ 千克、$s = 85$ 千克，$n = 36$ 为大样本，故选用式（7－4）的 Z 检验统计量。

$$Z = \frac{\bar{x} - \mu_0}{s/\sqrt{n}} = \frac{590 - 628}{65/\sqrt{36}} = -3.5077$$

在左侧检验下，又知 $\alpha = 0.1$，查表可得临界值 $-Z_\alpha = -Z_{0.1} = -1.2816$。

因为 $Z = -3.5077$ 小于 -1.2816，所以在显著性水平为 0.1 时拒绝原假设H_0，即认为 2022 年该城市家庭垃圾产生的数量显著减少。

若用 P 值检验，方法与前面相同，在 Z 值框内输入Z_0的绝对值 3.5077，得到函数值为 0.999774，由于是单侧检验，故 P 值为：

$$P = 1 - 0.999774 = 0.000226$$

由于 $P < \alpha$，所以拒绝H_0，认为 2022 年该城市家庭垃圾产生的数量显著减少。

2. 正态总体、方差未知且小样本

若总体服从正态分布、总体方差σ^2未知，且为小样本时，需要用样本方差s^2代替总体未知的方差σ^2，此时$\frac{\bar{x} - \mu}{s/\sqrt{n}}$服从自由度为 $n-1$ 的 t 分布，因此采用 t 分布的检验统计量。当 $\mu = \mu_0$时，总体均值的检验统计量为

$$t = \frac{\bar{x} - \mu_0}{s/\sqrt{n}} \tag{7-5}$$

例 7.5 一种手机配件的平均长度要求的标准为 12mm，高于或低于该标准均被认为是不合格的。手机生产企业在购进配件时，通常是经过招标，然后对中标的配件提供商提供的样品进行检验，以决定是否购进。现对配件提供商提供的容量为 10 的样本进行检验，结果如下（单位：mm）：

12.2　10.8　12.0　11.8　11.9　12.4　11.3　12.2　12.0　12.3

假定该供货商生产的配件长度服从正态分布，在 0.05 的显著性水平下，检验该供货商提供的配件是否符合要求。

解：待检验的结论是该供货商提供的配件是否符合要求，大于或小于标准长度不符合要求，所以是双侧检验。于是提出如下假设：

$H_0:\mu=12$　该供货商提供的配件符合要求

$H_1:\mu\neq12$　该供货商提供的配件不符合要求

根据样本数据计算可得

$$\bar{x}=\frac{1}{n}\sum_{i=1}^{n}x_i=11.89$$

$$s=\sqrt{\frac{1}{n-1}\sum_{i=1}^{n}(x_i-\bar{x})^2}=0.4932$$

已知 $\mu_0=12\text{mm}$，$n=10$ 为小样本，故选用式（7－5）的 t 检验统计量。

$$t=\frac{\bar{x}-\mu_0}{s/\sqrt{n}}=\frac{11.89-12}{0.4932/\sqrt{10}}=-0.7053$$

在双侧检验下，又知 $\alpha=0.05$，查表可得临界值为 $t_{\alpha/2}(n-1)=t_{0.025}(10-1)=2.262$。

因为 $|t|=0.7053<2.262$，所以不能拒绝原假设，认为该供货商提供的配件符合要求。

t 检验的 P 值同样可以利用 Excel 计算，具体操作步骤如下：

第 1 步：进入 Excel 表格界面，选择“公式”下拉菜单。

第 2 步：选择“f_x插入函数”。

第 3 步：在函数类别选择选择“TDIST”，然后点击“确定”。

第 4 步：在对话框的“X”栏输入计算出的 t 的绝对值，在“Deg_freedom”（自由度）栏中输入自由度，在“Tails”栏输入“2”（表明是双侧检验，如果是单侧检验则在该栏输入“1”）。

Excel 计算的 P 值结果为 0.498469786。

由于 P 值 $=0.498469786>0.05$，所以不能拒绝原假设。

7.2.2　总体比例的检验

总体比例的检验

在实际问题中，常常需要检验总体比例是否为某个假设值 π_0。总体比例的检验思路与程序与总体均值检验类似。这里只考虑大样本情形下的总体比例的检验。当样本量足够大时，样本比例 p 近似服从期望为 π、方差为 $\frac{\pi(1-\pi)}{n}$ 的正态分布，于是标准化后 $\frac{p-\pi}{\sqrt{\pi(1-\pi)/n}}$ 服从标准正态分布。因此，总体比例的检验统计量为 Z 统计量：

$$Z=\frac{p-\pi_0}{\sqrt{\pi_0(1-\pi_0)/n}} \tag{7-6}$$

式（7－6）中，p 是样本比例，π_0是假设的总体比例，n 是样本容量。

例 7.6 一种以阅读练习为主题的手机应用，声称其用户群中 80% 为小学生家长。为验证这一说法是否属实，某调查机构抽取了由 400 人组成的一个随机样本，发现有 292 个小学生家长经常使用该应用。分别取显著性水平 $\alpha=0.05$ 和 $\alpha=0.01$，检验该应用的用户群中小学生家长的比例是否为 80%，P 值是多少？

解： 调查机构想证明的是用户群中小学生家长的比例是否等于 80%，因此是双侧检验，于是提出如下假设：

$$H_0:\pi=80\%$$

$$H_1:\pi\neq 80\%$$

根据样本数据计算得样本比例

$$p=\frac{292}{400}=73\%$$

检验统计量为

$$Z=\frac{p-\pi_0}{\sqrt{\pi_0(1-\pi_0)/n}}=\frac{73\%-80\%}{\sqrt{80\%(1-80\%)/400}}=-2.475$$

当 $\alpha=0.05$ 时，在双侧检验下，查表可得临界值为 $\pm Z_{\alpha/2}=\pm Z_{0.025}=\pm 1.96$。

因为 $|Z|=2.475>1.96$，所以在显著性水平为 0.05 时拒绝原假设 H_0，即认为该应用的用户群中小学生家长的比例不是 80%。

当 $\alpha=0.01$ 时，在双侧检验下，查表可得临界值为 $\pm Z_{\alpha/2}=\pm Z_{0.005}=\pm 2.58$。

因为 $|Z|=2.475<2.58$，所以在显著性水平为 0.01 时不能拒绝原假设 H_0。认为该应用的用户群中小学生家长的比例是 80%。

由 Excel 计算出的 P 值为 0.013328。显著性水平为 0.05 时，$P<0.05$，拒绝原假设 H_0。显著性水平为 0.01 时，$P>0.01$，不能拒绝 H_0。结论与统计量检验一致。

从上面的例子可以看出，对于同一个检验，不同的显著性水平将会得出不同的结论。

7.2.3 总体方差的检验

总体方差的检验

对于许多生产和生活领域而言，仅仅保证所观测到的样本均值维持在特定水平范围之内，并不意味着整个过程的运转正常，方差的大小是否适度则是需考虑的另一个重要因素。一个方差大的产品自然意味着其质量或性能不稳定。因此，总体方差的检验也是假设检验的重要内容之一。总体方差的检验，不论样本容量的大小，都要求总体服从正态分布，这是由检验统计量的抽样分布决定的。在正态总体的条件下，统计量$\frac{(n-1)s^2}{\sigma^2}$服从自由度为 $n-1$ 的χ^2分布。因此，总体方差的检验统计量为χ^2检验统计量：

$$\chi^2 = \frac{(n-1)s^2}{\sigma_0^2} \tag{7-7}$$

对于给定的显著性水平 α，双侧检验的拒绝域如图 7－5 所示。单侧检验由于检验的方向不同，其拒绝域在分布的左侧或右侧。

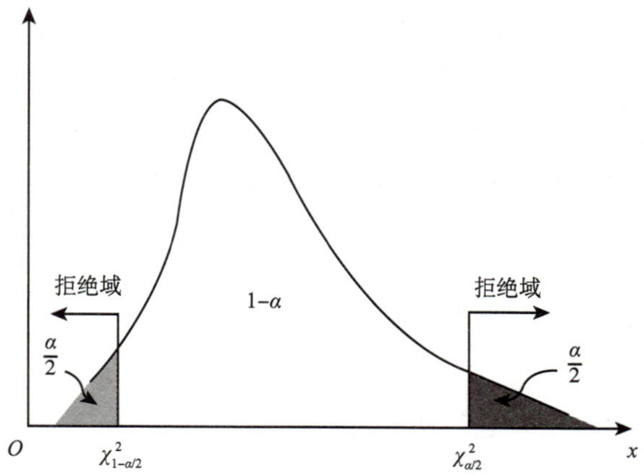

图 7－5 显著性水平为 α 时双侧检验临界值及拒绝域

例 7.7 食用油生产企业采用自动生产线系统，每瓶食用油的装填量为 5 000mL，但由于受某些不可控因素的影响，每瓶装填量会有差异。此时，不仅每瓶的平均装填量很重要，装填量的方差同样很重要。如果方差很大，每瓶食用油的装填量的多少将会有较大差别，那么要么生产企业不划算，要么消费者不满意。假定生产标准规定每瓶装填量的方差上下不应超过 10。企业质检部门抽取 25 瓶食用油进行了检验，得到的样本方差为 11.6。当显著性水平为 0.05 时，检验自动生产线系统是否正常工作？

解： 待检验的每瓶食用油的装填量方差是否超过了 10，所以应采用单侧检验。提出原假设和备择假设为：

$$H_0: \sigma^2 \leqslant 10$$
$$H_1: \sigma^2 > 10$$

由于 $n=25$、$s^2=11.6$，故

$$\chi^2 = \frac{(n-1)s^2}{\sigma_0^2} = \frac{(25-1)\times 11.6}{10} = 27.84$$

由于显著性水平 $\alpha=0.05$，在右侧检验下，临界值为 $\chi^2_\alpha(n-1)=\chi^2_{0.05}(25-1)=36.415$。由于检验统计量的值 27.84 小于临界值 36.415，因此，在显著性水平为 0.05 时，不能拒绝原假设 H_0，即可认为自动生产线系统正常工作。

思政元素

电子商务等数字经济是中国经济高质量发展的新动能。自中国共产党第十八次全国代表大会以来，政府出台了一系列政策发展电子商务促进乡村振兴。中国政府对农村地区的电子商务发展进行了大规模投入。电子商务发展对县域经济的影响如何呢？王奇等（2021 年）对此进行了电子商务对县域经济影响的机制检验。检验结果表明，电子商务进农村综合示范县计划显著提高了当地电商发展水平，扩大了市场可及性，降低了地理位置和人口规模对地区发展的限制。研究结果为电子商务发展促进中国乡村振兴提供了有力的经验证据支撑，也为中国脱贫攻坚战提供了重要的经验证据。① 这是假设检验理论应用于实际问题的研究结果。

7.3 两个总体参数的假设检验

两个总体参数的检验主要包括两个总体均值之差$\mu_1-\mu_2$、总体比例之差$\pi_1-\pi_2$和总体方差之比σ_1^2/σ_2^2的检验，检验的程序与一个总体参数的检验类似，选择检验统计量取决于被检验参数的抽样分布，抽样分布与样本量大小、总体方差已知还是未知有关。

7.3.1 两个总体均值之差的检验

在实际研究中，常常需要比较两个总体的差异。比如，两个省份的职工的平均工资是否有显著差异，两个城市自由职业者的平均人数是否有显著差异等。这些都属于两个总体均值之差的检验问题。与参数估计类似，两个总体均值之差的检验可以分为独立样本和匹配样本。

1. 独立样本

（1）两个独立正态总体且方差已知或两个独立非正态总体且大样本。当两个总体独立且服从正态分布时，无论样本量大小，其样本均值之差 $\bar{x}_1-\bar{x}_2$ 仍服从期望为 $\mu_1-\mu_2$、方差为$\dfrac{\sigma_1^2}{n_1}+\dfrac{\sigma_2^2}{n_2}$的正态分布。当两个总体是非正态总体且大样本，由中心极限定理，其样本均值之差 $\bar{x}_1-\bar{x}_2$ 近似服从期望为 $\mu_1-\mu_2$、方差为$\dfrac{\sigma_1^2}{n_1}+\dfrac{\sigma_2^2}{n_2}$的正态分布。因此，将样本均值之差标准化后可得：

① 王奇等．电子商务发展与乡村振兴：中国经验［J］．世界经济，2021（12）：55－75.

$$\frac{(\bar{x}_1-\bar{x}_2)-(\mu_1-\mu_2)}{\sqrt{\frac{\sigma_1^2}{n_1}+\frac{\sigma_2^2}{n_2}}}\sim N(0,1) \tag{7-8}$$

于是，当总体方差 σ_1^2、σ_2^2已知时，两个独立总体均值之差 $\mu_1-\mu_2$的检验统计量为：

$$Z=\frac{(\bar{x}_1-\bar{x}_2)-(\mu_1-\mu_2)}{\sqrt{\frac{\sigma_1^2}{n_1}+\frac{\sigma_2^2}{n_2}}} \tag{7-9}$$

当两个独立总体为正态总体或非正态总体，方差 σ_1^2、σ_2^2未知时，只要满足大样本的条件，可以用样本方差 s_1^2、s_2^2代替式（7 - 9）中的 σ_1^2、σ_2^2。此时，两个总体均值之差 $\mu_1-\mu_2$的检验统计量为：

$$Z=\frac{(\bar{x}_1-\bar{x}_2)-(\mu_1-\mu_2)}{\sqrt{\frac{S_1^2}{n_1}+\frac{S_2^2}{n_2}}} \tag{7-10}$$

例 7.8　随着生活水平的提高，智能手机已经是生活必需品，为了解人们每周使用手机的时长，某调查公司随机抽取了 44 名男性和 32 名女性进行调查，调查结果显示男性每周使用手机时长的均值为 45 小时、方差为 12，女性每周使用手机时长的均值为 42 小时、方差为 8。在显著性水平 0.05 的条件下，能否认为男性和女性每周使用手机的时长存在显著差异。

解： 设男性每周使用手机的平均时长为 μ_1，女性每周使用手机的平均时长为 μ_2。要检验男性和女性每周使用手机的时长是否存在显著差异，就是检验 μ_1是否等于 μ_2，这是一个双侧检验。于是提出原假设和备择假设为：

$$H_0:\mu_1=\mu_2 \qquad H_1:\mu_1\neq\mu_2$$

即

$$H_0:\mu_1-\mu_2=0 \qquad H_1:\mu_1-\mu_2\neq 0$$

由于$n_1=44$、$n_2=32$，均为大样本，$\bar{x}_1=45$、$\bar{x}_2=42$、$s_1^2=12$、$s_2^2=8$，故应用式（7 - 10）的检验统计量：

$$Z=\frac{(\bar{x}_1-\bar{x}_2)-(\mu_1-\mu_2)}{\sqrt{\frac{s_1^2}{n_1}+\frac{s_2^2}{n_2}}}=\frac{(45-42)-0}{\sqrt{\frac{12}{44}+\frac{8}{32}}}=4.4194$$

由于显著性水平 $\alpha=0.05$，在双侧检验下，查表可得临界值为 $\pm Z_{\alpha/2}=\pm Z_{0.025}=\pm 1.96$。由于检验统计量的值 4.4194 大于临界值 1.96，因此，在显著性水平为 0.05 时，拒绝原假设 H_0，认为男性和女性每周使用手机的时长存在显著差异。

（2）两个独立正态总体、方差未知且小样本。在两个总体独立且服从正态分布、总体方差未知且小样本的条件下，分为以下两种情况讨论。

a. 方差未知且相等。小样本的情况下，当两个独立正态总体的方差未知且相等时，即 $\sigma_1^2=\sigma_2^2=\sigma^2$，由第 5 章 t 分布的结论可知，样本均值之差标准化后服从自由度为 n_1+n_2-2 的 t 分布，因此，采用的检验统计量为：

$$t=\frac{(\bar{x}_1-\bar{x}_2)-(\mu_1-\mu_2)}{s\sqrt{\dfrac{1}{n_1}+\dfrac{1}{n_2}}} \tag{7-11}$$

其中 $S^2=\dfrac{(n_1-1)s_1^2+(n_2-1)s_2^2}{n_1+n_2-2}$，称为总体方差的合并估计量。

b. 方差未知且不等。小样本的情况下，当两个独立正态总体的方差未知且不等时，即 $\sigma_1^2\neq\sigma_2^2$，两个样本均值之差标准化后服从自由度为 n 的 t 分布，自由度 n 的计算公式为：

$$n=\frac{(s_1^2/n_1+s_2^2/n_2)^2}{\dfrac{(s_1^2/n_1)^2}{n_1-1}+\dfrac{(s_2^2/n_2)^2}{n_2-1}}$$

因此，采用的检验统计量为：

$$t=\frac{(\bar{x}_1-\bar{x}_2)-(\mu_1-\mu_2)}{\sqrt{\dfrac{s_1^2}{n_1}+\dfrac{s_2^2}{n_2}}} \tag{7-12}$$

例 7.9 某研究机构对两所大学学生每天阅读情况进行了调查。在两所大学分别随机抽取了 12 名学生，这些学生每天阅读时间的调查数据如下（单位：分钟）：

甲大学学生：31 34 29 26 32 35 38 34 30 29 32 31

乙大学学生：26 24 28 29 30 29 31 26 29 32 28 32

假设两所大学学生每天阅读时间均服从正态分布，且方差相等，请问在 0.05 的显著性水平下，甲、乙两所大学学生每天阅读时间有无显著差异？

解： 设甲大学学生每天平均阅读时间为 μ_1，乙大学学生每天阅读时间为 μ_2。要检验甲、乙两所大学学生每天阅读时间是否存在显著差异，就是检验 $\mu_1\neq\mu_2$ 是否成立，这是一个双侧检验。于是提出原假设和备择假设为：

$$H_0:\mu_1=\mu_2 \qquad H_1:\mu_1\neq\mu_2$$

即

$$H_0:\mu_1-\mu_2=0 \qquad H_1:\mu_1-\mu_2\neq 0$$

根据样本数据计算得到：

$$\bar{x}_1=\frac{1}{n}\sum_{i=1}^{n}x_i=31.75 \qquad \bar{x}_2=\frac{1}{n}\sum_{i=1}^{n}x_i=28.67$$

$$s_1^2=\frac{1}{n-1}\sum_{i=1}^{n}(x_i-\bar{x})^2=10.20 \qquad s_2^2=\frac{1}{n-1}\sum_{i=1}^{n}(x_i-\bar{x})^2=6.06$$

由于总体服从正态分布、总体方差未知且方差相等、小样本，故应用式（7-11）的检验统计量：

$$t=\frac{(\bar{x}_1-\bar{x}_2)-(\mu_1-\mu_2)}{s\sqrt{\dfrac{1}{n_1}+\dfrac{1}{n_2}}}=\frac{(31.75-28.67)-0}{\sqrt{\dfrac{112.25+66.67}{12+12-2}}\sqrt{\dfrac{1}{12}+\dfrac{1}{12}}}=2.648$$

由于显著性水平 $\alpha=0.05$，在双侧检验下，查表可得临界值为

$$\pm t_{\alpha/2}(n_1+n_2-2)=\pm t_{0.025}(12+12-2)=2.0739$$

由于检验统计量的值 2.648 大于临界值 2.0739，因此，在显著性水平为 0.05 时，拒绝原假设 H_0，认为甲、乙两所大学学生每天阅读时间有显著差异。

在有原始数据的情况下，上述检验可利用 Excel 计算。具体步骤如下：

第 1 步：将原始数据输入到 Excel 工作表中。

第 2 步：选择“数据”并选择“数据分析”选项。

第 3 步：在“数据分析”对话框中选择“t 检验：双样本等方差假设”。

第 4 步：当对话框出现后，在“变量 1 的区域”方框中输入第一个样本的数据区域；在“变量 2 的区域”方框中输入第二个样本的数据区域；在“假设平均差”方框中输入两个总体均值之差的假定值（本例为“0”）；在“α”方框中输入给定的显著性水平（本例为“0.05”）；在“输出选项”选择计算结果的输出位置；单击“确定”。

Excel 输出的本例结果如图 7 – 6 所示。

	A	B	C
1	t-检验: 双样本等方差假设		
2			
3		变量 1	变量 2
4	平均	31.75	28.66666667
5	方差	10.20454545	6.060606061
6	观测值	12	12
7	合并方差	8.132575758	
8	假设平均差	0	
9	df	22	
10	t Stat	2.648390641	
11	P(T<=t) 单尾	0.007339488	
12	t 单尾临界	1.717144374	
13	P(T<=t) 双尾	0.014678976	
14	t 双尾临界	2.073873068	

图 7 – 6　例 7.9 的 Excel 输出结果

可以看到，图 7 – 6 的输出结果中样本均值、样本方差、合并估计量、检验统计量的值与前面计算得到的结果一致。上例提出的是双侧检验，所以只需要检验统计量的值与输出结果中的“t 双尾检验”值进行比较，或者用 P 值做决策。

例 7.10　沿用例 7.9 的数据，假设总体方差未知且不等，在 0.05 的显著性水平下，利用 Excel 分析甲、乙两所大学学生每天阅读时间有无显著差异？

解： 由于总体服从正态分布、总体方差未知且不相等、小样本，故应用式（7 – 12）的检验统计量。利用 Excel 进行检验时，与例 7.9 给出的步骤一样，只需将第 3 步的“t 检验：双样本等方差假设”改选成“t 检验：双样本异方差假设”。Excel 输出结果如图 7 – 7 所示。

	A	B	C
1	t-检验: 双样本异方差假设		
2			
3		变量 1	变量 2
4	平均	31.75	28.6666667
5	方差	10.20454545	6.06060606
6	观测值	12	12
7	假设平均差	0	
8	df	21	
9	t Stat	2.648390641	
10	P(T<=t) 单尾	0.007515134	
11	t 单尾临界	1.720742903	
12	P(T<=t) 双尾	0.015030267	
13	t 双尾临界	2.079613845	

图 7－7　例 7.10 的 Excel 输出结果

由于“$P(T<t)$ 双尾”值为 0.01 503 $<\alpha=0.05$，所以拒绝原假设，认为甲、乙两所大学学生每天阅读时间有显著差异。

2. 匹配样本

独立样本提供的数据值可能因为样本个体在其他因素方面的“不同质”而对它们所提供的有关总体均值的信息产生干扰，为有效地排除样本个体之间这些“额外”差异带来的误差，可以考虑存在相依关系的匹配样本。

例 7.11　在全面促进资源节约集约利用的指导思想下，节水器具得到全面的推广和使用。一项研究报告显示，使用一种新的家庭节水器具，可以使得一个家庭平均生活用水量减少 0.85 吨以上。为了验证该研究报告的结果是否可信，调查人员随机抽取了 10 户家庭进行调查，得到他们安装节水器具前后的生活用水量记录如表 7－1 所示。

表 7－1　安装节水器具前后的用水量　单位：吨

安装前	9.45	10.10	11.00	10.35	9.70	8.85	9.65	10.10	10.40	11.65
安装后	8.50	8.95	10.15	9.60	8.60	8.05	8.70	9.35	9.30	10.20

在 $\alpha=0.05$ 的显著性水平下，调查结果是否支持该研究报告的结论。

解： H_0：$\mu_1-\mu_2\leqslant 0.85$　　H_1：$\mu_1-\mu_2>0.85$

这是一个匹配样本，与安装节水器具前后的用水量相比，调查人员更关心用水量之差。由已知数据可以构造一个差值样本，如表 7－2 所示。

表 7－2　安装节水器具前后用水量的差值　单位：吨

安装前	9.45	10.10	11.00	10.35	9.70	8.85	9.65	10.10	10.40	11.65
安装后	8.50	8.95	10.15	9.60	8.60	8.05	8.70	9.35	9.30	10.20
差值	0.95	1.15	0.85	0.75	1.10	0.80	0.95	0.75	1.10	1.45

可计算差值之和为 9.85，差值样本的均值和标准差分别为：

$$\bar{d}=\frac{1}{n}\sum_{i=1}^{n}d_i=\frac{9.85}{10}=0.985$$

$$s_d=\sqrt{\frac{1}{n-1}\sum_{i=1}^{n}(d_i-\bar{d})^2}=0.2199$$

由于 $n=10$ 是小样本，所以采用 t 分布检验统计量。

$$t=\frac{\bar{d}-(\mu_1-\mu_2)}{s_d/\sqrt{n}}=\frac{0.985-0.85}{0.2199/\sqrt{10}}=1.9413$$

显著性水平为 0.05 时，在右侧检验下，临界值为 $t_\alpha(n-1)=t_{0.05}(10-1)=1.8333$。

检验统计量 1.9413 大于临界值 1.8333，因此，在显著性水平为 0.05 时，拒绝原假设，认为该研究报告的结论是可信的。

利用 Excel 进行检验的结果如图 7－8 所示。

	A	B	C
3		变量 1	变量 2
4	平均	10.125	9.14
5	方差	0.634027778	0.50488889
6	观测值	10	10
7	泊松相关系数	0.963753015	
8	假设平均差	0.85	
9	df	9	
10	t Stat	1.941268615	
11	P(T<=t) 单尾	0.042068933	
12	t 单尾临界	1.833112933	
13	P(T<=t) 双尾	0.084137865	
14	t 双尾临界	2.262157163	

图 7－8　例 7.11 的 Excel 输出结果

由于“$P(T<t)$ 单尾”值为 0.04 207 $<\alpha=0.05$，所以拒绝原假设，认为该研究报告的结论是可信的。

7.3.2　两个总体比例之差的检验

两个总体比例之差的检验思路和一个总体比例的检验类似。设两个总体服从二项分布，这两个总体中具有某种特征的单位数的比例分别为 π_1 和 π_2，但 π_1 和 π_2 未知，可以用样本比例 p_1 和 p_2 替代。有以下两种情况：

1. 检验两个总体比例是否相等的假设

假设的表达式为：

$$H_0:\pi_1=\pi_2\qquad H_1:\pi_1\neq\pi_2$$

或

$$H_0:\pi_1-\pi_2=0\qquad H_1:\pi_1-\pi_2\neq 0$$

在原假设成立的条件下，最佳的方差是 $p(1-p)$，其中 p 是将两个样本合并后得到的比例估计量，即

$$p=\frac{x_1+x_2}{n_1+n_2}=\frac{p_1n_1+p_2n_2}{n_1+n_2} \tag{7-13}$$

式（7－13）中，x_1表示样本n_1中具有某种特征的单位数；x_2表示样本n_2中具有某种特征的单位数。

在大样本条件下，检验统计量为：

$$Z=\frac{p_1-p_2}{\sqrt{p(1-p)\left(\frac{1}{n_1}+\frac{1}{n_2}\right)}} \tag{7-14}$$

例 7.12 为了持续优化营商环境，不断解放和发展社会生产力，加快建设现代化经济体系，推动高质量发展，2019 年 10 月国务院通过了《优化营商环境条例》。某市场调查公司对此在杭州和南京两个地区分别随机抽取了 100 人，进行一项营商环境满意度调查，调查结果显示，杭州有 76 人选择满意，认为《条例》实施后营商环境得到了较大改善，南京有 69 人做出相同的选择。请问杭州和南京两个城市的营商环境满意度是否有显著差异（$\alpha=0.05$）？

解： 假设杭州和南京两个城市的营商环境满意度分别为π_1和π_2，这是双侧检验，于是，提出假设为：

$$H_0:\pi_1-\pi_2=0 \qquad H_1:\pi_1-\pi_2\neq 0$$

由式（7－13）可得

$$p=\frac{x_1+x_2}{n_1+n_2}=\frac{76+69}{100+100}=0.725$$

由式（7－14）可得

$$Z=\frac{p_1-p_2}{\sqrt{p(1-p)\left(\frac{1}{n_1}+\frac{1}{n_2}\right)}}=\frac{0.76-0.69}{\sqrt{0.725\times(1-0.725)\times\left(\frac{1}{100}+\frac{1}{100}\right)}}=1.11$$

当显著性水平$\alpha=0.05$时，在双侧检验下，临界值为$\pm Z_{\alpha/2}=\pm Z_{0.025}=\pm 1.96$，而检验统计量的值$Z=1.11$在区间$(-1.96, 1.96)$内，所以在显著性水平 0.05 下不能拒绝原假设$H_0$，认为杭州和南京两个城市的营商环境满意度没有显著差异。

2. 检验两个总体比例之差不为零的假设

检验两个总体比例之差不为零的假设，即检验$\pi_1-\pi_2=d_0(d_0\neq 0)$，在这种情况下，两个样本比例之差$p_1-p_2$近似服从期望为$\pi_1-\pi_2$、方差为$\frac{p_1(1-p_1)}{n_1}+\frac{p_2(1-p_2)}{n_2}$的正态分布，于是检验统计量为：

$$Z=\frac{(p_1-p_2)-(\pi_1-\pi_2)}{\sqrt{\frac{p_1(1-p_1)}{n_1}+\frac{p_2(1-p_2)}{n_2}}} \tag{7-15}$$

例 7.13 有一项关于成年人膳食维生素摄入的研究报告结果声称，女性服用维生素的比例至少超过男性以上人群 10 个百分点。现对 150 位女性和 150 位男性进行膳食维生素摄入调查，其中有服用维生素习惯的女性有 68 人，男性有 54 人。调查结果是否支持研究报告的结论（$\alpha=0.05$）？

解： 假设女性和男性服用膳食维生素的比例分别为 π_1 和 π_2，要检验调查结果是否支持研究报告的结论，就是要找证据推翻原来的结论，即检验 $\pi_1-\pi_2<10\%$ 是否成立，所以是左侧检验，于是提出假设为：

$$H_0:\pi_1-\pi_2\geqslant 10\% \qquad H_1:\pi_1-\pi_2<10\%$$

已知 $n_1=n_2=150$、$p_1=\dfrac{68}{150}=0.45$、$p_2=\dfrac{54}{150}=0.36$、$d_0=10\%$，由式（7-15）得：

$$Z=\frac{(p_1-p_2)-(\pi_1-\pi_2)}{\sqrt{\dfrac{p_1(1-p_1)}{n_1}+\dfrac{p_2(1-p_2)}{n_2}}}=\frac{(0.45-0.36)-0.1}{\sqrt{\dfrac{0.45(1-0.45)}{150}+\dfrac{0.36(1-0.36)}{150}}}=-0.177$$

当显著性水平 $\alpha=0.05$ 时，在左侧检验下，临界值为 $-Z_\alpha=-Z_{0.05}=-1.645$，而检验统计量的值 $Z=-0.177$ 大于 -1.645，所以在显著性水平 0.05 下不拒绝原假设 H_0，即调查结果支持研究报告的结论。

7.3.3 两个总体方差之比的检验

比较两个总体方差时，通常是对总体方差之比进行推断。这是因为两个独立总体的方差比的估计量的抽样分布是人们所熟悉的。如果要检验两个总体方差是否相等，可以通过考察两个方差之比是否等于 1 来进行。实际问题中，经常会遇到比较两个总体方差是否相等的问题，如比较两种投资方案的风险、比较两个地区收入差距等。另外，前面讨论两个总体均值之差的检验时，假定两个总体方差相等或不相等。而在许多情况下总体方差是否相等事先未知，因此在进行两个总体均值之差的检验之前，可以先进行两个总体方差是否相等的检验。

由第 5 章内容可知，在两个正态总体条件下，两个样本方差比服从自由度为 n_1-1 和 n_2-1 的 F 分布，即

$$F=\frac{s_1^2/\sigma_1^2}{s_2^2/\sigma_2^2}\sim F(n_1-1,n_2-1) \tag{7-16}$$

因此，选择式（7-16）作为两个总体方差比的检验统计量。在双侧检验中，原假设和备择假设分别为：

$$H_0:\sigma_1^2/\sigma_2^2=1 \qquad H_1:\sigma_1^2/\sigma_2^2\neq 1$$

于是，将原假设 $\sigma_1^2/\sigma_2^2=1$ 代入式（7-16），得到检验统计量为：

$$F=\frac{s_1^2}{s_2^2} \tag{7-17}$$

显著性水平 α 下，双侧检验的临界值为 $F_{\alpha/2}(n_1-1,n_2-1)$ 和 $F_{1-\alpha/2}(n_1-1,n_2-1)$。

在单侧检验中，一般把较大的样本方差 s^2 放在检验统计量分子的位置，此时 $F>1$，拒绝域在 F 分布右侧，原假设和备择假设分别为：

$$H_0:\sigma_1^2/\sigma_2^2\leqslant 1 \qquad H_1:\sigma_1^2/\sigma_2^2>1$$

显著性水平 α 下，单侧检验的临界值为 $F_{\alpha}(n_1-1,n_2-1)$。

例 7.14 两家企业生产的机械零件的平均使用寿命差别不大，价格也很相近，考虑购买哪家企业生产的机械零件，主要取决于方差的大小。已知从两家企业生产的零件中分别随机抽取容量为 15 和 20 的样本，具体数据为（单位：毫米）：

企业 1：568 681 636 607 555 496 540 539 529 562 589 646 596 617 584

企业 2：650 569 622 630 596 637 628 706 617 624 563 580 711 480 688 723 651 569 709 632

假设两企业生产的机械零件的使用寿命均服从正态分布，在显著性水平为 0.05 的条件下检验两个总体的方差是否相等。

解： 由于检验的是两个总体方差是否相等，故采用双侧检验，提出如下假设：

$$H_0:\sigma_1^2/\sigma_2^2=1 \qquad H_1:\sigma_1^2/\sigma_2^2\neq 1$$

由已知数据可以计算出 $s_1^2=2\ 431.429$，$s_2^2=3\ 675.461$，于是计算检验统计量的值为：

$$F=\frac{s_1^2}{s_2^2}=\frac{2\ 431.429}{3\ 675.461}=0.662$$

临界值为 $F_{\alpha/2}(n_1-1,n_2-1)$ 和 $F_{1-\alpha/2}(n_1-1,n_2-1)$，利用 Excel 表计算或查表可得：

$$F_{\alpha/2}(n_1-1,n_2-1)=F_{0.025}(14,19)=2.6469$$

$$F_{1-\alpha/2}(n_1-1,n_2-1)=F_{0.975}(14,19)=0.3469$$

由于样本统计量的值 0.662 在区间（0.3469, 2.6469）内，所以不能拒绝原假设，认为这两个总体的方差没有显著差异。

本章小结

假设检验是推断统计的内容之一，它是首先对总体参数提出一个原假设，然后利用样本数据判断该假设是否成立。假设是关于总体参数的两种对立的说法，往往将研究者想要寻找证据支持的假设定义为“备择假设”，将其对立面定义为“原假设”。假设检验有三种基本形式，无论哪一种形式，检验统计量的形式和显著性水平共同决定了任何一个特定假设检验问题的拒绝域，并通过观察检验统计量的值是否落入拒绝域来判断是否应该拒绝原假设。

假设检验的两类错误是指第Ⅰ类错误和第Ⅱ类错误，也称“弃真”和“取伪”错误。P 值是除拒绝域以外的用于确定是否拒绝原假设的另一个重要工具，它还度量了实际观测数据与原假设之间不一致的程度。

假设检验可分为一个总体参数的假设检验和两个总体参数的假设检验；考虑检验参数的不同，一个总体参数的假设检验分为均值、比例、方差等假设检验，两个总体参数的假设检验分为均值之差、比例之差、方差之比等假设检验。

一个总体均值的假设检验，需要考虑两种情况：一是大样本，此时无须正态总体的假定前提，检验统计量在总体方差已知或未知的情况下都近似服从标准正态分布；二是小样本，在总体方差未知时需要假定总体服从正态分布，检验统计量服从分布。对于一个总体比例的假设检验，通常是在大样本条件下进行的，以检验统计量近似服从标准正态分布为理论基础。而一个总体方差的假设检验，则是以总体服从正态分布为前提、以检验统计量服从卡方分布为基础的。

两个总体均值之差的假设检验，需要考虑两类情况：一是独立样本，在大样本的条件下依据正态分布建立拒绝域，在小样本条件下则依据 t 分布建立拒绝域（方差未知时还需要假定两个总体服从正态分布）；二是匹配样本，同样，在大样本条件下依据检验统计量近似服从正态分布来建立拒绝域，在小样本条件下以 t 分布为基础（方差未知时还需假定两个总体的差值总体服从正态分布）。两个总体比例之差的假设检验，通常也是在大样本条件下进行的，检验统计量近似服从正态分布是建立拒绝域的理论基础。两个总体方差比的假设检验，则是利用 F 分布进行检验。

思政园地

首位具有重大国际影响的统计学家——吴定良①

吴定良（1894—1969 年），我国著名的生物统计学家、体质人类学家，中央研究院院士（1948 年）。他 1927 年师从卡尔·皮尔逊，分别获得统计学博士学位和人类学博士学位，1931 年被选为国际统计学会第一位中国会员，是我国首位具有重大国际影响的统计学家。20 世纪 20 年代到 30 年代中期，潜心于统计学与人类学的学习与研究，创立“相关率显著性表”，建立头骨眉间凸度与面骨扁平度的研究方法等，在国际统计学界和人类学界产生了重大影响。20 世纪 30 年代下半期起，他一直致力于中国体质人类学的创立、发展及中国人类学人才的培养。

吴定良先生著述甚丰，在 1926—1935 年英国留学期间以及稍后的几年里，在国际著名学术杂志《生物计量学》（*Biometrika*）、英国皇家学会《皇家学会哲学学报》（*Philosophical Transactions of the Royal Society*）、剑桥大学《哲学杂志》（*Philosophical*

① 袁卫，等．我国首位有重大国际影响的统计学家：吴定良［J］．兰州财经大学学报，2019，35（5）：1－6.

Magazine）发表论文近 20 篇。他仅在生物统计顶尖杂志《生物计量学》上就发表了 11 篇文章，其中 2 篇是和导师卡尔·皮尔逊合作发表，2 篇是和人类学家莫兰特（G. M. Morant）合作发表，1 篇和艾德敦（E. M. Elderton）合作发表，其余 6 篇由吴定良独立完成。这 11 篇论文对后续相关研究产生了较大影响，谷歌学术显示其中位引用次数为 35 次，远高于该时期（1928—1943 年）《生物计量学》所发表论文的中位引用次数。特别要说明的是，吴定良与卡尔·皮尔逊合作的论文《人类颅骨个体骨形态特征的进一步研究》（*Further Investigation of the Morphometric Characters of the Individual Bones of the Human Skull*）被后续研究者认为是当时热门研究话题生物测量学的开端。

1935—1946 年，吴定良先生在中央研究院做研究工作，开始时任历史语言研究所人类学组主任。当时，历史语言研究所所长是傅斯年，第一组“历史学”组主任是陈寅恪；第二组“语言学”组主任是赵元任；第三组“考古学”组主任是李济；第四组“人类学”组主任是吴定良。傅斯年、陈寅恪、赵元任、李济都是各自领域的名家，1948 年都被选为中央研究院人文组院士。1944 年中央研究院建立人类学研究所，吴定良担任首任所长。在中央研究院工作期间，吴定良创办并主编了《人类学集刊》，在《生物计量学》等国内外杂志上发表了 10 余篇人体测量方面的体质人类学论文。

1946—1952 年，吴定良在浙江大学期间，先是在浙江大学创办了人类学系和人类学研究所，培养我国第一批体质人类学科研人员和师资力量。20 世纪 50 年代初，他在浙江大学创立“生命统计专修科”，举办两期“生命统计”培训班，并为杭州市卫生局编制生命统计表，撰写生命统计研究报告。1948 年，鉴于其在生物统计学和人类学方面的杰出贡献，吴定良当选为中央研究院生物组院士。有人曾这样评价当时的院士：“生物组接近世界最高水平，数理组与世界顶尖水平不相上下，人文组几乎达到世界一流水平。”1952—1969 年，吴定良在复旦大学生物学系期间，继续在人体测量领域进行深入探索和研究，做出了巨大贡献。

吴定良先生作为我国第一代统计学家，不仅在相关分析和人体测量方面做出了有重大国际影响的工作，而且他将统计学方法应用于人类学、考古学、法医学等领域，实际解决了一系列重大问题，在国内外产生了深远的影响。统计后人应学习他重视统计理论与方法研究，更强调理论联系实际、解决实际问题的统计思想。

► **讨论：**

1. 从以上示例中，你学到了什么？

2. 是一种什么样的精神使得吴定良先生在艰苦条件下还能够在人体测量领域坚持探索和钻研？

思考与练习

一、思考题

7.1　解释统计显著的含义。

7.2　什么是第Ⅰ类错误和第Ⅱ类错误？

7.3　什么是 P 值？

7.4　显著水平与 P 值有何区别？

7.5　最常用的显著性水平是多大？请用日常语言来解释它的意思。

7.6　“假设检验的目的是试图通过零假设”的说法对吗？举例说明为什么“不能拒绝零假设”并不等于“接受零假设”？

7.7　让一年级的一半学生在语文和算术课之间休息 20 分钟，同时让另一半学生在这 20 分钟里做作业。我们做这个实验的目的是想说明户外运动有助于提高学生的算术成绩。请问这个研究的原假设和备择假设是什么？

二、练习题

7.1　某种纤维原有的平均强度不超过 6 克，现希望通过改进工艺来提高其平均强度。研究人员测得了 100 个关于新纤维的强度数据，发现其均值为 6.35 克。假定纤维强度的标准差仍保持 1.19 不变，在 5% 的显著性水平下对该问题进行假设检验。

（1）选择检验统计量并说明其抽样分布是什么样的。

（2）检验的拒绝规则是什么？

（3）计算检验统计量的值，你的结论是什么？

7.2　已知某品牌保健品中某维生素含量服从正态分布 $N(5.2, 0.11^2)$。某天从生产的产品中随机抽查了 10 瓶，某维生素的平均含量为 5.02，问在 0.05 的显著性水平下，该天生产的保健品的某维生素含量是否处于产品质量控制状态？

7.3　某鞋厂与外商签订的合同规定，皮鞋的优质率不得低于 95%。现从某批 20 000 双皮鞋中随机抽查 45 双，发现有 3 双没有达到优质标准，问在 0.05 的显著性水平下，外商是否应该接受该批皮鞋？

7.4　某品牌手机广告宣称某款手机的电池充足电后连续视频播放时长不低于 18 小时。电池待机时间服从正态分布。现检测 10 个该款手机，足电电池的待机时间分别为（小时）：16.2、19.1、15.8、18.5、15.8、16.9、17.5、17.8、18.5 和 18.8，问在 0.05 的显著性水平下，该广告是否真实可信？

7.5　A、B 两厂生产同种材料，抗压强度服从正态分布，并且已知 $S_A = 53$、$S_B = 67$。从 A 厂生产的材料中随机抽取 81 件，测得平均抗压强度为 1 070kg/cm^2；

从B厂生产的材料中随机抽取64件，测得平均抗压强度为1 020kg/cm^2。问在0.05的显著性水平下，是否可以认为两厂生产的平均抗压强度没有显著差异？

7.6　为了控制贷款规模，某商业银行有个内部要求，平均每项贷款的数额不能超100万元。随着经济的发展，贷款规模有增大的趋势。银行经理想了解在同样的项目条件下，贷款的平均规模是否明显地超过100万元，随机抽出49个样本，计算出均值为106.3万元，标准差为85万元。在$\alpha=0.01$的显著性水平下采用P值进行检验。

7.7　有一种理论认为服用阿司匹林有助于减少心脏病的发生，为了进行验证，研究人员把自愿参与实验的22 000人随机平均分成两组，一组人员每星期服用三次阿司匹林（样本1），另一组人员在相同的时间服用安慰剂（样本2）。持续3年之后进行检测，样本1中有104人患心脏病，样本2中有189人患心脏病。以$\alpha=0.05$的显著性水平检验服用阿司匹林是否可以降低心脏病发生率。

7.8　某工厂制造螺栓，规定螺栓口径为7.0cm、方差为0.03。现从一批螺栓中抽取80个测量其口径，得平均值为6.97cm、方差为0.037。假定螺栓口径服从正态分布，问这批螺栓是否达到规定的要求（$\alpha=0.05$）？

7.9　有人说在大学中男生的学习成绩比女生的学习成绩好。现从一所学校中随机抽取25名男生和16名女生，对他们进行相同题目的测试。测试结果表明，男生的平均成绩为82分、方差为56，女生的平均成绩为78分、方差为49。假设显著性水平$\alpha=0.05$，从上述数据中能得到什么结论？

7.10　某工厂生产的铁丝抗拉力服从正态分布，且知其平均抗拉力服从正态分布为570千克，标准差为8千克。现在由于原材料更换，虽然认为标准差不会有变化，但不知平均抗拉力是否与原来一样。现从生产的铁丝中抽取10个样品，得到平均抗拉力575千克，能否认为平均抗拉力无显著变化（$\alpha=0.05$）？

7.11　某公司职工月收入服从正态分布，现随机抽取10户家庭，测得他们的月收入分别为：8 640元、7 800元、5 500元、5 382元、5 366元、5 350元、5 360元、5 320元、5 290元、4 250元，能否认为该地区居民的月收入为5 920元（$\alpha=0.05$）。

7.12　对某电池生产厂家所生产的某种型号电池进行电流强度检验，随机从中抽取400只电池，得到平均电流强度为5.46安培，标准差为0.40安培。能否认为这一批的平均电流强度是否为5.5安培（$\alpha=0.05$）？

单选题　　判断题

第8章 分类数据分析

育人目标

1. 了解分类数据分析的基本原理，掌握利用分类数据理论解决实际问题的方法。

2. 通过生鲜电商案例，说明列联分析在我国经济建设和社会发展中的作用，树立正确的人生观、世界观，践行社会主义核心价值观，立志投身到国家发展大潮中。

案例

你在线上购买生鲜食品吗？

2005年，中国第一家生鲜电商平台“易果网”成立，标志着生鲜电商模式正式进入中国互联网商业史，经历了十多年跌宕起伏的孕育及发展。在生鲜电商最初发展时期，由于当时淘宝、京东等成立不久，用户的电商消费习惯尚未养成，再加上电子支付、物流等配套基础设施尚不完善，生鲜电商发展举步维艰。2013年起资本及互联网巨头开始重金投入生鲜电商赛道，借助我国移动互联网行业发展的东风，生鲜电商行业获得了极大的发展。2020年横扫全球的新冠肺炎疫情让生鲜电商行业再次迎来快速发展的机遇，“京东到家”“每日优鲜”和“叮咚买菜”等多家生鲜平台拟开展IPO，但是行业的竞争格局依然激烈，有针对性地进行在线生鲜的宣传推广成了商家的必然选择，比如针对性别采用不同的推广策略。那么，性别和在线上买不买生鲜食品有没有关系？在现实生活中，女性相对男性去菜市场买菜的更多，那么在线上购买生鲜食品是不是也是这样？表8－1为针对此情况进行调查得出的数据。

表8－1　调查数据　单位：人

选择＼性别	男	女	合计
不在线上购买生鲜	580	80	660
在线上购买生鲜	230	110	340
合计	810	190	1 000

8.1 分类数据与卡方检验

8.1.1 分类数据

第1章中我们了解了统计数据根据不同的分类依据可以分为不同的类型。比如，依据所采用的计量尺度不同，可以将统计数据分为分类数据和数值型数据。其中，分类数据说明的是事物的品质特征，又统称为定性数据或品质数据。变量根据待研究事物的特征分为数值变量和分类变量。其中分类变量又分成无序分类变量和有序分类变量。比如在前面案例中，性别分为男性和女性两个类别，就是分类变量；线上购买生鲜食品的男性230人和女性110人都是事件结果，以频数的方式表现。这类只能划分为不同性质的类别变量，在各个研究领域中大量出现。比如性别分男女，国家分为发达国家、发展中国家等。有时虽有量的关系，因研究需要将其按一定的标准分为不同的类别。例如，统计学考试成绩是连续数据，但研究者更倾向于依一定标准将其划分为优秀、良好、合格和不合格四个等级进行研究。对这类分类变量的研究就需要用到卡方分布。

8.1.2 卡方检验

卡方检验是非参数检验法中的一种，可以应用于对分类数据的分析，由统计学家皮尔逊最早提出。理论证明，实际观察次数（f_0）与理论次数（f_e，又称期望次数）之差的平方再除以理论次数所得的统计量，近似服从卡方分布，可表示为：

$$\chi^2 = \sum \frac{(f_0 - f_e)^2}{f_e} \sim \chi^2(n) \qquad (8-1)$$

其中当f_e越大（$f_e \geqslant 5$），近似得越好。显然f_0与f_e相差越大，卡方值就越大；f_0与f_e相差越小，卡方值就越小；因此它能够用来表示f_0与f_e相差的程度。

根据卡方分布的性质，其值$\geqslant 0$，其分布和自由度有关，自由度越小，分布就越往左边倾斜，随着自由度的增加，分布越来越趋近于正态分布。

根据式（8-1），可认为卡方检验的一般问题是要检验分类变量的实际观测次数和理论次数分布之间是否存在显著差异。它主要应用于拟合优度检验和独立性检验。

8.2 拟合优度检验

拟合优度检验

8.2.1 定义

卡方检验能检验单个分类变量各分类间的实际观测次数与理论次数之间是否一致

的问题，这里的观测次数是根据样本数据得到的实际次数，理论次数则是根据理论或经验得到的期望次数，这一类检验称为**拟合优度检验**。

拟合优度检验的原假设是观测次数与期望次数之间无差异。其中期望次数的计算一般是根据某种理论，按一定的概率通过样本即实际观测次数来计算。确定期望次数是卡方检验的关键。拟合优度检验的一般问题包括：

1. 建立假设

$$H_0: f_0 = f_e \text{（观察频数与期望频数一致）}$$

$$H_1: f_0 \neq f_e \text{（观察频数与期望频数不一致）}$$

χ^2 的临界值是在 H_0 成立的条件下导出理论分布，并由 χ^2 公式计算出来的。若实际计算出的 χ^2 值大于理论上的临界值 $\chi^2_{0.05}(df)$，即 $\chi^2 > \chi^2_{0.05}(df)$ 则说在 $\alpha = 0.05$ 的显著水平上拒绝 H_0。

2. 自由度的确定原则

自由度确定的一般原则：以相互独立的类别数 k 减去所受的约束数 M，即

$$df = k - M \tag{8-2}$$

在各种检验中，如果理论次数只受到总和的约束，即受 $\sum f_0 = \sum f_e$ 的限制，则自由度为

$$df = k - 1 \tag{8-3}$$

但在对连续数据的检验中，常常会用数据个数、平均数、标准差等统计量来计算理论次数，所以此时的自由度应从总分类项中减去更多的个数。比如在正态分布的拟合优度检验中，因其除了受 $\sum f_0 = \sum f_e$ 的约束以外，还受理论分布的均值和标准差两个未知参数的约束，即受到三个条件的约束，其自由度为

$$df = k - 3 \tag{8-4}$$

3. 理论次数的计算规则

数据分布有其理论概率为依据，这时的理论次数（f_e）等于总次数（n）乘以某种属性出现的概率（p），即

$$f_e = np \tag{8-5}$$

理论次数的计算，一般是根据某种理论，按一定的概率通过样本即实际观察次数计算。某种理论有经验概率，也有理论概率，如二项分布、正态分布等理论概率。

我们以本文引例中不同的性别在线上购买生鲜的比例是否有区别为例，解答如下：

解：（1）建立假设：

$$H_0: f_0 = f_e \quad \text{不同性别线上购买生鲜的人数一致}$$

$$H_1: f_0 \neq f_e \quad \text{不同性别线上购买生鲜的人数不一致}$$

（2）计算统计量，如表 8－2 所示。其中，$f_e(男)=np_{男}=340\times\frac{810}{810+190}\approx275$，$f_e(女)=np_{女}=340\times\frac{190}{810+190}\approx65$。

表 8－2　　卡方分布计算表

性别	f_0	f_e	步骤一 f_0-f_e	步骤二 $(f_0-f_e)^2$	步骤三 $\frac{(f_0-f_e)^2}{f_e}$
男	230	275	－45	2 025	7.36
女	110	65	45	2 025	31.15
步骤四　$\chi^2=\sum\frac{(f_0-f_e)^2}{f_e}=38.52$					

（3）进行统计决策。

查 χ^2 分布表，当 $df=1$（性别分为男、女，$k=2$，自由度为 $k-1=1$）时，$\chi^2_{0.05}=3.84$，因为 $\chi^2=38.52$ 远大于 $\chi^2_{0.05}$，所以拒绝 H_0，说明男女线上购物是有显著差异的。

8.2.2　Excel 实践与提高

用 Excel 计算 P 值的操作步骤

第 1 步：进入 Excel 表格界面，将观察值输入一列，将期望值输入另一列。

第 2 步：选择“公式”。

第 3 步：选择“插入函数”，或者直接点击功能栏中的“*fx*”。

第 4 步：在“函数类别”选择中选“统计”，然后，在函数名的菜单中选择字符“CHISQ. TEST”，然后点击“确定”。

第 5 步：在对话框“Actual _ range”中输入观察数据。在对话框“Expected _range”中输入期望数据。

第 6 步：点击“确定”得到 P 值为 5.42654×10^{-10}，接近零。由于 $P<\alpha$，所以拒绝原假设。

思政元素

2013 年以来，随着中国电子商务的蓬勃发展，生鲜电商得以快速发展，网络已经成为不少消费者购买生鲜的主要渠道之一。截至 2020 年，我国生鲜电商交易规模达 3 641.3 亿元，同比增长 42.54%。[①]“叮咚买菜”等多家生鲜电商成功上

① 数据来源：《2020 年度中国生鲜电商市场数据报告》，网经社，http：//www.100ec.cn/。

市，进一步助推行业发展。我国生鲜电商行业在提高人民生活幸福度、巩固拓展脱贫攻坚成果、全面乡村振兴等领域做出了杰出贡献。不同类型人群在网上购买生鲜的比例具有一定差异性，因此企业要有针对性地做推广，更好地促进生鲜电商快速发展。

8.3　列联分析：独立性检验

独立性检验

拟合优度检验是对一个分类变量的检验，有时候我们会遇到两个或两个以上分类变量的问题。例如，要讨论性别与是否线上购物的关系，性别分为男和女两类，线上购物分为是和否两类，那么到底它们之间有没有关联，是不是女性更倾向于线上购买生鲜？对这类检验两个或两个以上因素（各有两项或以上的分类）之间是否相互影响的问题，称为独立性检验。卡方独立性检验的零假设是各因素之间相互独立。具体计算时，采用列联表的方式，也有人把这种分析称为**列联分析**。

8.3.1　列联表

列联表是观测数据按两个或更多属性（定性变量）分类时所列出的频数表。它是由两个及以上的变量进行交叉分类的频数分布表。例如，研究性别与是否线上购物的关系，将 1 000 个随机调查的人按性别和是否线上购物构造列联如表 8 - 3 所示。

表 8 - 3　调查结果　单位：人

选择 \ 性别	男	女	合计
不在线上购买生鲜	580	80	660
在线上购买生鲜	230	110	340
合计	810	190	1 000

表中的行（row）是分类变量，这里划分为两类：在线上购买生鲜和不在线上购买生鲜。表中的列（column）是性别分类变量，这里也划分为两类：男性和女性。因此，表 8 - 3 是一个 2×2 列联表，表中的每个数据都反映了性别和是否线上购物两个方面的信息。由于列联表中的每个变量都可以有两个或两个以上的类别，列联表会有多种形式。不妨将横向变量（行）的划分类别数记为 R，纵向变量（列）的划分类别数记为 C，这样可以把每一个具体的列联表称为 $R\times C$ 列联表，如把表 8 - 3 称为 2×2 列联表。

8.3.2 列联表的分布

在表 8－3 中，最右边显示了购买变量的总数，如不在线上购买生鲜的共有 660 人，线上购买生鲜的共有 340 人，称为行的边缘分布。同理，810 人和 190 人称为列边缘分布。这样列联表所表现的就是在变量 X 条件下变量 Y 的分布，或者是在变量 Y 的条件下变量 X 的分布，因此又把列联表中的观察值分布称为**条件分布**，每个具体的观察值就是**条件频数**。例如，男性中在线上购买生鲜的人数有 230 人，就是一个条件频数。为了能在相同的基数上比较，使列联表中的数据提供更多的信息，可以计算相应的百分比，如表 8－4 所示。

表 8－4　　是否线上购买生鲜 × 性别交叉表

选择＼性别	男	女	合计
不在线上购买生鲜（人）	580	80	660
行（%）	87.9（=580/660）	12.1	100
列（%）	71.6（=580/810）	42.1	—
总（%）	58（=580/1 000）	8	—
在线上购买生鲜（人）	230	110	340
行（%）	67.6	32.4	100
列（%）	28.4	57.9	—
总（%）	23	11	—
合计（人）	810	190	1 000
比重（%）	100	100	100

8.3.3 独立性检验

独立性检验就是分析列联表中行变量和列变量是否相互独立。

例 8.1　在表 8－3 中以显著性水平 $\alpha=0.05$ 检验性别和线上购物两个因素是否独立。

解： 根据列联表 8－3，我们整理得到表 8－5。其表中括号内的数值为该处的期望值，这是我们计算的关键。如果性别和是否线上购买生鲜之间是相互独立的，则可以用下面的公式估计第一个单元的期望比例。

由题意，提出以下假设：

H_0：性别和是否线上购买生鲜相互独立，

H_1：性别和是否线上购买生鲜不独立。

令：A = 样本单位来自线上不购买生鲜的事件

B = 样本单位属于男性的事件

根据独立性的概率乘法公式，有：

$$P(\text{第一个单元}) = p_{11} = P(AB) = P(A)P(B)$$

$$= \frac{660}{1\ 000} \times \frac{810}{1\ 000} \approx 0.535 \qquad (8-6)$$

相应的频数期望值为 $f_e = np_{11} = 1\ 000 \times 0.535 = 535$，一般的可以采用简化的式子进行计算，具体为该格子所对应的行合计与列合计的乘积，再除以总合计。例如，第一单元的 $f_e = np_{11} = \frac{660 \times 810}{1\ 000} \approx 535$，其他各个格子对应的期望值也如此计算得到。

表 8 - 5　　　　是否线上购买生鲜与性别列联表

性别	男	女	合计	比重（%）
线上不购买生鲜	580（535）	80（125）	660	66
线上购买生鲜	230（275）	110（65）	340	34
合计	810	190	1 000	—
比重（%）	81	19	—	100

在得出对应的期望值后，我们就可以应用 χ^2 检验。

$$\chi^2 = \sum_{i,j} \frac{(f_{ij} - np_{ij})^2}{np_{ij}}$$

$$= \frac{(580-535)^2}{535} + \frac{(80-125)^2}{125} + \frac{(230-275)^2}{275} + \frac{(110-65)^2}{65}$$

$$= 58.50$$

从 χ^2 分布表可得到临界值为 $\chi^2_{0.05}(1) = 3.8415$，其中的自由度为 $(2-1)\times(2-1)=1$。比较可得到样本 χ^2 值大于临界值，所以我们拒绝原假设，也就是线上是否购买生鲜与性别不同有关是显著的。

8.3.4　卡方分布的期望值准则

用 χ^2 分布进行独立性检验，要求样本量必须足够大，特别是每个单元中的期望频数（理论频数）不能过小，否则应用 χ^2 检验可能会得出错误结论。关于小单元次数通常有两项准则：一项准则是，如果只有两个单元，每个单元的期望频数必须是 5 或 5 以上。另一项准则是，倘若有两个以上的单元，有 20% 及以上的单元期望频数 f_e 小于 5，则不能应用 χ^2 检验。如果不满足以上两条准则，可以将较小的 f_e 合并，再来看是否满足适用条件或者在 2×2 列联表中若某格的理论次数小于 5，可以进行耶茨校正，其校正公式为

$$\chi^2 = \frac{N\left(|ad - bc| - \frac{N}{2}\right)^2}{(a+b)(c+d)(a+c)(b+d)} \quad (8-7)$$

例 8.2 对某洗发水的态度调查，随机抽 20 名被试者对该洗发水进行评价（如表 8－6 所示）。试问对该款洗发水的偏好与性别有无关联？

表 8－6 被试者对广告的评价表

性别 \ 评价	好	不好	合计
男	7	1	8
女	9	3	12
合计	16	4	20

显然，有两格的实际次数小于 5，其理论次数有可能小于 5，故需用校正公式。

$$\chi^2 = \frac{20 \times \left(|7 \times 3 - 9 \times 1| - \frac{20}{2}\right)^2}{8 \times 12 \times 16 \times 4} = \frac{80}{6\ 144} = 0.013$$

$\chi^2 = 0.013 < \chi^2_{0.05}(1) = 3.484$，说明对该洗发水的偏好与性别没有关联。

8.3.5 SPSS 实践与提高

SPSS 进行列联分析的独立性检验的操作步骤：

第 1 步，在 SPSS 数据编辑窗口中定义变量“线上购物”“性别”和“数量”，“线上购买生鲜”变量的取值有两个：1 和 2，其中，取值“1”表示不在线上购买生鲜，取值“2”表示在线上购买生鲜。性别变量的取值也是两个：1 和 2，其中，取值“1”表示男性，取值“2”表示女性。

第 2 步，选择“数据”下拉菜单，并选择“加权个案”选项进入主对话框。在主对话框中选择“加权个案”，将变量“数量”选入“频率变量”。

第 3 步，选择“分析”下拉菜单，再选择“描述统计”下拉菜单，最后选择“交叉表”选项进入主对话框。在主对话框中将“线上购买生鲜”选入“行”，“性别”选入“列”。

第 4 步，在“统计量”下选择“卡方”，点击“单元格”。

在“计数”下选择“观察值”和“期望值”；

在“百分比”下选择“行”“列”和“总计”；

在“残差”下选择“未标准化”和“标准化”；

点击“继续”和“确定”。

输出结果如表 8－7 和表 8－8 所示。

表 8－7　　性别×是否线上购买生鲜交叉制表

—			是否线上购买生鲜		合计
			不购买	购买	
性别	男	计数（人）	580	230	810
		期望的计数（人）	534.6	275.4	810.0
		“性别”中的比重（%）	71.6	28.4	100.0
		“是否线上购买生鲜”中的比重（%）	87.9	67.6	81.0
		总数的比重（%）	58.0	23.0	81.0
		残差	45.4	－45.4	—
		标准残差	2.0	－2.7	—
性别	女	计数（人）	80	110	190
		期望的计数（人）	125.4	64.6	190.0
		“性别”中的比重（%）	42.1	57.9	100.0
		“是否线上购买生鲜”中的比重（%）	12.1	32.4	19.0
		总数的比重（%）	8.0	11.0	19.0
		残差	－45.4	45.4	—
		标准残差	－4.1	5.6	—
合计		计数（人）	660	340	1 000
		期望的计数（人）	660.0	340.0	1 000.0
		“性别”中的比重（%）	66.0	34.0	100.0
		“是否线上购买生鲜”中的比重（%）	100.0	100.0	100.0
		总数的比重（%）	66.0	34.0	100.0

表 8－8　　卡方检验结果

—	值	*df*	渐进 Sig.（双侧）
Pearson 卡方	59.683[a]	1	0.000
连续校正[b]	58.376	1	0.000
似然比	56.865	1	0.000
线性和线性组合	59.623	1	0.000
有效案例中的 *N*	1 000	—	—

a. 0 单元格（0.0%）的期望计数少于 5。最小期望计数为 64.60。

b. 仅对 2×2 表计算。

从表 8 -8 可以看出，卡方值为 59.683，对应 p 值为 0.000，故应拒绝原假设，认为是否线上购买生鲜受性别的影响。

最后剖析一下卡方检验中自由度计算的原理。如前所述，自由度是可以自由取值的数据的个数，采用自由度 =（行数 -1)(列数 -1) = $(R-1)(C-1)$ 公式计算。这样做的可以通过以下例子说明。

假如现在我们有一个 3×3 列联表，如表 8 -9 所示。

表 8 -9　　自由度计算说明表

—	C_1	C_2	C_3	合计
R_1	√	√	*	RT_1
R_2	√	√	*	RT_2
R_3	*	*	0	RT_3
合计	CT_1	CT_2	CT_3	—

由表 8 -9 可知，RT_1、RT_2和 RT_3分别表示行的合计，CT_1、CT_2和 CT_3分别表示列的合计。首先考察列联表中的第一行，在行合计 RT_1已经确定的情况下，这一行可以自由取值的数据只有 2 个（这里假定取前 2 个），用“√”表示，最后一个无法自由取值，用“*”表示；类似地，在第二行，在行合计 RT_2已经确定的情况下，这一行可以自由取值的数据也只有 2 个，因此第 3 个不能自由取值的数据也用“*”表示。在第三行，第一个数据（R_3，C_1）不能自由取值，因为在列合计 CT_1已经确定的情况下，第一列的前两个数据已经自由取值，同理，第三行中的第二个数据也不能自由取值，因此这一行的前两个数据均用“*”表示。第三行的第三个数据也不能自由取值，用 0 表示，因为不论从行或列来看，它前面的数据均是无法自由取值的（意味着该值已经确定），在行、列合计确定的情况下，这个值也就无法自由选取。

表 8 -9 是一个 3×3 列联表，自由度 $=(R-1)(C-1)=(3-1)\times(3-1)=4$。

思政元素

通过独立性检验的学习，了解对两个分类变量进行独立性检验的必要性和作用，领会统计思想，形成全面和辩证分析问题的能力，养成学习统计、应用统计的良好习惯，具备严谨的学习态度及实事求是分析问题、解决问题的科学世界观。现实中，对个人乃至国家而言，独立都是重要的品格，只有独立才能表现自己的意志，做更好的自己。对于大学生而言，个人在大学阶段必须潜心求学，走上社会才能有独立的资本，为实现中华民族伟大复兴的中国梦贡献个人力量。对于我国而言，独立自主是中华民族精神之魂，是我们立党立国的重要原则。坚持独立自主是我们党百年奋斗积累的十条历史经验之一，必须倍加珍惜，长期坚持。

8.4　列联表中的相关测量

列联表中的相关测量

前面讨论了利用分布对两个分类变量之间的相关性进行统计检验。如果变量相互独立，说明它们之间没有联系，反之，则认为它们之间存在联系。接下来的问题是，如果变量之间存在联系，它们之间的相关程度有多大？这一节主要讨论这个问题。

对两个变量之间相关程度的测定，主要用相关系数表示。当研究分类变量时，因分类变量所表现的是研究对象的不同品质类别，所以可以把这种分类数据之间的相关称为**品质相关**。常用的品质相关有以下几种：

8.4.1　φ 相关系数

φ 相关系数主要适用于 2×2 列联表，计算公式为：

$$\varphi = \sqrt{\frac{\chi^2}{n}} \tag{8-8}$$

式中，χ^2 是按式（8－1）计算出的 χ^2 值；n 为列联表中的总频数，即总体样本数。在“卡方检验”一节，我们曾讲到卡方值的大小反映了实际次数与理论次数之间差异的大小，而独立性检验中的理论次数是根据两变量独立的假设计算出来的，因此卡方值的大小也就反映了两变量距独立有多远，因此卡方值本身就反映了两变量间相关的程度。

φ 相关的公式实际上是根据 2×2 列联表的卡方值变换而来的，通过变换使得其取值大约在正负 1 之间，可以看出 φ 的绝对值不超过 1，$\varphi=0$，表示不相关；$0<|\varphi|\leq 0.3$，属于弱相关；$0.3<|\varphi|\leq 0.7$，属于中度相关；$0.7<|\varphi|<1$，属于高度相关；$|\varphi|=1$，属于完全相关。

由表 8－10 知其是 2×2 列联表，我们可以采用 φ 相关系数分析的方法。

表 8－10　是否线上购物和性别 2×2 列联表

选择	性别		总计
	男	女	
不在线上购买生鲜	a	b	$a+b$
在线上购买生鲜	c	d	$c+d$
总计	$a+c$	$b+d$	—

表 8－10 中，a、b、c、d 均为条件频数。在 2×2 列联表中，每个单元中频数的期

望值为：

$$e_{11}=\frac{(a+b)(a+c)}{n},e_{12}=\frac{(a+b)(b+d)}{n}$$

$$e_{21}=\frac{(c+d)(a+c)}{n},e_{22}=\frac{(c+d)(b+d)}{n}$$

由式（8－1）有：

$$\chi^2=\frac{(a-e_{11})^2}{e_{11}}+\frac{(b-e_{12})^2}{e_{12}}+\frac{(c-e_{21})^2}{e_{21}}+\frac{(d-e_{22})^2}{e_{22}}$$

$$=\frac{n\,(ad-bc)^2}{(a+b)(c+d)(a+c)(b+d)}$$

将此结果代入式（8－8），得到：

$$\varphi=\sqrt{\frac{\chi^2}{n}}=\frac{ad-bc}{\sqrt{(a+b)(c+d)(a+c)(b+d)}} \qquad (8-9)$$

由上式我们知道，当 $ad=bc$ 时，则 $\varphi=0$，两者完全独立。若 $b=0$，$c=0$，则 $\varphi=1$；若 $a=0$，$d=0$，$\varphi=-1$。由于列联表中，变量的位置可以任意变换，因此 φ 的符号在这里没实际意义，其绝对值 =1 只是表明两者完全相关。在此模型中，φ 的取值范围是在 0～1 之间，且 φ 的绝对值越大，说明是否线上购物与性别因素的相关程度越高。

但是对于其他的非二分变量的因素，其在列联表 $R\times C$ 中的列数 C 或行数 R 大于 2 时，φ 系数将随 C 或 R 的增大而增大，且 φ 没上限。这时用 φ 系数测定两者的相关程度就不够清晰，所以要引入列联相关系数。

8.4.2　列联相关系数

列联相关系数简称 c 系数，主要用于大于 2×2 列联表的情况。其计算公式为：

$$c=\sqrt{\frac{\chi^2}{\chi^2+n}} \qquad (8-10)$$

c 系数的取值也在 0 和 1 之间，当列联表中的两个变量相互独立时，系数 $c=0$，但不会取到 1。与使用 φ 相关一样，使用列联相关之前，最好先检验两变量是否相关，只有两变量相关时，这一系数才有意义。c 系数其可能的最大值依赖于列联表的行数和列数，且随着 R 和 C 的增大而增大。因此，根据不同的行和列计算的列联系数不能比较，这是列联系数的局限，为此我们引入 V 相关系数。

8.4.3　*V* 相关系数

鉴于 φ 系数无上限、c 系数小于 1 的情况，克莱姆提出了 V 相关系数，计算公式为：

$$V=\sqrt{\frac{\chi^2}{n\cdot\min[(R-1),(C-1)]}} \tag{8-11}$$

式中表示取行数减 1 和列数减 1 中较小的一个。当两个变量相互独立时，$V=0$；当两个变量完全相关时，$V=1$。所以 V 的取值在 0 ~ 1 之间。如果列联表中有一维为 2，即 $\min[(R-1),(C-1)]=1$，则 V 值就等于 φ 值。

8.4.4　SPSS 实践与提高

例 8.3　为高质量发展，总公司进行了绩效改革。分公司 A、B、C 是否以同样的支持度来面对该项改革举措？总公司做了一次是否支持高质量发展改革的抽样调查，获得数据如表 8 - 11 所示，问支持度与分公司的相关程度是多少？

表 8 - 11　　分公司与改革支持度　　单位：人

选择＼分公司	A	B	C	合计
支持	62	20	50	132
不支持	36	76	28	140
合计	98	96	78	272

$$\varphi=\sqrt{\frac{\chi^2}{n}}=\sqrt{\frac{45.574}{272}}=0.4093$$

$$c=\sqrt{\frac{\chi^2}{\chi^2+n}}=\sqrt{\frac{45.574}{45.574+272}}=0.3788$$

$$V=\sqrt{\frac{\chi^2}{n\cdot\min[(R-1),(C-1)]}}=\sqrt{\frac{45.574}{272\times 1}}=0.4093$$

可以认为，支持度和分公司是存在一定的关系的。

用 SPSS 计算列联相关系数的操作步骤：

第 1 步，在 SPSS 数据编辑窗口中定义变量“是否支持”“分公司”和“数量”，“是否支持”变量的取值有两个：1 和 2，其中，取值“1”表示不支持，取值“2”表示支持。

第 2 步，选择【数据】下拉菜单，并选择【加权个案】选项进入主对话框，在主对话框中选择【加权个案】，将变量“数量”选入【频率变量】。

第 3 步，选择【分析】下拉菜单，再选择【描述统计】下拉菜单，最后选择【交叉表】选项进入主对话框。在主对话框中将“是否支持”选入【行】，“分公司”选入【列】。

第 4 步，点击【统计量】，在【名义】下选择【相依系数】和【Phi 和 Cramer 变量】，点击【继续】，点击【确定】。

输出结果如表 8 - 12 所示。

表 8－12　列联相关系数

—		值	近似值 Sig.
按标量标定	φ	0.409	0.000
	Cramer 的 V	0.409	0.000
	相依系数	0.379	0.000
有效案例中的 N		272	

φ 系数、c 系数和 V 系数分别为 0.409、0.379 和 0.409。

上面的例子说明，对于同一个数据，系数 φ、c 和 V 的结果不同。同样，对于不同的列联表，行数和列数的差异也会影响系数值。因此，对于不同列联表变量之间的相关程度进行比较时，不同列联表中行与行、列与列的个数要相同，并且采用同一种系数，才具有可比性。

思政元素

高质量发展是 2017 年中国共产党第十九次全国代表大会首次提出的新表述，表明我国经济由高速增长阶段转向高质量发展阶段。党的二十大报告指出，高质量发展是全面建设社会主义现代化国家的首要任务。推动高质量发展，既是保持经济持续健康发展的必然要求，也是适应我国社会主要矛盾变化和全面建成小康社会、全面建设社会主义现代化国家的必然要求，更是遵循经济规律发展的必然要求。案例 8.3 就是企业为追求自身高质量发展而做出的探索——进行绩效改革。不同的分公司对改革探索的看法虽然不同，但追求进步和更美好生活、全面建设社会主义的目标是一致的。

本章小结

依据所采用的计量尺度不同，可以将统计数据分为分类数据和数值型数据。变量根据待研究事物的特征分为数值变量和分类变量。其中分类变量又分成无序分类变量和有序分类变量。

卡方检验是非参数检验法中的一种，处理的一般问题是检验分类变量的实际观测次数和理论次数分布之间是否存在显著差异。它主要应用于拟合优度检验和独立性检验。拟合优度检验是对一个分类变量的检验，对两个或两个以上因素（各有两项或以上的分类）之间是否相互影响的检验，称为独立性检验，具体计算时，采用列联表的方式，也有人把这种分析称为列联分析。

列联表是观测数据按两个或更多属性（定性变量）分类时所列出的频数表。

它是由两个以上的变量进行交叉分类的频数分布表。常用的品质相关系数有 φ 相关系数、列联相关系数和 V 系数。对于同一个数据，系数 φ、c 和 V 的结果是不同的。同样，对于不同的列联表，行数和列数的差异也会影响系数值。因此，对于不同列联表变量之间的相关程度进行比较时，不同列联表中行与行、列与列的个数要相同，并且采用同一种系数，才具有可比性。

思政园地

中国国民经济核算之父——钱伯海①

钱伯海（1928—2004 年）教授是我国著名的统计学家和经济学家，曾任厦门大学经济学院计统系主任和经济学院院长，国务院学位委员会经济学科评议组第二、第三届成员，中国统计学会第一、第二、第三届副会长，中国国民经济核算研究会副会长，福建省统计学会会长、名誉会长，国际统计学会和英国皇家统计学会会员。他先后受聘担任南京大学、西南财经大学等近 20 所大学的兼职、客座或名誉教授。他创立或主持创立了国民经济学、国民经济统计、企业经济统计学等 4 门经济统计新学科。他提出的国民经济核算的平衡原则，被称为“钱氏定理”，为我国建立自有的 GDP 核算体系做出了卓越的贡献，他本人也被誉为“中国国民经济核算之父”，被英、美等国评为“20 世纪有成就的世界名人”“世界 500 名有影响的学术带头人”。

1928 年钱伯海教授诞生于江苏泰兴。1951 年毕业于上海复旦大学，同年在厦门大学任教。钱伯海教授学术研究上有一个显著的特点：密切联系中国的实际，与时俱进，不断探索，勇于创新。钱伯海教授先后撰写或主编了 30 余本专著和全国统编教材。其中，在学界有重大影响的创新之作主要有以下几本。

一是《国民经济学》，该书初版于 1986 年，将政治经济学与宏观经济学相结合，以整个国民经济为研究对象，全面系统地论述了我国现实的经济运行机制以及进行宏观调控的政策与手段。该书出版之后，受到经济理论界的重视，我国著名经济学家刘国光、李成瑞、宋涛、谷书堂等先后在《人民日报》《经济研究》《经济学家》等报刊上发表书评，给予很高的评价。该书获得福建省第二届社会科学优秀成果一等奖和国家教委组织评选的全国第三届高校优秀教材奖。

二是《国民经济统计学》。从 1972 年起，钱伯海教授以合作完成上级研究

① 龚鉴尧. 钱伯海——中国国民经济核算和综合平衡统计学家［J］. 数据，2003（12）：26－26.

任务为契机，经过深入理论研究和反复调查实践，针对过去只有部门统计，没有综合统计的缺陷，从无到有，开拓创新，写出了《国民经济综合平衡统计学》。该书1987年荣获全国优秀教材国家级奖。随着教学改革的深入发展，为了与另一门课程企业经济统计学相对应，将该书改名为《国民经济统计学》，又获全国统计优秀教材奖、全国第三届统计科技进步一等奖和全国统计优秀教材奖。

三是《企业经济统计学》。钱伯海教授对各部门统计学进行深入系统的剖析，由他主持提出详细提纲，组织兄弟院校编写成《企业经济统计学》，既提高了统计教材的理论水平，又兼顾各部门统计的特点，受到社会认可和好评。1997年他担任主编的《企业经济统计学》一书获得首届全国统计优秀图书奖。

四是《供需平衡经济学》。该书系统地探讨了总供需平衡的理论与定量分析方法，并紧密结合我国实践对供需平衡调控和有关宏观政策的协调运用作了全面的分析与论述。该书出版后经全国著名经济学家宋涛、卫兴华、胡代光、蒋学模、谭崇台、陈征、吴宣恭等教授审阅，得到他们一致的好评。2000年，该书获得福建省第四届社会科学优秀成果一等奖。经过长期的研究和艰苦的探索，钱伯海教授在理论经济学方面，也提出了不少新的观点，并形成自己的体系，引起较大的反响。对于钱老师的学术观点，仁者见仁智者见智，但是钱老师这种不计较个人得失，老当益壮，勇于探究，追求真理的精神实在令我们敬佩且值得我们学习。

▶ **讨论：**

1. 从以上示例中，你学到了什么？

2. 是一种什么样的精神使得钱伯海先生能够几十年如一日，在我国的国民经济核算领域做出突出贡献？

思考与练习

一、思考题

8.1　简述列联表的构造与列联表的分布。

8.2　说明计算卡方统计量的步骤。

8.3　简述 φ 系数、c 系数和 V 系数各自的特点。

8.4　构造下列维数的列联表，并给出卡方检验的自由度。

①3行5列；②4行5列；③5行5列；④6行4列。

二、练习题

8.1　某社区对社区内居民的工作状况进行调查，结果如表8-13所示。

表 8－13　　居民工作状况调查表　　单位：人

性别	工作类型			合计
	工人	公务员	技术员	
男	21	11	23	55
女	6	7	29	42
合计	27	18	52	97

请问性别与工作类型是否有关联（$\alpha=0.05$）？

8.2　某企业有 54 位工作人员，籍贯为本市的 15 人，籍贯为本省（本市的除外）的有 23 人，省外的有 16 人。问企业工作来源为本市、本省、省外的人数比例是否为 1∶2∶1（$\alpha=0.05$）？

8.3　某机构欲了解现在性别与收入是否有关，他们随机抽样 500 人，询问对此的看法，结果分为“有关”“无关”“不好说”三种答案，调查结果如表 8－14 所示。

表 8－14　　性别与收入调查表

性别	有关	无关	不知道	合计
男	120	60	50	260
女	100	110	60	240
合计	220	170	110	500

8.4　某电力研究院的主要研究领域为高压电、水力发电和风力发电。据以往的统计，选择这三个领域的研究员人数是相等的。今年招聘了一定数量的研究员后，重新对 90 名研究员进行调查，选择高压电研究的有 39 人、选择水力发电的 28 人、选择风力发电的 23 人（如表 8－15 所示）。那么，今年研究院中技术人员的分布比例与以往是否不同（$\alpha=0.05$）？

表 8－15　　研究领域调查表

	高压电	水力发电	风力发电
观察次数（f_0）	39	28	23
期望次数（f_e）	30	30	30

单选题　　判断题

第 9 章
方差分析

育人目标

1. 了解方差分析的基本原理，可以利用方差分析理论解决实际问题。

2. 通过新冠疫苗的种类案例内容，阐述我国在抗击全球新冠肺炎疫情扩散中起到的重要作用。将统计方法应用于分析和研究有中国特色的社会主义建设成就上。

案例

三种不同类型的疫苗对新冠病毒的免疫度是否不同?

自新冠肺炎疫情发生以来，新冠疫苗一直是市场热点。面对疫情快速扩散，新冠疫苗的研发和接种进度进一步加速。卫健委官网数据显示：自 2021 年 5 月以来全国进行大规模疫苗接种，截至 2021 年 7 月 20 日，31 个省（自治区、直辖市）和新疆生产建设兵团累计报告接种新冠病毒疫苗 147 848.4 万剂次①，中国是全球抗疫的杰出典范。现在国内上市的新冠疫苗主要分为三种类型，即灭活疫苗、腺病毒载体疫苗与重组蛋白疫苗。那么这三种类型的疫苗对新冠病毒的免疫度是否不同？这种分类型变量（疫苗的类型）对数值型变量（免疫度）的影响研究，就要用到本章将要介绍的方差分析。

9.1 方差分析引论

方差分析

方差分析（analysis of variance，ANOVA）是由英国统计学家费希尔（R. A. Fisher）在 20 世纪 20 年代进行实验设计时提出并进行了系统阐述，它早期在农业、生物领域获得应用，后来逐渐推广到心理学、社会学和医学等众多学科领域，目前已成为数理统计中应用较广泛的研究方向之一，也是人文社科与自然科学研究及实

① 中华人民共和国国家卫生健康委员会，http：//www. nhc. gov. cn/xcs/yqjzqk/202107/abc2bd8dfead4f8ca9b1a36f11fe24c1. shtml。

践中进行分析调查的重要工具之一，主要用于研究一个（或多个）分类型自变量与一个数值型因变量之间的关系。

9.1.1　问题的提出

例 9.1　某肥料厂商用四种不同的肥料生产同一类型的作物，在每种肥料中随机地抽取若干个统一规格的地块观测其产量，数据列于表 9－1 中。试分析这四种肥料生产的作物亩产量有无显著性的差异。

表 9－1　不同肥料方案的试验数据

肥料品种	作物亩产量（千克）								均值（千克）
水平 1	1 800	1 710	1 650	1 680	1 700	1 700	1 780	—	1 717.14
水平 2	1 500	1 640	1 400	1 700	1 750	—	—	—	1 598.00
水平 3	1 640	1 550	1 600	1 620	1 640	1 600	1 740	1 800	1 648.75
水平 4	1 510	1 520	1 530	1 570	1 640	1 680	—	—	1 575.00

表 9－1 所要研究的问题是不同的肥料品种对作物亩产量是否有显著性影响。在假设检验一章中，介绍了关于两个正态分布总体的均值检验问题。在方差未知的情况下，通过构造一个 t 分布统计量，根据预先给定显著性水平，可以检验两个总体的均值是否相等。但会碰到两个问题：一是计算工作冗繁。如本例中 $k=4$ 时，需要进行 $C_4^2=6$ 次检验，一般情形检验次数最多则为 $k(k-1)/2$ 次。二是不能同时利用全部的观察数据，推断的精度将会降低。因此，需要一种可以将全部的样本信息结合起来进行一次检验的方法，这就是方差分析。

9.1.2　方差分析及相关概念

变量可以分为数值变量（对应于数量标志）和分类变量（对应于属性或品质标志）两种，方差分析通常用于研究分类变量与数值变量的相互关系。分类变量作为自变量存在若干个不同的水平，数值变量对应于分类变量的不同水平形成方差相同的若干正态总体。

方差分析是检验多个总体的均值是否相等的一种统计方法。它通过检验各总体的均值是否相等，来判断分类型自变量对数值型因变量是否有显著影响，如它们之间是否具有关系及关系的强度等。

方差分析有三个基本的概念：**观测变量**、**因素**和**水平**。观测变量是我们进行方差分析所研究的对象；因素或因子是影响观测变量变化的客观或人为条件；因素的不同类别或不同取值则称为因素的不同水平。显然，每个因素在每一水平之下的调查结果或实验观察结果可以称为一个“组”，可以计算各组内部因变量的均值和方差，还可以计算因素之下全部观察结果的均值及组与组之间的方差。

“肥料品种”这个因素具有4个水平 A_1、A_2、A_3、A_4，肥料品种是所要检验的对象，故把它称为“因素”或“因子”；在每个不同的肥料品种下得到的样本数据（亩产量）称为观测值，由于这里只涉及“肥料品种”一个因素，因此该试验称为单因素四水平的试验。因素的每一个水平可以看成一个试验总体，比如肥料品种的每一个水平都可以看成四个总体。我们要研究“肥料品种”对“亩产量”是否有影响。“肥料品种”是自变量，它是一个分类变量，而四个不同的水平就是“肥料品种”这个自变量的具体取值；“亩产量”是因变量，它是一个数值型变量，不同的“亩产量”就是因变量的取值。

9.1.3 方差分析的基本思路

怎样判断肥料品种对亩产量是否有显著性影响？或者说肥料品种与亩产量之间是否有显著关系？这时需要考虑数据误差的来源，下面通过分析表9－1中的数据来具体说明数据之间存在的差异。

首先，在同一水平下，虽然地块类型、规模一致，但亩产量仍不相同，这说明不同的地块亩产量是随机的，它们之间的差异可以看成是随机因素影响造成的，或者说在试验因素的每一个确定水平下，试验结果是一个随机变量。

其次，肥料品种不同，亩产量也不同。因此，不能把不同的肥料品种所收获的亩产量看作从同一总体中所抽取的样本，而应把四个水平下的亩产量看作分别从四个总体中抽得的四个容量分别为7、5、8、6的样本。显然，组内误差只包含随机误差，而组间误差既包含随机误差，又包含系统误差。它反映了不同样本之间数据的离散程度。

在方差分析中，数据的误差是由平方和表示的。反映全部数据误差大小的平方和称为总平方和，记为 SST，体现了全部观测值的离散状况。总误差可以分为两部分：组间差异引起的误差、组内内在不一致引起的误差。反映组内误差大小的平方和称为组内平方和，也称为误差平方和或残差平方和，记为 SSE，体现了每个样本内各观测值的离散状况。反映组间误差大小的平方和称为组间平方和，也称为因素平方和，记为 SSA，体现了样本均值之间的离散程度。

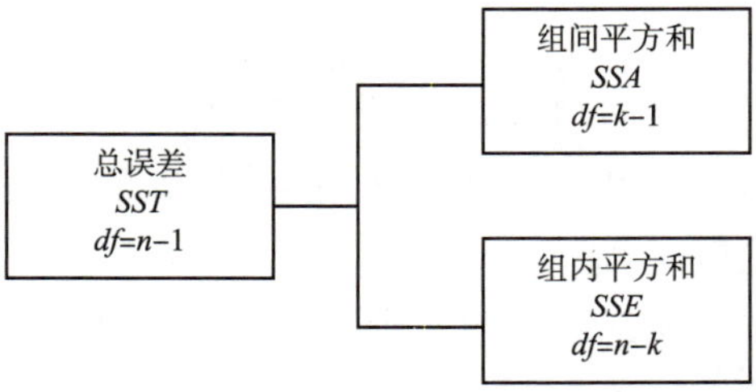

图9－1 误差分解图

如果不同水平之间的亩产量没有差异，那么在组间误差中只包含随机误差，而不包含系统误差。这时，组间误差与组内误差经过平均后的数值应该很接近，它们的比值会接近 1；反之，如果不同的肥料品种对亩产量有影响，在组间误差中除了包含随机误差外，还会包含系统误差，这时组间误差平均后的数值就会大于组内误差平均后的数值，它们之间的比值就会大于 1。当这个比值达到某种程度时，就认为因素的不同水平之间存在显著性差异，也就意味着自变量对因变量有影响。因此，肥料品种对亩产量是否有显著影响这一问题，实际上也就是检验亩产量的差异主要是由什么原因所引起的。如果这种差异主要是系统误差，就说明肥料品种对亩产量有显著影响。

9.1.4　方差分析的基本假定

方差分析所依据的一个基本原理是方差的可加性。作为一种统计方法，方差分析将实验数据的总变异分解成组内和组间两个不同的变异部分，这两个部分变异的来源在意义上必须明确，而且彼此要相互独立。如果实验资料不具备这一性质，那么变量的总变异依据变异原因的部分将失去根据，方差分析将不能正确进行。

因此，方差分析建立在以下基本假设上：

（1）每个总体都应服从正态分布。也就是说，对于因素的每一个水平，其观测值是来自正态分布总体的简单随机样本。比如在例 9.1 中，每种肥料品种的亩产量必须服从正态分布。

（2）每个总体方差 σ^2 必须相同。也就是说，各组观察数据是从具有相同方差的正态总体中抽取的。比如在例 9.1 中，四种肥料品种的亩产量的方差相同。

（3）观测值彼此独立。比如在例 9.1 中，每种肥料品种的亩产量都与其他品种的亩产量独立。

9.2　单因素方差分析

单因素方差分析

当方差分析只涉及一个分类变量时，就称为单因素方差分析；若涉及两个分类变量，就称为双因素方差分析。这里，把每一个分类变量都称为一个因素。例 9.1 中只涉及肥料品种一个因素，因此属于单因素方差分析。

9.2.1　数据结构形式

在单因素方差分析中，设分类变量 A 表示因素，有 k 个不同水平，记为 $A_1, A_2, \cdots, A_k$，通过 n 次观测可以获得数值变量 X 的 k 组独立的样本观测值 x_{ij}（$i = 1, 2, \cdots, k$；$j = n_1, n_2, \cdots, n_k$），其数据结构可以用表 9－2 列示出来，其中 $n = n_1 + n_2 + \cdots + n_k$。

表 9－2　　单因素方差分析的数据结构

水平	数值	均值
水平 1	$x_{11}, x_{12}, \cdots, x_{1n_1}$	$\bar{x}_1$
水平 2	$x_{21}, x_{22}, \cdots, x_{2n_2}$	$\bar{x}_2$
⋮	⋮	⋮
水平 k	$x_{k1}, x_{k2}, \cdots, x_{kn_k}$	$\bar{x}_k$

9.2.2　分析步骤

1. 提出假设

$H_0: \mu_1 = \mu_2 = \cdots = \mu_k$　　自变量对因变量没有显著影响

$H_1: \mu_1, \mu_2, \cdots, \mu_k$ 不全相等　自变量对因变量有显著影响

2. 构造检验的统计量

（1）计算各样本的均值。$\bar{x}_i$ 表示第 i 行观测值的平均数（第 i 个水平的均值，n_i为其样本量）即

$$\bar{x}_i = \frac{1}{n_i}\sum_{j=1}^{n_i} x_{ij} \tag{9-1}$$

（2）计算全部观测值的均值。$\bar{x}_i$ 中的点表示已对下标 j 求和，也称为行均值。总均值即 k 组所有观测值的平均数用 $\bar{x}$ 表示，即

$$\bar{x} = \frac{1}{n}\sum_{i=1}^{k}\sum_{j=1}^{n} x_{ij} = \frac{1}{n}\sum_{i=1}^{k} n_i\bar{x}_i \tag{9-2}$$

不难看出它也是各水平均值 $\bar{x}_i$（$i=1,2,\cdots,k$）的平均数。

（3）计算各误差平方和。我们定义总变差 SST 为每一观测值 x_{ij}与总均值 $\bar{x}$ 的误差平方和：

$$SST = \sum_{i=1}^{k}\sum_{j=1}^{n_i}(x_{ij} - \bar{x})^2 \tag{9-3}$$

对总变差 SST 进行平方和分解，我们有关系式：

$$\sum_{i,j}(x_{ij} - \bar{x})^2 = \sum_{i,j}(x_{ij} - \bar{x}_i)^2 + \sum_{i,j}(\bar{x}_i - \bar{x})^2 \tag{9-4}$$

式中的简化记号 $\sum\limits_{i,j}$ 表示依次对下标 i、j 求和。右边第一个和式记为 SSE（sum of squares for error），称为组内误差平方和，即

$$SSE = \sum_{i,j}(x_{ij} - \bar{x}_i)^2 \tag{9-5}$$

它是 k 个水平各组观测值组内误差平方和相加的结果；右边第二个和式记为 SSA（sum of squares for factor A），它与分类变量 A 有关，称为组间误差平方和。即

$$SSA = \sum_{i,j} (\bar{x}_i - \bar{x})^2 = n_i \sum_{i} (\bar{x}_i - \bar{x})^2 \tag{9-6}$$

它是各水平均值 $\bar{x}_i$（$i=1,2,\cdots,k$）与总均值 $\bar{x}$ 的误差平方和。这样（9－4）式就可以表示为：

$$SST = SSA + SSE \tag{9-7}$$

（4）计算各误差均方。由于各误差平方和的大小与观测值的多少有关，为了消除观测值多少对误差平方和大小的影响，需要将其平均，也就是用各平方和除以它们所对应的自由度，称为均方（mean square），也称方差。三个平方和所对应的自由度分别为：

SST 的自由度为 $n-1$，其中 n 为全部观测值的个数。其均方称为总均方或总方差，记为 MST，计算公式为：

$$MST = \frac{SST}{n-1} \tag{9-8}$$

SSA 的自由度为 $k-1$，其中 k 为因素水平的个数。其均方也称为组间均方或组间方差，记为 MSA，计算公式为：

$$MSA = \frac{SSA}{k-1} \tag{9-9}$$

SSE 的自由度为 $n-k$，其均方称为组内均方或组内方差，记为 MSE，计算公式为：

$$MSE = \frac{SSE}{n-k} \tag{9-10}$$

（5）构建检验统计量并作出决策。F 检验统计量可由组间均方与组内均方的比计算而得，计算公式为：

$$F = \frac{MSA}{MSE} \sim F(k-1, n-k) \tag{9-11}$$

在原假设 H_0 成立时，分子、分母的数学期望都等于 σ^2，统计量 F 应接近于1。若原假设 H_0 不成立（即各水平总体的均值不全等），分子的期望值就会大于 σ^2，且随着各水平总体的均值差异增大而增大，导致统计量 F 远大于 1。因此，给出一定的显著性水平 α，只要 $F > F_\alpha$ 就可以拒绝原假设 H_0，认为各总体的均值存在显著差异，说明分类变量对数值变量具有显著影响。

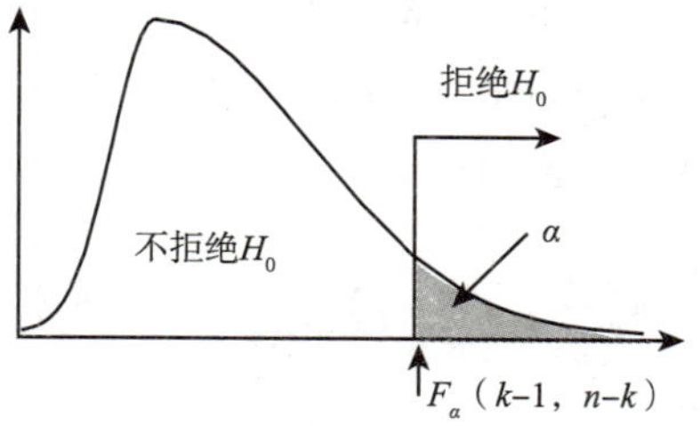

图 9－2　方差分析的拒绝域与非拒绝域

（6）方差分析表。方差分析的结果通常用方差分析表（也称方差分析总结表）来概括总结。方差分析表9－3中的项目包括误差来源（如组间、组内及总体）、自由度、平方和、均方以及 F 检验统计量，有时表中还包括 P 值。

表9－3　方差分析表的一般形式

误差来源	平方和	自由度	均方	F	p
组间（因素影响）	SSA	$k-1$	$MSA=\frac{SSA}{k-1}$	$F=\frac{MSA}{MSE}$	—
组内（误差）	SSE	$n-k$	$MSE=\frac{SSE}{n-k}$	—	—
总体	SST	$n-1$	—	—	—

9.2.3　案例与软件实现

1. 例9.1计算

解：肥料品种作为分类变量具有4种水平（$k=4$），4组观察值的样本容量各不相同，分别为7、5、8、6共有26个数据。

（1）提出假设：

$$H_0:\mu_1=\mu_2=\cdots=\mu_4$$

$$H_1:\mu_1,\mu_2,\cdots,\mu_4\text{ 不全相等}$$

（2）计算：

$$\bar{x}=\frac{1}{n}\sum_{i=1}^{k}\sum_{j=1}^{n_i}x_{ij}=\frac{1}{n}\sum_{i=1}^{k}n_i\bar{x}_i$$

$$=\frac{1}{26}(7\times1\ 717.143+5\times1\ 598+8\times1\ 648.75+6\times1\ 575)$$

$$=1\ 640.385$$

$$\text{总平方和 }SST=\sum_{i=1}^{k}\sum_{j=1}^{n}(x_{ij}-\bar{x})^2$$

$$=(1\ 800-1\ 640.385)^2+(1\ 710-1\ 640.385)^2+\cdots+(1\ 680-1\ 640.385)^2$$

$$=249\ 096.15$$

$$\text{组内平方和 }SSE=\sum_{i,j}(x_{ij}-\bar{x}_i)^2=\sum_{i=1}^{4}\sum_{j=1}^{n_i}(x_{ij}-\bar{x}_i)^2$$

$$\text{水平 1：}\sum_{j=1}^{7}(x_{1j}-\bar{x}_1)^2=(1\ 800-1\ 717.143)^2+(1\ 710-1\ 717.143)^2+\cdots+(1\ 780-1\ 717.143)^2$$

水平 2：$\sum_{j=1}^{5}(x_{2j}-\bar{x}_2)^2=(1\ 500-1\ 598)^2+(1\ 640-1\ 598)^2+\cdots$

$+(1\ 750-1\ 598)^2$

水平 3：$\sum_{j=1}^{8}(x_{3j}-\bar{x}_3)^2=(1\ 640-1\ 648.75)^2+(1\ 550-1\ 648.75)^2+\cdots$

$+(1\ 800-1\ 648.75)^2$

水平 4：$\sum_{j=1}^{6}(x_{4j}-\bar{x}_4)^2=(1\ 510-1\ 575)^2+(1\ 520-1\ 575)^2+\cdots$

$+(1\ 680-1\ 575)^2$

将其加总可以得到 $SSE=\sum_{i,j}(x_{ij}-\bar{x}_i)^2=\sum_{i=1}^{4}\sum_{j=1}^{n_i}(x_{ij}-\bar{x}_i)^2=172\ 660.36$

组间平方和 $SSA=\sum_{i,j}(\bar{x}_i-\bar{x})^2=n_i\sum_{i}(\bar{x}_i-\bar{x})^2$

$=7\times(1\ 717.143-1\ 640.385)^2+5\times(1\ 598-1\ 640.385)^2$

$+6\times(1\ 648.75-1\ 640.385)^2+8\times(1\ 575-1\ 640.385)^2$

$=76\ 435.80$

三者的自由度分别为 25、22 和 3，可得出下面的方差分析表 9－4。

表 9－4　　　　四种肥料对应作物亩产值的方差分析表

误差来源	平方和	自由度	均方	F	P 值
组间	$SSA=76\ 435.80$	3	25 478.60	3.25	0.041
组内	$SSE=172\ 660.36$	22	7 848.198	—	—
总体	$SST=249\ 096.15$	25	—	—	—

对于 5% 的显著性水平，$F=3.25>F_{0.05}(3,22)=3.05$，因此拒绝原假设 H_0，认为由不同肥料生产的作物产量存在显著差异。

2. Excel 实现

用 Excel 进行方差分析的操作步骤：

第 1 步，点击“数据”，并点击“数据分析”选项。

第 2 步，在分析工具中选择“单因素方差分析”，点击“确定”。

第 3 步，当对话框出现时：在“输入区域”方框内输入数据单元格区域。在“α”方框内输入 0.05（可根据需要确定）。在“输出选项”中选择输出区域（这里选新工作表组）。步骤如图 9－3 所示。

点击“确定”后，得到的输出结果如图 9－4 所示。

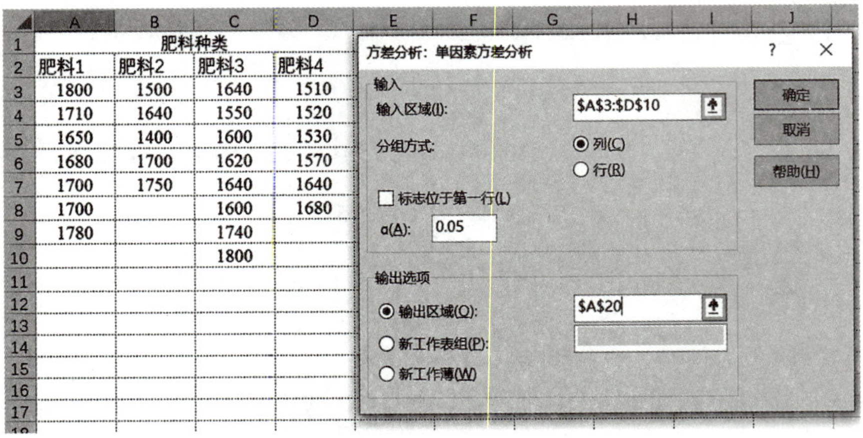

图 9-3　用 Excel 进行方差分析的步骤

20	方差分析：单因素方差分析						
21							
22	SUMMARY						
23	组	观测数	求和	平均	方差		
24	列 1	7	12020	1717.143	2890.476		
25	列 2	5	7990	1598	21020		
26	列 3	8	13190	1648.75	6669.643		
27	列 4	6	9450	1575	4910		
28							
29							
30	方差分析						
31	差异源	SS	df	MS	F	P-value	F crit
32	组间	76435.8	3	25478.6	3.246427	0.041349	3.049125
33	组内	172660.4	22	7848.198			
34							
35	总计	249096.2	25				

图 9-4　Excel 输出的方差分析结果

图中的“SUMMARY”部分是有关各样本的一些描述统计量，它们可以作为方差分析的参考信息。“方差分析”部分即为方差分析表，其中，*SS* 表示平方和；*df* 为自由度；*MS* 表示均方；*F* 为检验统计量；P－value 为用于检验的 *P* 值；F crit 为给定的 α 水平下的临界值。

从方差分析表可以看到，由于 $F=3.246>F_{0.05}(3,22)=3.0491$，所以拒绝原假设 H_0，表明 μ_1、μ_2、μ_3、μ_4 之间的差异是显著的，即化肥种类对作物亩产量的影响是显著的。进行决策时，可以将方差分析表中的 *P* 值与显著性水平 α 的值进行比较。若 $P<\alpha$，则拒绝 H_0；若 $P>\alpha$，则不拒绝 H_0。在本例中，$P=0.041<0.05$，所以拒绝 H_0。

9.2.4　关系强度的测量与多重比较

1. 关系强度的测量

对于给定的显著性水平 α，只要 $F>F_{\alpha}(k-1,n-1)$ 就可以拒绝原假设 H_0，认为各总体的均值存在显著差异，说明分类变量对数值变量具有显著影响。那么如何衡量它们之间的关系强度呢？前述方差分析表明，组间平方和与总平方和的比例反映了自变量与因变量的关系，当组间平方和比组内平方和大，且达到一定程度时，就意味着自变量和因变量的关系显著，大得越多，关系越强。反之，当组间平方和比组内平方和小时，就意味着两个变量之间的关系不显著，小得越多，表明它们之间的关系就越弱。

因此，可用组间平方和（SSA）占总平方和（SST）的比例大小来反映。

$$R^2 = \frac{SSA}{SST} \tag{9-12}$$

其平方根 R（$0 \leqslant R \leqslant 1$）就可以用来测量两个变量之间的关系强度。

图 9-4 中，可以测算相关系数 R 等于 0.55，也表明不同肥料对作物亩产量有一定影响。因此，需要慎重选择肥料方案，组织作物生产。

2. 多重比较

F 值显著，否定了原假设 H_0，表明试验的总变异主要来源于水平间的变异，试验中各水平平均数间存在显著或极显著差异，但并不意味着每两个水平平均数间的差异都显著或极显著，也不能具体说明哪些水平平均数间有显著或极显著差异，哪些差异不显著。因而，有必要进行两两水平平均数间的比较，以具体判断两两水平平均数间的差异显著性。统计上把多个平均数两两间的相互比较称为多重比较（multiple comparisons）。多重比较的方法甚多，常用的有最小显著差异法（LSD 法）和最小显著极差法（LSR 法）等，这里介绍费舍尔提出的 LSD 的方法。

最小显著差异法（LSD 法，least significant difference）的基本做法是在 F 检验显著的前提下，先计算出显著水平为 α 的最小显著差数 LSD。然后将任意两个水平平均数的差数的绝对值 $|x_i - x_j|$ 与其比较。若 $|x_i - x_j| > \text{LSD}$ 时，则拒绝 H_0；反之，则在 α 水平上，接受 H_0。

具体步骤如下：

第 1 步，提出假设：H_0：$\mu_i = \mu_j$，H_1：$\mu_i \neq \mu_j$。

第 2 步，计算检验统计量：$|x_i - x_j|$。

第 3 步，计算 LSD，其公式为：

$$LSD = t_{\frac{\alpha}{2}} \sqrt{MSE\left(\frac{1}{n_i} + \frac{1}{n_j}\right)} \tag{9-13}$$

式中，$t_{\frac{\alpha}{2}}$ 为 t 分布的临界值，通过查 t 分布表得到，其自由度为 $n-k$，这里的 k 是因素中水平的个数，MSE 为组内方差，n_i 和 n_j 分别是第 i 个样本和第 j 个样本的样本量。

第 4 步，根据显著性水平 α 作出决策。

例 9.2　根据图 9-4 输出的方差分析的结果，对四种肥料的产量均值作多重比较（$\alpha = 0.05$）。

解： 第一步：提出假设：

检验 1：$H_0: \mu_1 = \mu_2, H_1: \mu_1 \neq \mu_2$

检验 2：$H_0: \mu_1 = \mu_3, H_1: \mu_1 \neq \mu_3$

检验 3：$H_0: \mu_1 = \mu_4, H_1: \mu_1 \neq \mu_4$

检验 4：$H_0: \mu_2 = \mu_3, H_1: \mu_2 \neq \mu_3$

检验 5：$H_0: \mu_2 = \mu_4, H_1: \mu_2 \neq \mu_4$

检验 6：$H_0: \mu_3 = \mu_4, H_1: \mu_3 \neq \mu_4$

第二步：计算检验统计量。

$$|\bar{x}_1 - \bar{x}_2| = |1\ 717.143 - 1\ 598| = 119.14$$

$$|\bar{x}_1 - \bar{x}_3| = |1\ 717.143 - 1\ 648.75| = 68.39$$

$$|\bar{x}_1 - \bar{x}_4| = |1\ 717.143 - 1\ 575| = 142.14$$

$$|\bar{x}_2 - \bar{x}_3| = |1\ 598 - 1\ 648.75| = 50.75$$

$$|\bar{x}_2 - \bar{x}_4| = |1\ 598 - 1\ 575| = 23.00$$

$$|\bar{x}_3 - \bar{x}_4| = |1\ 648.75 - 1\ 575| = 73.75$$

第三步，计算 LSD。

因 $t_{\alpha/2}(n-k) = t_{0.025}(22) = 2.074$，故：

$$LSD_1 = 2.074 \times \sqrt{7\ 848.198 \times \left(\frac{1}{7} + \frac{1}{5}\right)} = 107.58$$

$$LSD_2 = 2.074 \times \sqrt{7\ 848.198 \times \left(\frac{1}{7} + \frac{1}{8}\right)} = 95.09$$

$$LSD_3 = 2.074 \times \sqrt{7\ 848.198 \times \left(\frac{1}{7} + \frac{1}{6}\right)} = 102.22$$

$$LSD_4 = 2.074 \times \sqrt{7\ 848.198 \times \left(\frac{1}{5} + \frac{1}{8}\right)} = 104.75$$

$$LSD_5 = 2.074 \times \sqrt{7\ 848.198 \times \left(\frac{1}{5} + \frac{1}{6}\right)} = 111.26$$

$$LSD_6 = 2.074 \times \sqrt{7\ 848.198 \times \left(\frac{1}{8} + \frac{1}{6}\right)} = 99.23$$

第四步，根据显著性水平 α 作出决策。

$|\bar{x}_1 - \bar{x}_2| = 119.14 > 107.58$，认为肥料 1 与肥料 2 亩产量均值之间有显著差异；

$|\bar{x}_1 - \bar{x}_3| = 68.39 < 95.09$，不能认为肥料 1 与肥料 3 亩产量均值之间有显著差异；

$|\bar{x}_1 - \bar{x}_4| = 142.14 > 102.22$，认为肥料 1 与肥料 4 亩产量均值之间有显著差异；

$|\bar{x}_2 - \bar{x}_3| = 50.75 < 104.75$，不能认为肥料 2 与肥料 3 亩产量均值之间有显著差异；

$|\bar{x}_2 - \bar{x}_4| = 23.00 < 111.26$，不能认为肥料 2 与肥料 4 亩产量均值之间有显著差异；

$|\bar{x}_3 - \bar{x}_4| = 73.75 < 99.23$，不能认为肥料 3 与肥料 4 亩产量均值之间有显著差异。

思政元素

通过研究不同类型的化肥对作物产量的影响，我们发现方差分析可以用于统计实验设计与分析，来解决实际问题。我们做统计实验时，应认真负责、实事求是，统计数据的质量和统计业务流程对分析结果非常重要。为此我国颁布实施了《国家统计质量保证框架（2021）》和《统计业务流程规范（2021）》，这对我国进一步完善统计体制机制、规范统计制度方法、合理优化统计资源配置、弘扬以质量为核心的统计文化，从而实现政府统计的高质量发展，推动构建新发展格局具有重要意义。

9.3　双因素方差分析

9.3.1　双因素方差分析及其类型

双因素方差分析

单因素方差分析只是考虑一个分类变量对数值变量的影响。但在具体试验中，我们常常遇到几个分类变量对数值变量的影响问题。比如，引例所述的是考察四种不同肥料品种对某种作物亩产量的试验，但现实中经常会碰到不同的肥料品种同时对多种作物进行亩产量的试验，即不仅考虑肥料品种，同时还要考虑作物类型。在这一试验的设计中，就出现了两个分类变量：肥料品种（因素 A）和作物类型（因素 B），这是一个双因素试验问题，如表 9－5 所示。

表 9－5　五种作物使用四种肥料的产量数据　单位：千克

——		作物类型因素 B				
		作物 1	作物 2	作物 3	作物 4	作物 5
肥料品种因素 A	肥料 1	365	350	343	340	323
	肥料 2	345	368	363	330	333
	肥料 3	358	323	353	343	308
	肥料 4	288	280	298	260	298

假设因素 A、B 分别有 m、n 个水平，共有 $m \times n$ 个不同的水平组合 $x_i y_j$（$i=1,2,\cdots,m$；$j=1,2,\cdots,n$）。我们可以得到表 9－6 的观测数据。

表 9-6 双因素试验数据表

因素 A \ 因素 B	水平 1	水平 2	…	水平 n	均值
水平 1	x_{11}	x_{12}	…	x_{1n}	$\bar{x}_{1\cdot}$
水平 2	x_{21}	x_{22}	…	x_{2n}	$\bar{x}_{2\cdot}$
⋮	⋮	⋮	⋮	⋮	⋮
水平 m	x_{m1}	x_{m2}	…	x_{mn}	$\bar{x}_{m\cdot}$
均值	$\bar{x}_{\cdot 1}$	$\bar{x}_{\cdot 2}$	…	$\bar{x}_{\cdot n}$	$\bar{x}$

双因素方差分析一般分为两种类型：一种是无交互作用的方差分析，它假定两个分类变量（A 因素和 B 因素）的效应之间是相互独立的，也称为无重复双因素方差分析；另一种是有交互作用的双因素方差分析，它假定两个分类变量（A 因素和 B 因素）结合在一起会对因变量产生某种新的效应，也称为可重复双因素方差分析。

9.3.2 无交互作用的双因素方差分析

无交互作用的双因素方差分析步骤：

1. 提出假设

为了检验两个因素的影响，需要对两个因素分别提出如下假设。

对行因素提出的假设为：

$H_0: \mu_1 = \mu_2 = \cdots = \mu_m$ 行因素对因变量没有显著影响

$H_1: \mu_1, \mu_2, \cdots, \mu_m$ 不全相等 行因素对因变量有显著影响

对列因素提出的假设为：

$H_0: \mu_1 = \mu_2 = \cdots = \mu_n$ 列因素对因变量没有显著影响

$H_1: \mu_1, \mu_2, \cdots, \mu_n$ 不全相等 列因素对因变量有显著影响

2. 构造检验的统计量

表 9-5 中 x_{ij} 表示对应于因素 A、B 水平组合 $x_i y_j$ 的观测数据：

(1) 计算均值：第 i 行、第 j 列数据的均值我们分别用 $\bar{x}_{i\cdot}$ 和 $\bar{x}_{\cdot j}$ 表示，$\bar{x}$ 表示总均值，即

$$\bar{x}_{i\cdot} = \frac{1}{n}\sum_{j=1}^{n} x_{ij} \quad \bar{x}_{\cdot j} = \frac{1}{m}\sum_{i=1}^{m} x_{ij} \quad \bar{x} = \frac{1}{mn}\sum_{i,j} x_{ij} \tag{9-14}$$

(2) 计算平方和：如同单因素试验一样，我们可以定义双因素试验的总平方和 SST：

$$SST = \sum_{i,j} (x_{ij} - \bar{x})^2 \tag{9-15}$$

对总平方和 SST 进行平方和分解，可以得到分解式：

$$\sum_{i,j}(x_{ij}-\bar{x})^2=\sum_{i,j}(\bar{x}_{i\cdot}-\bar{x})^2+\sum_{i,j}(\bar{x}_{\cdot j}-\bar{x})^2+\sum_{i,j}(x_{ij}-\bar{x}_{i\cdot}-\bar{x}_{\cdot j}+\bar{x})^2 \tag{9-16}$$

等式右边的第一部分是因素 A 所产生的误差平方和，记为 SSA。即

$$SSA=\sum_{i,j}(\bar{x}_{i\cdot}-\bar{x})^2=n\sum_{i}(\bar{x}_{i\cdot}-\bar{x})^2 \tag{9-17}$$

等式右边的第二部分是因素 B 所产生的误差平方和，记为 SSB。即

$$SSB=\sum_{i,j}(\bar{x}_{\cdot j}-\bar{x})^2=m\sum_{j}(\bar{x}_{\cdot j}-\bar{x})^2 \tag{9-18}$$

等式右边的第三部分是除行因素和列因素之外的剩余因素所产生的误差平方和，称为随机误差平方和，记为 SSE。即

$$SSE=\sum_{i,j}(x_{ij}-\bar{x}_{i\cdot}-\bar{x}_{\cdot j}+\bar{x})^2 \tag{9-19}$$

上述各平方和的关系为：$SST=SSA+SSB+SSE$。

（3）计算各自均方：与各误差平方和相对应的自由度：SST 的自由度为 $mn-1$；SSA 的自由度为 $m-1$；SSB 的自由度为 $n-1$；SSE 的自由度为 $(m-1)(n-1)$。

为构造检验统计量，需要计算下列各均方：

行因素的均方，记为 MSA，即

$$MSA=\frac{SSA}{m-1} \tag{9-20}$$

列因素的均方，记为 MSB，即

$$MSB=\frac{SSB}{n-1} \tag{9-21}$$

随机误差项的均方，记为 MSE，即

$$MSE=\frac{SSE}{(m-1)(n-1)} \tag{9-22}$$

（4）构建统计量：为检验行因素对因变量的影响是否显著，采用下面的统计量：

$$F_A=\frac{MSA}{MSE}\sim F(m-1,(m-1)(n-1)) \tag{9-23}$$

为检验列因素的影响是否显著，采用下面的统计量：

$$F_B=\frac{MSB}{MSE}\sim F(n-1,(m-1)(n-1)) \tag{9-24}$$

（5）作出统计决策。

计算出检验统计量后，根据给定的显著性水平 α 和两个自由度，查 F 分布表得到相应的临界值 F_α，然后将 F_A和 F_B与 F_α进行比较。

若 $F_A>F_\alpha$，则拒绝原假设：$H_0:\mu_1=\mu_2=\cdots=\mu_m$，表明各行均值 μ_i 之间的差异是显著的，也就是说，所检验的行因素对观测值有显著影响。

若 $F_B>F_\alpha$，则拒绝原假设 $H_0:\mu_1=\mu_2=\cdots=\mu_n$，表明各列均值 μ_i 之间的差异是显著的；也就是说，所检验的列因素对观测值有显著影响。

为使计算过程更加清晰，通常将上述过程的内容列成方差分析表，其一般形式如表 9－7 所示。

表 9－7　　双因素方差分析表

误差来源	误差平方和 SS	自由度 df	均方 MS	F 值	P 值	F 临界值
行因素	SSA	$m-1$	$MSA=\frac{SSA}{m-1}$	$\frac{MSA}{MSE}\sim F_A$	—	—
列因素	SSB	$n-1$	$MSB=\frac{SSB}{n-1}$	$\frac{MSB}{MSE}\sim F_B$	—	—
误差	SSE	$(m-1)(n-1)$	$MSE=\frac{SSE}{(m-1)(n-1)}$	—	—	—
总和	SST	$mn-1$	—	—	—	—

例 9.3　有四种肥料品牌作用在五个不同的作物上，表 9－5 给出了各种作物在不同的肥料作用下的亩产量数据。在 $\alpha=0.05$ 的显著性水平下，分析肥料和作物种类是否对亩产量有显著影响？

解： 建立假设：

对行因素（肥料种类）提出假设：

$H_0:\mu_1=\mu_2=\cdots=\mu_4$　　行因素对因变量没有显著影响

$H_1:\mu_1,\ \mu_2,\ \cdots,\ \mu_4$ 不全相等　行因素对因变量有显著影响

对列因素（作物种类）提出假设：

$H_0:\mu_1=\mu_2=\cdots=\mu_5$　　列因素对因变量没有显著影响

$H_1:\mu_1,\ \mu_2,\ \cdots,\ \mu_5$ 不全相等　列因素对因变量有显著影响

Excel 软件操作：

计算过程可利用 SPSS 或 Excel 软件计算结果，步骤如同单因素方差分析，用 Excel 进行方差分析的操作步骤：

第 1 步，点击“数据”，并点击“数据分析”选项。

第 2 步，在分析工具中选择“无重复双因素分析”，点击“确定”。

第 3 步，当对话框出现时：在“输入区域”方框内输入数据单元格区域。在“α”方框内输入 0.05（可根据需要确定）。在“输出选项”中选择输出区域（这里选新工作表组），步骤如图 9－5 所示。点击“确定”后，列出方差分析表（如图 9－6 所示）。由于 $F_A=18.108>F_A=3.490$，所以拒绝原假设，表明肥料种类对因变量有显著影响。由于 $F_B=2.1<F_B=3.259$，所以不能拒绝原假设，不能认为作物种类对亩产量有显著影响。

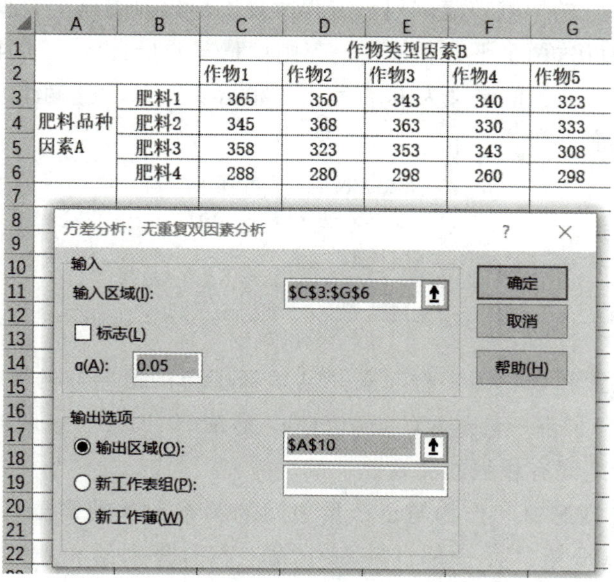

图 9－5 方差分析步骤

方差分析：无重复双因素分析						
SUMMARY	观测数	求和	平均	方差		
行 1	5	1721	344.2	233.7		
行 2	5	1739	347.8	295.7		
行 3	5	1685	337	442.5		
行 4	5	1424	284.8	249.2		
列 1	4	1356	339	1224.667		
列 2	4	1321	330.25	1464.25		
列 3	4	1357	339.25	822.9167		
列 4	4	1273	318.25	1538.917		
列 5	4	1262	315.5	241.6667		
方差分析						
差异源	SS	df	MS	F	P-value	F crit
行	13004.55	3	4334.85	18.10777	9.46E-05	3.490295
列	2011.7	4	502.925	2.100846	0.143665	3.259167
误差	2872.7	12	239.3917			
总计	17888.95	19				

图 9－6 Excel 输出的方差分析结果

3. 关系强度的测量

方差分析结果显示，不同肥料的亩产量均值之间有显著差异，这意味着肥料种类（行变量）与亩产量（因变量）之间的关系是显著的。而不同作物的亩产量均值之间没有显著差异，表明作物种类（列变量）与亩产量（因变量）之间的关系是不显著的。那么，两个变量合起来与亩产量之间的关系强度究竟如何呢？

图 9－6 中给出行变量（肥料种类）的平方和（行 SS）、列自变量（作物）的平方和（列 SS）、误差平方和（误差 SS）。其中，行平方和度量了肥料种类这个自变量

对因变量（亩产量）的影响效应，列平方和度量了作物种类这个自变量对因变量（亩产量）的影响效应。这两个平方和加在一起则度量了两个自变量对因变量的联合效应，联合效应与总平方和的比值定义为 R^2，其平方根 R 则反映了这两个自变量合起来与因变量之间的关系强度。即

$$R^2=\frac{联合效应}{总效应}=\frac{SSA+SSB}{SST} \tag{9-25}$$

例如，根据图 9-6 的输出结果计算，得

$$R^2=\frac{SSA+SSB}{SST}=\frac{13\,004.55+2\,011.70}{17\,888.95}=0.8394=83.94\%$$

这表明肥料因素和作物因素合起来总共解释了亩产量差异的 83.94%，其他因素（残差变量）只解释了亩产量差异的 16.06%；而 $R=0.9162$，表明肥料和作物两个因素合起来与亩产量之间有较强的关系。

也可以分别考察肥料和作物与亩产量之间的关系，这就需要作每个自变量与亩产量的单因素方差分析，并分别计算每个 R。下面分别给出肥料和作物品种因素与亩产量的单因素方差分析结果，如图 9-7 和图 9-8 所示，请读者自己进行分析。

方差分析						
差异源	SS	df	MS	F	P-value	F crit
组间	13004.55	3	4334.85	14.19982	7.97E-05	3.238866952
组内	4884.4	16	305.275			
总计	17888.95	19				

图 9-7　肥料种类与亩产量的单因素方差分析结果

方差分析						
差异源	SS	df	MS	F	P-value	F crit
列	2011.7	4	502.925	0.475137	0.753443	3.05556824
误差	15877.25	15	1058.48333			
总计	17888.95	19				

图 9-8　作物种类与亩产量的单因素方差分析结果

通过分析图 9-7 和图 9-8 可以发现，单因素方差分析与双因素方差分析所得出的结论一致。但双因素方差分析中的误差平方和等于 2 872.7，比分别进行单因素方差分析时的任何一个平方和（4 884.4 和 15 877.25）都小，而且 P 值也变得更小了。这是因为在双因素方差分析中，误差平方和不包括两个自变量中的任何一个，因而减少了残差效应。而在分别作单因素方差分析时，将行因素（肥料）作自变量时，列因素（作物类型）被包括在残差中，同样，将列因素作自变量时，行因素被包括在残差中。因此，对于两个自变量而言，进行双因素方差分析要优于分别对两个因素进行单因素方差分析。

9.3.3 有交互作用的双因素方差分析

在前面的双因素方差分析中，我们没有考虑两个因素间的相互协同或抵消的交互作用问题。但如果两个因素搭配在一起会对因变量产生一种新的效应，就需要考虑交互作用对因变量的影响。

分析步骤与无交互作用的方差分析类似，也需要提出假设、构造建议统计量、作出统计决策等步骤。提出假设时，需要对行变量、列变量和交互作用变量分别提出假设，方法与上述类似，此处仅列举交互作用假设：

对交互项提出的假设为：

H_0：因素 A 与 B 之间没有交互作用

H_1：因素 A 与 B 之间有交互作用

类似于前面无交互作用的双因素试验，总变差可以分解为

$$SST = SSA + SSB + SSAB + SSE \tag{9-26}$$

其中增加了交互平方和 SSAB，它表示因素 A 与 B 交互作用产生的变差。各平方和的计算公式为：

$$SST = \sum_{i,j,k} (x_{ijk} - \bar{x})^2 \tag{9-27}$$

$$SSA = nl\sum_{i} (\bar{x}_{i\cdot\cdot} - \bar{x})^2 \tag{9-28}$$

$$SSB = ml\sum_{j} (\bar{x}_{\cdot j\cdot} - \bar{x})^2 \tag{9-29}$$

$$SSAB = l\sum_{i,j} (\bar{x}_{ij\cdot} - \bar{x}_{i\cdot\cdot} - \bar{x}_{\cdot j\cdot} + \bar{x})^2 \tag{9-30}$$

$$SSE = \sum_{i,j,k} (x_{ijk} - \bar{x}_{ij\cdot})^2 \tag{9-31}$$

上述各式中，下标的点表示相应的下标已被求和。如

$$\bar{x}_{i\cdot\cdot} = \frac{1}{nl}\sum_{j,k} x_{ijk} = \frac{1}{n}\sum_{j} \bar{x}_{ij\cdot}$$

具体可得方差分析表 9－8。

表 9－8　有交互作用的双因素方差分析表

误差来源	平方和	自由度	均方	F 统计量
行因素	$SSA = nl\sum_{i} (\bar{x}_{i\cdot\cdot} - \bar{x})^2$	$m-1$	$MSA = \frac{SSA}{m-1}$	$\frac{MSA}{MSE} \sim F$
列因素	$SSB = ml\sum_{j} (\bar{x}_{\cdot j\cdot} - \bar{x})^2$	$n-1$	$MSB = \frac{SSB}{n-1}$	$\frac{MSB}{MSE} \sim F$
交互作用	$SSAB = l\sum_{i,j} (\bar{x}_{ij\cdot} - \bar{x}_{i\cdot\cdot} - \bar{x}_{\cdot j\cdot} + \bar{x})^2$	$(m-1)(n-1)$	$MSAB = \frac{SSAB}{(m-1)(n-1)}$	$\frac{MSAB}{MSE} \sim F$

续表

误差来源	平方和	自由度	均方	F 统计量
误差	$SSE=\sum_{i,j,k}(x_{ijk}-\bar{x}_{ij.})^2$	$mn(l-1)$	$MSE=\frac{SSE}{mn(l-1)}$	—
总和	$SST=\sum_{i,j,k}(X_{ijk}-\bar{X})^2$	$mnl-1$	—	—

这样利用表中的 F 统计量，就可以对以上的原假设进行检验。

例 9.4 一周 5 个工作日，4 名工人在 2 台不同类型机器上生产的产品数如表 9－9 所示。在 $\alpha=0.05$ 的显著性水平下，判断工人与机器的交互作用是否显著影响产品的数量？

表 9－9 工人用不同机器生产的日产品数量表

工人 1	机器 1					机器 2				
	周一	周二	周三	周四	周五	周一	周二	周三	周四	周五
A	31	29	32	30	30	25	22	27	26	22
B	22	23	26	25	24	21	20	16	19	15
C	14	16	20	15	18	16	13	15	12	10
D	8	4	6	5	5	5	7	8	7	8

解： 这是一个双因素重复试验问题，因素 A：工人，有 4 个水平；因素 B：机器，有 2 个水平；由周一至周五得到了 5 次重复的试验数据。下面分别计算各种平方和。直接计算平方和或把数据复制到 Excel 表格，按数据的不同区域计算均值，可得：$SSA=2\,431.475$，$SSB=119.025$，$SSE=124.4$，$SST=2\,763.775$，于是 $SSAB=SST-SSA-SSB-SSE=88.875$。可以得到方差分析表，如表 9－10 所示。

表 9－10 不同工人使用两个机器生产产品数量的方差分析

平方和	自由度	均方	F 统计量
$SSA=2\,431.475$	3	$SSA/3=810.492$	$F_A=208.46$
$SSB=119.025$	1	$SSB/1=119.025$	$F_B=30.61$
$SSAB=88.875$	3	$SSAB/3=29.625$	$F_{AB}=7.62$
$SSE=124.400$	32	$SSE/32=3.888$	—
$SST=2\,763.775$	39	—	—

由 $F_A=208.46>F_{0.05}(3,32)=2.92$ 可知在 $\alpha=0.05$ 的显著性水平下，不同的工人对产品产量有显著的影响。说明不同工人的技术存在较大的差异性。

由 $F_B=30.61>F_{0.05}(3,32)=2.92$ 可知在 $\alpha=0.05$ 的显著性水平下，不同的机器

对产品产量有显著的影响。说明由于两个机器的效率不同，在一定程度上影响了产品产量。

由 $F_{AB}=7.62>F_{0.05}(1,32)=4.17$ 可知在 $\alpha=0.05$ 的显著性水平下，工人与机器的交互作用对产品产量有显著的影响。

无交互作用双因素试验实质上是不考虑交互作用或视其为0，它相当于两个单因素试验。实际上，两个因素 A、B 的交互作用，反映了单因素试验与多因素试验的本质区别。因此，考虑交互作用的双因素重复试验，与无交互作用双因素试验相比，通常更具有现实意义，但交互作用在大多数情况下是不显著的，只是事先无法确切知晓。

Excel 实现：

用 Excel 进行方差分析的操作步骤：

第 1 步，点击“数据”，并点击“数据分析”选项。

第 2 步，在分析工具中选择“方差分析：可重复双因素分析”，点击“确定”。

第 3 步，当对话框出现时：在“输入区域”方框内输入数据单元格区域。在“α”方框内输入 0.05（可根据需要确定）；在“每一样本的行数”中选择输入 5；在“输出选项”中选择输出区域（这里选新工作表组）（见图 9－9）。结果如图 9－10所示。

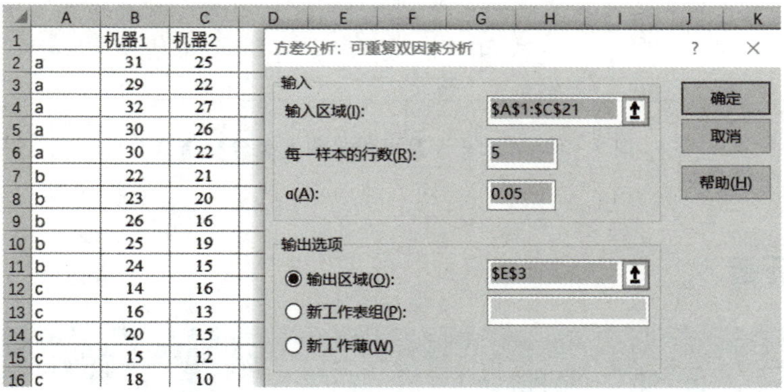

图 9－9　可重复双方差分析步骤

综上，方差分析的步骤如下：

（1）判断数据的类型；

（2）判断方差分析种类；

（3）方差分析假定条件的检验（正态性检验、方差齐次性检验）；

（4）具体方差分析；

（5）多重比较分析；

（6）总结。

方差分析：可重复双因素分析						
SUMMAR	机器1	机器2	总计			
a						
观测数	5	5	10			
求和	152	122	274			
平均	30.4	24.4	27.4			
方差	1.3	5.3	12.9333			
b						
观测数	5	5	10			
求和	120	91	211			
平均	24	18.2	21.1			
方差	2.5	6.7	13.4333			
c						
观测数	5	5	10			
求和	83	66	149			
平均	16.6	13.2	14.9			
方差	5.8	5.7	8.32222			
d						
观测数	5	5	10			
求和	28	35	63			
平均	5.6	7	6.3			
方差	2.3	1.5	2.23333			
总计						
观测数	20	20				
求和	383	314				
平均	19.15	15.7				
方差	92.0289	47.1684				
方差分析						
差异源	SS	df	MS	F	P-value	F crit
样本	2431.48	3	810.492	208.487	4.5E-21	2.90112
列	119.025	1	119.025	30.6174	4.2E-06	4.1491
交互	88.875	3	29.625	7.62058	0.00056	2.90112
内部	124.4	32	3.8875			
总计	2763.78	39				

图 9-10 Excel 计算可重复双方差分析结果

思政元素

通过对有、无交互作用的双因素方差分析的思维锻炼，可以提高我们理论与实践相结合的能力，掌握将方差分析方法用于统计实验设计与分析，解决实际问题的能力。例如，为治理环境，节约水资源，促进人与自然和谐共生，经常会利用药剂对污水进行处理。吴俊奇等（2015）就利用双因素方差分析对污水处理实验中某组混凝沉淀实验数据进行实例分析，结果得出药剂种类对出水 COD 具有高度显著影响，而反应时间对出水 COD 的影响不显著，我们更应该重视药剂种类对出水 COD 的影响。① 这就体现了应用双因素方差分析的作用。

① 吴俊奇，李庚，马龙友．运用双因素方差分析法分析水处理实验数据［J］．实验技术与管理，2015，32（05）：42-44+58.

本章小结

方差分析用于分析定类数据与定量数据之间的关系情况，可以比较两组或多组数据的差异。分析前首先应根据数据类型判断使用的方法是否正确。

方差分析必须满足以下基本假设：①各总体的方差必须相等（方差齐性）。②各总体必须服从正态分布：对于因子的每一个水平，其观察值是来自服从正态分布总体的简单随机样本。③各观测值相互独立。

方差分析按照自变量个数的不同，可以分为单因素方差分析、双因素方差分析、以及多因素方差分析。单因素方差分析在问卷研究中常用于分析个人背景信息对核心研究变量的影响（比如不同性别之间的满意度是否有显著差异），同时也可用于对聚类分析效果的判断。而双因素和多因素方差分析大多在实验研究中才会使用，一般的问卷数据很少使用。双因素方差分析包括无交互作用的双因素方差分析和有交互作用的双因素方差分析两种。

思政园地

用统计数学的方法来研究经济问题的先行者——黄良文①

黄良文（1927—2014 年），男，1927 年 5 月出生于福建省永泰县，1950 年厦门大学经济系毕业；1952 年厦门大学经济研究所研究生毕业，后留校任教；1953 年任统计系讲师，1978 年为副教授，1983 为教授，1985 年经国务院学位委员会评定为统计学博士研究生导师，享受国务院专家特殊津贴。社会兼职主要有：中国数量经济学会顾问、中国统计学会投资分会顾问、中国建筑统计研究会顾问、全国统计教材编审委员会顾问、福建省统计学会名誉会长、厦门市统计学会名誉会长等职。

黄良文教授致力于社会经济统计学、数量经济学、投资经济学的研究，是全国统计学重点学科的学术带头人，承担国家教委组织领导的高等学校财经类核心课程“统计学”和国家统计局组织领导的高等学校统计专业主干课程“社会经济统计学原理”教学大纲和教材的主编，参加、主持多项国家经济学科重

① 曾五一，朱建平．桃李不言，下自成蹊——纪念黄良文教授从教 60 周年［J］．中国统计，2012（12）：7.

点科研项目，成果显著；出版了《社会经济统计学原理》《统计学》《统计学原理》《统计学原理问题研究》《抽样调查原理》《应用抽样方法》《基本建设统计学》《投资学》《投资估价原理》《经济统计学》等十几部专著教材，发表统计、经济方面的论文百余篇。多次获国家教委、国家统计局、福建省人民政府优秀著作奖励，其中《关于第三产业的理论》《统计理论基本问题》分别获全国统计科学论文一等奖、二等奖，《我国房地产业政策和价格问题研究》获国家统计局科技进步二等奖。

黄良文教授是国内较早主张用统计数学的方法来研究经济问题、推行现在通行的GDP核算方法的专家之一。除了拓展统计在宏观投资与微观投资方面的应用，在20世纪70年代末，黄良文还积极参与了经济计量学在中国发展的奠基性工作，并倡议发起组织中国数量经济学会。由于黄良文教授在教学和科研上的成就，国务院授予他“有突出贡献专家”称号。先后入选英国剑桥国际传记中心编纂的《亚澳远东名人录》《世界名人辞典》，美国传记研究协会编纂的《国际名人传记》等。

▶ **讨论：**

1. 从以上示例中，你学到了什么？

2. 是一种什么样的精神，使得黄良文先生能够坚持钻研，推广统计方法应用于经济问题？

思考与练习

一、思考题

9.1 什么是方差分析？它研究的是什么？

9.2 要检验多个总体均值是否相等时，为什么不做两两比较而用方差分析？

9.3 简述方差分析的基本步骤。

9.4 方差分析中有哪些基本假定？

9.5 简述方差分析的基本思想。

9.6 解释组内误差和组间误差的含义。

9.7 解释组内方差和组间方差的含义。

二、练习题

9.1　证明单因素试验的平方和分解式：$SST = SSA + SSE$，其中 $SST = \sum_{i=1}^{M}\sum_{j=1}^{N}(X_{ij} - \overline{X})^2$、$SSA = N\sum_{i=1}^{M}(\overline{X}_{i.} - \overline{X})^2$ 和 $SSE = \sum_{i=1}^{M}\sum_{j=1}^{N}(X_{ij} - \overline{X}_{i.})^2$

9.2　5 台机器，每天生产的不合格品的数量如表 9-11 所示。

表 9-11　不合格品调查表　单位：个

机器	数据					
A	15	17	14	11	—	—
B	12	10	13	17	14	—
C	10	14	13	15	12	—
D	14	9	7	10	8	7
E	13	12	9	14	10	9

试以 $\alpha = 0.01$ 的显著性水平检验各台机器平均每天生产不合格品的数量是否相等。

9.3　表 9-12 列出了随机选取的、市面上的四种品种的草莓价格。

表 9-12　不同品种的草莓价格　单位：元/千克

品种 I	品种 II	品种 III	品种 IV
19	20	16	18
22	21	15	22
20	33	18	19
18	27	26	—
15	40	17	—

请以显著性水平 $\alpha = 0.05$ 考察各种类型草莓的价格有无显著差异。

9.4　设甲、乙、丙、丁 4 个工人操作机器 I、II、III 各一天，其产品产量如表 9-13 所示，问以显著性水平 $\alpha = 0.05$ 检验工人和机器对产品产量是否有显著影响？

表 9-13　工人操作机器情况表　单位：个

人员	机器 I	机器 II	机器 III
甲	50	63	52
乙	47	54	42
丙	47	57	41
丁	53	58	48

9.5　某教师为了检验3种教学方法A、B、C的效果，从某专业随机抽取了30个学生，让学生每人选择其中的一种教学方法。最后对这30名学生进行统一测试，通过对每个学生的考试成绩进行方差分析得到了表9-14的结果。

表9-14　方差分析表

误差来源	*SS*	*df*	*MS*	*F*	*P*-*value*	*F crit*
组间	(　)	(　)	210	(　)	0.245946	3.354131
组内	3 836	(　)	(　)	—	—	—
总和	(　)	29	—	—	—	—

要求：

(1) 完成上面的方差分析表。

(2) 若显著性水平 $\alpha=0.05$，检验采用三种不同的教学方法考试成绩之间是否有显著差异。

9.6　表9-15给出了一周5个工作日中4个不同的工厂在2台不同类型机器上生产的产品数。在 $\alpha=0.05$ 的显著性水平下，判断：

(1) 工厂间是否存在差异？

(2) 机器间是否存在差异？

(3) 工厂与机器的交互作用是否显著影响产品的数量？

表9-15　工厂用不同机器生产的日产品数量　单位：个

工人	机器1					机器2				
	周一	周二	周三	周四	周五	周一	周二	周三	周四	周五
工厂1	15	18	17	20	12	14	16	18	17	15
工厂2	12	16	14	18	11	11	15	12	16	12
工厂3	14	17	18	16	13	12	14	16	14	11
工厂4	19	16	21	23	18	17	15	18	20	17

9.7　城市道路交通管理部门为了研究不同的路段和时段对行车时间的影响，让一名交警分别在两个路段和高峰期与非高峰期亲自驾车试验，共获得20个行程时间数据（如表9-16所示），试分析路段、时段以及路段和时段的交互作用对行车时间的影响（$\alpha=0.05$）。

表 9－16　　不同时段、路段行程时间　　单位：分钟

—	列变量 B（路段）		
	路段 1	路段 2	
行变量 A（时段）	高峰期	26	19
		24	20
		27	23
		25	22
		25	21
	非高峰期	20	18
		17	17
		22	13
		21	16
		17	12

单选题　　判断题

第 10 章 相关分析与回归分析

育人目标

1. 了解变量间的关系，掌握相关关系的描述和测度方法，正确理解新形势下我国社会经济现象间的联系，学会运用相关分析方法客观公正、实事求是分析现实问题。

2. 掌握线性回归模型建立方法，掌握回归方程拟合优度评价和显著性检验，了解利用回归方程进行估计和预测，掌握利用 Excel 进行回归分析的方法，增强动手能力，理解回归分析在国家经济和社会政策制定中的作用，培养严谨务实的科学精神，养成良好的工作习惯，展示中国工匠可信、可爱、可敬的形象。

案例

回归与电影

梦工厂的 CEO 杰弗瑞·卡森伯格（Jeffrey Katzenberg）曾经说过“电影创作靠创造力，不靠数据分析”。笔者十分赞同他的前半句话。电影是一门艺术。没有一颗和世间万物相连的柔软的心，没有对美的灵敏的感知，是不可能创作出好的电影作品来的。笔者却不甚赞同他的后半句话，再好的作品要走进市场都需要商业运作。如何通过数据敏锐地捕捉电影在市场的反应，对营销策略做出及时的调整呢？

2013 年某一国际知名公司公布了电影票房预测模型，并声称该模型能够提前一个月预测电影上映首周的票房收入，准确度高达 94%。模型一问世就在业界引起广泛讨论。支持者认为，这个模型可以让电影公司通过预测票房来及时调整电影的营销策略，以达到利益最大化的目的。

这个模型的诞生并非偶然，而是一个水到渠成的过程。首先，互联网的迅猛发展改变了人们的行为和思维模式，越来越习惯有问题上网搜索一下。其次，大数据在电影行业的应用也逐步展开端倪。最后，电影的搜索量必然和票房有着某种程度的相关，这非常符合常理。

该公司决定用回归模型来完成预测。

刚开始用的是一元线性模型，只用搜索量一个指标来预测票房收入，结果判定系数 $R^2=70\%$，表明只靠搜索量来预测是不够的，因为搜索量只能解释 70% 的票房收入。经过精挑细选，最终选取三个指标，使得判定系数提高到 94%，它们分别是：电影预告片的搜索量、同系列电影前几部的票房、档期的季节特征。

最终模型的预测效果是令人满意的，实际的票房收入与预测的票房收入十分接近。

越来越多的优秀人才涌入大数据这个新兴市场，挖掘、探索着千奇百怪的可以使用的模型。而线性回归模型几乎是最简单、最基本的模型，为什么会被国际知名大公司所采用？原因主要有如下两点：

* 线性回归模型虽然简单却有着相对很高的准确度。

* 简单的线性模型容易被人们理解和解读，也很容易对各项指标的影响进行市场策略调整，从而达到优化电影营销策略的目的。

在这个“数据驱动运营”的年代，谁能通过大数据精准地挖掘出客户的需求，谁就能够走在时代的风口浪尖，让同行望尘莫及。

（摘自杨铁萍：《大数据时代下的统计学》，北京：电子工业出版社，2015 年版；有删节）

线性回归模型正是本章要研究的内容。如何判断现象之间是否相关，它们的相关形式、相关程度是怎样的，在此基础上，如何建立线性回归模型，从而进行预测，这就是相关分析和回归分析这一章要解决的主要问题。

现代统计学上的“相关”与“回归”的概念是由弗朗西斯·高尔顿第一次使用的。

1855 年，高尔顿发表了一篇名为《遗传的身高向平均数方向回归》的文章，分析子女身高与父母身高之间的关系。他发现，由父母的身高可以预测子女的身高，当父母越高或越矮时，子女的身高会比一般人高或矮。他将子女与父母身高之间拟合出一种线性关系，这是一种拟合较好的线性关系。但更值得注意的是，矮个父母的孩子比其父母高，身材较高的父母所生子女的身高却回降到人们的平均身高。也就是说，身高极端化（非常高或非常矮）的父母，其子女的身高不会像父母一样极端化，他们的身高要比父母的身高更接近人们的平均身高。高尔顿选用了“回归”一词描述这种现象为“向平均数方向的回归”。虽然这是一种特殊情况，与线性关系拟合的一般规则无关，但“回归”的术语被沿用下来。作为根据一种变量（父母身高）预测另一种变量（子女身高）的一般名称沿用至今，后被引用到对多种变量关系的描述。

随着社会的发展，相关与回归分析已经成为内容越来越丰富、计算越来越先进和简便的现代统计分析方法。

10.1 相关分析

相关关系的含义和测度方法

10.1.1 变量间的关系

现实生活中的各种现象之间相互联系、相互制约是一个普遍规律。某种现象发生变化时，另一现象往往也随之发生变化，我们可以研究和利用现象之间的这种关系，找出现象间的数量规律，从而为生产经营决策提供依据。比如，上市公司的营销部门在分析广告费用和销售收入之间的关系后，预测一定的广告费用支出可能带来多少销售收入，从而为制订合理的广告费用支出计划提供依据。

通常认为现象间的数量相互依存关系有两种不同的类型：一类是函数关系；另一类是相关关系。

1. 函数关系

当一个或几个变量取一定值时，另一个变量有确定的值与之对应，变量间的这种确定性的数量关系，称为函数关系。

例 10.1 一年期银行存款利率为 X，一年后的存款利息为 Y，如果存入的本金为 A 万元，则 $Y=AX$，这里利息 Y 与利率 X 就是一种确定的函数关系，在本金不变的情况下，利息 Y 的多少完全取决于利率水平 X。

例 10.2 圆的面积 s 和圆的半径 r 之间的关系可表示为 $s=\pi r^2$，圆的面积大小是由其半径决定的。

从以上两个例子，我们可以看出，函数关系是指变量之间存在的一种固定的、严格的数量关系。一般情况下，函数关系可表示为 $y=f(x)$，通常将作为变动原因的变量 x 称为自变量，将变动结果的变量 y 称为因变量。如例 10.1 中，利息 Y 是因变量，利率水平 X 和本金 A 则是自变量。

2. 相关关系

实际经济生活中，很多现象之间有密切联系，但它们之间的密切程度并没有达到一个现象可以完全由另一个现象决定的程度，因此也无法用确定的函数关系式来表达它们之间的关系。

例 10.3 居民的可支配收入与居民的消费支出之间是有密切关系的，收入水平的变化会影响人们的消费支出，但具有相同收入水平的居民的消费支出并不完全相同，居民的可支配收入与消费支出之间就表现为一种不确定性的数量关系，之所以会出现这种不确定的数量关系，是因为居民的可支配收入不是影响居民消费支出的唯一因素，商品的价格、居民的消费习惯、消费者的年龄以及收入预期等因素也会影响居民的消费支出，这时的居民可支配收入与居民的消费支出之间是有关系的，但这种关系具有数量上的不确定性。

例 10.4 商品房的销售价格与楼盘大小、建筑密度有一定的关系，但并不表示楼盘大小、建筑密度相同的房屋销售价格也一定相同，因为房屋所处的地段、小区的景观环境、小区配套服务、房屋户型、销售对象、房地产的相关政策、交通便利程度、人口数等因素都会对商品房的销售价格产生影响，这时商品房的销售价格与楼盘大小、建筑密度也是一种不确定的关系。

我们把这种现象间存在着一定的联系但又不是严格的、确定性的关系称为相关关系，其特点为一个变量的取值不能由另一个（或几个）变量的取值唯一确定。

本章所讲的相关分析和回归分析就是针对变量之间的不确定的相关关系进行分析的一种统计方法。

10.1.2 相关关系的种类

相关关系可以从不同角度进行分类。

1. 变量之间相关的程度不同——完全相关、不完全相关和不相关

当一种现象的数量变化完全是由另一种（或几种）现象的数量变化所引起时，则称现象间的关系为**完全相关**。例如，在产品价格不变的情况下，企业的产值与其产品的产量总是成正比例关系，两者就是完全相关，完全相关就是变量之间的一种函数关系，因此，也可以说函数关系是相关关系的一种特例。当现象之间彼此互不影响，其数量变化各自独立时，则称之为**不相关**。例如，蔬菜的价格与体育锻炼的人数通常认为是不相关的。变量之间的关系介于完全相关和不相关之间的一种相关关系，称为**不完全相关**，一般的相关关系就是指的这种不完全相关。

2. 变量之间相关的表现形式不同——线性相关和非线性相关

线性相关是指变量之间的关系近似地表现为一条直线；**非线性相关**是指变量之间的关系近似地表现为一条曲线。

3. 变量之间相关的方向不同——正相关和负相关

在线性相关中，当一个现象的数量增加（或减少），另一个现象的数量也随之增加（或减少），即两个变量的变动方向一致，称为**正相关**。例如，广告费用与销售量之间的关系，就是正相关；当一个现象的数量增加（或减少），另一个现象的数量反而减少（或增加），即两个变量的变动方向不一致，称为**负相关**。例如，劳动生产率提高，生产单位产品所消耗的时间则减少，两者表现为负相关。

4. 所研究变量的多少不同——单相关、复相关和偏相关

单相关是指两个变量之间的相关关系，如可支配收入与消费支出之间的相关关系；**复相关**是指一个变量与两个或两个以上其他变量之间的相关关系，如某种商品供给量与其价格水平和生产成本之间的相关关系就是一种复相关；**偏相关**是指在多个变量的相关关系研究中，假设其他变量保持不变，专门考察其中两个变量之间的相关关系，

如在假定产品的生产成本不变的情况下，某种商品的供给量与其价格水平的相关关系就是一种偏相关。

10.1.3 相关分析的内容

相关分析是对两个或两个以上变量之间的相关关系进行描述和度量的一种统计分析方法。其主要内容包括：

1. 确定变量之间有无相关关系

这是相关分析的起点，只有存在一定的相互依存关系，才有进一步分析的必要。

2. 确定变量之间相关关系的表现形式

只有判明了变量之间相关的具体形式，才能进一步地运用相应的回归分析方法去分析。比如，变量之间是线性相关，则相应地采用线性回归的方法，如果此时采用非线性回归的方法，就出现了认识上的偏差，会导致错误的结论。

3. 确定变量之间相关关系的密切程度

现象之间的相关关系是一种不严格的数量关系，因此给人的感觉是松散的，相关分析就是要从这种松散的数量关系中，判定其相关关系的密切程度。

4. 确定样本所反映的相关关系的代表性

确定样本所反映的相关关系是否能代表总体变量之间的关系。

10.1.4 相关关系的描述——相关表和相关图

分析变量之间的相关关系，首先可以根据研究者所掌握的专业理论知识进行定性分析，在此基础上，进一步通过编制相关表和绘制相关图，粗略地判断变量间是否存在相关关系，直观地判断变量间相关关系的形态，以及相关关系的方向和大致的密切程度。

1. 相关表

相关表是直接根据变量之间的原始数据，将一个变量的取值按照从小到大（或从大到小）的顺序排列，并将另一个变量的值与之对应排列形成的统计表。例如，2019年我国31个省、自治区、直辖市人均消费支出和人均可支配收入的数据如表10－1所示。

表10－1　2019年我国分地区人均可支配收入与人均消费支出相关表

序号	地区	人均可支配收入（元）	人均消费支出（元）
1	甘肃	19 139	15 879
2	西藏	19 501	13 029
3	贵州	20 397	14 780
4	云南	22 082	15 780

续表

序号	地区	人均可支配收入（元）	人均消费支出（元）
5	青海	22 618	17 545
6	新疆	23 103	17 397
7	广西	23 328	16 418
8	山西	23 829	15 863
9	河南	23 903	16 332
10	黑龙江	24 254	18 112
11	宁夏	24 412	18 297
12	吉林	24 563	18 075
13	陕西	24 666	17 465
14	四川	24 703	19 338
15	河北	25 665	17 987
16	江西	26 262	17 651
17	安徽	26 415	19 137
18	海南	26 680	19 555
19	湖南	27 680	20 479
20	湖北	28 320	21 567
21	重庆	28 920	20 774
22	内蒙古	30 555	20 743
23	山东	31 597	20 428
24	辽宁	31 820	22 203
25	福建	35 616	25 314
26	广东	39 014	28 995
27	江苏	41 400	26 697
28	天津	42 404	31 854
29	浙江	49 899	32 026
30	北京	67 756	43 038
31	上海	69 442	45 605

资料来源：《中国统计年鉴 2020》，www. stats. gov. cn/tjsj/ndsj/2020/indexch. htm。

从表 10－1 可以看出，从整体上看，人均可支配收入越高，人均消费支出水平也越高，两者之间存在明显的正相关关系。

通过相关表可以判断变量间相关的方向，但对变量之间的相关形态和相关程度却不能准确加以反映。因此，还需要进一步绘制相关图。

2. 相关图

相关图又称散点图，它是用平面坐标系的 X 轴代表一个变量，Y 轴代表另一个变量，将两个变量间相对应的变量值在坐标系中用一个点来表示，N 组数据在坐标系中形成 N 个点称为散点，由这些散点形成的二维数据图称为相关图或散点图。

相关图是研究变量间相关关系的一种直观工具，一般在进行相关分析时，可以利用它对变量间的相关关系的方向、形态和密切程度进行大致的判断。图 10－1 就是不同相关方向和形态的散点图。

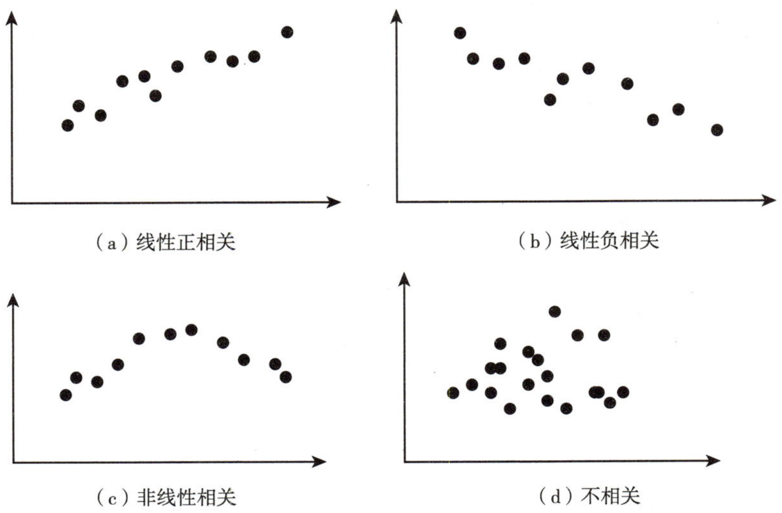

图 10－1　不同相关方向和形态的散点图

如何通过散点图判断变量间相关关系的密切程度？一般来说，散点分布的区域越窄，变量间的相关关系越密切，散点分布的区域越宽，变量间的相关关系越不密切，如图 10－2 所示。

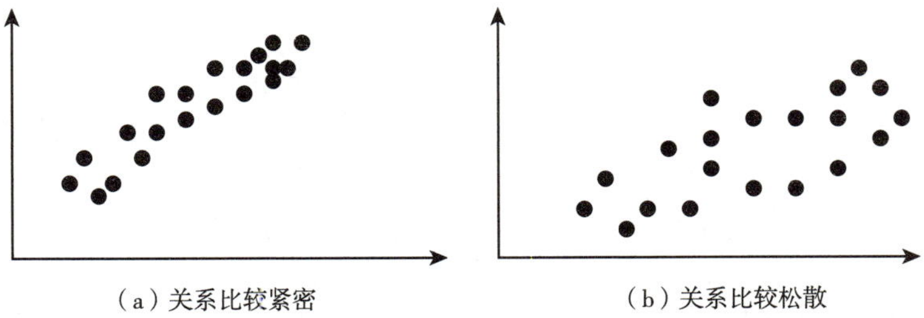

图 10－2　不同密切程度的散点图

根据表 10－1 的数据绘制的散点图如图 10－3 所示。

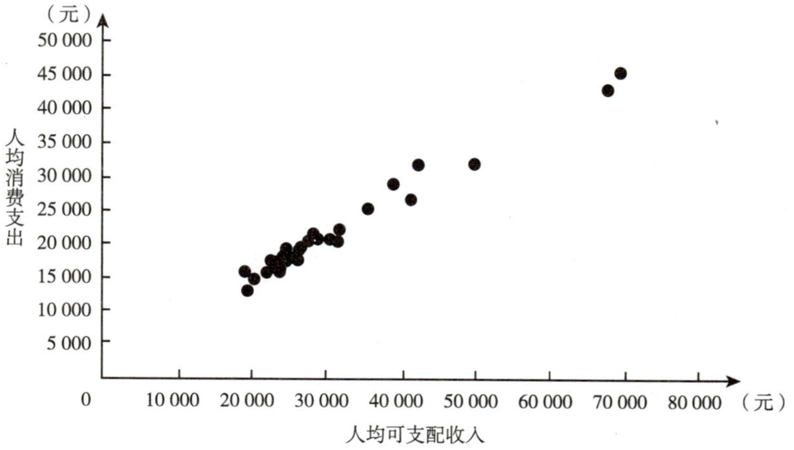

图 10－3　人均消费支出与人均可支配收入相关图

从图 10－3 可以直观地观察到，从整体上看各地区人均可支配收入与人均消费支出之间的关系较为密切，二者的关系接近于一条上升的直线，显示两者具有较强的线性正相关关系。

10.1.5　相关程度的测度——相关系数

散点图能够对变量间的相关方向、相关形态和相关密切程度作出大致的描述，但散点图不能准确反映变量间的相关程度，要准确反映变量间的相关程度，需要计算相关系数。相关系数有多种，不同类型的变量数据，应计算不同的相关系数，其中最常用的是 Pearson 简单线性相关系数。

1. 相关系数定义

Pearson 简单线性相关系数是用来度量两个定量变量 x 与 y 之间线性相关程度的指标，简称**相关系数**。

利用总体数据计算的相关系数称为总体相关系数，一般用 ρ 表示。总体相关系数的定义式为：

$$\rho=\frac{cov(x,y)}{\sqrt{\sigma_x^2\sigma_y^2}} \tag{10-1}$$

式中，$cov(x,y)$ 为变量 x 和 y 的协方差，σ_x^2 和 σ_y^2 分别为变量 x 和 y 的方差。

对于特定总体来说，x 和 y 的数值是既定的，总体相关系数 ρ 是客观存在的确定数值。但是，由于我们往往不太可能去直接获取总体的两个变量 x 和 y 的全部数值，因此总体相关系数 ρ 一般是未知的。通常的做法是，从总体中随机抽取一定数量的单位组成一个样本，通过样本观测值计算样本相关系数，样本相关系数一般用 r 表示，样本相关系数 r 的定义公式如下：

$$r=\frac{\sum_{i=1}^{n}(x_i-\bar{x})(y_i-\bar{y})}{\sqrt{\sum_{i=1}^{n}(x_i-\bar{x})^2}\sqrt{\sum_{i=1}^{n}(y_i-\bar{y})^2}} \tag{10-2}$$

式中，x_i和y_i分别是变量 x 和 y 的样本观测值；$\bar{x}$和$\bar{y}$分别是 x 和 y 的样本观测值的平均值。

样本相关系数 r 是根据样本观测值计算的，抽取的样本不同，r 的计算结果也会不同。可以证明，样本相关系数是总体相关系数的一致估计量。

2. 相关系数的性质

相关系数 r 具有以下性质：

(1) 相关系数 r 的取值范围在 -1 和 $+1$ 之间，即 $-1\leqslant r\leqslant 1$。

(2) 相关系数 r 能反映变量间相关的方向。$r>0$，表明两个变量之间是正线性相关；$r<0$，表明两个变量之间是负线性相关。

(3) 相关系数 r 能反映变量间线性相关的程度。$|r|=1$，表示变量间是完全线性相关；$r=0$，表明变量间不存在线性相关关系，但并不意味着变量间不存在其他类型的相关；$0<|r|<1$ 时，表明两变量之间存在一定程度的线性相关关系。$|r|$的数值越接近于1，说明变量间的相关程度越强，$|r|$的数值越接近于0，说明变量间的相关程度越弱。注意，Pearson 相关系数 r 是反映两个变量的线性相关程度，它并不能够反映变量之间的非线性相关程度。

(4) 相关系数 r 具有对称性。x 与 y 之间的相关系数和 y 与 x 之间的相关系数相等。

(5) 相关系数 r 的数值大小与 x 和 y 的计量尺度无关。改变 x 和 y 的数据的计量尺度，并不改变 r 的数值。

(6) 相关系数 r 无法反映两变量之间的因果关系。r 是两个变量之间线性关系的度量尺度，即使 r 很高，也不一定意味着 x 与 y 之间一定存在着因果关系。

(7) 相关关系密切程度等级划分。对于一个具体的 r 取值，根据经验有不同的等级划分，如表 10-2 所示，但是这种相关关系密切程度的划分必须建立在相关系数通过显著性检验的基础之上。

表 10-2　　相关关系密切程度等级划分表

r 的取值	$\lvert r\rvert<0.3$	$0.3\leqslant\lvert r\rvert<0.5$	$0.5\leqslant\lvert r\rvert<0.8$	$0.8\leqslant\lvert r\rvert<1$	$\lvert r\rvert=1$
相关程度	弱线性相关	低度线性相关	中度线性相关	高度线性相关	完全线性相关

3. 相关系数的计算

具体计算相关系数时，可以用以下简化公式：

$$r = \frac{n\sum_{i=1}^{n} x_i y_i - \sum_{i=1}^{n} x_i \sum_{i=1}^{n} y_i}{\sqrt{n\sum_{i=1}^{n} x_i^2 - \left(\sum x_i\right)^2}\sqrt{n\sum_{i=1}^{n} y_i^2 - \left(\sum y_i\right)^2}} \tag{10-3}$$

公式（10－3）由公式（10－2）推导而来。

例 10.5　根据表 10－1 的数据，计算人均消费支出与人均可支配收入的相关系数，如表 10－3 所示。

表 10－3　2019 年我国分地区人均可支配收入与人均消费支出相关系数计算表

地区	人均可支配收入（元）x	人均消费支出（元）y	x^2	y^2	xy
甘肃	19 139	15 879	366 301 321	252 142 641	303 908 181
西藏	19 501	13 029	380 289 001	169 754 841	254 078 529
贵州	20 397	14 780	416 037 609	218 448 400	301 467 660
云南	22 082	15 780	487 614 724	249 008 400	348 453 960
青海	22 618	17 545	511 573 924	307 827 025	396 832 810
新疆	23 103	17 397	533 748 609	302 655 609	401 922 891
广西	23 328	16 418	544 195 584	269 550 724	382 999 104
山西	23 829	15 863	567 821 241	251 634 769	377 999 427
河南	23 903	16 332	571 353 409	266 734 224	390 383 796
黑龙江	24 254	18 112	588 256 516	328 044 544	439 288 448
宁夏	24 412	18 297	595 945 744	334 780 209	446 666 364
吉林	24 563	18 075	603 340 969	326 705 625	443 976 225
陕西	24 666	17 465	608 411 556	305 026 225	430 791 690
四川	24 703	19 338	610 238 209	373 958 244	477 706 614
河北	25 665	17 987	658 692 225	323 532 169	461 636 355
江西	26 262	17 651	689 692 644	311 557 801	463 550 562
安徽	26 415	19 137	697 752 225	366 224 769	505 503 855
海南	26 680	19 555	711 822 400	382 398 025	521 727 400
湖南	27 680	20 479	766 182 400	419 389 441	566 858 720
湖北	28 320	21 567	802 022 400	465 135 489	610 777 440
重庆	28 920	20 774	836 366 400	431 559 076	600 784 080
内蒙古	30 555	20 743	933 608 025	430 272 049	633 802 365
山东	31 597	20 428	998 370 409	417 303 184	645 463 516
辽宁	31 820	22 203	1 012 512 400	492 973 209	706 499 460
福建	35 616	25 314	1 268 499 456	640 798 596	901 583 424
广东	39 014	28 995	1 522 092 196	840 710 025	1 131 210 930
江苏	41 400	26 697	1 713 960 000	712 729 809	1 105 255 800
天津	42 404	31 854	1 798 099 216	1 014 677 316	1 350 737 016
浙江	49 899	32 026	2 489 910 201	1 025 664 676	1 598 065 374
北京	67 756	43 038	4 590 875 536	1 852 269 444	2 916 082 728
上海	69 442	45 605	4 822 191 364	2 079 816 025	3 166 902 410
合计	949 943	668 363	33 697 777 913	16 163 282 583	23 282 917 134

解：将表 10－3 的数据代入公式（10－3），可得：

$$r=\frac{n\sum_{i=1}^{n}x_iy_i-\sum_{i=1}^{n}x_i\sum_{i=1}^{n}y_i}{\sqrt{n\sum_{i=1}^{n}x_i^2-\left(\sum x_i\right)^2}\sqrt{n\sum_{i=1}^{n}y_i^2-\left(\sum y_i\right)^2}}$$

$$=\frac{31\times 23\ 282\ 917\ 134-949\ 943\times 668\ 363}{\sqrt{(31\times 33\ 697\ 777\ 913-949\ 943^2)(31\times 16\ 163\ 282\ 583-668\ 363^2)}}$$

$$=0.9879$$

由上述计算结果可知，2019 年我国人均可支配收入与人均消费支出呈现高度正相关。

思政元素

例 10.5 结果显示，我国人均可支配收入与人均消费支出呈现高度正相关，收入是消费的来源和基础，是影响消费的重要因素。作为一名大学生，没有经济来源，消费要量力而行，不能有攀比的心理，不要进行校园贷等网络平台借款行为，要合理消费，树立正确的消费观，弘扬勤俭节约精神。

4. 相关系数的检验

计算样本相关系数 r 的目的是了解总体的情况，但 r 是根据样本数据计算出来的，抽取的样本不同，据此计算出来的相关系数 r 也不同。受到抽样的随机性和样本量较少等因素的影响，利用样本数据计算出来的相关系数不能直接说明总体变量之间是否存在显著相关，需要进行检验。检验的方法与步骤如下：

（1）提出假设。

$$H_0:\rho=0 \qquad H_1:\rho\neq 0$$

（2）计算检验统计量。

$$t=r\sqrt{\frac{n-2}{1-r^2}}\sim t_{\alpha/2}(n-2)$$

（3）做出决策。

给定显著性水平 α，查表得到临界值 $t_{\alpha/2}(n-2)$，若 $|t|>t_{\alpha/2}(n-2)$，则拒绝原假设，说明总体的两个变量之间线性关系显著；否则，不拒绝原假设，说明总体的两个变量之间线性关系不显著。

例 10.6 近年来我国汽车工业发展迅速，为了解汽车企业销售费用对营业总收入的影响，从上市汽车企业中随机抽取十家，获取 2021 年一季度营业总收入和销售费用数据见表 10－4。要求：绘制散点图，说明销售费用与营业总收入之间是什么样的关系？计算相关系数，并进行显著性检验。

表 10－4　　10 家上市汽车企业销售费用与营业总收入数据　　单位：亿元

企业名称	营业总收入	销售费用
比亚迪	196.80	6.845
长安汽车	115.60	6.498
广汽集团	108.80	5.634
中国重汽	82.10	2.507
金龙汽车	20.26	1.507
江铃汽车	46.19	2.227
东风汽车	20.66	0.882
江淮汽车	76.25	2.247
长城汽车	124.20	4.382
福田汽车	272.10	12.560

资料来源：东方财富网站。

解：（1）绘制散点图。用 Excel 绘制散点图如图 10－4 所示。

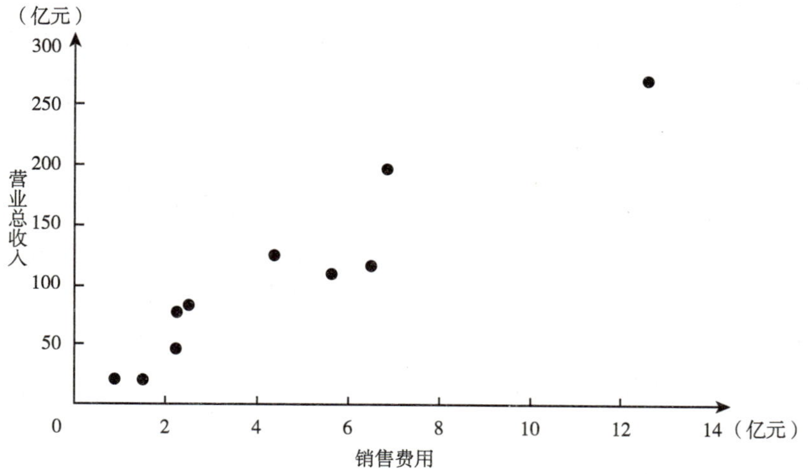

图 10－4　销售费用与营业总收入的散点图

从图 10－4 可以看出，上市汽车企业销售费用与营业总收入之间呈现明显的线性关系。

（2）参考例 10.5 过程计算相关系数，也可以用 Excel 的“数据分析”工具中的“相关系数”计算相关系数。计算结果为 $r=0.953988$，计算结果表明十家上市汽车企业销售费用与营业总收入之间的相关系数为 0.953988，是高度正相关。

相关系数的显著性检验为：

①提出假设：H_0：$\rho=0$　　　　H_1：$\rho\neq0$

②计算检验统计量：

$$t=r\sqrt{\frac{n-2}{1-r^2}}=0.953988\times\sqrt{\frac{10-2}{1-0.953988^2}}=8.9989$$

③做出决策：

给定显著性水平 $\alpha=0.05$，查表得临界值 $t_{0.025}(8)=2.3060$。

由于 $t=8.9989>t_{0.025}(8)=2.3060$，所以拒绝原假设，说明汽车企业销售费用与营业总收入之间的线性相关系数显著，并且呈高度线性正相关关系。

10.2 一元线性回归分析

一元线性回归分析

相关分析主要是测度变量之间相互依存关系的性质和密切程度，但它不能说明变量间相关关系的具体形式，也不能从一个变量的变化去推测另一个变量的变化，当变量之间存在明显的相关关系时，如果要具体反映变量之间相关关系的数量形式，则需要运用回归分析的方法。

进行回归分析时，需要先确定哪个变量是自变量，哪个变量是因变量，一般将被预测或被解释的变量作为因变量，用 y 表示；用来解释因变量变化的一个或多个变量作为自变量，用 x 表示。例如，在分析人均可支配收入对人均消费支出的影响时，目的要预测在一定的人均可支配收入条件下，人均消费支出是多少，因此，人均消费支出是被预测的变量，称为因变量，用来预测人均消费支出的人均可支配收入则是自变量。

回归分析方法是研究一个变量（因变量）对另一个或另外多个变量（自变量）依存关系的一种统计分析方法，它需要用适当的数学模型去近似地反映变量之间的平均变化关系，并根据已知的或固定的自变量的数值，去估计因变量的总体平均值。回归分析的主要内容包括：

（1）从一组样本数据出发，确定变量之间数量依存关系的数学关系式，即回归模型的形式。

（2）估计回归模型的参数。

（3）对所确定的、估计的回归模型的可信程度进行各种统计检验，并从影响因变量的诸多变量中找出影响显著的自变量。

（4）利用回归模型，根据一个或几个自变量的值来预测或控制因变量的水平，并给出相应的精确度。

回归分析按照自变量多少的不同，分为一元回归和多元回归；按照变量间关系的形式不同，分为线性回归和非线性回归，其中只有一个因变量和一个自变量的线性回归是最简单的，称为一元线性回归或简单线性回归。

10.2.1 一元线性回归模型

1. 理论回归模型

对于具有线性关系的两个变量，描述它们之间线性关系的数学结构式，即线性理论回归模型为：

$$y=\beta_0+\beta_1x+\varepsilon \tag{10-4}$$

式中，y 为因变量（被解释变量），x 为自变量（解释变量），β_0为回归常数，β_1为回归系数，ε 为随机误差项。

该模型显示，y 与 x 之间的关系可以用两个部分描述：一部分是由于 x 的变化引起的 y 的线性变化的部分，即 $\beta_0+\beta_1x$；另一部分是除 x 和 y 之间的线性关系之外的其他因素对 y 的影响，是不能由 x 和 y 之间的线性关系所解释的部分，即 ε，我们称其为随机误差项或随机干扰项。

式（10－4）称为一元线性理论回归模型，建立线性回归模型时，需要假定：

（1）因变量 y 与自变量 x 之间具有线性关系。

（2）在重置抽样时，自变量 x 的取值是固定的，即假定是非随机的。

在以上两个假定条件下，对于任何一个给定的 x 值，y 有不同的取值，都对应着一个分布。

（3）关于随机误差项 ε 的假定。

一元线性回归模型中的随机误差项 ε 是无法直接观测的，为了进行回归分析，需要对其性质作一些假定：

假定 1：正态性假定。假定 ε 服从均值为 0、方差为σ^2的正态分布，即 $\varepsilon\sim N(0,\sigma^2)$，$E(\varepsilon)=0$。

这样，对一元线性理论回归模型 $y=\beta_0+\beta_1x+\varepsilon$ 两边求数学期望，得：

$$E(y)=\beta_0+\beta_1x \tag{10-5}$$

式（10－5）从平均意义上表达了变量 y 与 x 的统计规律性。

假定 2：方差齐性假定。对于所有的 x 值，ε 的方差σ^2都相同。这意味着对于一个特定的 x 值，y 的方差都等于σ^2。

假定 3：独立性假定。对于一个特定的 x 值，它所对应的 ε 与其他 x 值所对应的 ε 不相关。这样，对于该特定的 x 值，它所对应的 y 值与其他 x 值所对应的 y 值也不相关。因此，在 x 值一定的情况下，y 的变化由误差项 ε 的方差σ^2来决定。当σ^2较小时，y 的实际观测值与估计值就比较接近；当σ^2较大时，y 的实际观测值与估计值偏离就比较大。

2. 一元线性回归方程

根据一元线性理论回归模型中 ε 的假定，可以得到式（10－5），即 $E(y)=\beta_0+\beta_1x$，也就是说，y 的期望值是 x 的线性函数。我们把描述因变量的期望值依赖于自变量的方程称为回归方程，式（10－5）就是一元线性回归方程。很显然，一元线性回归方程的图示是一条直线，因此也称为直线回归方程，其中，β_0是回归直线的截距，即当 $x=0$ 时，y 的期望值；β_1称为回归系数，它表示当 x 每变动一个单位时，y 的平均变动值。

3. 估计的一元线性回归方程

由于缺乏总体相关数据，回归方程中的两个参数β_0和β_1是未知的，所以需要利用样本数据去估计它们。用样本估计量$\hat{\beta}_0$和$\hat{\beta}_1$分别代表回归方程中的未知参数，可以得到估计的一元线性回归方程如下：

$$\hat{y}=\hat{\beta}_0+\hat{\beta}_1 x \tag{10-6}$$

式（10－6）中，$\hat{y}$是$E(y)$的估计值，$\hat{\beta}_0$是估计的一元线性回归方程的截距；$\hat{\beta}_1$是一元线性回归方程回归系数的估计值，表示x每变动一个单位时，y的估计平均变动值。

需要特别指出的是一元线性回归方程反映的是总体变量间的关系，因此其参数β_0和β_1虽然是未知的，但它们是常数；估计的一元线性回归方程中的$\hat{\beta}_0$和$\hat{\beta}_1$是随机变量，其具体数值随所抽取的样本观测值不同而变动。

10.2.2　一元线性回归模型参数的估计

如何求解估计的一元线性回归方程中的参数$\hat{\beta}_0$和$\hat{\beta}_1$呢？

利用所获取的样本数据，确定一元线性回归方程中的参数$\hat{\beta}_0$和$\hat{\beta}_1$，依据的准则不同，采用的方法不同，得到的结果也不同。其中，最简便、最常用的方法是普通最小二乘法。

在根据样本数据确定样本回归方程时，一般总是希望因变量的估计值$\hat{y}_i$从整体来看尽量可能地接近其实际观测值y_i，最小二乘法就是基于这一思路，通过使因变量的观测值y_i与估计值$\hat{y}_i$之间的离差平方和达到最小来估计参数$\hat{\beta}_0$和$\hat{\beta}_1$的一种方法。

最小二乘法的思想可用图 10－5 表示。

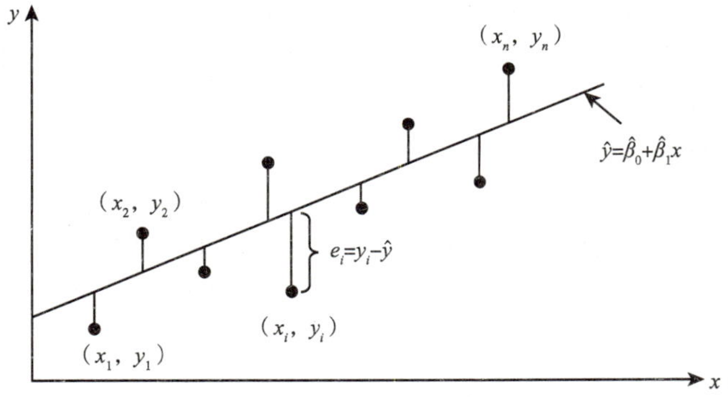

图 10－5　最小二乘法示意图

最小二乘法要求全部实际观测值与相应估计值间的离差平方和为最小，即

$$\sum_{I=1}^{n}(y_i-\hat{y}_i)^2=\sum_{I=1}^{n}(y_i-\hat{\beta}_0-\hat{\beta}_1 x_i)^2=\min \tag{10-7}$$

令$Q=\sum_{I=1}^{n}(y_i-\hat{y}_i)^2=\sum_{I=1}^{n}(y_i-\hat{\beta}_0-\hat{\beta}_1 x_i)^2$，$Q$是$\hat{\beta}_0$和$\hat{\beta}_1$的函数，且最小值总是存在。由微分极值原理可知，要使Q达到最小，必要条件是：Q对$\hat{\beta}_0$和$\hat{\beta}_1$的一阶偏

导数等于零。这样 $\hat{\beta}_0$ 和 $\hat{\beta}_1$ 应满足下列方程组：

$$\begin{cases} \dfrac{\partial Q}{\partial \hat{\beta}_0} = -2\sum_{i=1}^{n}(y_i - \hat{\beta}_0 - \hat{\beta}_1 x_i) = 0 \\ \dfrac{\partial Q}{\partial \hat{\beta}_1} = -2\sum_{i=1}^{n}(y_i - \hat{\beta}_0 - \hat{\beta}_1 x_i)x_i = 0 \end{cases} \tag{10-8}$$

经整理后得标准方程组

$$\begin{cases} \sum_{i=1}^{n} y_i = n\hat{\beta}_0 + \hat{\beta}_1 \sum_{i=1}^{n} x_i \\ \sum_{i=1}^{n} x_i y_i = \hat{\beta}_0 \sum_{i=1}^{n} x_i + \hat{\beta}_1 \sum_{i=1}^{n} x_i^2 \end{cases} \tag{10-9}$$

解得

$$\begin{cases} \hat{\beta}_1 = \dfrac{n\sum_{i=1}^{n} x_i y_i - \sum_{i=1}^{n} x_i \sum_{i=1}^{n} y_i}{n\sum_{i=1}^{n} x_i^2 - \left(\sum_{i=1}^{n} x_i\right)^2} \\ \hat{\beta}_0 = \bar{y} - \hat{\beta}_1 \bar{x} \end{cases} \tag{10-10}$$

式（10-10）中，n 为成对观测值的个数，$\bar{x} = \dfrac{\sum_{i=1}^{n} x_i}{n}$，$\bar{y} = \dfrac{\sum_{i=1}^{n} y_i}{n}$。

例 10.7　销售费用是指企业在产品销售过程中所发生的费用，以及为销售本企业产品而专设的销售机构的经营费用，如广告费、展览费、运输费等。一般认为，企业销售费用对企业的营业收入是有积极影响的。为了研究汽车企业销售费用与其营业总收入具体的数量关系，在例 10.6 线性相关分析的基础上，建立营业总收入 y 对销售费用 x 的一元线性回归方程并解释回归系数的含义。

解： 营业总收入 y 对销售费用 x 的估计的一元线性回归方程为

$$\hat{y} = \hat{\beta}_0 + \hat{\beta}_1 x$$

根据表 10-4 中数据，可以计算得到

$$n = 10, \sum_{i=1}^{10} x_i = 45.289, \sum_{i=1}^{10} y_i = 1\,062.960,$$

$$\sum_{i=1}^{10} x_i^2 = 317.117, \sum_{i=1}^{10} x_i y_i = 7\,201.834$$

代入式（10-10）得

$$\hat{\beta}_1 = \frac{10 \times 7\,201.834 - 45.2886 \times 1\,062.96}{10 \times 317.1174 - 45.2886^2} = 21.31776$$

$$\hat{\beta}_0 = \frac{1\,062.96}{10} - 21.31776 \times \frac{45.2886}{10} = 9.75087$$

因此，汽车企业的营业总收入对销售费用的估计的一元线性回归方程为：

$$\hat{y}=9.75087+21.31776x$$

其中，回归系数为21.31776，表示汽车企业销售费用每增加1亿元，营业总收入平均增加约21.31776亿元。

回归分析计算量较大，可以运用Excel中的回归分析功能，具体步骤如下：

第1步，点击“数据”，并点击“数据分析”选项。

第2步，在“分析”工具中选择“回归”，并点击“确定”，出现如图10－6所示对话框。

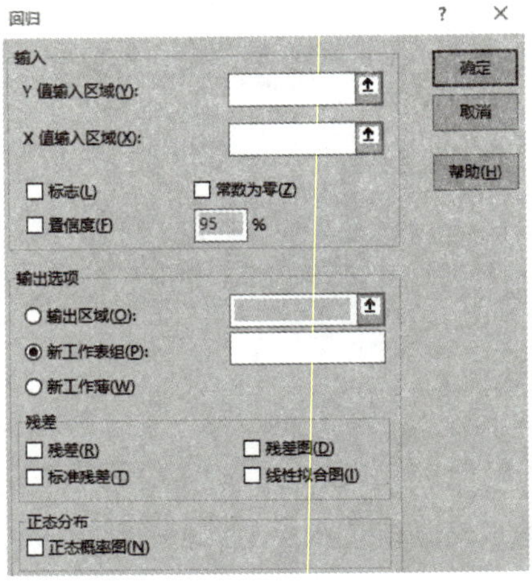

图10－6　最小二乘法示意图

第3步，在“Y值输入区域”输入营业总收入数据，在“X值输入区域”输入销售费用数据，点击“确定”得到如图10－7所示的结果。

SUMMARY OUTPUT								
回归统计								
Multiple R	0.953988							
R Square	0.910093							
Adjusted R Square	0.898855							
标准误差	25.07157							
观测值	10							
方差分析								
	df	SS	MS	F	ignificance F			
回归分析	1	50903.32	50903.32	80.98099	1.85E-05			
残差	8	5028.668	628.5835					
总计	9	55931.99						
	Coefficients	标准误差	tStat	P-value	Lower95%	Upper95%	下限95.0%	上限95.0%
Intercept	9.75087	13.34013	0.730943	0.485668	-21.0115	40.51326	-21.0115	40.51326
X Variable 1	21.31776	2.368918	8.998944	1.85E-05	15.85502	26.78049	15.85502	26.78049

图10－7　Excel输出回归分析结果

图10－7 Excel输出的回归分析结果分为三个部分：

第一部分是“回归统计”，这部分给出了回归分析中的一些常用统计量，包括相关系数（Multiple R）、判定系数（R Square）、调整的判定系数（Adjusted R Square）、标准误差和观测值。

第二部分是“方差分析”，这部分给出的是回归分析的方差分析表，包括回归和残差的自由度（df）、总平方和（SS）、均方（MS）、检验统计量（F）、*F* 检验的显著性水平（Significance F）。这部分数据的主要作用是对回归方程的线性关系进行显著性检验。

第三部分是回归参数估计的有关内容，包括回归方程的截距（Intercept）、斜率（X Variable 1）的系数（Coefficients）、标准误差、用于检验回归系数的 t 统计量（t Stat）和 P 值（P-value），以及截距和斜率的置信区间（Lower 95% 和 Upper 95%）等。

10.2.3　一元线性回归模型的检验

回归模型中的参数估计出来以后，还必须对其进行检验。对回归模型进行检验是基于以下理由：第一，在利用样本数据估计回归模型时，我们假定变量 y 与 x 之间存在线性相关，但这种假设是否成立，需要进行检验；第二，用样本数据估计的回归方程是否真正描述了变量 y 与 x 之间的统计规律性，y 的变化能否通过 x 去解释，需要进行检验。如果经过检验，发现模型有缺陷，则必须回到模型的设定阶段或参数估计阶段，重新选择因变量和自变量及其函数形式，或者对数据进行加工整理之后再次估计参数。

回归模型的检验包括理论意义的检验、一级检验和二级检验。理论意义的检验主要关心回归系数的符号是否与相关学科的基本理论常识以及人们的实践经验相符，其结果能否得到合理的解释。如不符，则说明模型不能很好地解释现实的现象，不能通过检验。例如，在例 10.7 中，回归系数为 21.31776，表示汽车企业销售费用每增加 1 亿元，营业总收入平均增加约 21.31776 亿元，其经济意义合理，与相关理论和实际情况相符，如果回归系数为负，则与实际和理论不符。一级检验又称统计学检验，它是利用统计学中的抽样理论来检验样本回归方程的可靠性，具体包括拟合优度的评价和显著性检验，一级检验是对所有现象进行回归分析时都必须通过的检验；二级检验又称经济计量学检验，它主要是对回归模型建立的假定条件能否得到满足进行检验，具体包括序列相关检验、异方差检验、多重共线性检验等，二级检验对于社会经济现象的定量分析具有特别重要的意义。本教材主要讨论一级检验，二级检验只讨论多重共线性检验，其他检验请参阅有关计量经济学文献。

1. 拟合优度评价

估计的一元线性回归方程 $\hat{y}=\hat{\beta}_0+\hat{\beta}_1 x$ 一定程度上描述了变量 y 与 x 之间的数量关系，根据这一方程，我们可以由自变量 x 的取值来预测因变量 y 的取值。但估计和预测的精度如何，取决于回归方程对样本观测数据的拟合程度。回归方程的拟合程度，通过计算判定系数或估计标准误差来判断。

（1）判定系数R^2。**判定系数R^2**是判断回归方程拟合程度最常用的指标，它是对估计的回归方程拟合优度的一个度量值，回归直线与各个观测值的接近程度称为回归直线对样本观测值的**拟合优度**。在一元线性回归分析中，如果各样本观测值都落在回归直线上，那么回归方程就是对数据的完全拟合，此时用 x 来估计 y 是没有误差的。各样本观测值越是紧密围绕回归直线，说明回归直线对样本观测值的拟合程度越好，判定系数越高；反之则越差，判定系数越小。

为理解判定系数的含义，我们首先对因变量 y 取值的变差进行分析。

因变量 y 是个变量，其取值是不同的、有波动的，y 取值的这种波动称为变差。变差的产生来自于两个方面：一是由自变量 x 的取值不同造成的；二是除 x 以外的其他因素的影响，包括随机因素的影响。对一个具体的观测值来说，变差的大小可以用实际观测值y_i与其均值$\bar{y}$之差（$y_i-\bar{y}$）来表示，则 n 个观测值的总变差可以由这些差的平方和来表示，称为**总变差平方和**，用 SST 表示，即

$$SST=\sum_{I=1}^{n}(y_i-\bar{y})^2 \tag{10-11}$$

变差可以分解为两部分：一部分是因变量的理论回归值$\hat{y}_i$与均值$\bar{y}$的离差（$\hat{y}_i-\bar{y}$），它可以看成是能够由回归直线解释的部分；另一部分是实际观测值y_i与理论回归值$\hat{y}_i$的残差（$y_i-\hat{y}_i$），它是不能由回归直线加以解释的部分。从图 10－8 中可以看出，对任一实际观测值 y_i总有：

$$y_i-\bar{y}=(\hat{y}_i-\bar{y})+(y_i-\hat{y}_i) \tag{10-12}$$

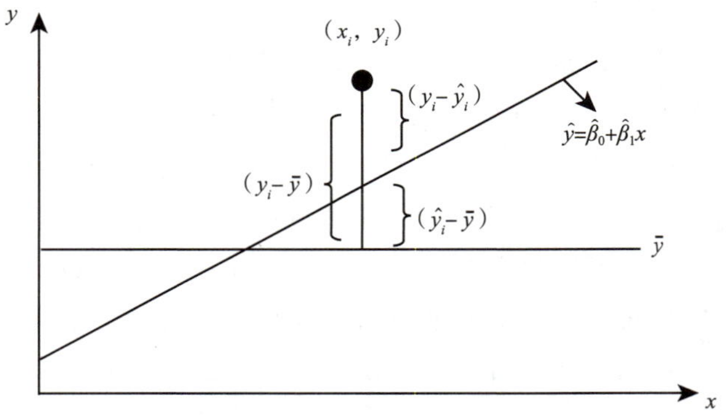

图 10－8　变差分解图

各观测值独立时，对式（10－12）两边平方，并对所有 n 个点求和，可以得到（证明略）：

$$\sum_{I=1}^{n}(y_i-\bar{y})^2=\sum_{I=1}^{n}(\hat{y}_i-\bar{y})^2+\sum_{I=1}^{n}(y_i-\hat{y}_i)^2 \tag{10-13}$$

即总的变差平方和 SST 可以分解为两部分：一部分是 $\sum_{I=1}^{n}(\hat{y}_i-\bar{y})^2$，它是理论回归

值 $\hat{y}_i$ 与 y 的均值 $\bar{y}$ 的离差平方和，可以看作是 y 的总变差中由于 x 与 y 的线性关系引起的 y 的变化的那部分，可以由回归直线来解释，因而称为**回归平方和**，记为 SSR；另一部分是 $\sum_{i=1}^{n}(y_i-\hat{y}_i)^2$，即 y 的各实际观测点与理论回归值 $\hat{y}_i$ 的残差平方和，它是除了 x 对 y 的线性影响之外的其他因素引起的 y 的变化的部分，是不能用回归直线来解释的，因而称为**剩余平方和**或**残差平方和**，记为 SSE。三个平方和的关系为：

$$SST = SSR + SSE \tag{10-14}$$

从图 10－8 可以直观地看到，回归直线拟合的好坏取决于 SSR 和 SSE 的大小，各观测值越是靠近直线，SSR 在 SST 中所占的比例就越大，回归直线拟合越好，这样，我们就可以通过这一比例来反映回归直线对观测值的拟合程度，这一比例称为判定系数，记为 R^2，即

$$R^2 = \frac{SSR}{SST} = 1 - \frac{SSE}{SST} \tag{10-15}$$

判定系数 R^2 具有如下特性：

①判定系数是非负的统计量。

②判定系数的取值范围为 $0 \leq R^2 \leq 1$。

由 R^2 的计算公式可以看出，当所有的实际观测值都位于回归直线上时，残差平方和 $SSE=0$，这时 $R^2=1$，说明总离差可以完全由所估计的样本回归直线来解释，此时拟合是完全的；如果 y 的变化与 x 无关，此时，$\hat{y}=\bar{y}$，则 $R^2=0$。可见，R^2 越接近于 1，表明回归平方和占总变差平方和的比重越大，回归直线与各观测点越接近，用 x 的变化来解释 y 的变差部分越多，回归直线的拟合程度就越好。反之，R^2 越接近于 0，回归直线的拟合程度越差。

③判定系数是样本观测值的函数，判定系数是随抽样而变动的随机变量。

④在一元线性回归中，判定系数在数值上是简单线性相关系数的平方，即 $r = \pm\sqrt{R^2}$。

虽然判定系数在数值上等于简单线性相关系数的平方，但是应注意二者是有区别的。判定系数是就估计的回归模型而言，度量回归模型对样本观测值的拟合程度；相关系数是就两个变量而言，说明两个变量的线性依存程度。判定系数度量的是自变量与因变量不对称的因果关系；相关系数度量的是不考虑是否有因果关系的相关关系。判定系数有非负性，取值范围为 $0 \leq R^2 \leq 1$；相关系数可正可负，取值范围为 $-1 \leq r \leq 1$。

例 10.8　根据例 10.6 的数据，计算汽车企业的营业总收入对销售费用回归的判定系数，并解释其意义。

解： 根据图 10－7 Excel 输出的回归分析结果可知，总平方和 $SST=55\ 931.99$；回归平方和 $SSR=50\ 903.32$；则

$$R^2 = \frac{SSR}{SST} = \frac{50\ 903.32}{55\ 931.99} = 0.91$$

判定系数的实际意义是：在汽车企业的营业总收入的变差中，有 91% 可以由销售

费用与汽车企业的营业总收入之间的线性关系来解释，可见回归方程的拟合程度较好。

（2）估计标准误差。估计标准误差是各实际观测值在回归直线周围分散状况的一个测度值，它是**均方残差**（MSE）的平方根，用s_e来表示，其计算公式为

$$s_e=\sqrt{\frac{\sum_{I=1}^{n}(y_i-\hat{y}_i)^2}{n-k-1}}=\sqrt{\frac{SSE}{n-k-1}}=\sqrt{MSE} \qquad (10-16)$$

式中，k为自变量的个数。

在一元线性回归分析中，$k=1$，式（10－16）可以变为

$$s_e=\sqrt{\frac{SSE}{n-k-1}}=\sqrt{\frac{SSE}{n-2}}=\sqrt{MSE} \qquad (10-17)$$

估计标准误差s_e实际上是对随机项ε标准差σ的估计，它可以看作在排除了x对y的线性影响后，y随机波动大小的一个估计量。

估计标准误差实际反映了用估计的回归方程预测因变量y时预测误差的平均水平。若各观测点靠近直线，s_e越小，回归直线对各观测点的代表性就越好，根据估计的回归方程进行预测也就越准确。若各观测点全部落在直线上，则$s_e=0$，此时用自变量来预测因变量时没有任何误差，可见s_e从另一个角度说明了回归直线的拟合优度。

例 10.9 根据例 10.6 的数据，计算汽车企业的营业总收入对销售费用回归的估计标准误差，并解释其意义。

解： 根据图 10－7 Excel 输出的回归分析结果可知，$SSE=5\ 028.668$，根据式（10－17）可得

$$s_e=\sqrt{\frac{SSE}{n-2}}=\sqrt{\frac{5\ 028.668}{10-2}}=25.07157\text{（亿元）}$$

实际上，图 10－7 回归统计部分直接给出了该值，即标准误差为 25.07157 亿元。

估计标准误差$s_e=25.07157$亿元，表明根据销售费用来预测汽车企业的营业总收入时，平均估计误差为 25.07157 亿元。

2. 显著性检验

判定系数R^2只能说明在给定的样本条件下回归方程对样本观测值的拟合优度，并不能做出对总体模型的推测，因此不能单凭R^2来选择模型，还需对回归方程和模型中各参数的估计量做显著性检验。

回归分析中的显著性检验包括两方面内容：一是线性关系的显著性检验；二是回归系数的显著性检验。在一元线性回归模型中，只有一个自变量，线性关系的显著性检验与各回归系数的显著性检验是等价的。

（1）线性关系的显著性检验——F检验。回归方程线性关系的检验称为F检验，它检验自变量x和因变量y之间的线性关系是否显著，或者说，它们之间能否用一个

线性模型 $y=\beta_0+\beta_1 x+\varepsilon$ 来表示。

F 检验的具体步骤为：

①提出假设。

$H_0:\beta_1=0$　　自变量 x 和因变量 y 之间的线性关系不显著

$H_1:\beta_1\neq 0$　　自变量 x 和因变量 y 之间的线性关系显著

②计算检验统计量。构造检验统计量

$$F=\frac{SSR/k}{SSE/n-k-1}=\frac{MSR}{MSE} \tag{10-18}$$

该检验统计量的构造是以回归平方和 SSR 和残差平方和 SSE 为基础的，将 SSR 除以其相应的自由度（SSR 的自由度是自变量的个数 k，一元线性回归中自由度为 1）后的结果称为均方回归，记为 MSR；将 SSE 除以其相应的自由度（SSE 的自由度为 $n-k-1$，一元线性回归中自由度为 $n-2$）后的结果称为均方残差，记为 MSE。如果原假设成立（H_0：$\beta_1=0$，自变量 x 和因变量 y 之间的线性关系不显著），则比值 MSR/MSE 的抽样分布服从分子自由度为 1、分母自由度为 $n-2$ 的 F 分布，式（10－18）变为

$$F=\frac{SSR/k}{SSE/n-k-1}=\frac{SSR/1}{SSE/n-2}=\frac{MSR}{MSE}\sim F_{\alpha}(1,n-2) \tag{10-19}$$

③作出决策。确定显著性水平 α，并根据分子自由度 $df=1$ 和分母自由度 $df=n-2$ 查 F 分布表，找到相应的临界值 $F_{\alpha}(1,n-2)$。若 $F>F_{\alpha}$，拒绝 H_0，表明两个变量之间的线性关系是显著的；若 $F<F_{\alpha}$，则不拒绝 H_0，没有证据表明两个变量之间的线性关系显著。

还可以根据计算机软件输出结果，直接利用 P 值做出决策：若 $P<\alpha$，则拒绝原假设；否则不拒绝原假设。

例 10.10　根据例 10.7 的有关结果，对汽车企业销售费用与营业总收入的线性关系的显著性进行检验（$\alpha=0.05$）。

解： 第一步，提出假设。

$H_0:\beta_1=0$　　销售费用 x 和营业收入 y 之间的线性关系不显著

$H_1:\beta_1\neq 0$　　销售费用 x 和营业收入 y 之间的线性关系显著

第二步，计算检验统计量。

$$F=\frac{SSR/1}{SSE/n-2}=\frac{MSR}{MSE}=\frac{50\ 903.32}{628.5835}=80.9810$$

第三步，作出决策。确定显著性水平 $\alpha=0.05$，并根据分子自由度 $df=1$ 和分母自由度 $df=n-2=10-2=8$，查 F 分布表，得到相应的临界值 $F_{0.05}(1,8)=5.32$。由于 $F=80.9810>F_{0.05}(1,8)=5.32$，故拒绝原假设，表明销售费用与营业收入之间的线性关系是显著的。

也可以直接将 Excel 输出的方差分析中的“Significance F”值（即 P 值）与给定

的显著性水平 $\alpha=0.05$ 进行比较，由于“Significance F”值 $=1.8547\text{E}-05<\alpha=0.05$，故拒绝原假设 H_0，表明销售费用与营业收入之间的线性关系是显著的。

（2）回归系数的显著性检验——t 检验。t 检验是统计推断中常用的一种检验方法，在回归分析中，t 检验主要用于检验回归系数的显著性，即检验自变量对因变量的影响是否显著。

t 检验的具体步骤为：

①提出假设。对回归系数进行显著性检验，所提出的假设一般形式为：

$H_0:\beta_1=0$　　自变量 x 对因变量 y 的影响不显著

$H_1:\beta_1\neq 0$　　自变量 x 对因变量 y 的影响显著

如果 H_0 成立，则可认为因变量 y 与自变量 x 之间并没有真正的线性关系，即 x 的变化对 y 并没有显著的线性影响。

②计算检验统计量。构造检验统计量

$$t=\frac{\hat{\beta}_1-\beta_1}{s_{\hat{\beta}_1}} \tag{10-20}$$

该统计量服从自由度为 $n-2$ 的 t 分布，如果原假设成立，则 $\beta_1=0$，式（10-20）变为：

$$t=\frac{\hat{\beta}_1}{s_{\hat{\beta}_1}} \tag{10-21}$$

式（10-21）中，$s_{\hat{\beta}_1}$ 为回归系数 $\hat{\beta}_1$ 估计的标准误差。

③作出决策。确定显著性水平 α，并根据自由度 $df=n-2$ 查 t 分布表，得到临界值 $t_{\frac{\alpha}{2}}(n-2)$，若 $|t|\geqslant t_{\frac{\alpha}{2}}(n-2)$，则拒绝原假设，认为 $\beta_1\neq 0$，即自变量 x 对因变量 y 的线性影响显著；否则，认为自变量 x 对因变量 y 的线性影响不显著。

也可以直接利用 Excel 输出的参数估计表结果进行决策。相应分布表中给出了用于检验的 P 值（“P - value”）。检验时可直接将“P - value”与给定的显著性水平 α 进行比较，若 P - value $<\alpha$，则拒绝原假设 H_0；若 P - value $>\alpha$，则不拒绝原假设 H_0。

例 10.11　根据例 10.7 的有关结果，检验回归系数的显著性（$\alpha=0.05$）。

解：第一步，提出假设。

$H_0:\beta_1=0$　　销售费用 x 对营业收入 y 的影响不显著

$H_1:\beta_1\neq 0$　　销售费用 x 对营业收入 y 的影响显著

第二步，计算检验统计量。

$$t=\frac{\hat{\beta}_1}{s_{\hat{\beta}_1}}=\frac{21.31776}{2.368918}=8.9989$$

第三步，作出决策。确定显著性水平 $\alpha=0.05$，并根据自由度 $df=n-2=10-2=8$，查 t 分布表，得到临界值 $t_{0.025}(8)=2.3060$，由于 $t=8.9989>t_{0.025}(8)=2.3060$，故拒绝原假设 H_0，说明汽车企业销售费用对其营业总收入影响是显著的。

也可以直接用 P 值进行决策。在 Excel 输出的参数估计表中可得到 $\hat{\beta}_1$ 所对应的 P-value = 1.85E-05 < α = 0.05，故拒绝原假设 H_0，说明汽车企业销售费用对其营业总收入影响是显著的。

10.2.4 利用回归方程进行预测

回归模型经过各种检验并表明符合预定要求后，就可以利用估计的回归方程来预测因变量的值了，这就是所谓的回归预测。回归预测是指通过确定自变量 x 的取值来预测因变量 y 的取值，分为点预测和区间预测两种。

1. 点预测

点预测分为两种：一种是个别值的点预测；另一种是平均值的点预测。

个别值的点预测是指利用估计的一元线性回归方程，对于 x 的一个特定值 x_0，求出 y 的一个估计值 $\hat{y}_0=\hat{\beta}_0+\hat{\beta}_1x_0$，就是个别值的点预测。

平均值的点预测是指利用估计的一元线性回归方程，对于 x 的一个固定值 x_0，求出 $E(y)$ 的一个估计值 $\hat{y}_0=\hat{\beta}_0+\hat{\beta}_1x_0$，就是平均值的点预测。

例 10.12 根据例 10.7 所求得的估计一元线性回归方程，若销售费用 $x=5$ 亿元时，所有 10 家上市汽车企业的营业收入的平均数，即平均营业收入为

$$\hat{y}=9.75087+21.31776\times5=116.33967(\text{亿元})$$

就是平均值的点预测。

若要预测销售费用为 5.634 亿元的广汽集团的营业收入，这就属于个别值的点预测，即当 $x=5.634$ 亿元时，$\hat{y}=9.75087+21.31776\times5.634=129.855$（亿元）。也就是说，销售费用为 5.634 亿元的广汽集团的营业收入估计值为 129.855 亿元。

2. 区间预测

区间预测也分为两种：一种是对 x 的一个固定值 x_0，求出 y 的平均值 $E(y)$ 的估计区间，这一区间称为置信区间；另一种是对 x 的一个特定值 x_0，求出 y 的一个个别值的估计区间，称为预测区间。

（1）y 的平均值的置信区间估计。y 的平均值的置信区间估计是指对 x 的一个特定值或给定值 x_0，求出 y 的平均值的估计区间。

设 x_0 为自变量 x 的一个特定值或给定值；$E(y_0)$ 为给定 x_0 时因变量 y 的平均值或期望值，点估计告诉我们，当 $x=x_0$ 时，$\hat{y}_0=\hat{\beta}_0+\hat{\beta}_1x_0$ 为 $E(y_0)$ 的估计值。

一般来说，我们不能期望估计值 $\hat{y}_0$ 精确地等于 $E(y_0)$。因此，要想用 $\hat{y}_0$ 推断 $E(y_0)$，必须考虑估计的一元线性回归方程得到的 $\hat{y}_0$ 的方差。对于给定的 x_0，用 $s_{\hat{y}_0}$ 表示 $\hat{y}_0$ 的标准差，统计学家给出了估计值 $\hat{y}_0$ 的标准差计算公式为

$$s_{\hat{y}_0}=s_e\sqrt{\frac{1}{n}+\frac{(x_0-\bar{x})^2}{\sum_{i=1}^{n}(x_i-\bar{x})^2}} \tag{10-22}$$

有了 $\hat{y}_0$的标准差 $s_{\hat{y}_0}$后，对于给定的 x_0，$E(y_0)$ 在置信水平 $1-\alpha$ 下的置信区间为

$$\hat{y}_0 \pm t_{\alpha/2}(n-2)s_e\sqrt{\frac{1}{n}+\frac{(x_0-\bar{x})^2}{\sum_{i=1}^{n}(x_i-\bar{x})^2}} \tag{10-23}$$

由式（10-23）可以看出，x_0越靠近 $\bar{x}$，则置信区间长度就越短，此时的预测精度就越高。所以，为了提高预测精度，所给定的 x_0不能偏离 $\bar{x}$ 太大。当 $x_0=\bar{x}$时，预测结果精度最高；当 $|x_0-\bar{x}|$很大时，预测效果就较差。对于给定的显著性水平 α，样本容量 n 越大，$1/n$ 就越小，且 $t_{\alpha/2}(n-2)$ 就越小，估计的预测误差变小，因此样本容量 n 越大预测效果越好。

例 10.13 根据例 10.12 所求出的营业收入的点估计值：$\hat{y}_0=116.33967$ 亿元，若上市汽车企业的销售费用为 5 亿元，试建立营业总收入的 95% 的置信区间。

解： 根据前面的计算结果，已知 $n=10$、$s_e=25.07157$，查表得 $t_{\alpha/2}(n-2)=t_{0.025}(10-2)=2.3646$。

计算得 $\sum_{i=1}^{n}(x_i-\bar{x})^2=112.0116$，$(x_0-\bar{x})^2=0.22197$。

由式（10-23），上市汽车企业营业总收入 95% 的置信区间为：

$$116.33967 \pm 2.3646 \times 25.07157 \times \sqrt{\frac{1}{10}+\frac{0.22197}{112.0116}}=116.33967 \pm 18.93216$$

即销售费用为 5 亿元时，各汽车企业的平均营业总收入在 95% 的预测区间为 97.40751 亿～135.27183 亿元。

（2）y 的个别值的预测区间估计。y 的个别值的预测区间估计是指对 x 的一个给定值x_0，求出 y 的一个个别值 $\hat{y}_0$的估计区间。

例如，假设现在不是估计销售费用为 5 亿元时所有汽车企业的营业收入，而只希望估计销售费用为 5.634 亿元的广汽集团的营业收入的区间是多少，这个区间称为预测区间。

为求出个别值 $\hat{y}_0$的预测区间，首先必须知道 $\hat{y}_0$的标准差。统计学家给出了估计值 $\hat{y}_0$的标准差 s_d的计算公式

$$s_d=s_e\sqrt{1+\frac{1}{n}+\frac{(x_0-\bar{x})^2}{\sum_{i=1}^{n}(x_i-\bar{x})^2}} \tag{10-24}$$

因此，对于给定的x_0值，y 的一个个别值 $\hat{y}_0$在置信水平 $1-\alpha$ 下的预测区间为：

$$\hat{y}_0 \pm t_{\alpha/2}(n-2)s_e\sqrt{1+\frac{1}{n}+\frac{(x_0-\bar{x})^2}{\sum_{i=1}^{n}(x_i-\bar{x})^2}} \tag{10-25}$$

注意，式（10－25）与式（10－23）相比，式（10－25）的根号内多了一个 1，因此，对 x 的一个给定值 x_0，$\hat{y}_0$的置信区间和预测区间的宽度不一样，个别值的预测区间要宽一些。二者的差别表明，预测 y 的平均值要比预测 y 的一个个别值更精确。同样，当 $x_0=\bar{x}$时，预测区间也是最精确的。

例 10.14　根据例 10.12 所求得的销售费用为 5.634 亿元的广汽集团的营业总收入的点估计值为 $\hat{y}=129.855$ 亿元，试建立广汽集团营业总收入的 95% 的预测区间。

解： 销售费用为 5.634 亿元的广汽集团营业收入预测区间为：

$$129.855 \pm 2.3646 \times 25.07157 \times \sqrt{1+\frac{1}{10}+\frac{0.22197}{112.0116}}=129.855 \pm 62.234$$

计算结果表明，销售费用为 5.634 亿元的广汽集团，其营业总收入 95% 的预测区间为 67.621 亿～192.089 亿元。

思政元素

近年来，随着能源与环境面临严峻形势，国际金融危机与新冠肺炎疫情对传统汽车产业带来了巨大冲击，促进了全球交通能源战略转型。随着环境保护问题逐渐被全球关注，拥有低耗能和低污染优势的新能源汽车行业迅速崛起。为了减少能源的过度消耗和环境的污染，我国也紧跟时代步伐，将新能源汽车产业列入七大战略性新兴产业，将发展新能源汽车作为国家战略。在这场汽车革命中，我国汽车产业换道先行，取得了骄人的成绩。2021 年，全球新能源汽车销量为 675 万辆，同比增长 108%；其中，我国新能源汽车销量达 352 万辆，同比增长 160% 以上。近十年来，全球累计推广新能源汽车超过 1 800 万辆，而我国的数字超过 900 万辆。在国家政策的大力推动下，节能降碳先进技术逐渐推广和应用，未来我国新能源汽车市场有望迎来更大的增长空间①。

10.3　多元线性回归分析

本章第二节介绍的一元线性回归分析所反映的是一个因变量与一个自变量之间的关系。但是，在许多实际问题中，经常会遇到一个因变量与多个自变量的线性相关问题，这需要多元线性回归分析的方法来解决。多元线性回归模型是一元线性回归模型的扩展，其基本原理与一元线性回归模型相类似。本节对于多元回归分析中与一元回归分析相类似的内容，仅给出必要的结论，不作进一步的论证，只对某些多元回归分析所特有的问题作比较详细的说明。

① 中国日报网，http：//cn. chinadaily. com. cn/index. html。

10.3.1　多元线性回归模型

多元线性回归模型

1. 理论回归模型

设因变量 y 与 k 个自变量 x_1、x_2、…、x_k 之间存在线性相关关系，描述它们之间线性关系的数学结构式，即线性理论回归模型为：

$$y=\beta_0+\beta_1x_1+\beta_2x_2+\cdots+\beta_kx_k+\varepsilon \tag{10-26}$$

式中，$\beta_1,\beta_2,\cdots,\beta_k$是模型的参数，又称为偏回归系数，$\varepsilon$ 为随机误差项。

该模型中，y 是自变量 $x_1,x_2,\cdots,x_k$的线性函数（$\beta_0+\beta_1x_1+\beta_2x_2+\cdots+\beta_kx_k$）部分加上误差项 ε。误差项 ε 反映了除 $x_1,x_2,\cdots,x_k$和 y 之间的线性关系之外的随机因素对 y 的影响，是不能由 $x_1,x_2,\cdots,x_k$和 y 之间的线性关系所解释的变异性。

与一元线性回归模型类似，多元线性回归模型对误差项 ε 同样有如下三个基本假定：

假定 1：正态性假定。假定误差项 ε 是一个服从正态分布的随机变量，即 $\varepsilon\sim N(0,\sigma^2)$，$E(\varepsilon)=0$。正态性意味着对于给定的 $x_1,x_2,\cdots,x_k$的值，因变量 y 是一个服从正态分布的随机变量。$E(\varepsilon)=0$，意味着对于给定 $x_1,x_2,\cdots,x_k$的值，y 的期望值为 $E(y)=\beta_0+\beta_1x_1+\beta_2x_2+\cdots+\beta_kx_k$。

假定 2：方差齐性假定。对于自变量所有的 x 值，ε 的方差σ^2都相同。

假定 3：独立性假定。独立性意味着对于自变量 $x_1,x_2,\cdots,x_k$一组特定值的对应的 ε 与$x_1,x_2,\cdots,x_k$任意一组其他值所对应的 ε 不相关。

2. 多元线性回归方程

基于随机误差项 ε 的上述假定，可以得到多元线性回归方程的形式为：

$$E(y)=\beta_0+\beta_1x_1+\beta_2x_2+\cdots+\beta_kx_k \tag{10-27}$$

式（10-27）称为多元线性回归方程，它描述了因变量 y 的期望值或平均值与自变量$x_1,x_2,\cdots,x_k$之间的关系。

3. 估计的多元线性回归方程

由于缺乏总体相关数据，回归方程中的参数 $\beta_0,\beta_1,\beta_2,\cdots,\beta_k$是未知的，所以需要利用样本数据去估计它们。当用样本估计量 $\hat{\beta}_0$，$\hat{\beta}_1,\hat{\beta}_2,\cdots,\hat{\beta}_k$去估计回归方程中的未知参数 $\beta_0,\beta_1,\beta_2,\cdots,\beta_k$时，就得到了估计的多元回归方程，其一般形式为：

$$\hat{y}=\hat{\beta}_0+\hat{\beta}_1x_1+\hat{\beta}_2x_2+\cdots+\hat{\beta}_kx_k \tag{10-28}$$

式中，$\hat{\beta}_0,\hat{\beta}_1,\hat{\beta}_2,\cdots,\hat{\beta}_k$是参数$\beta_0,\beta_1,\beta_2,\cdots,\beta_k$的估计值；$\hat{y}$是 $E(y)$ 的估计值。其中的$\hat{\beta}_1,\hat{\beta}_2,\cdots,\hat{\beta}_k$称为估计的偏回归系数。$\hat{\beta}_1$表示当$x_2,x_3,\cdots,x_k$不变时，$x_1$每变动一个单位因变量 y 的平均变动量；$\hat{\beta}_2$表示当$x_1,x_3,\cdots,x_k$不变时，x_2每变动一个单位因变量 y 的平均变动量；其他估计的偏回归系数的含义类似。

10.3.2　多元线性回归模型参数的估计

多元线性回归模型的参数同样采用最小二乘法来估计，也就是使残差平方和的值达到最小，即 $Q=\sum(y_i-\hat{y}_i)^2=\sum(y_i-\hat{\beta}_0-\hat{\beta}_1x_1-\hat{\beta}_2x_2-\cdots-\hat{\beta}_kx_k)^2$ 达到最小。

根据微分极值原理，可以得到求解 $\hat{\beta}_0,\hat{\beta}_1,\hat{\beta}_2,\cdots,\hat{\beta}_k$ 的方程组

$$\begin{cases}\dfrac{\partial Q}{\partial\hat{\beta}_0}=0\\[2ex]\dfrac{\partial Q}{\partial\hat{\beta}_j}=0(j=1,2,\cdots,k)\end{cases}\tag{10-29}$$

求解上述方程组需要借助于计算机，可直接由 Excel 给出回归结果。

例 10.15　为了研究全国各地区实物商品网上零售额的差异及其原因，经分析认为，实物商品网上零售额可能与居民收入水平（用居民人均可支配收入表示）、物流需求及运输条件（用货物周转量表示）、互联网发展程度（用互联网宽带接入用户数表示）等都有关系。选取 2019 年我国各地区实物商品网上零售额（y）、居民人均可支配收入（x_1）、货物周转量（x_2）、互联网宽带接入用户数（x_3）作为样本数据进行回归分析，如表 10－5 所示。

表 10－5　2019 年各地区实物商品网上零售额及影响因素数据

地区	实物商品网上零售额（亿元）y	人均可支配收入（元）x_1	货物周转量（亿吨公里）x_2	互联网宽带接入用户（万户）x_3
北京	6 503.8	67 755.9	1 089.40	688.1
天津	1 931.5	42 404.1	2 662.45	523.6
河北	2 108.4	25 664.7	13 563.38	2 359.7
山西	304.0	23 828.5	5 466.48	1 126.1
内蒙古	196.1	30 555.0	4 689.49	682.5
辽宁	1 094.4	31 819.7	8 921.43	1 230.4
吉林	286.7	24 562.9	1 802.73	618.3
黑龙江	370.1	24 253.6	1 615.08	848.3
上海	8 424.5	69 441.6	30 324.90	890.1
江苏	8 361.4	41 399.7	9 947.68	3 585.7
浙江	12 815.5	49 898.8	12 391.92	2 778.9
安徽	1 973.1	26 415.1	10 245.79	1 864.7
福建	4 298.4	35 616.1	8 292.13	1 779.0
江西	1 374.1	26 262.4	3 860.27	1 448.8
山东	3 445.0	31 597.0	10 166.42	3 186.1
河南	1 750.0	23 902.7	8 658.54	2 769.2

续表

地区	实物商品网上零售额（亿元）y	人均可支配收入（元）x_1	货物周转量（亿吨公里）x_2	互联网宽带接入用户（万户）x_3
湖北	2 384.4	28 319.5	6 132.4	1 708.3
湖南	1 351.8	27 679.7	2 593.58	1 873.8
广东	19 819.1	39 014.3	27 373.67	3 801.6
广西	444.3	23 328.2	3 989.18	1 447.4
海南	99.2	26 679.5	1 648.03	323.2
重庆	683.0	28 920.4	3 614.15	1 164.0
四川	2 557.5	24 703.1	2 710.83	2 811.7
贵州	245.2	20 397.4	1 235.32	892.9
云南	442.0	22 082.4	1 552.05	1 156.1
西藏	26.3	19 501.3	154.38	91.4
陕西	722.9	24 666.3	3 482.15	1 197.7
甘肃	114.0	19 139.0	2 496.28	870.7
青海	28.8	22 617.7	398.43	174.5
宁夏	43.0	24 411.9	650.99	259.1
新疆	157.7	23 103.4	1 948.19	775.9

资料来源：《中国统计年鉴 2020》，www.stats.gov.cn/tjsj/ndsj/2020/indexch.cn。

试建立实物商品网上零售额与居民人均可支配收入（x_1）、货物周转量（x_2）和互联网宽带接入用户数（x_3）的线性回归方程，并解释各回归系数的含义。

解： 由 Excel 输出的多元回归分析结果如图 10－9 所示。

SUMMARY OUTPUT						
回归统计						
Multiple R	0.870409					
R Square	0.757613					
Adjusted R Square	0.730681					
标准误差	2272.249					
观测值	31					
方差分析						
	df	SS	MS	F	Significance F	
回归分析	3	4.36E+08	1.45E+08	28.13065	1.8396E-08	
残差	27	1.39E+08	5163115			
总计	30	5.75E+08				
	Coefficients	标准误差	t Stat	P-value	Lower 95%	Upper 95%
Intercept	-5374.43	1334.018	-4.02875	0.00041	-8111.6076	-2637.25
X Variable 1	0.14102	0.041272	3.416829	0.002022	0.05633635	0.225703
X Variable 2	0.197583	0.084569	2.336361	0.027143	0.02406231	0.371103
X Variable 3	1.752492	0.49955	3.508144	0.0016	0.72750115	2.777484

图 10－9　Excel 输出的多元回归分析结果

根据图 10－9 的结果，得到实物商品网上零售额与居民人均可支配收入（x_1）、货物周转量（x_2）和互联网宽带接入用户数（x_3）的多元线性回归方程为：

$$\hat{y} = -5\,374.43 + 0.14102\,x_1 + 0.197583\,x_2 + 1.752492\,x_3$$

回归系数的含义为：

$\hat{\beta}_1 = 0.14102$，表示在货物周转量（x_2）和互联网宽带接入用户数（x_3）不变的条件下，居民人均可支配收入（x_1）每增加 1 元，实物商品网上零售额平均增加 0.14102 亿元；

$\hat{\beta}_2 = 0.197583$，表示在居民人均可支配收入（x_1）和互联网宽带接入用户数（x_3）不变的条件下，货物周转量（x_2）每增加 1 亿吨公里，实物商品网上零售额平均增加 0.197583 亿元；

$\hat{\beta}_3 = 1.752492$，表示在居民人均可支配收入（x_1）和货物周转量（x_2）不变的条件下，互联网宽带接入用户数（x_3）每增加 1 万户，实物商品网上零售额平均增加 1.752492 亿元。

10.3.3　多元线性回归模型的检验

1. 多元线性回归的拟合优度

多元线性回归模型拟合优度的评价需要用到多重判定系数或估计标准误差。

（1）多重判定系数。与一元线性回归一样，多元线性回归因变量总离差平方和 SST，也可以分解为回归平方和 SSR 与残差平方和 SSE。同样有

$$SST = SSR + SSE \qquad (10-30)$$

式（10－30）中，

$SST = \sum (y_i - \bar{y})^2$ 为总离差平方和，反映了因变量观测值总离差的大小；

$SSR = \sum (\hat{y}_i - \bar{y})^2$ 为回归平方和，反映了因变量回归估计值说明的总离差的大小，它是因变量观测值总离差中由自变量解释的那部分离差；

$SSE = \sum (y_i - \hat{y}_i)^2$ 为残差平方和，反映了因变量观测值与估计值之间的总离差，是因变量观测值总离差中未被自变量解释的那部分。

与一元线性回归类似，多重判定系数 R^2 仍定义为回归平方和占总离差平方和的比值，即

$$R^2 = \frac{SSR}{SST} = 1 - \frac{SSE}{SST} \qquad (10-31)$$

它是度量多元线性回归方程拟合优度的一个统计量，反映了因变量 y 的变差中被估计的回归方程所解释的程度。显然，回归平方和 SSR 越大，残差平方和 SSE 越小，从而因变量观测值总离差平方和中能由自变量解释的那部分就越大，模型对观测数据

的拟合程度就越高。多重判定系数是介于0和1之间的一个数，R^2越接近于1，模型对数据的拟合程度就越好。

这里要注意与一元线性回归分析不同的是，在多元线性回归分析中，自变量的个数的增加将会影响到因变量中被估计的回归方程所解释的变差比例。在样本容量一定的条件下，残差平方和 SSE 会随着自变量个数的增加而减少，SSE 变小，SSR 就会变大，从而使多重判定系数R^2变大。如果模型中增加一个自变量，即使这个自变量在统计上并不显著，R^2也会变大。因此，为避免增加自变量个数而高估R^2，统计学家提出用样本量 n 和自变量的个数 k 去调整 R^2，计算出调整或修正的多重判定系数，记为$\overline{R}^2$，其计算公式为：

$$\overline{R}^2 = 1 - (1 - R^2)\left(\frac{n-1}{n-k-1}\right) \tag{10-32}$$

$\overline{R}^2$的取值范围和意义与R^2相同，不同的是，$\overline{R}^2$考虑了样本量和模型中自变量个数的影响，这就使得$\overline{R}^2$的值总是小于R^2，而且$\overline{R}^2$的值不会由于模型中自变量个数的增加而越来越接近于1。因此，在多元线性回归分析中，通常用调整或修正的多重判定系数来反映回归方程的拟合优度。

在实际应用中，人们希望所建模型的R^2和$\overline{R}^2$越大越好。但应注意，判定系数只是对模型拟合优度的度量，R^2和$\overline{R}^2$越大，只是说明列入模型中的自变量对因变量的联合影响程度越大，并非说明模型中各个自变量对因变量的影响程度也越大。在回归分析中，不仅要求模型的拟合程度高，而且还要得到回归模型参数的可靠估计量。因此，在选择模型时，不能单纯地凭判定系数的高低断定模型的优劣。

R^2的平方根称为复相关系数，记为 R，它度量了因变量 y 同 k 个自变量的相关程度。复相关系数的取值范围为$0 \leq R \leq 1$。$R=1$，表明 y 与自变量 $x_1, x_2, \cdots, x_k$之间存在完全确定的线性相关关系；$R=0$，则表明 y 与自变量 $x_1, x_2, \cdots, x_k$之间不存在任何程度的线性相关关系。R 越接近于1，表明变量之间线性复相关程度越高。

例 10.16 根据例 10.15 的数据，计算多重判定系数R^2和修正的多重判定系数$\overline{R}^2$，并解释其实际意义。

解：在用 Excel 进行回归分析时，回归输出结果中的“回归统计”部分直接给出了多重判定系数 R^2和修正的多重判定系数$\overline{R}^2$，当然也可以根据公式计算。从图 10-9 中可直接看出多重判定系数$R^2=0.757613$，其实际意义是：在各地区实物商品网上零售额的总变差中，能被居民人均可支配收入、货物周转量和互联网宽带接入用户数的多元回归方程所解释的比例为75.7613%。

修正的多重判定系数 $\overline{R}^2=0.730681$，其实际意义是：在用样本量和模型中的自变量的个数进行调整后，在各地区实物商品网上零售额的总变差中，能被居民人均可支配收入、货物周转量和互联网宽带接入用户数的多元回归方程所解释的比例为73.0681%。

（2）估计标准误差。多元线性回归分析中，估计标准误差仍然是对随机误差 ε 的标准差的一个估计。它在衡量多元线性回归方程拟合优度方面也起着重要作用。估计标准误差的计算公式为：

$$s_e = \sqrt{\frac{\sum(y_i - \hat{y}_i)^2}{n-k-1}} = \sqrt{\frac{SSE}{n-k-1}} = \sqrt{MSE} \qquad (10-33)$$

式中，k 为自变量的个数。

多元线性回归分析中对 s_e 的解释与一元回归类似。由于 s_e 所估计的是预测误差的标准差，反映根据自变量 $x_1, x_2, \cdots, x_k$ 来预测因变量 y 时的平均预测误差。

例 10.17　根据例 10.15 的数据，计算估计标准误差 s_e，并解释其实际意义。

解：在用 Excel 进行回归分析时，回归输出结果中的“回归统计”部分直接给出了 s_e，当然也可以根据公式计算。从图 10－9 中可直接看出 s_e＝2 272.249，其含义是：根据所建立的多元线性回归方程，用居民人均可支配收入、货物周转量和互联网宽带接入用户数来预测各地区实物商品网上零售额时，平均预测误差为 2 272.249 亿元。

2. 显著性检验

多元线性回归模型的显著性检验

多元线性回归模型的显著性检验同样也包括两个方面的内容，即回归方程的显著性检验和回归系数的显著性检验。

在一元线性回归分析中，线性关系的 F 检验与回归系数的 t 检验是等价的。但在多元线性回归分析中，这两种检验不再等价。多元线性回归分析中的线性关系检验主要是检验因变量同多个自变量的线性关系是否显著，在 k 个自变量中，只要有一个自变量与因变量的线性关系显著，F 检验就能通过，但这不一定意味着每个自变量与因变量的关系都显著。回归系数的检验则是对每一个偏回归系数分别进行独立检验，它主要用于检验每个自变量对因变量的影响是否显著。如果某个自变量没有通过检验，就意味着这个自变量对因变量的影响不显著，也许就没有必要将这个自变量放进回归模型中。

（1）回归方程线性关系检验——F 检验。线性关系的 F 检验是检验因变量 y 与 k 个自变量之间的线性关系是否显著，为了避免检验次数过多，通常采用方差分析的做法，其检验步骤为：

①提出假设。

$H_0: \beta_1 = \beta_2 = \cdots = \beta_k = 0$　　自变量 x_1、x_2、…、x_k 和因变量 y 之间的线性关系不显著

$H_1: \beta_1, \beta_2, \cdots, \beta_k$ 不全为 0　　自变量 x_1、x_2、…、x_k 和因变量 y 之间的线性关系显著

②计算检验统计量

$$F = \frac{SSR/k}{SSE/n-k-1} = \frac{MSR}{MSE} \sim F_\alpha(k, n-k-1) \qquad (10-34)$$

③作出决策。确定显著性水平 α，并根据分子自由度 $df = k$ 和分母自由度 $df = n - k - 1$ 查 F 分布表，找到相应的临界值 $F_\alpha(k, n-k-1)$。若 $F > F_\alpha(k, n-k-1)$，拒绝

H_0，说明回归方程中所有自变量联合起来对因变量有显著影响；若 $F < F_{\alpha}(k, n-k-1)$，则不拒绝H_0，说明回归方程中所有自变量联合起来对因变量影响不显著，所建回归模型没有意义。

还可以根据计算机软件输出结果，直接利用 P 值作出决策：若 $P<\alpha$，则拒绝原假设；否则不拒绝原假设。

例 10.18 对例 10.15 建立的回归方程线性关系的显著性进行检验（$\alpha=0.05$）。

解： ①提出假设。

$$H_0: \beta_1=\beta_2=\beta_3=0$$

$$H_1: \beta_1, \beta_2, \beta_3 \text{不全为} 0$$

②计算检验统计量。

根据图 10－9Excel 输出的方差分析中的有关结果，可计算出

$$F=\frac{SSR/k}{SSE/n-k-1}=\frac{MSR}{MSE}=28.13065$$

③作出决策。确定显著性水平 $\alpha=0.05$，并根据分子自由度 $df=3$ 和分母自由度 $df=n-k-1=31-3-1=27$，查 F 分布表，得到相应的临界值$F_{0.05}(3,27)=2.960$。由于 $F=28.13065>F_{0.05}$（3，27）$=2.960$，故拒绝原假设，这意味着居民人均可支配收入、货物周转量和互联网宽带接入用户数与各地区实物商品网上零售额之间的线性关系是显著的。

也可以直接将图 10－9Excel 输出的方差分析部分中的"Significance F"值（即 P 值）与给定的显著性水平 $\alpha=0.05$ 进行比较，由于"Significance F"值 $=1.8396\text{E}-08<\alpha=0.05$，故拒绝原假设$H_0$。

（2）回归系数的显著性检验——t 检验。回归分析中进行 t 检验的目的主要是检验与各回归系数对应的自变量对因变量的影响是否显著，以便对自变量的取舍做出正确的判断。一般来说，当发现某个自变量的影响不显著时，应将其从模型中删除。这样才能够做到以尽可能少的自变量去达到尽可能高的拟合优度。

t 检验的具体步骤为：

①提出假设。对回归系数进行显著性检验，所提出的假设一般形式为：

$H_0: \beta_j=0 \ (j=1,2,\cdots,k)$　　自变量 x_j对因变量 y 的影响不显著

$H_1: \beta_j \neq 0 \ (j=1,2,\cdots,k)$　　自变量 x_j对因变量 y 的影响显著

②计算检验统计量。

构造检验统计量

$$t_j=\frac{\hat{\beta}_j-\beta_j}{s_{\hat{\beta}_j}} \tag{10-35}$$

该统计量服从自由度为 $n-k-1$ 的 t 分布，如果原假设成立，则 $\beta_j=0$，检验统计量为：

$$t_j = \frac{\hat{\beta}_j}{s_{\hat{\beta}_j}} \tag{10-36}$$

上式中，$s_{\hat{\beta}_j}$为回归系数 $\hat{\beta}_j$估计的标准误差。

③作出决策。确定显著性水平 α，并根据自由度 $df=n-k-1$ 查 t 分布表，得到临界值 $t_{\frac{\alpha}{2}}(n-k-1)$，若$|t_j| \geq t_{\frac{\alpha}{2}}(n-k-1)$，则拒绝原假设，认为$\beta_j \neq 0$，说明在其他自变量不变的情况下，自变量$x_j$对因变量 y 的影响是显著的；若$|t_j| < t_{\frac{\alpha}{2}}(n-k-1)$，则不拒绝原假设，说明在其他自变量不变的情况下，自变量x_j对因变量 y 的影响是不显著的。

也可以直接利用 Excel 输出的参数估计表的数据进行决策。图 10－9 给出了用于检验的 P 值（"P－value"）。检验时可直接将"P－value"与给定的显著性水平 α 进行比较，若 P－value $<\alpha$，则拒绝原假设H_0；若 P－value $>\alpha$，则不拒绝原假设H_0。

例 10.19　对例 10.15 建立的回归方程中的各回归系数的显著性进行检验（$\alpha=0.05$）。

解：第一步，提出假设。

$$H_0: \beta_j = 0$$

$$H_1: \beta_j \neq 0 \ (j=1,2,3)$$

第二步，计算检验统计量。

$$t_j = \frac{\hat{\beta}_j}{s_{\hat{\beta}_j}}$$

根据图 10－9 中的结果，$t_1=3.416829$、$t_2=2.336361$、$t_3=3.508144$。

第三步，作出决策。确定显著性水平 0.05，并根据自由度 $df=n-k-1=31-3-1=27$，查 t 分布表，得到临界值$t_{0.025}(27)=2.0518$，$t_1=3.416829>t_{0.025}(27)=2.0518$，拒绝原假设$H_0$，说明居民人均可支配收入（$x_1$）对各地区实物商品网上零售额的影响是显著的；$t_2=2.336361>t_{0.025}(27)=2.0518$，拒绝原假设$H_0$，说明货物周转量（$x_2$）对各地区实物商品网上零售额的影响是显著的；$t_3=3.508144>t_{0.025}(27)=2.0518$，拒绝原假设$H_0$，说明互联网宽带接入用户数（$x_3$）对各地区实物商品网上零售额的影响是显著的。

也可以直接用 P 值进行决策。在图 10－9 Excel 输出的参数估计表中可得到$\hat{\beta}_1$所对应的 P－value $=0.002022<\alpha=0.05$，$\hat{\beta}_2$所对应的 P－value $=0.027143<\alpha=0.05$，$\hat{\beta}_3$所对应的 P－value $=0.0016<\alpha=0.05$，三个偏回归系数都通过了检验，说明居民人均可支配收入（x_1）、货物周转量（x_2）和互联网宽带接入用户数（x_3）对各地区实物商品网上零售额的影响都是显著的。

在对各偏回归系数进行检验时，有可能会出现某一个或几个偏回归系数无法通过检验的情况，但这并不一定意味着没通过检验的那些自变量对因变量的影响就不显著。这可能是由于自变量之间的相关性所造成的，即在统计上称为多重共线性问题。

10.3.4 关于多重共线性问题

多元线性回归模型的多重共线性

在一个多元线性回归模型中，如果某一个自变量与其他自变量存在比较强的线性相关关系，则称这个回归模型中存在**多重共线性**。

1. 多重共线性产生的经济背景和原因

多重共线性产生的经济背景和原因有很多，主要有以下几个方面：

(1) 经济变量之间往往存在同方向的变化趋势。在实际经济生活中，许多经济变量会受相同因素的影响而出现同时上升或者同时下降的变化趋势，这就使得它们之间容易产生多重共线性。例如，在经济繁荣时期，各项基本经济指标（如收入、消费、储蓄、投资、物价、就业人数等）都趋向增长，但在经济衰退时期，这些指标又同时放慢了增长速度。比如，经济的增长带动了收入的增长，随着人们收入的增长，商品销售有所增长，相应地市场利率、商品销售价格指数、货币发行量、储蓄额等变量也会发生变化。当它们被引入同一个模型成为自变量时，它们之间就有可能存在多重共线性。

(2) 经济变量之间往往存在着密切的关联度。事实上，经济系统中各要素之间是相互依存、相互制约的，在数量关系上必然存在有一定的联系。因此，从这个意义上讲，多重共线性是多元线性回归模型中不可避免的问题，只是影响程度有所不同而已。比如，我们利用企业的截面数据为样本来建立生产函数，从投入的要素看，资本投入、劳动力投入、科技投入、能源供应等都与企业的生产规模密切相关，一般地，大企业拥有较多的资本，同时也拥有较多的劳动力，小企业拥有较少的资本，同时也拥有较少的劳动力，所以资本投入与劳动力规模之间具有内在的联系，往往表现为多重共线性现象。

(3) 在模型中引入滞后变量也容易产生多重共线性。滞后变量是指在同一个时间序列中取当前时期的前期值的变量。这是因为滞后变量从经济性质上看与原来的变量没有什么本质区别，只是时间上有所不同，从经济意义上看这些变量之间的关联度比较紧密，变量的各期值之间很可能是高度相关的，所以含有滞后变量的模型一般都存在多重共线性。比如，在研究消费函数的时候，作为影响消费行为的因素，我们不仅要考虑在模型中引入当期的可支配收入，同时还要考虑引入以往各期的可支配收入。如果记可支配收入为 x_t，假定在模型中引入滞后一期和滞后二期的可支配收入，即为 x_{t-1}、x_{t-2}，那么，变量 x_t、x_{t-1}和x_{t-2}之间就极有可能产生共线性。

从以上例子来看，在研究社会、经济问题时，因为问题本身的复杂性，涉及的因素很多，很难在众多因素中找到一组互不相关又对因变量 y 有显著影响的变量，因此不可避免地会出现所选自变量相关的情形。一般来讲，自变量之间存在多重共线性是难以避免的，人们追求的是使多重共线性的程度尽可能地减弱。

2. 多重共线性的后果

(1) 严重的多重共线性会使模型的估计结果对数据的微小变化非常敏感，可能出现参数的估计值具有不合理的大小，甚至“错误的”符号，使回归结果不能通过经济意义检验。

（2）变量的显著性检验可能产生误导，使对因变量具有显著影响的变量无法通过显著性检验。

（3）对于一定的置信度，由于参数估计量方差的增加，导致样本回归函数不稳定，进而使得对被解释变量进行预测的精度下降。

3. 多重共线性的诊断

由于经济变量之间或多或少存在着一定程度的相关关系，因此多重共线性的诊断并不在于有无之间的区分，而在于观察或判断它的严重程度以及它是由哪些变量引起的。下面是几种常见的诊断多重共线性的方法：

（1）根据判定系数R^2、F 检验、t 检验的结果判断。如果模型的判定系数R^2很大，F 检验高度显著，但是偏回归系数的 t 检验几乎都不显著，甚至出现有的偏回归系数的符号与实际经济意义不符，则模型很可能存在多重共线性。

（2）相关系数检验。简单相关系数法是依据自变量两两之间的线性相关程度去判断模型是否存在多重共线性的一种简便方法。一般而言，如果每两个自变量的简单相关系数比较高，则可认为存在着较严重的多重共线性。

（3）辅助回归模型检验。将每一个自变量对其余自变量进行线性回归，称之为辅助回归。若某一辅助回归的判定系数R^2较大（如大于 0.8 或 0.9），则可以认为自变量之间存在较严重的多重共线性；若所有辅助回归的判定系数都比较小，则可以认为自变量之间的多重共线性并不严重。

（4）方差膨胀因子检验。方差膨胀因子VIF_j的计算公式为：

$$VIF_j = \frac{1}{(1 - R_j^2)} \tag{10-37}$$

式中R_j^2为x_j关于其他自变量的辅助回归模型的判定系数。由于R_j^2度量了自变量x_j与其余自变量的线性相关程度，这种相关程度越强，说明自变量之间的多重共线性越严重，R_j^2也就越接近于 1，VIF_j也就越大。反之，x_j与其余自变量线性相关程度越弱，自变量间的多重共线性也就越弱，R_j^2就越接近于零，VIF_j也就越接近于 1，由此可见VIF_j的大小反映了自变量之间是否存在多重共线性，并可由它来度量多重共线性的严重程度，经验表明，当$VIF_j > 10$ 时，就说明自变量x_j与其余自变量之间有严重的多重共线性。

还可用 k 个自变量所对应的方差膨胀因子的平均数来度量多重共线性。当

$$\overline{VIF} = \frac{1}{k} \sum_{i=1}^{n} VIF_j \tag{10-38}$$

远远大于 1 时就表示存在严重的多重共线性问题。

一般情况下，当一个回归方程存在严重的多重共线性时，有若干个自变量所对应的方差膨胀因子大于 10，这个回归方程多重共线性的存在就是方差膨胀因子超过 10 的这几个变量引起的，说明这几个自变量间有一定的多重共线性的关系存在。知道了这一点，对于我们消除回归方程的多重共线性非常有用。

另一个与 VIF_j 等价的指标是容忍度 TOL_j，其计算公式为：

$$TOL_j = 1/VIF_j \tag{10-39}$$

容忍度 TOL_j 越小，多重共线性越严重。一般当 $TOL_j < 0.1$ 时，认为模型存在较严重的多重共线性。

4. 多重共线性的消除

当通过某种检验，发现自变量中存在严重的多重共线性时，我们就要设法消除这种共线性。消除多重共线性的方法很多，常用的有下面几种。

（1）剔除一些不重要的自变量。通常在经济问题的建模中，由于我们认识水平的局限，容易考虑过多的自变量。当涉及自变量较多时，大多数回归方程都受到多重共线性的影响。这时，最常用的办法是首先用一定的方法做自变量的选元，舍去一些自变量。当回归方程中的全部自变量都通过显著性检验后，回归方程中仍然存在严重的多重共线性，有几个变量的方差膨胀因子大于 10，我们可把方差膨胀因子最大者的对应的自变量首先剔除，再重新建立回归方程，如果仍然存在严重的多重共线性，则再继续剔除方差膨胀因子最大者所对应的自变量，直到回归方程中不再存在严重的多重共线性为止。

有时，根据所研究的问题的需要，当回归方程中仍然存在严重的多重共线性时，也可以首先剔除方差膨胀因子最大者所对应的自变量，依次剔除，直到消除了多重共线性为止，然后再做自变量的选元。或者根据所研究问题的经济意义，决定保留或剔除某自变量。

总之，在选择回归模型时，可以将回归系数的显著性检验、方差膨胀因子的多重共线性检验与自变量的经济含义结合起来考虑，以引进或剔除变量。

（2）增大样本容量。建立一个实际经济问题的回归模型，如果所收集的样本数据太少，也容易产生多重共线性。因此，增大样本容量也是消除多重共线性的一个途径。

在实践中，当我们所选的变量个数接近样本容量 n 时，自变量间就容易产生共线性。所以我们在运用回归分析研究经济问题时，要尽可能使样本容量 n 远大于自变量个数 k。

增大样本容量的方法在有些经济问题中是不现实的，因为在经济问题中，许多自变量是不受控制的，或由于各种原因不可能再得到一些新的样本数据。在有些情况下，虽然可以增大一些样本数据，但自变量个数较多时，我们往往难以确定增加什么样的数据，才能克服多重共线性。

有时，增加了样本数据，但可能新数据距离原来样本数据的平均值较大，会产生一些新问题，使模型拟合变差，没有收到增加样本数据期望的效果。

（3）变换模型的形式。对原设定的模型进行适当的变换，也可以消除或削弱原模型中自变量之间的相关关系。具体有三种变换方式：一是变换模型的函数形式，如将线性模型转换成对数模型、半对数模型或多项式模型等；二是变换模型的变量形式，如引入差分变量、相对数变量等；三是改变变量的统计指标，如将生产过程中的资金投入量换成固定资金或流动资金（或两者之和），劳动投入量换成职工人数或工资总额，经济增长率指标换成 GDP、国民收入增长率，等等。

（4）逐步回归法。建立回归模型的时候，一般是将自变量全部引入模型，然后再根据统计检验和定性分析从中逐个剔除次要的或产生多重共线性的变量，选择变量是一个“由多到少”的过程。而逐步回归选择变量时，却是一个“由少到多”的过程，即从所有自变量中间先选择影响最为显著的变量建立模型，然后再将模型之外的变量逐个引入模型；每引入一个变量，就对模型中的所有变量进行一次显著性检验，并从中剔除不显著的变量；逐步引入—剔除—引入，直到模型之外所有变量均不显著时为止。

许多统计分析软件都有逐步回归程序，但根据计算机软件自动挑选的模型往往统计检验合理，经济意义并不理想。因此，实际应用中一般是依据逐步回归的原理，结合主观分析来筛选变量。具体步骤为：①利用相关系数从所有自变量中选取相关性最强的变量建立一元回归模型。②在一元回归模型中分别引入第二个变量，共建立 $k-1$ 个二元回归模型（设共有 k 个自变量），从这些模型中再选取一个较优的模型。选择时要求模型中每个自变量影响显著，参数符号正确，拟合优度R^2值有所提高。③在选取的二元回归模型中以同样方式引入第三个变量；如此下去，直至无法引入新的变量时为止。

在引进新自变量的回归模型中：①如果新引入自变量在符合经济意义的前提下，能使拟合优度R^2有所提高，且每个参数统计检验显著，则采纳该变量；②如果新引入自变量不能改善拟合优度，同时对其他参数无明显影响，则可舍弃该变量；③如果新引入自变量能使拟合优度R^2有所提高，但对其他参数的符号和数值有明显的影响，统计检验也不显著，可以断定新自变量引起了共线性。按照前述的检验方法，考察变量间线性相关的形式和程度，并进行经济意义的判断，在共线性程度最高的两个变量中，舍去对因变量影响较小、经济意义相对次要的一个，保留影响较大、经济意义相对重要的一个。但要注意，不应轻易舍去新引入的变量，否则会造成模型设定偏误和随机项与自变量相关。

例 10.20　根据理论和经验分析，影响居民服装需求 y 的主要因素有可支配收入x_1、流动资产拥有量x_2、服装类价格指数x_3和物价总指数x_4。表 10－6 给出了有关指标的数据。

表 10－6　某地服装需求有关统计数据

年份	服装需求（亿元）y	可支配收入（亿元）x_1	流动资产拥有量（亿元）x_2	服装类价格指数（上年＝100）x_3	物价总指数（上年＝100）x_4
1	8.4	82.9	17.1	92	94
2	9.6	88.0	21.3	93	96
3	10.4	99.9	25.1	96	97

续表

年份	服装需求（亿元）y	可支配收入（亿元）x_1	流动资产拥有量（亿元）x_2	服装类价格指数（上年=100）x_3	物价总指数（上年=100）x_4
4	11.4	105.3	29	94	97
5	12.2	117.7	34	100	100
6	14.2	131.0	40	101	101
7	15.8	148.0	44	105	104
8	17.9	161.8	49	112	109
9	19.3	174.2	51	112	111
10	20.8	184.7	53	112	111

设服装需求的回归模型为：

$$y=\beta_0+\beta_1x_1+\beta_2x_2+\beta_3x_3+\beta_4x_4+\varepsilon$$

（1）建立回归方程。

Excel 输出的多元回归分析结果如图 10－10 所示。

SUMMARY OUTPUT

回归统计	
Multiple R	0.999022
R Square	0.998046
Adjusted R Square	0.996482
标准误差	0.255104
观测值	10

方差分析

	df	SS	MS	F	Significance F
回归分析	4	166.1746	41.54365	638.3684	5.90111E-07
残差	5	0.325389	0.065078		
总计	9	166.5			

	Coefficients	标准误差	t Stat	P-value	Lower 95%	Upper 95%
Intercept	-13.2044	7.496429	-1.76143	0.138468	-32.47460898	6.065761
X Variable 1	0.097836	0.026388	3.707635	0.013889	0.03000427	0.165668
X Variable 2	0.014448	0.048957	0.295116	0.779767	-0.111400709	0.140297
X Variable 3	-0.19722	0.089447	-2.20488	0.07861	-0.427151703	0.032711
X Variable 4	0.334132	0.149229	2.239056	0.075304	-0.049473143	0.717737

图 10－10　Excel 输出的多元回归分析结果

居民服装需求与可支配收入x_1、流动资产拥有量x_2、服装类价格指数x_3和物价总指数x_4的多元线性回归方程为：

$$\hat{y}=-13.2044+0.097836x_1+0.014448x_2-0.19722x_3+0.334132x_4$$

$$R^2=0.998046 \qquad \overline{R}^2=0.996482$$

Significance F＝5.90111E－07＜0.05，表明回归方程从整体上看服装需求与自变量之间线性关系显著。

（2）多重共线性诊断。

①相关系数检验，如表 10－7 所示。

表 10－7　　相关系数矩阵表

	y	x_1	x_2	x_3	x_4
y	1	—	—	—	—
x_1	0.997791	1	—	—	
x_2	0.983359	0.988264	1	—	—
x_3	0.975481	0.980416	0.969962	1	—
x_4	0.988705	0.987785	0.969477	0.991796	1

由表 10－8 中结果可知，每个因素都与服装需求高度相关，而且自变量之间也是高度相关的。

②辅助回归模型检验。

建立x_1对其余自变量的辅助回归模型，如图 10－11 所示。

SUMMARY OUTPUT						
回归统计						
Multiple R	0.996074					
R Square	0.992164					
Adjusted R Square	0.988246					
标准误差	3.946743					
观测值	10					
方差分析						
	df	SS	MS	F	Significance F	
回归分析	3	11834.08	3944.695	253.242	1.0493E-06	
残差	6	93.46068	15.57678			
总计	9	11927.55				
	Coefficients	标准误差	t Stat	P-value	Lower 95%	Upper 95%
Intercept	-221.504	72.61994	-3.05018	0.022507	-399.1981565	-43.809
X Variable 2	1.526361	0.430577	3.544921	0.012146	0.472777437	2.579945
X Variable 3	-1.05397	1.315256	-0.80134	0.453489	-4.272288987	2.164343
X Variable 4	3.946661	1.653558	2.386769	0.054265	-0.099450191	7.992772

图 10－11　Excel 输出的x_1对其余自变量的回归分析结果

$$\hat{x}_1 = -221.504 + 1.526361\,x_2 - 1.05397\,x_3 + 3.946661\,x_4$$

$$R^2 = 0.992164 \qquad \overline{R}^2 = 0.988246 \qquad F = 253.242$$

同理可以分别得到x_2、x_3、x_4对其余自变量的辅助回归模型如下（Excel 输出的回归分析结果略）：

$$\hat{x}_2 = 52.51751 + 0.443431\,x_1 + 0.733129\,x_3 - 1.45181\,x_4$$

$$R^2 = 0.981982 \qquad \overline{R}^2 = 0.972972 \qquad F = 108.9972$$

$$\hat{x}_3 = -31.2521 - 0.09173\,x_1 + 0.219625\,x_2 + 1.341507\,x_4$$

$$R^2=0.986309 \quad \bar{R}^2=0.979463 \quad F=144.0798$$

$$\hat{x}_4=42.70115+0.123404x_1-0.156257x_2+0.481972x_3$$

$$R^2=0.992102 \quad \bar{R}^2=0.988153 \quad F=251.2234$$

从以上辅助回归模型中的$\bar{R}^2$、F统计量的数值可以看出，自变量x_1、x_2、x_3、x_4之间存在较为严重的多重共线性。

③方差膨胀因子检验。

从以上辅助回归模型结果可得：

$$VIF_1=\frac{1}{1-R_1^2}=\frac{1}{1-0.992164}=127.6 \qquad VIF_2=\frac{1}{1-R_2^2}=\frac{1}{1-0.981982}=55.5$$

$$VIF_3=\frac{1}{1-R_3^2}=\frac{1}{1-0.986309}=73.0 \qquad VIF_4=\frac{1}{1-R_4^2}=\frac{1}{1-0.992102}=126.6$$

方差膨胀因子明显大于10，自变量x_1、x_2、x_3、x_4之间存在较为严重的多重共线性。

（3）多重共线性的消除——逐步回归法。

①建立服装需求y关于x_1的一元线性回归模型，如图10－12所示。

SUMMARY OUTPUT					
回归统计					
Multiple R	0.997791				
R Square	0.995588				
Adjusted R Square	0.995036				
标准误差	0.30304				
观测值	10				
方差分析					
	df	SS	MS	F	Significance F
回归分析	1	165.7653	165.7653	1805.063	1.03833E-10
残差	8	0.734668	0.091834		
总计	9	166.5			
	Coefficients	标准误差	t Stat	P-value	Lower95%
Intercept	-1.24887	0.371488	-3.36181	0.009905	-2.105525966
X Variable 1	0.117888	0.002775	42.48604	1.04E-10	0.111489864

图10－12　Excel输出的y对x_1的回归分析结果

由图10－12结果可知，

$$\hat{y}=-1.24887+0.117888x_1 \qquad R^2=0.995588 \qquad \bar{R}^2=0.995036$$

同理可以分别建立服装需求y关于x_2、x_3、x_4的一元线性回归模型如下（Excel输出的回归分析结果略）：

$$\hat{y}=2.118167+0.326873x_2 \qquad R^2=0.966994 \qquad \bar{R}^2=0.962869$$

$$\hat{y}=-38.51904+0.516411x_3 \qquad R^2=0.951562 \qquad \bar{R}^2=0.945507$$

$$\hat{y}=-53.65081+0.663243x_4 \qquad R^2=0.977537 \qquad \bar{R}^2=0.974729$$

根据理论分析，可支配收入应该是服装需求最主要的影响因素，相关系数检验也表明，可支配收入与服装需求的相关性最强。所以，以 $y=\beta_0+\beta_1x_1+\varepsilon$ 作为最基本的模型。

②加入服装价格指数x_3，建立服装需求 y 关于x_1、x_3的二元线性回归模型，结果如图 10－13 所示。

SUMMARY OUTPUT					
回归统计					
Multiple R	0.997890484				
R Square	0.995785418				
Adjusted R Square	0.994581252				
标准误差	0.316617821				
观测值	10				
方差分析					
	df	SS	MS	F	Significance F
回归分析	2	165.7983	82.89914	826.9501	4.86005E-09
残差	7	0.701728	0.100247		
总计	9	166.5			
	Coefficients	标准误差	t Stat	P-value	Lower95%
Intercept	1.526236842	4.856721	0.314253	0.762488	-9.958082503
X Variable 1	0.12616152	0.014721	8.570373	5.86E-05	0.0913527
X Variable 3	-0.037809533	0.065959	-0.57323	0.584426	-0.193777374

图 10－13　Excel 输出的 y 对x_1、x_3的回归分析结果

$$\hat{y}=1.526236842+0.12616152\,x_1-0.037809533\,x_3$$

$$R^2=0.995785418 \qquad \overline{R}^2=0.994581252$$

可以看出，加入x_3后，$\overline{R}^2$稍微有所减少，参数估计值的符号也正确，并没有影响x_1系数的显著性，所以在模型中保留x_3。

③加入流动资产x_2，建立服装需求 y 关于x_1、x_2、x_3的三元线性回归模型，结果如图 10－14 所示。

SUMMARY OUTPUT					
回归统计					
Multiple R	0.998041178				
R Square	0.996086192				
Adjusted R Square	0.994129289				
标准误差	0.329557519				
观测值	10				
方差分析					
	df	SS	MS	F	Significance F
回归分析	3	165.8484	55.28278	509.0113	1.30951E-07
残差	6	0.651649	0.108608		
总计	9	166.5			
	Coefficients	标准误差	t Stat	P-value	Lower95%
Intercept	1.063384045	5.100955	0.208468	0.841761	-11.41820225
X Variable 1	0.139069263	0.024415	5.695997	0.001265	0.079327272
X Variable 2	-0.037762347	0.055611	-0.67904	0.522428	-0.173838141
X Variable 3	-0.036178287	0.068696	-0.52664	0.617337	-0.204272523

图 10－14　Excel 输出的 y 对x_1、x_2、x_3的回归分析结果

$$\hat{y}=1.0634+0.1391x_1-0.03776x_2-0.03618x_3$$

$$R^2=0.9961 \qquad \overline{R}^2=0.9941$$

居民的服装需求量与其流动资产在理论上应该是同方向变化。可以看出，加入 x_2 后，调整后拟合优度不但没有增加，反而减少，x_2 参数估计值的符号不正确，并且，x_2 和 x_3 系数均不显著，因此，在模型中略去 x_2，保留 x_3（流动资产与居民可支配收入等存在多重共线性，x_3 用可支配收入代替）。

④加入物价总指数 x_4，建立服装需求 y 关于 x_1、x_3、x_4 的三元线性回归模型，结果如图 10－15 所示。

SUMMARY OUTPUT					
回归统计					
Multiple R	0.99900534				
R Square	0.998011669				
Adjusted R Squaree	0.997017503				
标准误差	0.234896135				
观测值	10				
方差分析					
	df	SS	MS	F	Significance F
回归分析	3	166.1689	55.38965	1003.869	1.71827E-08
残差	6	0.331057	0.055176		
总计	9	166.5			
	Coefficients	标准误差	tStat	P-value	Lower95%
Intercept	-12.44564647	6.483924	-1.91946	0.103343	-28.31123808
X Variable 1	0.104242847	0.013813	7.546991	0.000281	0.070444866
X Variable 3	-0.186627945	0.07544	-2.47385	0.048206	-0.371223827
X Variable 4	0.313155845	0.120821	2.5919	0.041107	0.017517637

图 10－15　Excel 输出的 y 对 x_1、x_3、x_4 的回归分析结果

$$\hat{y}=-12.4456+0.1042x_1-0.1866x_3+0.3131x_4$$

$$R^2=0.9980 \qquad \overline{R}^2=0.9970$$

可以看出，加入 x_4 后，调整后拟合优度有所增加，系数均显著且符号正确，因此，在模型中略去 x_2，保留 x_4。在这个模型中，虽然自变量之间仍然存在线性关系，但多重共线性并没有造成不利后果，所以该模型是较好的服装需求方程。

10.3.5　利用多元线性回归方程进行预测

对于多元线性回归方程，同样可以利用给定的 k 个自变量的值，求出因变量 y 的平均值的置信区间和个别值的预测区间，但是置信区间和预测区间的计算公式复杂，本书不做讨论。由于多元回归参数估计和假设检验的计算量很大，所以，一般用计算机统计软件去完成。

思政元素

2021 年，全国网上零售额达 13.1 万亿元，同比增长 14.1%。其中，实物商品网上零售额 10.8 万亿元，首次突破 10 万亿元，同比增长 12.0%，占社会消费品零售总额的比重为 24.5%，对社会消费品零售总额增长的贡献率为 23.6%。①

根据商务大数据监测结果显示，2021 年我国网络零售市场消费升级趋势明显，健康、绿色、高品质商品越来越受到消费者青睐，智能家居、智能穿戴、智能家电消费呈现高速增长态势，不少体现中华优秀传统文化的非遗特色产品成为新的国潮商品；服务业电商创新发展势头强劲，电商模式创新推动教育、医疗等优质服务资源普惠化，在线购买职业培训服务持续增长，在线餐饮整体增速加快，在线文娱市场快速恢复；农村电商有效助力乡村振兴，“数商兴农”深入推进，农村电商“新基建”不断完善。我国网络零售市场保持稳步增长，成为稳增长、保就业、促消费的重要力量，为推动构建新发展格局做出了积极贡献。

本章小结

变量间的相互依存关系有两种类型：一种是确定性的函数关系，另一种是不确定性的相关关系。相关关系可以按不同的标志进行分类。按变量之间相关的程度，可分为完全相关、不完全相关和不相关；按变量之间相关的表现形式，可分为线性相关和非线性相关；按变量之间相关的方向，可分为正相关和负相关；按所研究变量的多少不同，可分为单相关、复相关和偏相关。变量间的相关关系可以通过相关表和相关图去描述。变量间相关程度可以通过相关系数去测度。简单线性相关系数分为总体的简单线性相关系数和样本的简单线性相关系数。样本相关系数的显著性需要加以检验。

回归分析方法是研究一个变量（因变量）对另一个或另外多个变量（自变量）依存关系的一种统计分析方法，它需要用适当的数学模型去近似地反映变量之间的平均变化关系，并根据已知的或固定的自变量的数值，去估计因变量的总体平均值。一元和多元线性回归模型参数一般用最小二乘法去估计。用样本观测

---

① 王珂. 2021 年全国网上零售额同比增长 14.1%［N］. 人民日报，2021-03-22（02）.

值拟合的回归方程需要评价其对样本观测数据拟合的优劣程度。判断一元线性回归方程拟合程度最常用的数量尺度是判定系数；多元线性回归分析中，利用修正的多重判定系数对方程的拟合程度进行评价更为恰当。

回归方程的显著性检验包括线性关系检验和回归系数检验。线性关系检验是检验因变量与一个或多个自变量之间的线性关系是否显著，采用 F 检验；回归系数检验是检验与各回归系数对应的自变量对因变量的影响是否显著，采用 t 检验。利用估计的一元或多元线性回归方程可以根据自变量的取值来预测因变量 y 的取值，分为点预测和区间预测两种。

思政园地

我国统计学奠基人——民国统计学大师金国宝①

金国宝（1894—1963 年），字侣琴，江苏省吴江县同里镇人。1914 年 2 月金国宝考入复旦公学（于 1917 年改为复旦大学），大学四年毕业后，在吴江中学当英语教员。1921 年金国宝获得上海南洋兄弟烟草公司资助，赴美留学。金国宝在美国哥伦比亚大学攻读统计学，师从英国统计学大师卡尔·皮尔逊、欧文·费暄，并于 1923 年获得硕士学位，由于家道中落并没有继续攻读博士，之后回国发展。1924 年金国宝在上海中国公学任教，并先后在复旦大学、暨南大学、上海商科大学、上海政治大学、上海财政学院、上海社会科学院等校担任统计学及经济学教授，1927 年担任复旦大学校董。1930 年，金国宝与朱祖晦、陈其鹿、刘大钧等 9 人创办中国统计学社，并担任副主席。1947 年，他与朱君毅以正、副代表身份参加在美国华盛顿召开的 25 届世界统计大会，在会上宣读论文《四川省九县户口普查经过及其结果》，受到与会者的好评，并于 1950 年成为国际统计学会会员。中华人民共和国成立后，金国宝回到母校复旦大学担任统计教授，兼统计专修科和贸易专修科主任。1952 年，金国宝参加九三学社，当选为九三学社上海市委委员，并任第三届上海市政协委员。1956 年 2 月，金国宝作为上海市特邀代表，参加全国政协二届二次会议，聆听周总理和郭沫若院长的报告，在小组会上作了《发展我国财经教育》的发言。翌日，《人民日报》

① 董延忠．缅怀统计学家金国宝先生［EB/OL］．（2006－08－08）．九三学社中央委员会网站．http：//www.93.gov.cn/xwjc－xgcl/1481.html.

全文刊载。1959 年金国宝调入上海社科院任研究员。这时他已年过花甲，体力有所衰退，但还计划编写《中国统计史》，每天写作不辍。1961 年仅完成“清代统计”一章就卧床不起。1963 年 2 月因病逝世，享年 69 岁。

金国宝一生中，多数时间从事统计教育和财政金融工作。在其花甲之年，还亲自带领学生调查、实习，进行指导，受到学生的爱戴。他精通英语，还自学了俄语，对于译文，均反复推敲，如四分位差、权数、加权平均数、移动平均数、环比、锁比等译名，均是首先由他提出和使用的。

金国宝用本名或笔名“金侣琴”发表论文，根据统计共有 132 篇，涉及面广泛，可文可理，有理论、有应用。他结合生产实践中的经验，建立自己的统计理论，并用诸于实践应用之中。通过考察欧美与日本等各国经济现状并与我国对比，提出一套有利于当时社会发展的理论。由此可见，金国宝是一位以实践为基础、以应用为发展的学者，并没有将统计学拘泥于教条思想，而是活学活用。

金国宝编著的《物价指数浅说》，着重介绍欧文·费暄的指数理论和方法，是我国最早论述有关指数编制理论、方法的著作之一。1925 年，在总结其执教经验基础上，他的第一本统计教育书《统计新论》由中华书局出版，书中指出“统计之学，精微博大，非有数学素养与科学头脑者，不足以此语。然其为用又甚广而繁：自日常应用以至科学研究，靡不用之。故不学之士一见图表曲线，即已头晕欲绝；更遑论高深之数学原理与细密之推敲分析乎哉”，因此迫切需要一本统计学方面的著作。为此，金国宝运用在欧美考察时所得的大量统计资料，同时结合他在各所学校的教学经验与讲义，写成专著《统计学大纲》。由于该书问世较早，内容新颖，理论联系实际，体系严谨，立刻成为各高校统计学教材，并一直使用到新中国成立初期。复旦大学出版的《中国学术名著提要·经济卷》中记载：“本书是中国最早也是较完整的大学统计学教材。以后的统计学原理基本上沿袭该书系统及定义编写。该书的出版对中国开展统计史研究，进行统计教学，指导统计业务，了解欧美统计学家的学说起了一定的作用和影响。”截至 1950 年，前后再版达 13 次。由于该书发行量和影响都很大，1989 年，上海书店将此书列入成书较早的“民国丛书·经济卷”重印发行，2014 年 3 月上海三联书店又将此书以复制版民国沪上初版书重新刊印发行。

▶ 讨论：

1. 从以上示例中，你学到了什么？
2. 金国宝先生对统计学发展的贡献，对你树立正确的人生观有什么启示？

思考与练习

一、思考题

10.1　什么是相关关系？它与函数关系有何不同？

10.2　相关分析的主要内容有哪些？

10.3　简述相关关系的种类。

10.4　简述简单线性相关系数的特点。

10.5　为什么要对样本相关系数进行显著性检验？

10.6　回归分析的主要内容是什么？

10.7　一元线性回归模型中有哪些基本假定？

10.8　一元线性回归方程的基本形式是什么？其回归系数的含义如何解释？

10.9　如何评价一元线性回归模型的拟合优度？

10.10　在回归分析中，F 检验和 t 检验主要解决什么问题？

10.11　简述线性关系检验和回归系数检验的步骤。

10.12　什么是置信区间估计和预测区间估计？二者有何区别？

10.13　为什么对多元线性回归的多重判定系数要作修正？多重判定系数和修正的多重判定系数的含义和作用是什么？

10.14　多元线性回归分析中，为什么对模型作了 F 检验后还要作 t 检验？

10.15　什么是多重共线性？产生多重共线性的经济背景是什么？

10.16　多重共线性对模型的主要影响是什么？

10.17　简述诊断多重共线性和消除多重共线性的方法。

二、练习题

10.1　某企业为研究公司的产品销售额与广告投入的关系，研究人员收集了该企业近20个月的产品广告投入费用（x）与销售额（y）的数据，计算出以下结果：$\sum_{i=1}^{20} x_i = 696.5$、$\sum_{i=1}^{20} y_i = 10\,339.4$、$\sum_{i=1}^{20} x_i^2 = 28\,762.31$、$\sum_{i=1}^{20} y_i^2 = 6\,147\,722$、$\sum_{i=1}^{20} x_i y_i = 418\,626.3$。

要求：

（1）计算产品销售额与广告投入之间的相关系数。

（2）对产品销售额与广告投入之间的相关系数进行显著性检验（$\alpha = 0.05$）。

（3）建立产品销售额与广告投入之间的线性回归方程。

10.2　为分析我国各地区经济发展水平与居民收入之间的数量关系，现用人均 GDP 反映地区经济发展水平，用人均可支配收入反映居民收入水平，由中国统计年鉴搜集到 2019 年我国各地区人均 GDP 和人均可支配收入数据，如表 10 - 8 所示。

表 10 - 8　2019 年我国各地区人均 GDP 和人均可支配收入

地区	人均可支配收入（元）	人均 GDP（元）	地区	人均可支配收入（元）	人均 GDP（元）
北京	67 755.9	164 220	湖北	28 319.5	77 387
天津	42 404.1	90 371	湖南	27 679.7	57 540
河北	25 664.7	46 348	广东	39 014.3	94 172
山西	23 828.5	45 724	广西	23 328.2	42 964
内蒙古	30 555.0	67 852	海南	26 679.5	56 507
辽宁	31 819.7	57 191	重庆	28 920.4	75 828
吉林	24 562.9	43 475	四川	24 703.1	55 774
黑龙江	24 253.6	36 183	贵州	20 397.4	46 433
上海	69 441.6	157 279	云南	22 082.4	47 944
江苏	41 399.7	123 607	西藏	19 501.3	48 902
浙江	49 898.8	107 624	陕西	24 666.3	66 649
安徽	26 415.1	58 496	甘肃	19 139.0	32 995
福建	35 616.1	107 139	青海	22 617.7	48 981
江西	26 262.4	53 164	宁夏	24 411.9	54 217
山东	31 597.0	70 653	新疆	23 103.4	54 280
河南	23 902.7	56 388	—	—	—

资料来源：《中国统计年鉴 2020》，www. stats. gov. cn/tjsj/ndsj/2020/indexch. htm。

要求：

(1) 用 Excel 绘制人均可支配收入与人均 GDP 的散点图，判断二者之间的关系形态。

(2) 用人均 GDP 作自变量，人均可支配收入作因变量，建立估计的回归方程，并解释回归系数的含义。

(3) 计算判定系数，并解释其意义。

(4) 检验回归方程的线性关系的显著性（$\alpha = 0.05$）。

(5) 利用所建立的回归方程，预测人均 GDP 为 10 万元时，人均可支配收入的点预测值。

(6) 求人均 GDP 为 10 万元时，人均可支配收入的 95% 的置信区间和预测区间。

10.3　为分析我国国内生产总值（x）与居民实际最终消费（y）之间的关系，从中国统计年鉴收集了 2000—2019 年共 20 年的国内生产总值和居民实际最终消费的数据，通过计算得到回归分析的部分结果如表 10 - 9 所示。

表 10－9　　　　方差分析表

	df	SS	MS	F	Significance F
回归分析	(　　)	(　　)	(　　)	(　　)	6.43E－21
残差	(　　)	(　　)	11 805.87	—	—
总计	(　　)	308 860.90	—	—	—

参数估计表

	Coefficients	标准误差	t Stat	P－value
Intercept	－63.5455	45.25371	－1.40421	0.177278
X Variable 1	0.440814	0.008648	(　　)	6.43E－21

要求：

(1) 完成上面的方差分析表和参数估计表。

(2) 居民实际最终消费的变差中有多少是由国内生产总值的变动引起的？

(3) 写出估计的回归方程并解释回归系数的实际意义？

(4) 检验回归方程线性关系的显著性（$\alpha=0.05$）。

10.4　经济理论分析认为，地方一般公共预算收入与该地区经济增长、城镇化水平、产业结构、对外开放程度等因素存在密切联系。现收集了代表地区增长水平的地区生产总值、代表城镇化水平的各地区城镇人口比重、代表产业结构差异的第三产业所占比重、代表对外开放程度的货物进出口总额等数据，见表 10－10。

表 10－10　　　　地方一般公共预算收入

地区	地方一般公共预算收入（亿元）	地区生产总值（亿元）	城镇人口比重（%）	第三产业比重（%）	货物进出口额（亿美元）
	y	x_1	x_2	x_3	x_4
北京	5 817.10	35 371.28	86.60	83.5	4 164.6
天津	2 410.41	14 104.28	83.48	63.5	1 066.5
河北	3 738.99	35 104.52	57.62	51.3	580.4
山西	2 347.75	17 026.68	59.55	51.4	209.8
内蒙古	2 059.69	17 212.53	63.37	49.6	159.4
辽宁	2 652.40	24 909.45	68.11	53.0	1 053.2
吉林	1 116.95	11 726.82	58.27	53.8	189.0
黑龙江	1 262.76	13 612.68	60.90	50.1	271.1
上海	7 165.10	38 155.32	88.30	72.7	4 939.1
江苏	8 802.36	99 631.52	70.61	51.3	6 295.2

续表

地区	地方一般公共预算收入（亿元）	地区生产总值（亿元）	城镇人口比重（%）	第三产业比重（%）	货物进出口额（亿美元）
	y	x_1	x_2	x_3	x_4
浙江	7 048.58	62 351.74	70.00	54.0	4 472.2
安徽	3 182.71	37 113.98	55.81	50.8	687.3
福建	3 052.93	42 395.00	66.50	45.3	1 931.1
江西	2 487.39	24 757.50	57.42	47.5	508.9
山东	6 526.71	71 067.53	61.51	53.0	2 970.0
河南	4 041.89	54 259.20	53.21	48.0	825.0
湖北	3 388.57	45 828.31	61.00	50.0	571.6
湖南	3 007.15	39 752.12	57.22	53.2	628.5
广东	12 654.53	107 671.10	71.40	55.5	10 366.3
广西	1 811.89	21 237.14	51.09	50.7	682.2
海南	814.14	5 308.93	59.23	59.0	131.5
重庆	2 134.93	23 605.77	66.80	53.2	839.5
四川	4 070.83	46 615.82	53.79	52.4	984.0
贵州	1 767.47	16 769.34	49.02	50.3	65.7
云南	2 073.56	23 223.75	48.91	52.6	336.9
西藏	221.99	1 697.82	31.54	54.4	7.0
陕西	2 287.90	25 793.17	59.43	45.8	510.3
甘肃	850.49	8 718.30	48.49	55.1	55.2
青海	282.25	2 965.95	55.52	50.7	5.4
宁夏	423.58	3 748.48	59.86	50.3	34.9
新疆	1 577.63	13 597.11	51.87	51.6	237.1

资料来源：《中国统计年鉴 2020》，www. stats. gov. cn/tjsj/ndsj/2020/indexch. htm。

要求：

（1）分析“地方一般公共预算收入”分别与经济增长因素（地区生产总值）、城镇化水平（城镇人口比重）、产业结构（第三产业比重）、对外开放程度（货物进出口额）是否相关？比较“地方一般公共预算收入”与每个因素的相关程度。

（2）建立“地方一般公共预算收入”与地区生产总值、城镇人口比重、第三产业比重及货物进出口额的多元回归方程，并进行统计检验。

10.5 某咖啡连锁店已在15个地区开有分店，现准备在一新地区开一家分店。现有15个地区的销售额数据及所在地区的人口数、人均收入数据，为预测新开分店的销售额，以销售额（万元）为因变量 y，以所在地区的人口数（万人）x_1 和人均月收入（元/人）x_2 为自变量，进行回归分析，计算结果如表10－11、表10－12、表10－13所示。

表10－11 回归统计表

Multiple R	（ ）
R Square	0.890569
Adjusted R Square	0.872331
标准误差	（ ）
观测值	15

表10－12 方差分析表

	df	SS	MS	F	Significance F
回归分析	（ ）	（ ）	29685.53	（ ）	1.72E－06
残差	（ ）	（ ）	（ ）	—	—
总计	（ ）	（ ）	—	—	—

表10－13 参数估计表

	Coefficients	标准误差	t Stat	P－value
Intercept	－39.6396	62.88777	－0.63032	0.540301
X Variable 1	0.95991	0.328418	2.92283	0.012773
X Variable 2	0.038972	0.016779	2.322649	0.038581

要求：

（1）完成上面的回归统计表和方差分析表。

（2）用样本量和自变量的个数调整后，咖啡店销售额的总变差中，被人口数和人均月收入的多元回归方程所解释的比例为多少？

（3）检验多元回归方程的线性关系是否显著性。（$\alpha=0.05$）

（4）能否判断人口数和人均月收入各自对咖啡店销售额有显著影响？（$\alpha=0.05$）

（5）新开分店所在地区人口数为120万人，人均月收入为5 000元/人，该分店的销售额的点预测值是多少？

单选题　判断题

第 11 章 时间序列分析

育人目标

1. 了解我国宏观经济数据，根据主要经济指标的时间序列数据了解我国国民经济的运行情况，加强经济形势分析研判。

2. 能正确认识真实准确、完整及时的时间序列数据在反映经济量的增长和质的提升方面的重要作用。

3. 了解我国在统计学发展过程中做出巨大贡献的榜样人物，确立正确的人生观、价值观，培养实事求是、严谨认真的工作态度。

案例

如何预测下一年份各季度的国内生产总值？

在生活和工作中经常需要作出预测。比如，预测一只股票的价格走势，预测下一年度的销售额，等等。研究时间序列的主要目的之一就是进行预测，主要是根据已有的时间序列数据预测未来的变化。时间序列预测的关键是确定已有时间序列的变化模式，并假定这种模式会延续到未来。图 11 - 1 是我国 2021 年 1 季度到 2021 年 4 季度的国内生产总值变化趋势图，你认为国内生产总值包含什么样的成分？应该选择什么样的方法来预测下一年份各季度的国内生产总值？

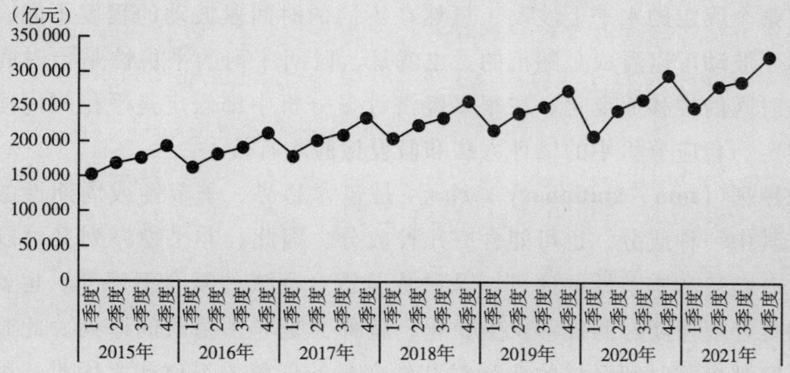

图 11 - 1　2015 年 1 季度到 2021 年 4 季度我国国内生产总值当季值

11.1 时间序列概述

时间序列及其预测程序

时间序列数据是依据特定时间间隔而记录的某一变量的一系列观测值，用来展示研究对象的变动过程。大量的经济统计指标都是按照年、季度、月或日统计的，随着时间的推移就形成了这些统计指标的时间序列。近年来，时间序列分析已经渗入交通运输、智能控制、神经网络模拟、生物、医学、水文、气象、经济学等众多领域，发挥着无可比拟的作用。

11.1.1 时间序列的概念

时间序列（times series）是将统计指标按照时间的先后顺序进行观察，把得到的数值排列起来而形成的序列，用于描述现象随着时间而发展变化的特征、趋势和规律。研究手段包括建立时间序列模型、参数估计、预测和控制等，特别是自回归模型、移动平均模型、移动自回归模型有着一套比较完整的统计理论。时间序列数据区别于其他类型数据的本质特征是相邻观测值之间的依赖性，或称自相关性。

11.1.2 时间序列的构成要素

时间序列有两个基本的构成要素，一是时间，二是指标的观测值。用 t 表示所观察的时间，y 表示观测值，$y_i(i=1,2,\cdots,n)$ 为时间 t_i 的观测值。时间序列中的时间可以是年份、季度、月份或其他形式。

时间序列的成分可以分为四种，即趋势或长期趋势（T）、季节性或季节变动（S）、周期性或循环波动（C）、随机性或不规则波动（I）。按照时间序列中指标构成成分的不同，时间序列可以分为平稳序列和非平稳序列两大类。

平稳序列（stationary series）是基本上不存在趋势的序列。这类序列中的各观察值基本上在某个固定的水平上波动，虽然在不同的时间段波动的程度不同，但并不存在某种规律，波动可以看成是随机的。也就是，时间序列的平稳性是指时间序列的统计规律不随时间的推移而变化。在很多经济计量分析中都假定是平稳时间序列，只有满足这一假定，相应分析中的估计方法和假设检验才有效。

非平稳序列（non - stationary series）是包含趋势、季节性或周期性的序列，它可能只含有其中一种成分，也可能含有几种成分。因此，非平稳序列又可以分为有趋势的序列、有趋势和季节性的序列、几种成分混合而成的复合型序列。也就是，如果时间序列的统计规律随时间推移发生变化，就称为是非平稳时间序列。此时，要通过回归分析研究某个跨时间区域的变量对其他变量的依赖关系就非常困难。因此，在对时间序列数据分析前，必须对其平稳性进行检验。

趋势（trend）是指时间序列在长时期内呈现出来的某种持续上升、下降或停留的同性质变动趋向，但变动幅度可能不等。例如，全球人口总数随着时间推移逐步增长；人口死亡率，由于医疗技术进步，生活水平提高而出现长期降低的趋势。时间序列中的趋势可以是线性的，也可以是非线性的。图 11－2 是有趋势的时间序列图。

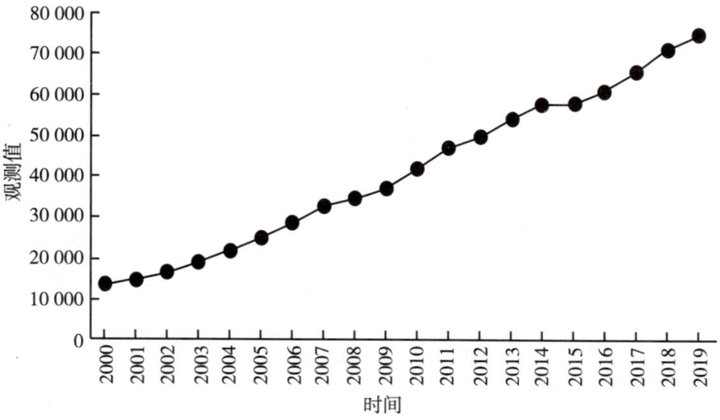

图 11－2　含有趋势的序列

季节性（seasonality）也称季节变动（seasonal fluctuation），是指时间序列在一年内重复出现的周期性波动，季节变动通常和日期、气候、年周期有关。例如，电扇和空调的销量在夏季多而冬季少；每天的交通流量，在上下班时间出现高峰而其余时间稳定。含有季节成分的序列可能含有趋势，也可能不含有趋势。图 11－3 是只含有季节性成分的序列。

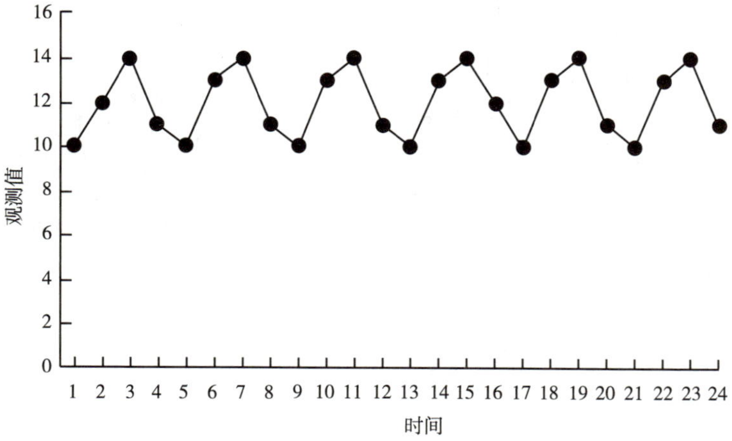

图 11－3　只含有季节性成分的序列

周期性（cyclicity）也称循环波动（cyclical fluctuation），是指时间序列中呈现出来的围绕长期趋势的一种波浪形或振荡式变动，周期性不同于趋势变动，不是朝着单一方向的持续运动，而是涨落相间的交替波动；它也不同于季节变动，季节变动有比较固定的规律，且变动周期大多为一年，而循环波动则无固定规律，变动周期多在一年以上，且周期长短不一。周期性通常是由经济环境的变化引起的。由于分析周期需要较长的时间序列数据，当序列较短时则难以发现周期。图 11－4 是含有周期性成分的序列。

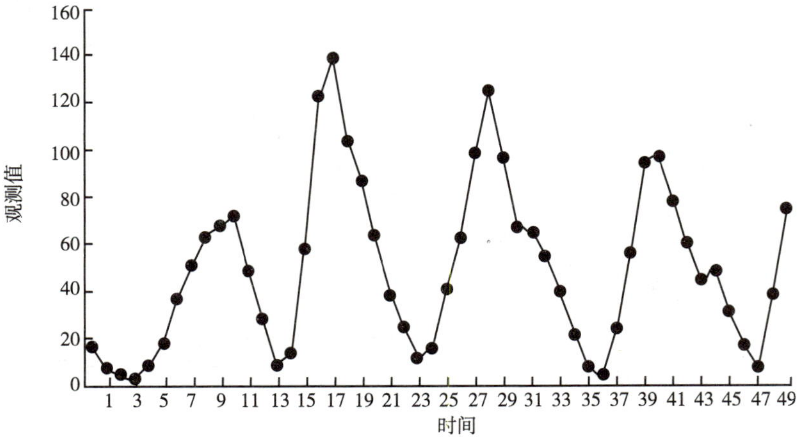

图 11－4　含有周期性成分的序列

随机性（randomness）是指偶然性因素对时间序列产生影响，致使时间序列呈现出某种随机波动，如图 11－5 所示。除去趋势、周期性和季节性之后的偶然性波动，也称不规则波动（irregular variations）。

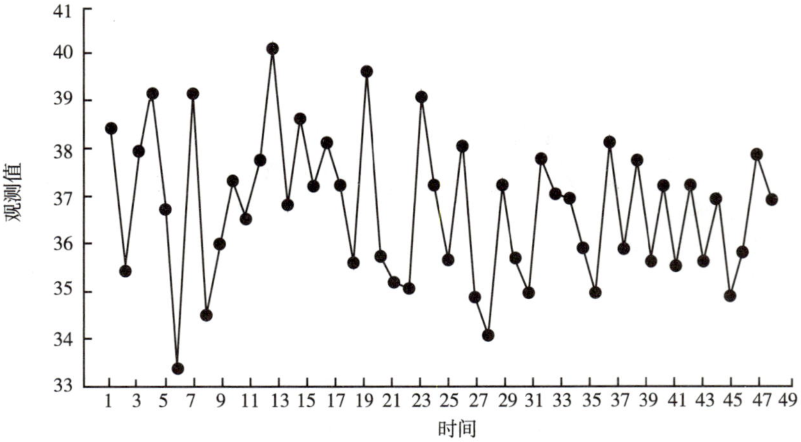

图 11－5　随机波动序列

按四种成分对时间序列的影响方式不同，时间序列常用模型有加法模型（additive model）和乘法模型（multiplicative model）等。

加法模型的形式为：$Y = T + S + C + I$

乘法模型的形式为：$Y = T \times S \times C \times I$

思政元素

国家统计局初步核算，2021 年全年国内生产总值 1 143 670 亿元，按不变价格计算，比上年增长 8.1%，两年平均增长 5.1%。分季度看，一季度同比增长 18.3%，二季度增长 7.9%，三季度增长 4.9%，四季度增长 4.0%。分产业看，第一产业增加值 83 086 亿元，比上年增长 7.1%；第二产业增加值 450 904 亿元，增长 8.2%；第三产业增加值 609 680 亿元，增长 8.2%。三大产业的增长速度均是根据相应的时间序列数据计算而得，你能搜集相关数据了解计算过程，并绘制相应的时间序列图吗？

2022 年 3 月 5 日，李克强总理代表国务院在十三届全国人大五次会议上作《政府工作报告》，回顾了 2021 年取得的成绩，并提出了 2022 年经济社会发展总体要求和政策取向。经济增速预期目标的设定，主要考虑稳就业保民生防风险的需要，并同近两年平均经济增速以及“十四五”规划目标要求相衔接。这是高基数上的中高速增长，体现了主动作为，需要付出艰苦努力才能实现。

11.2　时间序列的描述性分析和长期趋势分析

时间序列长期趋势分析

时间序列分析的一个主要目的就是根据已有的历史数据分析事物的变化特征和规律，预测未来的发展趋势，而时间序列的构成会受到趋势（T）、季节性（S）、周期性（C）和随机性（I）等因素的影响，所以含有不同影响因素时预测的方法也不相同。时间序列的预测方法既有传统方法，如简单平均法、移动平均法、指数平滑法等，也有较为精准的现代方法，如 Box - Jenkins 的自回归模型（ARMA）。

一般来说，任何时间序列中都会有不规则成分存在，而商务与管理数据中通常不考虑周期性，所以只剩下趋势成分和季节成分，本章所介绍的预测方法主要是针对平稳序列以及含有趋势或季节成分的时间序列。

本节对时间序列数据进行描述性和长期趋势分析。时间序列的描述性分析包括水平分析与速度分析。水平分析主要考虑现象的发展水平、增长量，速度分析则主要考虑现象的发展速度和增长速度。时间序列的长期趋势分析反映现象变化发展的长期规律，将长期趋势从时间序列中分离出来，以便更好地测定和分析其他成分的影响。分析长期趋势的方法有很多，本书主要介绍三种：移动平均法、指数平滑法和趋势方程拟合法。

11.2.1 发展水平和增长量

发展水平是时间序列中各具体时间条件下的指标数值，反映事物的发展变化在一定时期内或时点上所达到的水平。它是计算其他动态分析指标的基础，用符号 a_0、a_1、a_2、…、a_{n-1}表示。发展水平既可以表现为统计绝对数，也可以表现为统计相对数，还可以表现为统计平均数。

根据发展水平在时间序列中的位置不同，发展水平有最初水平、中间水平和最末水平三种。在同一个时间序列中，最早出现的发展水平 a_0 称为最初水平；最晚出现的发展水平 a_n 称为最末水平；其余的发展水平称为中间水平。在对时间序列中的发展水平进行比较分析时，通常将作为比较的基础时期的发展水平称为基期水平，将要分析研究的那个时期的发展水平称为报告期水平。

时间序列中报告期水平与基期水平之差称为**增长量**，表明现象增长的绝对数量。若报告期水平与基期水平之差为正数，则表明现象发展呈增长（正增长）状态；若报告期水平与基期水平之差为负数，则表明现象发展呈下降（负增长）状态。

由于基期的选择不同，增长量有逐期增长量和累计增长量两种。逐期增长量是报告期水平与前期水平之差，表明现象相邻时期增长的绝对数量；累计增长量是报告期水平与某一固定基期的水平之差，表明现象较长一段时间增长的总绝对数量。

时间序列中，各逐期增长量之和等于相应的累计增长量；相邻时期的累计增长量之差等于某期逐期增长量。

11.2.2 发展速度和增长速度

发展速度是现象在不同时期发展水平的比值，用来表示现象发展变化的相对程度，用报告期水平与基期水平的商来衡量。计算公式为：

$$发展速度(\%)=\frac{报告期水平}{基期水平}\times 100\% \qquad (11-1)$$

发展速度是动态相对数，常用百分数表示，取值与 1 的大小关系可以表示发展速度的快慢。比值大于 1（小于 1），表示事物发展呈加快（减缓）状态。

根据基期选择的不同，发展速度有环比发展速度和定基发展速度两种。

环比发展速度是报告期与前一期水平的比值，可以反映现象逐期发展的相对程度，计算公式为：

$$环比发展速度(\%)=\frac{报告期水平}{报告期前一期水平}=\frac{a_i}{a_{i-1}}(i=1,2,\cdots,n) \qquad (11-2)$$

定基发展速度是报告期与某一固定时期水平的比值，可以反映现象在一段时期内总的发展速度，若选初期水平 a_0 为基期水平，计算公式为：

$$定基发展速度(\%)=\frac{报告期水平}{固定基期水平}=\frac{a_i}{a_0}(i=1,2,\cdots,n) \qquad (11-3)$$

不难看出，环比发展速度的连乘积等于相应的定基发展速度，即：

$$\frac{a_n}{a_0}=\frac{a_1}{a_0}\times\frac{a_2}{a_1}\times\cdots\times\frac{a_n}{a_{n-1}} \tag{11-4}$$

相邻两期定基发展速度之商等于后期的环比发展速度，即：

$$\frac{a_n}{a_{n-1}}=\frac{a_n}{a_0}\div\frac{a_{n-1}}{a_0} \tag{11-5}$$

例 11.1　根据我国 2015—2020 年的国内生产总值的数据可以计算国内生产总值的环比发展速度和定基发展速度，如表 11－1 所示。

表 11－1　我国 2015—2020 年的国内生产总值

年份	2015 年	2016 年	2017 年	2018 年	2019 年	2020 年
国内生产总值（亿元）	688 858.2	746 395.1	832 035.9	919 281.1	986 515.2	1 015 986.2
环比发展速度（%）	—	108	111	110	107	103
定基发展速度（%）	—	108	121	133	143	147

增长速度也称为增长率，是现象的增长量与基期水平的比值，用来表示现象报告期水平比基期水平的增长程度。计算公式为：

$$\text{增长速度}(\%)=\frac{\text{增长量}}{\text{基期水平}}\times 100\%=\frac{\text{报告期水平}-\text{基期水平}}{\text{基期水平}}=\text{发展速度}-1 \tag{11-6}$$

增长速度一般用百分比表示，增长速度大于 0（小于 0），表示现象的发展呈现出上涨（下降）的态势。根据基期选择的不同，增长速度有环比增长速度和定基增长速度两种。

环比增长速度是报告期逐期增长量与前一期水平的比值，可以反映现象逐期增长的程度，计算公式为：

$$\text{环比增长速度}(\%)=\frac{\text{逐期增长量}}{\text{报告期前一期水平}}=\frac{a_i-a_{i-1}}{a_{i-1}}=\frac{a_i}{a_{i-1}}-1(i=1,2,\cdots,n) \tag{11-7}$$

也就是环比增长速度等于环比发展速度－1。

定基增长速度是报告期累计增长量与某一固定时期水平的比值，可以反映现象在一段时期内总的增长速度，若选初期水平 a_0 为基期水平，计算公式为：

$$\text{定基增长速度}(\%)=\frac{\text{累计增长量}}{\text{固定基期水平}}=\frac{a_i-a_0}{a_0}=\frac{a_i}{a_0}-1(i=1,2,\cdots,n) \tag{11-8}$$

也就是定基增长速度等于定基发展速度－1。

例 11.2　根据我国 2015—2020 年的国内生产总值计算国内生产总值的环比增长速度和定基增长速度如表 11－2 所示。

表 11－2　　我国 2015—2020 年的国内生产总值

年份	2015 年	2016 年	2017 年	2018 年	2019 年	2020 年
国内生产总值（亿元）	688 858.2	746 395.1	832 035.9	919 281.1	986 515.2	1 015 986.2
逐期增长量（亿元）	—	57 536.9	85 640.8	87 245.2	67 234.1	29 471.0
累计增长量（亿元）	—	57 536.9	143 177.7	230 422.9	297 657.0	327 128.0
环比增长速度（%）	—	8	11	10	7	3
定基增长速度（%）	—	8	21	33	43	47

平均发展速度是现象在各个时间单位的环比发展速度的序时平均数，用来表示现象在一段时期内逐期平均发展变化的程度，可以根据环比发展速度时间序列计算；**平均增长速度**是现象在各个时间单位的环比增长速度的序时平均数，用来表示现象在一段时期内逐期递增的程度。二者的关系是：

$$平均增长速度 = 平均发展速度 - 1 \tag{11-9}$$

由于环比发展速度的连乘积等于相应的定基发展速度，计算平均发展速度时采用集合平均法（又叫水平法），其原理是，从最初水平 a_0 出发，每期按平均发展速度 $\bar{v}$ 发展，发展到最末期的水平为 a_n，与各期按照实际发展速度发展到最末期的水平 a_n 是一样的，即有：

$$a_n = a_0\bar{v}^n = a_0 \times \frac{a_1}{a_0} \times \frac{a_2}{a_1} \times \cdots \times \frac{a_n}{a_{n-1}}$$

从而

$$\bar{v} = \sqrt[n]{\frac{a_1}{a_0} \times \frac{a_2}{a_1} \times \cdots \times \frac{a_n}{a_{n-1}}} \tag{11-10}$$

即平均发展速度为环比发展速度的几何平均值，环比发展速度的连乘积等于定基发展速度，所以还有：

$$\bar{v} = \sqrt[n]{\frac{a_n}{a_0}} \tag{11-11}$$

例 11.3　根据表 11－2 可以计算我国 2015—2020 年的国内生产总值的平均发展速度和平均增长速度如下。

解： 平均发展速度

$$\bar{v} = \sqrt[n]{\frac{a_1}{a_0} \times \frac{a_2}{a_1} \times \cdots \times \frac{a_n}{a_{n-1}}} = \sqrt[5]{1.08 \times 1.11 \times 1.10 \times 1.07 \times 1.03} = 1.08$$

或

$$\bar{v} = \sqrt[n]{\frac{a_n}{a_0}} = \sqrt[5]{\frac{1\ 015\ 986.2}{688\ 858.2}} = 1.08$$

平均增长速度 ＝1.08 －1 ＝0.08 ＝8%

即我国 2015—2020 年的国内生产总值的平均增长速度为 8%。

11.2.3　应注意的问题

水平分析与速度分析时有以下几点需要注意。

（1）增长量虽能反映增长的绝对数量，增长速度也能说明增长的相对程度，但不能直观反映增长的实际效果，有时为全面分析现象发展实力，要结合考虑每增长 1% 对应的绝对值水平，即：

$$增长\ 1\%\ 绝对值 = \frac{逐期增长量}{环比增长速度 \times 100} = \frac{前期水平}{100} \tag{11-12}$$

例 11.4　我国国内旅游收入 2003 年为 3 442.27 亿元，2004 年为 4 710.71 亿元，2005 年为 5 285.86 亿元，2006 年为 6 229.74 亿元。则：

$$2004\ 年环比发展速度 = \frac{4\ 710.71}{3\ 442.27} = 136.85\%$$

$$2004\ 年增长\ 1\%\ 绝对值 = \frac{3\ 442.27}{100} = 34.4227(亿元)$$

$$2006\ 年环比发展速度 = \frac{6\ 229.74}{5\ 285.86} = 117.86\%$$

$$2006\ 年增长\ 1\%\ 绝对值 = \frac{5\ 285.86}{100} = 52.8586(亿元)$$

从上述计算可以看出，虽然 2004 年旅游收入的环比发展速度为 136.85%，远大于 2006 年的环比发展速度 117.86%，但其增长 1% 绝对值 34.4227 亿元却比 2006 年增长 1% 的绝对值 52.8586 亿元小得多，这说明我国国内旅游事业的发展水平是提高了，而不是降低了。

（2）当时间序列中的观测值出现负数或 0 时，不宜计算增长率。比如，基期利润为 −10 万元，报告期利润为 20 万元，此时的增长速度就不能用 $\frac{20-(-10)}{-10} = -3$ 倍来计算，这与实际情况不符，此时只能用文字描述，而不计算增长速度。

（3）几何平均法算平均发展速度时只取决于 a_0 和 a_n 的大小，各中间水平的变化对其没有影响，所以应注意是否受特殊因素的影响，以及中间各期发展水平是否存在阶段性波动，必要时应分阶段计算平均发展速度来补充说明总的平均发展速度。

11.2.4　移动平均法和指数平滑法

移动平均法（method of moving average）是对原有的时间序列，按照事先规定的移动时期长度来扩大时距，采用逐项向后递移的方法，计算一系列的序时平均数，形成由序时平均数组成的新的时间序列。这种移动平均数形成的时间序列，消除了短期的偶然因素的影响，使长期趋势更加明显。

例 11.5　某企业 2020 年各月销售额资料如表 11－3 所示，采用移动平均法来反映原时间序列的长期趋势。

表 11－3　　某企业2020年各月销售额资料及移动平均计算表　　单位：万元

月份	销售额	三项移动平均（N＝3）	四项移动平均（N＝4）	四项移动平均后的二次移动平均（N＝2）
（甲）	（1）	（2）	（3）	（4）
1	450	—	—	—
2	470	460	—	—
3	460	470	465.00	471.250
4	480	480	477.50	483.750
5	500	500	490.00	496.250
6	520	510	502.50	506.875
7	510	515	511.25	515.625
8	515	520	520.00	522.500
9	535	530	525.00	527.500
10	540	535	530.00	534.375
11	530	540	538.75	—
12	550	—	—	—

从表11－3中原时间序列中虽然可以看出某企业2020年各月的销售额是在增加，但整个趋势特征不明显，中间有一定程度的波动，而通过移动平均法计算后得到的新时间序列则明显呈现出逐月增加的趋势。

应用移动平均法测定长期趋势时，应注意以下问题：

（1）如果采用奇数项（3，5，7…）移动平均，则计算的移动平均数都置于与正中间时间所对应的位置上，如上例中的第（2）栏三项移动。如果采用偶数项（2，4，6…）移动平均，则计算的移动平均数应放在中间两个时期的中间的位置上（如上例中的第3栏），然后在此基础上再采用二项移动平均数，以便将移动平均数对正中间位置（如上例中的第4栏），这样才能得出对正原时间序列各时期的趋势值。所以，偶数项的移动平均法都需要经过两次平均的过程。

（2）经过移动平均后的新派生数列的项数，比原时间序列的项数要少，可利用的信息也就少了，而且，移动时期的长度越大，新数列的项数就越少，丧失的信息就越多。同时，如果移动时期的长度太大，则不利于分析现象具体的发展趋势，而移动时期的长度过小，又可能使新数列出现起伏波动的情况，难以呈现出现象发展的长期趋势。因此，要根据资料的特点来确定时距。

（3）对于存在季节变动或循环变动的时间序列，为消除季节变动或循环变动的影响，应采用与一个循环相应的时间长度来进行移动平均。如存在季节变动的时间序列一般采用12月移动平均或4季移动平均。

(4) 移动平均法的主要作用是把长期趋势以外的变动消除掉，以呈现出现象变动的长期趋势，但不能根据移动平均后的派生数列进行远期预测。

指数平滑法（exponential smoothing）是在移动平均方法上发展起来的一种时间序列分析预测法，可视为加权移动平均法的特殊情况，最早由霍尔特（C. C. Holt）在1958年左右提出，最初只应用于无趋势、非季节性时间序列的情形，后经过布朗（Brown）、温特（Winter）等统计学家的研究和发展，逐步适用于更多类型的数据序列。指数平滑是对过去值和当前值进行加权平均，以及对当前的权数进行调整来抵消统计数值的波动性，得到平滑的时间序列，其原理是任一期的指数平滑值都是本期观测值和前一期指数平滑值的加权平均。指数平滑法的估计是非线性的，其目标是使预测值和观测值之间的均方误差达到最小。

下面简单介绍指数平滑法的基本公式和预测方程。

对于时间序列y_i（$i=1,2,\cdots,n$），y_i为时间t_i的观测值。设第 i 期观测的权重为ω_{t+1-i}，$\omega_1>\omega_2>\cdots>\omega_t$，则 $t+1$ 期预测值

$$\hat{y}_{t+1}=\frac{\omega_1 y_t+\omega_2 y_{t-1}+\cdots+\omega_t y_1}{\omega_1+\omega_2+\cdots+\omega_t} \tag{11-13}$$

这就是简单加权平均法，此法需要自行决定权重，主观性较强，计算较为繁琐。

自动加权平均的做法则是从当前期向前，让各期权重按指数规律下降，越临近当期权重越大，越远离当期权重越小。当 t 充分大时，时间序列 y_i第 t 期的指数平滑值为：

$$Y_t=\alpha y_t+(1-\alpha)Y_{t-1}=\alpha y_t+\alpha(1-\alpha)y_{t-1}+\alpha(1-\alpha)^2 y_{t-2}+\cdots \tag{11-14}$$

此式称为指数平滑法的基本公式，α 称为平滑指数（$0<\alpha<1$）。

指数平滑法的预测方程就是 $\hat{y}_{t+1}=Y_t$，即把第 t 期的指数平滑值作为第 $t+1$ 期的预测值。既保留了加权平均法重视近期数据的思想，又能克服权重不易确定的局限性。

11.2.5　趋势方程拟合法

要对现象变动的长期趋势进行动态预测，就必须建立与长期趋势相适应的数学模型。长期趋势模型有线性趋势模型和非线性趋势模型两种，这里只介绍线性趋势模型。

最常用的一种求解线性趋势模型的方法是最小二乘法（least square method），又称最小平方法。其线性趋势方程为：

$$\hat{y}=\hat{a}+\hat{b}t \tag{11-15}$$

方程中：$\hat{y}$ 是趋势理论值，$\hat{a}$、$\hat{b}$ 是参数估计值，t 是时间。

参数 $\hat{a}$、$\hat{b}$ 的确定方法与一元线性回归方程回归参数确定方法相同，只需用时间代替自变量 x 即可。则有：

$$\hat{a}=\frac{\sum y-\hat{b}\sum t}{n} \tag{11-16}$$

$$\hat{b}=\frac{n\sum ty-\sum t\sum y}{n\sum t^2-\left(\sum t\right)^2} \tag{11-17}$$

例 11.6 表 11－4 列出了我国 2014—2020 年期间的年末人口数，利用最小二乘法求解线性趋势方程，预测我国 2022 年年末人口数。

表 11－4 我国 2014—2020 年期间的年末人口数资料及计算表

年份	年末人口数（万人）（y）	t	t^2	ty
2014 年	137 646	1	1	137 646
2015 年	138 326	2	4	276 652
2016 年	139 232	3	9	417 696
2017 年	140 011	4	16	560 044
2018 年	140 541	5	25	702 705
2019 年	141 008	6	36	846 048
2020 年	141 178	7	49	988 246
合计	977 942	28	140	3 929 037

解： 设线性趋势方程为：$\hat{y}=\hat{a}+\hat{b}t$，根据表 11－4 的计算，有

$$\hat{b}=\frac{n\sum ty-\sum t\sum y}{n\sum t^2-\left(\sum t\right)^2}=\frac{7\times 3\,929\,037-28\times 977\,942}{7\times 140-(28)^2}$$

$$=\frac{120\,883}{196}\approx 616.75$$

$$\hat{a}=\frac{\sum y-\hat{b}\sum t}{n}=\frac{977\,942-616.75\times 28}{7}$$

$$=\frac{960\,673}{7}\approx 137\,239$$

则有：$\hat{y}=137\,239+616.75t$

得出：我国 2022 年年末人口数 $\hat{y}_{2022}=137\,239+616.75\times 9\approx 142\,789.75$（万人）

思政元素

2021 年，面对复杂严峻的国际环境和国内新冠肺炎疫情等各种风险挑战，各地区、各部门在以习近平同志为核心的党中央坚强领导下，认真贯彻落实党中央、国务院决策部署，大力支持工业发展，着力激发工业企业活力，积极推进高质量发展。

2021 年全国规模以上工业企业实现利润总额 87 092.1 亿元，比上年增长 34.3%（按可比口径计算），比 2019 年增长 39.8%，两年平均增长 18.2%。规模以上工业企业实现营业收入 127.92 万亿元，比上年增长 19.4%；发生营业成本 107.12 万亿元，增长 19.1%；营业收入利润率为 6.81%，比上年提高 0.76 个百分点。①

2021 年各月的利润总额累计增长和营业收入累计增长绘制成折线图如图 11－6 所示。

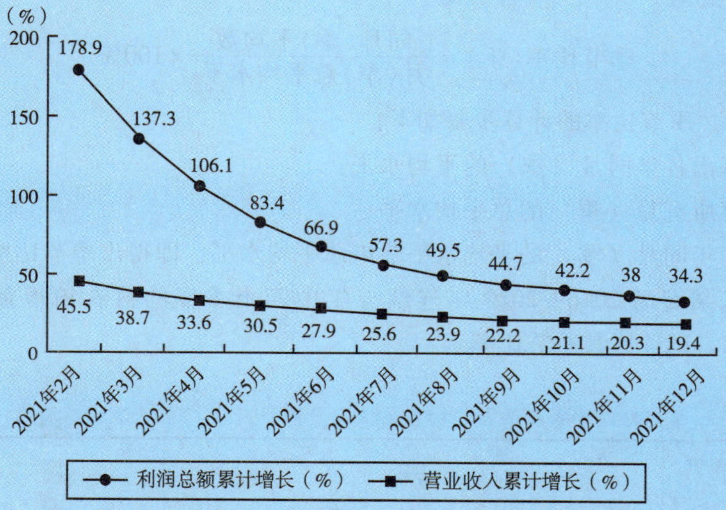

图 11－6　2021 年各月利润总额累计增长和营业累计增长

你能根据国家统计局发布的月度数据，分析 2021 年全国规模以上工业企业利润的增长情况，解读其盈利能力吗？

11.3　时间序列季节变动分析和预测

季节变动分析的目的在于掌握事物季节变动的周期及其规律性，以便预测未来，及时采取措施，克服季节变动对人们经济生活所导致的不良影响，更好地安排生产和销售，适应市场需求，满足人民的生活需要。

时间序列分析和预测

测定季节变动的主要方法是通过计算季节比率来反映季节变动的程度。季节比率大，说明该季节是“旺季”，反之，季节比率小，说明该季节是“淡季”。计算季节比率通常有两种方法：同期平均法和趋势剔除法。

① 数据来源：国家统计局网站。

11.3.1 同期平均法

同期平均法，也叫按月（季）平均法。这种方法不考虑长期趋势的影响，直接用原始动态数列来计算。利用按月（季）平均法测定季节变动，需要根据若干年（至少为连续三年）的分月（季）资料，计算出同月（季）平均数和所有月（季）的总平均数，然后，用各月（季）的平均数与所有月（季）的总平均数相对比，求得季节比率。其计算公式为：

$$季节比率(\%)=\frac{同月(季)平均数}{月(季)总平均水平}\times 100\% \tag{11-18}$$

可以看出，季节比率的计算步骤如下：

(1) 计算出各年同月（季）的平均水平；

(2) 计算所有月（季）的总平均水平；

(3) 将各年同月（季）的平均水平除以总平均水平，即得出季节比率。

例 11.7 某商场 2016—2020 年连续五年中四个季度的衬衣销售量变化情况如表 11-5 所示，试计算其季节比率。

表 11-5 某商场四个季度的衬衣销售量情况及按月（季）平均法计算表 单位：千件

季度 年份	春季	夏季	秋季	冬季	各季平均
2016 年	3.0	12.0	5.8	1.2	5.5
2017 年	3.5	13.2	7.0	1.5	6.3
2018 年	4.1	15.0	8.8	2.1	7.5
2019 年	4.5	17.8	9.2	2.5	8.5
2020 年	4.9	19.0	10.2	2.7	9.2
各年平均	4.0	15.4	8.2	2.0	7.4
季节比率（%）	54.1	208.1	110.8	27.0	400.0

从表 11-5 中可以看出：该商场夏、秋两季为衬衣销售的“旺季”，季节比率分别高达 208.1% 和 110.8%；而春、冬两季明显为“淡季”，季节比率分别才 54.1% 和 27%。

11.3.2 移动平均趋势剔除法

按月（季）平均法的优点是简单易懂，其缺点是没有考虑到现象本身存在的长期趋势的影响，从上述计算结果中不难发现，同样是春季的销售量，2006 年比 2002 年就要高出近 50%，这意味着在整个时间序列中，除了存在季节的影响之外，还存在长期趋势的影响，为了更精确地测定季节变动，就应把趋势变动的差异剔除掉。

趋势剔除法的核心在于充分考虑了长期趋势对于时间数列的影响，在计算各月的理论数值时，使用当月的趋势值代替年平均值。其计算的具体步骤如下：

（1）利用移动平均法，求出对应各季的趋势值；

（2）以各季的实际数量与趋势值相除，获得各季的季节变化情况；

（3）将各年的同一季节情况进行平均，得各季未修正季节比率；

（4）进行季节比率的修正。

例 11.8　根据表 11－5 的数据资料，用趋势剔除法计算季节比率过程见表 11－6。

表 11－6　　趋势剔除法计算季节比率计算表

年份	季节	销售量（千件）	第一次移动平均（N＝4）	第二次修正移动平均（N＝2）	季节比率（%）
（甲）	（乙）	（1）	（2）	（3）	（4）
2016	春季	3.0	—	—	—
	夏季	12.0	—	—	—
	秋季	5.8	5.500	5.5625	104.27
	冬季	1.2	5.625	5.7750	20.78
2017	春季	3.5	5.925	6.0750	57.61
	夏季	13.2	6.225	6.2625	210.78
	秋季	7.0	6.300	6.3750	109.80
	冬季	1.5	6.450	6.6750	22.47
2018	春季	4.1	6.900	7.1250	57.54
	夏季	15.0	7.350	7.4250	202.02
	秋季	8.8	7.500	7.5500	116.56
	冬季	2.1	7.600	7.9500	26.42
2019	春季	4.5	8.300	8.3500	53.89
	夏季	17.8	8.400	8.4500	210.65
	秋季	9.2	8.500	8.5500	107.60
	冬季	2.5	8.600	8.7500	28.57
2020	春季	4.9	8.900	9.0250	54.29
	夏季	19.0	9.150	9.1750	207.08
	秋季	10.2	9.200	—	—
	冬季	2.7	—	—	—

解：首先使用移动平均法，计算各季度的趋势值，为了不使计算结果中残留季节影响，在选择移动平均周期（N）时，应当使周期长度与季节变动的实际周期长度一致。在本例中，应使用 4 个季度作为移动平均周期（如果使用的是月度数据资料，则应当使用 12 个月作为移动平均周期），由前面所述，当移动平均周期为偶数时，需要

再进行二次移动平均。

为了消除个别年份的特殊情况对季节指数的影响，需使用若干年份同季度的季节比率的平均值作为最终的计算结果，理论上各季节比率之和应当等于400%，如大于或小于400%，均应计算调整系数进行修正。调整系数的计算公式如下：

$$调整系数 = \frac{1\ 200\%（或400\%）}{各月（或各季）平均季节比率之和} \tag{11-19}$$

则修正后各月（或各季）的季节比率 = 各月（或各季）平均季节比率 × 调整系数

具体计算结果见表11－7。

表11－7　调整系数及修正后的季节比率计算表　单位：%

年份＼季度	春季	夏季	秋季	冬季	合计
2016年	—	—	104.27	20.78	—
2017年	57.61	210.78	109.80	22.47	—
2018年	57.54	202.02	116.56	26.42	—
2019年	53.89	210.65	107.60	28.57	—
2020年	54.29	207.08	—	—	—
各年同季平均	55.83	207.63	109.56	24.56	397.58
修正后的季节比率	56.17	208.90	110.23	24.71	400.0

$$调整系数 = \frac{400}{397.58} \approx 1.0061$$

利用计算机来计算季节比率将大大缩短计算时间，提高计算效率，使季节变动分析更迅速、更快捷。

当序列中存在趋势性时，可通过差分或其他变换处理使序列平稳化，然后将因变量仅对它的滞后值以及随机误差项的现值和滞后值进行回归，相应的分析模型被概括为ARIMA模型。它是自回归模型（AR）和移动平均模型（MA）的综合，也称为带差分的自回归移动平均模型。ARIMA模型将预测指标随时间推移而形成的序列看作一个随机序列，这组随机变量所具有的依存关系体现了原始数据在时间上的延续性，它既受外部因素的影响，又有自身变动规律，允许模型中包含趋势变动、季节变动、周期变动和随机波动等综合因素影响，具有较高的预测精度。ARIMA模型的基本分类和建模过程可阅读时间序列分析相关的专业书籍，本书不详细展开。

思政元素

2021 年，在以习近平同志为核心的党中央坚强领导下，各地区各部门认真贯彻落实党中央、国务院决策部署，科学统筹疫情防控和经济社会发展，我国国民经济持续稳定恢复，高质量发展取得新成效，“十四五”实现良好开局。三大需求对经济增长均做出积极贡献。2021 年，最终消费支出、资本形成总额、货物和服务净出口分别拉动经济增长 5.3、1.1、1.7 个百分点，对经济增长的贡献率分别为 65.4%、13.7%、20.9%。国内大循环主体作用增强。2021 年，我国社会消费品零售总额超过 40 万亿元，比上年增长 12.5%；固定资产投资规模超过 50 万亿元，增长 4.9%。内需对经济增长的贡献率达 79.1%，比上年提高了 4.4 个百分点。[①]

国家统计局新闻发言人就 2021 年 11 月国民经济运行情况答记者问时指出，扩内需促消费政策持续发力，消费对经济增长的贡献稳步提升，成为国民经济稳定恢复的主要动力。2021 年，最终消费支出对经济增长贡献率为 65.4%，拉动 GDP 增长 5.3 个百分点。其中，四季度最终消费支出对经济增长贡献率为 85.3%，拉动 GDP 增长 3.4 个百分点。

图 11－7 是 2019—2021 年各个季度的最终消费支出对国内生产总值增长贡献率当季值的时间序列图[②]。从中国的经济发展来看，消费对经济增长的贡献去年因疫情影响出现下降，2021 年消费对经济增长的贡献在稳步提升。总体来看，内需对经济增长的贡献保持在较高水平，中国的内需仍然具有巨大的潜力。

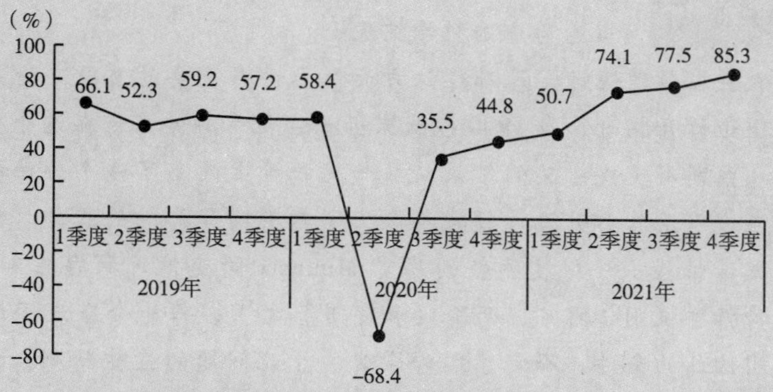

图 11－7　2019—2021 年各季度消费支出对国内生产总值增长贡献

① 陆娅楠．“十四五”中国经济开局良好 [N]．人民日报，2022－01－18（003）.

② 数据来源：国家统计局网站。

本章小结

本章通过案例引入介绍了时间序列的图形描述及需要分析的问题，在概述时间序列后，给出了时间序列的概念、构成要素，并根据时间序列的构成成分，将时间序列分成平稳和非平稳时间序列，对有长期趋势和季节成分的时间序列分别进行了分析和预测。

测定长期趋势的方法，本章介绍了其中主要的三种：移动平均法、指数平滑法和趋势方程拟合法。测定季节变动的主要方法，本章介绍了同期平均法和趋势剔除法。

思政园地

一代统计学宗师——陈希孺

陈希孺（1934—2005 年），国际著名数理统计学家、中国科学院院士，湖南省望城县人。1997 年当选为中国科学院院士。1956 年武汉大学数学系毕业，同年入职中国科学院数学研究所，1957—1958 年在波兰科学院进修，师从著名统计学家菲兹。1960 年调至中国科学技术大学数学系工作，1980 年任中国科学技术大学教授，1981 年任博士生导师。1986 年调入中国科学院研究生院工作，并于 1997 年当选为中国科学院院士。

陈希孺教授在数理统计学基础理论方面做出许多重要的贡献。他是我国线性回归大样本理论的开拓者，自 1970 年代末开始，他带领学生们在这个领域辛勤耕耘，获得了一系列有重要意义的结果，在一定程度上改变了这个领域的面貌。他在参数统计领域以及非参数统计领域都做出了具有国际影响的工作。他解决了在一般同变损失下位置——刻度参数的序贯 Minimax 同变估计的存在和形式问题；给出了在种种抽样机制（固定、两阶段和序贯）之下，作为分布泛函的一般参数存在精确区间估计的条件，否定了国外学者关于此问题的某些猜测；特别关于 U 统计量逼近正态分布的非一致收敛速度的工作，被美国出版的 *Encyclopedia of Statistical Sciences* 所引用，并被苏联学者撰写的专著 *Theory of U－Statistics* 作为本领域重要的工作之一作了详细的论述；在自变量带误差的线性回归模型和广义线性模型的研究方面，获得了若干重要的成果。在国内外学术刊物上发表论文 130 多篇，出版专著、教科书以及科普读物 10 余本。他曾于 1980 年获中国科学院科技成果二等奖，1984 年获中国科学院科技成果一等奖，1990 年获中国科学院自然科学奖二等奖，1991 年获国家自然科学奖三等奖，1998 年获中国科学院自然科学奖一等奖。

陈希孺教授曾任中国概率统计学会理事长，后任中国现场统计研究会理事长、中国统计学会副会长、国家技术监督局所属全国统计方法应用标准化技术委员会委员兼第一分委员会主任，主持制定和审定了多项与数理统计应用有关的国家标准。

陈希孺教授在统计教育方面也倾注了大量的心血，对概率统计专业学科建设起到了关键的作用。新中国首批 18 位博士中的 3 名就出自陈老门下，他们分别为任教于中国科大的赵林城教授、苏淳教授以及第三世界科学院院士白志东教授。陈先生生性豁达，身处逆境依旧能泰然处之。他淡泊名利，主张顺其自然，他喜欢的格言是“尽人事以俟天命”，常以此告诫他的学生。

陈希孺教授一生致力于我国的数理统计学的研究和教育事业，带领国内统计学界学者做了许多具有国际影响的重要工作；他呕心沥血，鞠躬尽瘁，为我国培养数理统计学人才做出了不可磨灭的贡献。他的逝世是我国教育事业特别是统计学界的一个巨大损失，他的风范将永远激励年轻一代科研和教育工作者。

（摘自：《沉痛悼念我们的名誉理事长陈希孺院士》，《数理统计与管理》，2005 年第 5 期，第 127 页；有增删）

▶ **讨论：**

1. 从以上示例中，你学到了什么？

2. 是一种什么样的精神使得陈希孺先生能够坚持钻研，一生致力于统计学的研究和教育事业？

思考与练习

一、思考题

11.1　简述时间序列的类型。

11.2　简述时间序列的构成成分。

11.3　平稳序列以及含有趋势或季节成分的时间序列的预测方法有哪些？

二、练习题

11.1 一家啤酒生产企业2017—2022年各季度的啤酒销售量数据如表11-8所示，试绘制年度折叠时间序列图，并判断啤酒销售量是否存在季节性。

表11-8　2017—2022年各季度啤酒销售数据　单位：万千升

年份	季度			
	1	2	3	4
2017	25	32	37	26
2018	30	38	42	30
2019	29	39	50	35
2020	30	39	51	37
2021	29	42	55	38
2022	31	43	54	41

11.2 2011—2020年我国研究生招生人数和普通本专科招生人数的数据如表11-9所示。要求：

（1）绘制时间序列图描述近10年来这两类学历教育的招生人数趋势。

（2）建立一个趋势方程预测2025年研究生招生人数。

表11-9　2011—2020年我国研究生招生人数和普通本专科招生人数

年份	研究生招生数（万人）	普通本专科招生数（万人）
2011	56.02	681.50
2012	58.97	688.80
2013	61.14	699.80
2014	62.13	721.40
2015	64.51	737.80
2016	66.71	748.60
2017	80.61	761.50
2018	85.80	790.99
2019	91.65	914.90
2020	110.66	967.45

11.3 2001—2020年我国粮食产量的数据如表11-10所示。要求：

（1）绘制时间序列图描述近20年来我国粮食产量的趋势。

（2）建立一个趋势方程预测2030年我国粮食产量。

表 11－10　　2001—2020 年我国粮食产量

年份	粮食产量（万吨）	年份	粮食产量（万吨）
2001	45 263.67	2011 年	58 849.33
2002	45 705.75	2012 年	61 222.62
2003	43 069.53	2013 年	63 048.20
2004	46 946.95	2014 年	63 964.83
2005	48 402.19	2015 年	66 060.27
2006	49 804.23	2016 年	66 043.51
2007	50 413.85	2017 年	66 160.73
2008	53 434.29	2018 年	65 789.22
2009	53 940.86	2019 年	66 384.00
2010	55 911.31	2020 年	66 949.20

单选题　　判断题

第 12 章 指　数

育人目标

1. 通过学习指数的基础知识，理解总指数编制的原理、指数体系及因素分析的原理。

2. 了解指数的基础知识在实际工作中的应用，加深对我国改革开放成果的认识及统计知识的理解，能理解、运用一些常用的经济指数。

3. 了解在我国统计发展过程中作出巨大贡献的榜样人物，树立学生正确的人生观、价值观，培养学生实事求是、锐意创新的开拓精神。

案例

你知道哪些指数呢？

指数，大家并不陌生，例如，居民消费价格指数、股票价格指数、房地产价格指数，等等。那么，这些指数是怎么来的呢？他们怎么应用和分析呢？这就是本章要解决的问题。先看下面资料：图 12－1、表 12－1 反映的是我国 2021 年 10 月居民消费价格指数的数据（资料来源于国家统计局网站）。

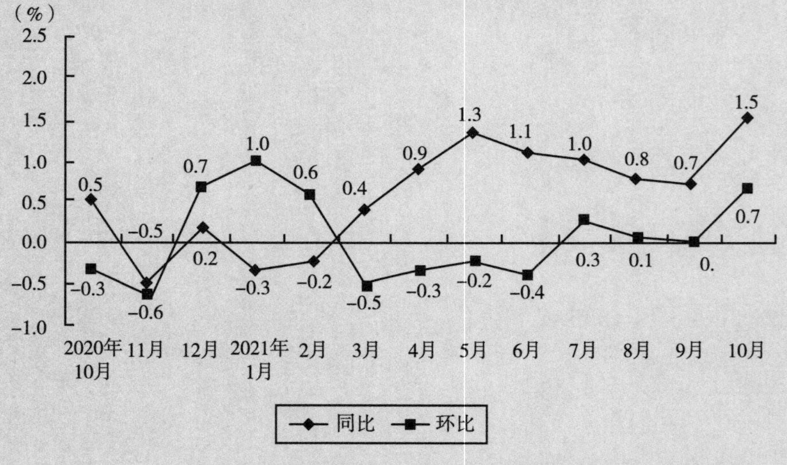

图 12－1　我国居民消费价格指数变动情况

表 12-1 2021 年 10 月居民消费价格主要数据

	环比涨跌幅（%）	同比涨跌幅（%）	1~10 月同比涨跌幅（%）
居民消费价格	0.7	1.5	0.7
其中：城市	0.7	1.6	0.8
农村	0.7	1.2	0.5
其中：食品	1.7	-2.4	-1.7
非食品	0.4	2.4	1.3
其中：消费品	1.1	1.6	0.7
服务	0.1	1.4	0.8
其中：不包括食品和能源	0.1	1.3	0.8
按类别分：			
一、食品烟酒	1.2	-0.9	-0.5
粮食	0.2	0.9	1.0
食用油	0.3	6.4	6.9
鲜菜	16.6	15.9	2.7
畜肉类	-1.3	-26.7	-16.5
其中：猪肉	-2.0	-44.0	-29.5
牛肉	0.2	1.0	3.4
羊肉	-0.1	2.3	6.1
水产品	-2.3	8.3	9.7
蛋类	-1.9	12.6	9.9
奶类	0.0	1.4	1.9
鲜果	2.9	0.5	2.5
卷烟	0.1	1.5	1.1
酒类	0.6	2.1	2.1
二、衣着	0.3	0.5	0.2
服装	0.3	0.6	0.3
鞋类	0.1	0.1	-0.2
三、居住	0.4	1.7	0.7
租赁房房租	-0.1	0.8	0.3
水电燃料	2.0	4.5	1.4
四、生活用品及服务	0.3	0.9	0.3
家用器具	0.0	1.5	0.7
家庭服务	0.2	2.9	2.6

续表

	环比涨跌幅（%）	同比涨跌幅（%）	1～10月同比涨跌幅（%）
五、交通通信	1.0	7.0	3.7
交通工具	0.3	0.9	-0.8
交通工具用燃料	4.7	31.4	14.8
交通工具使用和维修	0.1	1.8	1.5
通信工具	-1.4	-0.1	5.1
通信服务	0.0	-0.3	-0.3
邮递服务	0.0	0.0	-0.2
六、教育文化娱乐	0.2	2.9	1.7
教育服务	0.2	2.8	2.1
旅游	0.3	4.8	0.3
七、医疗保健	0.2	0.6	0.4
中药	0.2	1.8	1.6
西药	0.0	-0.7	-1.2
医疗服务	0.3	0.9	0.7
八、其他用品及服务	0.1	-0.5	-1.5

说明：由于“四舍五入”原因，有时会出现合计数据与分类数据高值或低值相同的情况。

从图12－1、表12－1可以看出：2021年10月，全国居民消费价格同比上涨1.5%。其中，城市上涨1.6%，农村上涨1.2%；食品价格下降2.4%，非食品价格上涨2.4%；消费品价格上涨1.6%，服务价格上涨1.4%。

1～10月全国居民消费价格比上年同期上涨0.7%。全国居民消费价格环比上涨0.7%。其中，城市上涨0.7%，农村上涨0.7%；食品价格上涨1.7%，非食品价格上涨0.4%；消费品价格上涨1.1%，服务价格上涨0.1%。

那么，这些指数是怎么来的呢？这就是本章要学习的内容。本章主要学习：指数的一般问题；总指数的编制；指数体系与因素分析。

12.1 指数的一般问题

指数的计算

指数是怎么产生的呢？大家知道，在18世纪，新大陆美洲兴起了一股采金热，大量的金银源源不断地流入欧洲，促使欧洲的物价大幅上升，引起了社会的普遍关注。经济学家为了测定物价的变动，开始尝试编制物价指数。最初编制的是单个商品变动的价格指数（即把这种商品报告期的价格与基期的价格比较，反映该种商品价格变动的动态相对数)，后来慢慢发展为编制不同类商品变动的价格指数。此后 200 多年，指数的理论与应用不断发展，逐步应用到不同的领域，使指数分析成为分析社会经济现象数量变化的一种重要的统计分析方法。

12.1.1　指数的定义

那么，什么是指数呢？指数也称**统计指数**，它有广义和狭义之分。

广义指数是指同类现象变动程度的相对数，包括动态相对数、比较相对数、计划完成相对数，等等。

狭义指数又称总指数，是综合反映多种不同现象在不同时间上总变动的特殊相对数，即专门用来综合说明那些不能直接相加和对比的复杂社会经济现象的变动情况。

例如，我们要研究某地区主要产品报告期与基期对比的变动，可以根据该地区的数据，计算出钢铁产量上升 2%、汽车产量下降 3%、电视机产量不变等，这些是广义指数，如果把钢铁产量、汽车产量、电视机产量综合起来讨论就是狭义指数，因为综合起来看，它们是不能直接相加和对比的复杂社会经济现象的变动，原因在于它们的计量单位不同（钢铁单位为吨、汽车单位为辆、电视机单位为台），没办法直接相加。那么，总指数有哪些性质呢？

（1）相对性。它们是不同类现象综合对比形成的比值（相对数）和差值（绝对数）。

（2）综合性。它们反映的是不同类现象的综合变动，即解决不同类现象因计量单位等的影响，而不能直接相加和对比的复杂社会经济现象的变动。

（3）平均性。不同类的现象在研究时，各自变动是不同的，有的上升、有的下降、有的不变等，因此，综合起来反映的是平均值。

（4）代表性。由于不同类现象是复杂的，如现在商品种类多、规格型号多，我们不可能都去研究，只能从中选择代表规格品研究，因此，它具有代表性。

指数的作用主要表现在：

（1）综合反映多种不同事物的总的变动方向和变动程度。编制指数的基本目的就是把不同类的现象如不同使用价值的产（商）品过渡为可以综合比较，从而计算出如产品产量指数、商品销售量指数、商品零售价格指数等总指数，来反映不同类的现象，如不同使用价值的产（商）品的总变动状态。

（2）测定复杂经济现象的总变动中，各个因素变化的影响。复杂经济现象，都是由多个因素构成，如某商品销售额的变动受该商品销售量和销售价格变动的影响，利用指数分析可以计算分析出商品销售量和销售价格的变动及其对商品销售额变动带来的影响。

（3）编制指数数列，反映社会经济现象在较长时期内的变动趋势。例如，本章开篇引例中图 12 - 1 反映的居民消费价格指数的变动情况。

12.1.2 指数的分类

指数按照不同的情况，有不同的分类。

1. 按其研究范围不同——个体指数、总指数

个体指数是反映个别社会经济现象变动的相对数，用 K 表示。如：

个体产量指数：$K_q = \frac{q_1}{q_0}$，个体价格指数：$K_p = \frac{p_1}{p_0}$。

式中 q 为产品的产量，p 为产品（商品）的价格，下标 1 为报告期、0 为基期。

总指数是反映复杂社会经济现象总体变动的相对数，习惯用$\overline{K}$表示，如商品销售量总指数$\overline{K}_q$、商品销售价格总指数$\overline{K}_p$等。

2. 按其所反映现象的性质不同——数量指标指数和质量指标指数

表明数量指标变动程度的相对数是**数量指标指数**，用$\overline{K}_q$表示。如产品产量指数、商品销售量指数、职工人数指数等。

表明质量指标变动程度的相对数是**质量指标指数**，用$\overline{K}_p$表示，如产品单位成本指数、商品价格指数、劳动生产率指数等。

思政元素

国家统计局城市司高级统计师董莉娟解读我国 2022 年 3 月 CPI 数据①。2022 年 3 月，受国内多点散发疫情和国际大宗商品价格上涨等因素影响，CPI 环比持平，同比涨幅有所扩大。从环比看，CPI 由上月上涨 0.6% 转为持平。其中，食品价格由上月上涨 1.4% 转为下降 1.2%，影响 CPI 下降约 0.22 个百分点。食品中，受节后消费需求回落及供给充足等因素影响，猪肉价格下降 9.3%，鸡肉、鸭肉、牛肉、羊肉、水产品和鲜果价格降幅在 1.0% ~2.3% 之间；受国际小麦、玉米和大豆等价格上涨及国内疫情影响，面粉、食用植物油、鲜菜和鸡蛋价格分别上涨 1.7%、0.6%、0.4% 和 0.3%。

12.2 总指数的编制

总指数的编制有两种形式——综合指数和平均指数。综合指数是反映从数量上表明不能直接加总的社会经济现象的总指数，它是总指数编制的基本形式；平均指数是以个体指数为基础，通过加权平均的形式编制的总指数。

① 数据来源：国家统计局网站。

12.2.1　综合指数的编制

综合指数是报告期总量与基期总量的对比，它是计算总指数的基本形式。综合指数怎么编制呢？下面分别从数量指标指数和质量指标指数的编制两个方面说明。

1. 数量指标指数的编制

数量指标指数也称数量指数，它是综合反映数量指标变动的相对数。它如何编制呢？这里以产品产量总指数的编制为例来说明。

例 12.1　下面是从某工业企业获取的数据，见表 12 - 2。

表 12 - 2　　某企业有关产品的资料

产品名称	计量单位	产量		出厂价格（元）	
		基期	报告期	基期	报告期
甲	吨	3 000	3 600	2 000	2 200
乙	千米	400	420	3 600	4 000
丙	千块	4	5	4 000	4 000
合计	—	—	—	—	—

要求：

（1）计算三种产品产量个体指数。

（2）计算三种产品产量总指数。

解： 首先，计算三种产品产量个体指数，其计算结果如表 12 - 3 所示。

表 12 - 3　　三种产品产量个体指数计算表

产品名称	计量单位	产量		出厂价格（元）		$K_q = q_1/q_0$ (%)
		q_0	q_1	p_0	p_1	
甲	吨	3 000	3 600	2 000	2 200	120
乙	千米	400	420	3 600	4 000	105
丙	千块	4	5	4 000	4 000	125
合计	—	—	—	—	—	—

从表 12 - 3 中的计算可以看出，三种产品产量的个体指数是不同的，虽然都是上升，但有的上升得多，有的上升得少。

其次，计算三种产品产量总指数。计算三种产品产量总指数，就是把三种产品产量综合起来，看是怎么变化的，这就是产品产量总指数编制的问题了。

那么，产品产量总指数怎么编制呢？

首先，要找谁为同度量因素？

什么是同度量因素？它是把不能直接相加的现象过渡为可以相加的媒介因素。也就是使若干个由于计量单位不同不能直接相加的现象，过渡为可以加总和比较而使用的媒介因素。

从上面的例题可以看出，三种产品的计量单位不同，如果要相加和比较，则要找同度量因素。那么谁为同度量因素呢？

根据例题中的资料，可得

出厂价格×产品产量=总产值

式中，产品产量是我们要研究的，即要说明其变动方向和变动程度所指的事物，称为指数化因素；那么出厂价格就是同度量因素，也就是使若干个由于计量单位不同不能直接相加的现象，过渡为可以加总和比较而使用的媒介因素。通过出厂价格这个同度量因素，就可以将三种产品在两个时期的产值相加，从而进行对比，就可以得到产值总指数的公式：

$$\overline{K}_{qp} = \frac{\sum q_1 p_1}{\sum q_0 p_0} \tag{12-1}$$

将表12-2中的数据代入公式，有

$$\overline{K}_{qp} = \frac{3\ 600 \times 2\ 200 + 420 \times 4\ 000 + 5 \times 4\ 000}{3\ 000 \times 2\ 000 + 400 \times 3\ 600 + 4 \times 4\ 000} = \frac{9\ 620\ 000}{7\ 456\ 000} = 129.02\%$$

$$\sum p_1 q_1 - \sum p_0 q_0 = 9\ 620\ 000 - 7\ 456\ 000 = 2\ 164\ 000（元）$$

计算结果表明，报告期产值比基期产值增长29.02%，增加的绝对值为2 164 000元。

通过出厂价格这个同度量因素，解决了三种产品产量不能同度量的问题。但是，这里计算的是产值总指数，而产值的变动既反映了产品产量的变动，同时也反映了出厂价格的变动。因此，要编制单纯只反映产品产量综合变动情况的总指数，必须从产值的变动中排除同度量因素变动的影响。

其次，同度量因素的时期选择。

在编制产品产量指数时，作为同度量因素的出厂价格，报告期和基期水平是不同的。为了单纯地反映产品产量的变动，排除出厂价格因素变动的影响，就要把出厂价格因素固定起来，使出厂价格只起同度量的作用。

出厂价格作为同度量因素，从表12-2中可以看出，既有报告期的，也有基期的。那么，使用什么时期的合适呢？不同的学者作了不同的讨论，这里介绍两种：

德国经济统计学家拉斯佩雷斯（E. Laspeyres）认为，同度量因素固定在基期比较合适，于1864年提出了拉氏数量指数公式如下：

$$\overline{K}_q = \frac{\sum q_1 p_0}{\sum q_0 p_0} \tag{12-2}$$

德国学者派许（Paasche）认为，同度量因素固定在报告期比较合适，于1874年提出了派氏数量指数公式如下：

$$\overline{K}_q = \frac{\sum q_1 p_1}{\sum q_0 p_1} \tag{12-3}$$

上述两个公式都可以计算数量指标指数，但是结果有差别，使用哪个合适，一般看统计研究的目的。在上例中，编制产品产量总指数的目的，在于综合反映多种产品产量的变动情况，即从总体来说是增加了还是减少了，增加或减少的幅度有多大，以及由此带来的经济效果如何。在实际工作中，计算产量指数等数量指标指数时，一般采用基期同度量因素（质量指标，如上例中的商品销售价格）作为权数，这是由计算数量指标指数的目的决定的。如上例中，计算产品产量指数时，一般采用基期出厂价格作同度量因素。这是因为：第一，编制产品产量指数的目的是排除出厂价格因素变动影响，单纯反映产品产量的总变动。要假定出厂价格不变，就应该采用没有包含出厂价格变动的基期价格，这才符合社会经济现象的客观实际。第二，由于报告期出厂价格是由基期出厂价格变化而来的，用报告期出厂价格作同度量因素，就把出厂价格变动的影响带入到指数中，因此，计算产品产量总指数将同度量因素固定在报告期是不甚合理的。

因此，综合指数中，编制数量指标指数，一般用拉氏数量指数公式（12－2）。根据拉氏数量指数公式计算结果如表 12－4 所示。

表 12－4　　三种产品产量变动拉氏数量指数公式计算表

产品名称	计量单位	产量		出厂价格（元）		p_0q_0	p_0q_1
		q_0	q_1	p_0	p_1		
甲	吨	3 000	3 600	2 000	2 200	6 000 000	7 200 000
乙	千米	400	420	3 600	4 000	1 440 000	1 512 000
丙	千块	4	5	4 000	4 000	16 000	20 000
合计	—	—	—	—	—	7 456 000	8 732 000

有

$$\overline{K} = \frac{\sum q_1 p_0}{\sum q_0 p_0} = \frac{8\ 732\ 000}{7\ 456\ 000} \times 100\% = 117.11\%$$

$$\sum q_1 p_0 - \sum q_0 p_0 = 8\ 732\ 000 - 7\ 456\ 000 = 1\ 276\ 000(\text{元})$$

计算结果表明，三种产品的产量，报告期与基期比较，增长了 17.11%，由于三种产量的增长，使三种产品产值增加了 1 276 000 元。

因此，综合指数中，编制数量指标指数，一般用拉氏数量指数公式，即式（12－2）：

$$\overline{K}_q = \frac{\sum q_1 p_0}{\sum q_0 p_0}$$

也就是，在编制数量指标指数时，一般要把作为同度量因素的质量指标固定在基期。

2. 质量指标指数的编制

质量指标指数也称质量指数，它是反映质量指标变动的相对数。这里以商品价格总指数的编制为例来说明。

例 12.2 表 12－5 是从某商业企业获取的数据。

表 12－5　　某企业有关商品销售资料

商品名称	计量单位	单价（元）		销售量	
		基期	报告期	基期	报告期
甲	件	10	8	3 000	5 000
乙	米	8	11	4 500	7 000
丙	只	6	5.4	10 000	20 000
合计	—	—	—	—	—

要求：

（1）计算三种商品价格个体指数。

（2）计算三种商品价格总指数。

解： 首先，计算三种商品价格的个体指数，其计算结果如表 12－6 所示。

表 12－6　　三种商品销售价格个体指数计算表

商品名称	计量单位	单价（元）		销售量		$K_p = p_1/p_0$ (%)
		p_0	p_1	q_0	q_1	
甲	件	10	8	3 000	5 000	80
乙	米	8	11	4 500	7 000	137.5
丙	只	6	5.4	10 000	20 000	90
合计	—	—	—	—	—	—

从表 12－6 中的计算可以看出，三种商品价格的个体指数是不同的，有的上升，有的下降。

其次，计算三种商品价格总指数。计算三种商品价格总指数，就是把三种商品价格综合起来，看是怎么变化的，这就是商品价格总指数编制的问题了。

那么，商品价格总指数怎么编制呢？

首先，还是要找谁为同度量因素？

从上面的例题可以看出，三种商品的价格都是单价，由于计量单位不同，如果要相加和比较，则要找同度量因素。那么谁为同度量因素呢？

根据例题中的资料，我们有

$$商品单位价格 \times 商品销售量 = 商品销售额$$

式中，商品的单位价格是指数化因素，即要说明其变动方向和变动程度所指的事物；商品销售量是同度量因素，它将不能同度量的价格转化为可以同度量的销售额，起着媒介作用。通过商品销售量这个同度量因素将两个时期各种商品的价格转化为销售额后，就可以将两个时期各种商品销售额分别加总，然后进行对比，得出销售额总指数[计算公式见式（12-1）]。把表 12-6 中的数据代入式（12-1），计算结果如下：

$$\overline{K}_{qp}=\frac{\sum q_1p_1}{\sum q_0p_0}=\frac{8\times 5\ 000+11\times 7\ 000+5.4\times 20\ 000}{10\times 3\ 000+8\times 4\ 500+6\times 10\ 000}$$

$$=\frac{225\ 000}{126\ 000}=178.57\%$$

$$\sum p_1q_1-\sum p_0q_0=225\ 000-126\ 000=99\ 000\ (\text{元})$$

计算结果表明，报告期商品销售额比基商品销售额增长 78.57%，增加的绝对值为 99 000 元。

通过商品销售量这个同度量因素，解决了三种商品销售价格不能同度量的问题。但是，这里计算的是商品销售额总指数，商品销售额的变动不仅受商品价格变动的影响，同时还受商品销售量变动的影响。因此，要编制单纯反映商品价格总变动情况的总指数，就必须排除商品销售量变动的影响，将同度量因素固定不变。

其次，同度量因素的时期的选择。

在编制商品的价格指数时，采用报告期的商品销售量和基期商品销售量作为同度量因素是不同的。为了单纯地反映商品价格的变动，就要将商品销售量固定，以排除商品销售量变动的影响。

销售量作为同度量因素，从表 12-5 中可以看出，既有报告期的，也有基期的。那么，使用什么时期的合适呢？不同的学者作了不同的讨论，这里还是介绍拉氏和派氏公式：

拉斯佩雷斯认为，基期的合适，有拉氏质量指数公式如下：

$$\overline{K}_p=\frac{\sum q_0p_1}{\sum q_0p_0}\qquad(12-4)$$

派许认为，报告期的合适，有派氏质量指数公式如下：

$$\overline{K}_p=\frac{\sum q_1p_1}{\sum q_1p_0}\qquad(12-5)$$

上述两个公式都可以计算质量指标指数，但是结果有差别，使用哪个合适，一般看统计研究目的。上例中，编制商品价格总指数的目的，在于综合反映多种商品价格的变动情况，即从总体上说是上升了还是下降了，上升或下降的幅度多大，以及由此带来的经济效果如何。在实际工作中，计算价格指数等质量指标总指数时，一般采用报告期同度量因素（数量指标，上例中商品销售量）作为权数，这是由计算质量指标指数的目的决定的。如上例中，计算商品价格指数，其目的是反映商品价格总变动方向和程度，反映商品价格变动对国家财政以及对居民收支的实际影响。以报告期销售量作为同度量因素，能够较正确地反映当前现实生活中全部商品价格总变动情况，使商品价格指数具有现实的经济意义，符合统计的研究目的。如果采用基期销售量作同度量因素，虽然排除了销售量变动的影响，从绝对量上看，其分子与分母的差额是个假定值，其意义只是观察在过去的时期（基期）所销售的商品，由于商品价格的变化而带来商品销售额的变化，脱离了现实，其计算意义不大。因此，一般采用式（12－5）计算价格总指数。

因此，综合指数中，编制质量指标指数，一般用派氏质量指数公式。根据派氏质量指数计算结果如表12－7所示。

表12－7　三种商品价格变动派氏质量指数计算表

商品名称	计量单位	单价（元）		销售量		p_1q_1	p_0q_1
		p_0	p_1	q_0	q_1		
甲	件	10	8	3 000	5 000	40 000	50 000
乙	米	8	11	4 500	7 000	77 000	56 000
丙	只	6	5.4	10 000	20 000	108 000	120 000
合计	—	—	—	—	—	225 000	226 000

有

$$\overline{K}_p = \frac{\sum q_1 p_1}{\sum q_1 p_0} = \frac{225\ 000}{226\ 000} \times 100\% = 99.56\%$$

三种商品的价格综合起来看，报告期与基期比较，降低了0.44%，由于价格的降低，使商品销售额减少

$$\sum p_1 q_1 - \sum p_0 q_1 = 225\ 000 - 226\ 000 = -1\ 000(\text{元})$$

因此，综合指数中，编制质量指标指数，一般用派氏质量指数式（12－5），即

$$\overline{K}_p = \frac{\sum q_1 p_1}{\sum q_1 p_0}$$

也就是，在编制质量指标指数时，要把作为同度量因素的数量指标固定在报告期。

编制综合指数还有其他公式，如杨格尔公式、马—埃公式、奥尔斯—庇古公式等，这里就不做一一介绍了。

从上述分析可以看出：综合指数的编制方法是“先综合，后对比”，即综合——通过解决不同计量单位的问题，来解决综合的问题；对比——通过解决同度量因素的时期，来解决对比的问题。固定同度量因素，在编制数量指标指数时，要把作为同度量因素的质量指标固定在基期。在编制质量指标指数时，要把作为同度量因素的数量指标固定在报告期。

总指数编制的基本方法——综合指数的优点在于，不仅可以反映复杂社会经济现象总的变动方向和程度，还可以定量地说明社会经济现象变动的实际经济效果。但是，编制综合指数要求资料全面，即要求有全面的、对应的数量指标和质量指标的基期和

报告期的资料，否则无法进行编制。

12.2.2　平均指数的编制

平均指数及几种典型指数介绍

前文，我们讨论了总指数编制的基本形式——综合指数，它适用于资料全面的情况，如果资料不全面怎么办呢？就用我们本节讨论的平均指数来编制。

什么是平均指数呢？它是从个体指数出发，对个体指数进行平均得到的总指数，它是总指数的另一种计算形式。包括加权算术平均指数和加权调和平均指数。

在全面资料无法取得而使综合指数公式无法直接使用的情况下，可以将其作为综合指数的变形公式使用。平均指数具有其独立的经济意义，能解决综合指数无法解决的问题，具有广泛的应用价值。

1. 加权算术平均指数

加权算术平均指数，是对个体指数进行加权算术平均而得到的指数。它一般用于数量指标指数的编制。这里以商品销售量总指数的编制为例来说明。

例 12.3　表 12－8 是从某商业企业获取的数据。

表 12－8　某商业企业销售有关资料

商品名称	计量单位	销售量个体指数（%）	基期商品销售额（万元）
甲	双	110	220
乙	千克	115	130
丙	米	96	100
合计	—	—	450

要求：计算三种商品销售量总指数。

解： 从表 12－8 中的资料可以看出，如果我们用综合指数的公式，无法计算，因为缺公式分子的数据。但给出了销售量个体指数的数据，那么，我们可以通过引入销售量个体指数的变化，由综合指数中的拉氏数量指数公式来推导出计算公式。

$$\overline{K}_q = \frac{\sum q_1 p_0}{\sum q_0 p_0} \text{（缺少分子的资料）}$$

引入个体指数$K_q = \dfrac{q_1}{q_0}$。

则有，$q_1 = q_0 K_q$，代入上面拉氏数量指数公式，有

$$\overline{K}_q = \frac{\sum K_q q_0 p_0}{\sum q_0 p_0} \tag{12－6}$$

它是以综合指数中拉氏数量指数公式的分母项数据（基期的总量）为权数，对个体指数（例子中数量指标个体指数 K_q）进行加权算术平均。

以表 12－8 中的数据计算如表 12－9 所示。

表 12－9　　个体指数加权算术平均计算表

商品名称	个体指数 K_q（%）	基期销售额（万元）	$K_q q_0 p_0$
甲	110	220	242
乙	115	130	149.5
丙	96	100	96
合计	—	450	487.5

可得：

$$\overline{K}_q = \frac{\sum K_q q_0 p_0}{\sum q_0 p_0} = \frac{487.5}{450} = 108.33\%$$

这表明三种商品销售量报告期比基期上升了 8.33%，使销售额增加了。

$$\sum K_q q_0 p_0 - \sum q_0 p_0 = 487.5 - 450 = 37.5(\text{万元})$$

加权算术平均指数一般用于讨论数量指标指数的编制，权数为综合指数中拉氏数量指数公式的分母项数据（基期的总量）。

2. 加权调和平均指数

加权调和平均指数，是对个体指数进行加权调和平均而得到的指数。它一般用于质量指标指数的编制。这里以商品价格总指数的编制为例来说明。

例 12.4　表 12－10 是从某企业获取的资料。

表 12－10　　某企业商品销售资料

商品名称	单位	单价（元）		2020 年销售额（元）
		2019 年	2020 年	
甲	件	10	10.3	158 002
乙	千克	2	2.1	145 005
丙	米	5	5.4	80 028
丁	只	4	4.4	5 016
合计	—	—	—	388 051

要求：计算四种商品的销售价格指数。

解： 从表 12－10 中的资料可以看出，如果我们用综合指数的公式，无法计算，因为缺公式分母的数据。但给出了价格基期和报告期数据，可以计算价格个体指数。那么，我们可以通过引入价格个体指数的变化，由综合指数中的派氏质量指数公式来推导出计算公式。

$$\overline{K}_P = \frac{\sum p_1 q_1}{\sum p_0 q_1}(缺少分母资料)$$

引入价格个体指数，

$$K_p = \frac{p_1}{p_0}, \quad \therefore p_0 = \frac{p_1}{K_p}$$

因此，有

$$\overline{K}_p = \frac{\sum p_1 q_1}{\sum \frac{p_1 q_1}{K_p}} \qquad (12-7)$$

它是以综合指数中的派氏公式的分子项数据（报告期的总量）为权数，对个体指数（例子中质量指标个体指数 K_p）进行加权调和平均。

以表 12 – 10 中的数据计算如下：

先把价格个体指数计算出来，如表 12 – 11 所示，再计算分母项数据。

表 12 – 11　　个体指数加权调和平均计算表

商品名称	单位	单价（元）		个体指数（%）	2020 年销售额（元）p_1q_1	p_1q_1/K_p
		2019 年 p_0	2020 年 p_1			
甲	件	10	10.3	103	158 002	153 400
乙	千克	2	2.1	105	145 005	138 100
丙	米	5	5.4	108	80 028	74 100
丁	只	4	4.4	110	5 016	4 560
合计	—	—	—	—	388 051	370 160

有

$$\overline{K}_p = \frac{\sum p_1 q_1}{\sum \frac{p_1 q_1}{K_p}} = \frac{388\ 051}{370\ 160} = 104.8\%$$

四种商品销售价格总指数报告期比基期上升了 4.8%，使销售额增加

$$\sum q_1 p_1 - \sum q_1 p_1 / K_P = 388\ 051 - 370\ 160 = 17\ 891(元)$$

加权调和平均指数一般用于讨论质量指标指数的编制，权数为综合指数中派氏质量公式的分子项数据（报告期的总量）。

平均指数还有其他计算公式，这里不一一介绍。

12.2.3　几种常见指数介绍

指数分析作为一种重要的统计分析方法，应用于不同的领域。这里，简单介绍几种典型指数，讨论指数在不同领域的应用。

1. 居民消费价格指数（CPI）

（1）含义。

居民消费价格指数（Consumer Price Index，简称 CPI），是度量居民消费品和服务项目价格水平随时间变动的相对数，它反映居民家庭购买的消费品和服务价格水平的变动情况。它是分析经济形势、检测物价水平、进行国民经济核算、测定通货膨胀的重要数据。

目前，我国 CPI 指数按城市和农村分别编制，采用加权平均的方法编制，权数为样本户的实际消费构成，如表 12－1 所示。该表反映的是我国 2021 年 10 月 CPI 的情况，统计范围是全国城乡居民生活消费的食品烟酒、衣着、居住、生活用品及服务、交通通信、教育文化娱乐、医疗保健、其他用品及服务等 8 大类、268 个基本分类的商品与服务价格。

在编制 CPI 时，由于涉及基期问题，因此，编制时采用基期轮换。按照我国统计制度规定，CPI 每五年进行一次基期轮换，如表 12－1 中反映的是 2021 年 10 月的数据，从 2021 年 1 月开始编制和发布的 CPI 是以 2020 年为基期的 CPI。与上轮基期相比，新基期的调查分类目录、代表规格品和调查网点均有调整，分类权数也有变化，以反映居民消费结构的最新变动。经测算，本次基期轮换对 CPI 各月同比指数的影响平均约为 0.03 个百分点。

（2）编制过程。CPI 指数编制过程如下：

第一，选择代表规格品。它是在商品分类的基础上进行的。选择的原则是：销售量（额）大；价格变动趋势和程度有代表性；所选的代表规格品之间性质相隔要远，价格变动特征的相关性低；选中的工业消费品必须是合格品（有注册商标、产地、生产日期等）。

第二，选择调查市县和调查点（采样的市县和采样户）。采用抽样调查方法抽选确定调查网点，按照“定人、定点、定时”的原则，直接派人到调查网点或从互联网采集原始价格。数据来源于全国 31 个省（区、市）约 500 个市县、近 10 万家价格调查点，包括商场（店）、超市、农贸市场、服务网点和互联网电商等。

第三，价格的调查与计算。对代表规格品采价原则是：同一规格品的价格必须同质可比；如果挂牌价与成交价不同，按成交价计算；与居民生活密切相关、价格变动频繁的，一周采价一次，一般商品每月采价 2～3 次。

第四，权数的确定。根据样本户消费支出构成确定。其中，各省、市、自治区根据样本户现金支出的数据计算；全国根据各省、市、自治区的权数按照各地人均消费支出和人口数加权平均计算。大类、中类、小类的权数依次分层计算。

第五，指数的计算。总指数的计算采用加权平均方法，公式为

$$p = \frac{\sum iw}{\sum w} \tag{12-8}$$

式中，i 代表规格品个体指数或各层的类指数；w 代表相应的消费支出比重（权数）。

（3）CPI 指数的作用。CPI 指数的作用表现在：反映生活消费品价格和服务价格的变动趋势和程度；反映通货膨胀状况；反映居民货币购买力变动；反映对职工实际工资的影响。

2. 股票价格指数

股票价格指数，是反映股票市场价格变动的相对数，是金融指数产品之一。目前，股票价格指数在不同国家和地区有许多种类，如美国的道琼斯指数、纳斯达克指数、标普 500 指数等，英国的富时 100 指数、富时 250 指数等，日本的日经 225 指数等。我国也是如此。香港股市价格有恒生指数；内地以上海证券市场为例，其股票价格指数有上证综合指数、上证 180 指数、上证 50 指数、上证 380 指数等，其中，上证综合指数是编制最早、最具典型意义的指数。这里以此为例作简要说明。

（1）上证综合指数的计算。上证综合指数于 1991 年 7 月 15 日正式发布。它是以 1990 年 12 月 19 日为基准日，基准日指数为 100 点，以现有所有上市股票（A 股、B 股）为样本，以报告期股票发行量为权数进行编制，公式为：

$$\text{今日股价指数} = \frac{\text{今日市价总值}}{\text{基准日市价总值}} \times 100\% \tag{12-9}$$

式中，市价总值 = 收盘价 × 发行股数，其中，如果遇到发行新股或扩股，发行股数需要进行修正和调整。

（2）上证综合指数的优缺点。

上证综合指数的优点表现在：能准确、全面地反映某个时点股票价格的全面变动情况，考虑到行业分布和不同公司的规模，具有广泛的代表性。

上证综合指数的缺点表现在：敏感性差，不能及时反映主要上市公司股票价格对市场大势的影响；只要有新股上市，就要计入指数中，使得指数内部结构变动频繁，影响了指数内部结构的稳定性，不利于指数前后的对比。由于该指数具有局限性，需要其他指数的补充，如上证 50 指数、上证 380 指数等。

思政元素

国家统计局服务业调查中心高级统计师赵庆河解读我国 2022 年 2 月 PMI 数据①。2022 年 2 月，制造业采购经理指数、非制造业商务活动指数和综合 PMI 产出指数分别为 50.2%、51.6% 和 51.2%，持续位于扩张区间，高于上月 0.1 个、0.5

① 数据来源：国家统计局网站。

个和0.2个百分点，表明我国经济总体继续保持恢复发展态势，景气水平稳中有升。

2月份，企业节后复工复产形势良好，制造业PMI继续在扩张区间平稳运行，需求改善，预期向好，景气水平略有回升；非制造业商务活动指数为51.6%，比上月上升0.5个百分点，表明非制造业总体恢复有所加快；综合PMI产出指数为51.2%，高于上月0.2个百分点，表明我国企业生产经营活动扩张步伐加快。

12.3 指数体系与因素分析

指数体系与因素分析

12.3.1 指数体系

1. 指数体系的含义

在前面，我们讨论了下面的关系式：

商品销售额 = 商品价格 × 商品销售量

产品总产值 = 产品出厂价 × 产品产量

形成指数关系式如下：

商品销售额指数 = 商品价格指数 × 商品销售量指数

产品总产值指数 = 产品出厂价格指数 × 产品产量指数

用有关综合指数公式表示如下：

$$\overline{K}_{qp} = \overline{K}_p \times \overline{K}_q$$

$$\frac{\sum p_1 q_1}{\sum p_0 q_0} = \frac{\sum p_1 q_1}{\sum p_0 q_1} \times \frac{\sum p_0 q_1}{\sum p_0 q_0} \qquad (12-10)$$

统计中，把经济上具有一定联系、数量上具有对等关系的三个或三个以上的指数所构成的整体，叫作指数体系，如式（12－10）。指数体系具有如下特点，构成指数体系的各个指数在经济上具有逻辑关系，相互之间能补充说明问题；构成指数体系的各个指数在数量上具有乘积对等关系和加减对等关系；构成指数体系的指数个数在三个或三个以上。

2. 指数体系中两个等式

指数体系中包含两个等式：

从相对数上看，现象总变动指数 = 各影响因素指数的乘积，即

$$\frac{\sum p_1 q_1}{\sum p_0 q_0} = \frac{\sum p_1 q_1}{\sum p_0 q_1} \times \frac{\sum p_0 q_1}{\sum p_0 q_0} \qquad (12-11)$$

$$\underset{\text{总现象指数}}{\downarrow} \qquad \underset{\text{影响因素指数}}{\downarrow \qquad\qquad \downarrow}$$

从绝对数上看，现象总变动差额 = 各影响因素差额的代数和，即

$$\sum p_1 q_1 - \sum p_0 q_0 = \left(\sum p_1 q_1 - \sum p_0 q_1\right) + \left(\sum p_0 q_1 - \sum p_0 q_0\right) \tag{12-12}$$

3. 指数体系的作用

（1）利用指数体系，可进行指数因素之间的换算。

例 12.5　某商业企业 2021 年 10 月份商品价格比上月下降了 10%，商品销售额却上升了 10%，试问商品销售量如何变化？

解： 本例中，已知商品价格指数、商品销售额指数，求商品销售量指数。

根据指数体系有

$$\overline{K}_{pq} = \overline{K}_p \times \overline{K}_q$$

$$\therefore \overline{K}_q = \frac{\overline{K}_{pq}}{\overline{K}_p} = \frac{110\%}{90\%} = 122.2\%$$

因此，商品销售量指数为 122.2%，所以，商品销售量上升了 22.2%。

（2）利用指数体系，可进行因素分析，为因素分析提供相关的计算公式。

12.3.2　因素分析

1. 因素分析的定义

因素分析，是利用指数体系研究现象总体数量变动中，各因素变动对总变动的影响方向、程度及其绝对效果。

因素分析的类型主要有：根据分析对象的性质不同，有总量指标的因素分析、相对指标的因素分析、平均指标的因素分析、包含平均指标的总量指标因素分析。本节主要介绍总量指标的因素分析、平均指标的因素分析。根据影响因素的多少，有两因素分析、多因素分析。本节主要介绍两因素分析。

2. 总量指标的两因素分析

总量指标反映的是社会经济现象总的规模、水平、工程量、工作量等。它的变动一般可以分解为数量指标变动和质量指标变动的影响。这里以总产值变动的因素分析来说明。

例 12.6　表 12－12 是从某企业获取的产品销售资料。

表 12－12　　某企业产品销售资料

产品名称	计量单位	产量		出厂价格（元）	
		基期	报告期	基期	报告期
甲	吨	3 000	3 600	2 000	2 200
乙	千米	400	420	3 600	4 000
丙	千块	4	5	4 000	4 000
合计	—	—	—	—	—

要求：对该企业总产值的变动进行因素分析。

解： 从表 12－12 中的资料可以看出，分析对象是总产值，影响因素是产品产量和出厂价格，因此有关系式如下：

总产值＝产品产量×出厂价格

对应的指数体系为：

总产值指数＝产品产量指数×出厂价格指数

其中，总产值指数是广义指数，产品产量指数和出厂价格指数是狭义指数。

由于资料全面（基期、报告期数据都有），因此，狭义指数使用综合指数的公式计算。

首先，计算广义指数，总产值指数。

根据表 12－12 中的数据，有关计算如表 12－13 所示。

表 12－13 总产值指数计算表

产品名称	计量单位	p_0q_0	p_1q_1	p_1q_0
甲	吨	6 000 000	7 920 000	7 200 000
乙	千米	1 440 000	1 680 000	1 512 000
丙	千块	16 000	20 000	20 000
合计	—	7 456 000	9 620 000	8 732 000

有

$$\overline{K}_{qp}=\frac{\sum p_1q_1}{\sum p_0q_0}=\frac{9\ 620\ 000}{7\ 456\ 000}=129.02\%$$

$$\sum p_1q_1-\sum p_0q_0=9\ 620\ 000-7\ 456\ 000=2\ 164\ 000(\text{元})$$

从计算可以看出，该企业产品总产值报告期与基期比较，增长了 29.02%，增加了 2 164 000 元。之所以如此，是因为产品产量变动和出厂价格变动的影响。

其次，计算影响因素指数。

产品产量指数：

$$\overline{K}_q=\frac{\sum q_1p_0}{\sum q_0p_0}=\frac{8\ 216\ 000}{7\ 456\ 000}=110.19\%$$

三种产品的产量报告期与基期比较增长了 10.19%，由于产品产量的增长而增加的产值：

$$\sum p_1q_0-\sum p_0q_0=8\ 216\ 000-7\ 456\ 000=760\ 000(\text{元})$$

出厂价格指数：

$$\overline{K}_p = \frac{\sum p_1 q_0}{\sum p_0 q_0} = \frac{8\ 732\ 000}{7\ 456\ 000} = 117.11\%$$

三种产品的出厂价格报告期与基期比较提高了 17.11%，由于产品出厂价格提高而增加的产值：

$$\sum p_1 q_1 - \sum p_0 q_1 = 9\ 620\ 000 - 8\ 216\ 000 = 1\ 404\ 000(\text{元})$$

最后，构建指数体系的两个等式：

$$129.02\% = 117.11\% \times 110.19\%$$

$$2164\ 000 = 760\ 000 + 1\ 404\ 000$$

由此，我们可以得出总量指标两因素分析的步骤如下：

第一步，根据现象的内在联系和等式关系，建立指数体系；

$$\overline{K}_{qp} = \overline{K}_q \times \overline{K}_p$$

第二步，从相对数和绝对数对指数体系中的每个指数进行计算，并进行文字分析；

第三步，从相对数和绝对数两个方面验证指数体系。

3. 平均指标因素分析

平均指标是反映社会经济现象总体一般水平的指标。在总体分组的条件下，它取决于两个因素：一是总体内部各部分（组）的平均水平，另一个是总体的结构，即总体各部分（组）在总体中所占的比重。总体平均指标的变动，是这两个因素变动的综合结果。

在总体分组的条件下，根据样本数据计算平均指标的计算公式为

$$\bar{x} = \frac{\sum xf}{\sum f} = \sum x \cdot \frac{f}{\sum f} \tag{12-13}$$

式中，$\bar{x}$为总体的平均指标，x 为总体各部分的平均水平值，f 为总体各部分的频数，$\frac{f}{\sum f}$ 为总体各部分的频率。

这里，分析对象是平均指标的变动，影响因素是各组的平均水平和各组的构成（频率）。

因此，指数体系为：

平均指标指数 = 各组的平均水平指数 × 各组的构成指数

其中，平均指标指数（也称可变构成指数）是广义指数，各组的平均水平指数（也称固定构成指数）和各组的构成指数（也称结构影响指数）是狭义指数。

广义指数公式好编制，报告期的平均水平比上基期的平均水平。那么，狭义指数怎么编制呢？在平均指标因素分析中，狭义指数的编制原理是综合指数编制的原理。

根据综合指数编制的原理，首先要区分谁为数量指标因素，谁为质量指标因素。设各组的构成为数量指标因素，各组的平均水平为质量指标因素，则有指数体系及有

关计算公式如下：

可变构成指数 = 固定构成指数 × 结构影响指数

根据综合指数编制的原理，有

$$\frac{\sum x_1 f_1/\sum f_1}{\sum x_0 f_0/\sum f_0}=\frac{\sum x_1 f_1/\sum f_1}{\sum x_0 f_1/\sum f_1}\times\frac{\sum x_0 f_1/\sum f_1}{\sum x_0 f_0/\sum f_0} \tag{12-14}$$

$$\frac{\sum x_1 f_1}{\sum f_1}-\frac{\sum x_0 f_0}{\sum f_0}=\left(\frac{\sum x_1 f_1}{\sum f_1}-\frac{\sum x_0 f_1}{\sum f_1}\right)+\left(\frac{\sum x_0 f_1}{\sum f_1}-\frac{\sum x_0 f_0}{\sum f_0}\right) \tag{12-15}$$

式中，$\frac{\sum x_1 f_1/\sum f_1}{\sum x_0 f_0/\sum f_0}$为可变构成指数（或用$\frac{\bar{x}_1}{\bar{x}_0}$表示）；$\frac{\sum x_1 f_1/\sum f_1}{\sum x_0 f_1/\sum f_1}$为固定构成指数（或用$\frac{\bar{x}_1}{\bar{x}_n}$表示）；$\frac{\sum x_0 f_1/\sum f_1}{\sum x_0 f_0/\sum f_0}$为结构影响指数（或用$\frac{\bar{x}_n}{\bar{x}_0}$表示）。

下面通过一个例题来说明平均指标的因素分析。

例 12.7 现从某地区获取三个不同企业的劳动生产率、工人数、产值资料如表 12－14 所示，要求，试根据表 12－14 中的资料对该地区劳动生产率的变动进行因素分析。

表 12－14　某地区三个企业劳动生产率、工人数、产值资料

企业名称	劳动生产率（万元/人）		工人数（百人）		产值（百万元）	
	基期	报告期	基期	报告期	基期	报告期
甲厂	2	2.2	25	20	50	44
乙厂	2.5	2.5	50	50	125	125
丙厂	2.8	3.0	25	40	70	120
合计	—	—	100	110	245	289

解： 首先，计算分析有关数据如表 12－15 所示。

表 12－15　某地区劳动生产率变动分析计算表

企业名称	劳动生产率（万元/人）		工人数（百人）		产值（百万元）		
	X_0	X_1	f_0	f_1	X_0f_0	X_1f_1	X_0f_1
甲厂	2	2.2	25	20	50	44	40
乙厂	2.5	2.5	50	50	125	125	125
丙厂	2.8	3.0	25	40	70	120	112
合计	2.45	2.63	100	110	245	289	277

第一步，计算总变动（可变构成指数）。

$$\frac{\bar{x}_1}{\bar{x}_0}=\frac{\sum x_1f_1/\sum f_1}{\sum x_0f_0/\sum f_0}=\frac{\frac{289}{110}}{\frac{245}{100}}=\frac{2.63}{2.45}=107.35\%$$

$$\bar{x}_1-\bar{x}_0=\frac{\sum x_1f_1}{\sum f_1}-\frac{\sum x_0f_0}{\sum f_0}=2.63-2.45=0.18(\text{万元/人})$$

计算表明，该地区劳动生产率报告期与基期比较提高了 7.35%，每人增加产值 0.18 万元。

第二步，计算各因素的影响（固定构成指数、结构影响指数）。

固定构成指数$\left(\frac{\bar{x}_1}{\bar{x}_n}\right)$：

$$\frac{\bar{x}_1}{\bar{x}_n}=\frac{\sum x_1f_1/\sum f_1}{\sum x_0f_1/\sum f_1}=\frac{\frac{289}{110}}{\frac{277}{110}}=\frac{2.63}{2.52}=104.37\%$$

该地区各企业劳动生产率报告期与基期比较提高了 4.37%，由于各企业劳动生产率的提高，使每人增加的产值为

$$\frac{\sum x_1f_1}{\sum f_1}-\frac{\sum x_0f_1}{\sum f_1}=2.63-2.52=0.11(\text{万元/人})$$

结构影响指数$\left(\frac{\bar{x}_n}{\bar{x}_0}\right)$：

$$\frac{\bar{x}_n}{\bar{x}_0}=\frac{\sum x_0f_1/\sum f_1}{\sum x_0f_0/\sum f_0}=\frac{\frac{277}{110}}{\frac{245}{100}}=\frac{2.52}{2.45}=102.86\%$$

由于该地区各企业工人人数结构的变动使劳动生产率提高了 2.86%，使每人增加的产值为

$$\frac{\sum x_0f_1}{\sum f_1}-\frac{\sum x_0f_0}{\sum f_0}=2.52-2.45=0.07(\text{万元/人})$$

最后，构建指数体系两个等式，有

$$107.35\%=104.37\%\times102.86\%$$

$$0.18=0.11+0.07$$

从上面的分析可以看出，该地区劳动生产率的变动，是该地区各企业劳动生产率变动和工人人数变动共同作用的结果。

思政元素

中国体育彩票销售已经形成一定规模，因购买彩票心理不健康而导致悲剧时有发生。李刚（2019）以行为经济学为视角，根据数理统计模型，完善了中国体育彩票购买者有意择号行为的指数体系，该指数体系是反映中国体育彩票购买者心理健康程度的“晴雨表”，并将结果与中国福利彩票以及外国彩票的代表性品种相应指标加以比较发现，中国体育彩票购买者有意择号行为程度偏高，且主要表现为强烈的赌徒谬误错误心理；彩票规则对购买者有意择号行为有显著影响，关注这种行为对于体育彩票机构有重大意义。[①] 这也是指数体系在实际问题的应用之一。

本章小结

指数，也称统计指数，它有广义和狭义之分。广义指数是指同类现象变动程度的相对数，包括动态相对数、比较相对数、计划完成相对数等。狭义指数是综合反映多种不同现象在不同时间上总变动的特殊相对数。即专门用来综合说明那些不能直接相加和对比的复杂社会经济现象的变动情况。本章主要讨论狭义指数，即总指数，它具有相对性、综合性、平均性、代表性的特点。指数的作用主要有，综合反映多种不同事物的总的变动方向和变动程度；测定复杂经济现象的总变动中，各个因素变化的影响；编制指数数列，反映社会经济现象在长时期内的变动趋势。指数可以从不同的角度有不同的分类。

指数作为一种重要的统计分析方法，应用于不同的领域。典型指数有，居民消费价格指数（CPI）、股票价格指数、消费者满意度指数等等。

总指数编制有两种方法，综合指数法和平均指数法。综合指数的编制，首先要明确两个概念：指数化因素和同度量因素；其次解决三个问题：一是在现象的联系中寻找同度量因素，使不能相加的量转化为可以相加的量；二是将同度量因素固定在同一时期，排除同度量变动的影响；三是根据统计研究的目的，确定同度量因素的所属时期。同度量因素的固定时期，主要考虑经济指数的现实意义，还要考虑指数体系内在的要求。

基期加权综合指数公式（拉氏公式）、报告期加权综合指数公式（派氏公

① 李刚．中国体育彩票购买者有意择号指数体系的完善与应用［J］．体育科学，2019，39（10）：21－39.

式）在实际应用中各有优缺点，应该根据事物的性质和统计研究的目的来选择应用。一般情况下，数量指标指数以基期的质量指标为同度量因素，选用拉氏数量指数公式；质量指标指数以报告期的数量指标为同度量因素，选用派氏质量指数公式。

平均指数法是综合指数法的变形。它有两种计算形式：加权算术平均指数和加权调和平均指数。实际工作中选用哪种平均指数公式，要依据资料取得的条件而定。

指数体系是经济上具有一定联系、数量上具有对等关系的三个或三个以上的指数所构成的整体。它有两个对等关系，即从相对数上看，现象总变动指数等于各影响因素指数的乘积，从绝对数上看，现象总变动差额等于各影响因素差额的代数和。指数体系的作用主要有，利用指数体系，可进行指数因素之间的换算；利用指数体系，可进行因素分析，为因素分析提供相关的计算公式。

因素分析是利用指数体系研究现象总体数量变动中，各因素变动对总变动的影响方向、程度及其绝对效果。根据分析对象的性质不同，有总量指标的因素分析、相对指标的因素分析、平均指标的因素分析、包含平均指标的总量指标因素分析。本章主要介绍的是总量指标的因素分析、平均指标的因素分析。根据影响因素的多少，有两因素分析、多因素分析。本章主要介绍的是两因素分析。进行因素分析的关键是：分析复杂现象总体的构成因素，建立科学有效的指数体系，区分各指数内的指数化因素和同度量因素，判断各因素指标的性质（即是数量指标，还是质量指标）。

思政园地

我国军队卫生统计事业的开拓者——军队卫生统计学家郭祖超①

郭祖超，医学统计学家、军队卫生统计学家、医学教育家。他于 20 世纪 40 年代最早在中国系统地介绍医学统计方法，著有《医用数理统计方法》一书，是中国医学统计学的开拓者，为推动中国医学科学的发展做出了重要贡献。50 年代初，为适应中国人民解放军在现代战争中卫生工作的需要，他着手创立军队卫生统计学，是第一位运用现代统计学方法搜集和分析中国人民解放军卫生工作统计资料的组织者、指导者和实施者。他为

① 资料来源：淘名人网，https：//www. taomingren. com/baike/7215。

中国培养了一大批优秀的高级专业人才。他著述丰硕，每个时期都有代表性作品问世，其中尤以第一、二、三版《医用数理统计方法》一书最为卓著，并在学术界产生了深远影响。

郭祖超一生的志趣在于治学和育人，从7岁入学至年届8旬，始终乐此不疲，达到了忘我的境界。他认为：人生的乐趣在于敲开科学的大门，一旦进入科学的殿堂，其乐趣是任何物质享受所无可比拟的。他主张：知识不是私有的，既曾受之于前人，亦必须授之于后人。有了知识首先要使它利国利民，造福人类。科学应该一代一代传下去，后来者理应居上，才能使科学事业日益发扬光大。正是在这样的思想指导下，他一生致力于著书立说，进行科学实践和传道授业，从不背离。

郭祖超学识渊博，根底深厚，集数学、医学、教育学、预防医学于一身，并曾赴国外深造，为他的事业成就打下了坚实的基础。而尤为同道和后生敬慕的是他严谨的治学态度和一丝不苟的科学作风。他不仅以此律己，同样也以此育人。如在组织编写《军队卫生统计学》教材时，他根据自己以往撰稿的经验提出了12条要求，从教材的思想性、科学性到图表、符号、公式、文字都有明确的具体规定，有不合格的均予退回重写重抄。他常说：“严谨的科学作风是靠平时养成的。”

郭祖超的一位已故老同事曾评论他说：“郭教授的成功并非靠天赋，而是依靠他的勤奋、认真、坚韧、谦虚。”这是有道理的。

▶ **讨论：**

1. 从上面的资料中，你学到了什么？

2. 是一种什么样的精神使郭祖超先生能够在艰苦的条件下仍能坚持不懈地追求科学真理？

思考与练习

一、思考题

12.1　什么是总指数？它的主要作用有哪些，它有哪些分类？

12.2　什么是综合指数？它的编制原理是什么？

12.3　什么是平均指数？它的编制原理是什么？

12.4　什么是指数体系？它包含的两个对等关系式是什么，主要作用有哪些？

12.5　什么是因素分析，如何分类？

12.6　如何进行总量指标两因素分析？

12.7　如何进行平均指标因素分析？

二、练习题

12.1　现有某企业产品产量资料如表 12－16 所示。

表 12－16　　某企业产品产量资料表

产品名称	计量单位	产量		出厂价格（元）	
		基期	报告期	基期	报告期
甲	万吨	200	220	750	720
乙	万件	1 000	1 100	50	65
丙	万把	800	900	14	12

要求：根据资料计算分析：

（1）产品产值总指数和产值增减变动额；

（2）产品产量总指数和由于产量变动而使产值增减变动额；

（3）产品出厂价格总指数和由于出厂价格变动而使产值增减变动额。

12.2　现有某水果超市三种水果月销售资料如表 12－17 所示。

表 12－17　　某水果超市三种水果月销售资料表

商品名称	销售量（万千克）		销售价格（元/千克）	
	基期	报告期	基期	报告期
苹果	30	32	7.8	8.0
梨子	25	23	6.5	6.3
香蕉	18	20	4.8	5.0

要求：根据资料计算分析：

（1）三种商品销售量和销售价格个体指数；

（2）三种商品销售额总指数和销售额增减变动额；

（3）三种商品销售量总指数和由于销售量变动而使销售额增减变动额；

（4）三种商品销售价格总指数和由于销售价格变动而使销售额增减变动额。

12.3　已知某商店三种商品销售额报告期比基期增长 25%，其商品销售价格及报告期销售额资料如表 12－18 所示。

表 12－18　某商店三种商品销售额资料

商品名称	计量单位	销售价格（元）		报告期商品销售额（元）
		基期	报告期	
甲	件	380	400	10 000
乙	个	90	80	8 000
丙	条	120	125	8 750

要求：根据资料计算分析：

（1）销售价格总指数及由于销售价格变动而使消费者消费支出变动的金额；

（2）销售量总指数及由于销售量变动而使消费者消费支出变动的金额。

12.4　现有某企业三种产品有关资料如表 12－19 所示。

表 12－19　某企业三种产品有关资料

产品名称	生产费用（万元）		产品产量变动（%）
	基期	报告期	
甲	20	24	+5
乙	45	50	－3
丙	35	48	+8
合计	100	122	—

要求：根据资料计算分析：

（1）三种产品产量总指数及由于产量变动而使生产费用变动的金额；

（2）三种产品单位成本总指数及由于产品单位成本变动而使生产费用变动的金额。

12.5　某商业企业 2020 年销售收入 500 万元，2021 年计划达到 560 万元。由于竞争压力，2021 年商品销售价格下降 2.8%，问该企业 2021 年商品销售量要增加多少，才能完成 2021 年的销售收入计划？

12.6　某企业 2020 年工人人数为 1 200 人，比 2019 年下降 2%；工资总额 5 472 000 元，比 2019 年多支出 280 000 元。问该企业 2019 年的平均工资是多少？

12.7　现从某企业获取生产同种产品的两个车间有关资料如表 12－20 所示。

表 12－20　生产同种产品的两个车间有关资料

车间	产品总量（吨）		工人数（人）		劳动生产率（吨/人）	
	基期	报告期	基期	报告期	基期	报告期
甲	100.0	156.0	100	130	1.00	1.20
乙	76.5	85.5	85	90	0.90	0.95
合计	176.5	241.5	185	220	—	—

要求：根据资料计算分析：

（1）全厂劳动生产率指数及其变动情况；

（2）从相对数和绝对数两个方面对该厂劳动生产率进行因素分析。

单选题　判断题

附录
用 Excel 生成概率分布表

附录 1　标准正态分布表

利用 Excel 提供的统计函数“NORMSDIST”，可以生成标准正态分布概率表，即 $P(Z \leqslant x) = p$，已知 x 求 p。生成标准正态分布概率表的具体操作步骤如下：

第 1 步；将 x 的值输入到工作表的 A 列，将 x 取值的尾数输入到第一行，作为标准正态分布的表头，如图 1 所示。

	A	B	C	D	E	F	G	H	I	J	K
1	*x*	0.00	0.01	0.02	0.03	0.04	0.05	0.06	0.07	0.08	0.09
2	0.0										
3	0.1										
4	0.2										
5	0.3										
6	0.4										
7	0.5										
8	0.6										
9	0.7										
10	0.8										
11	0.9										
12	1.0										

图 1　生成标准正态分布概率表第 1 步

第 2 步：在 B2 单元格输入公式“ = NORMSDIST($A2 + B$1)”，然后将其向下、向右复制即可得到标准正态分布概率表，部分结果如图 2 所示。

	A	B	C	D	E	F	G	H	I	J	K
1	x	0.00	0.01	0.02	0.03	0.04	0.05	0.06	0.07	0.08	0.09
2	0.0	0.5000	0.5040	0.5080	0.5120	0.5160	0.5199	0.5239	0.5279	0.5319	0.5359
3	0.1	0.5398	0.5438	0.5478	0.5517	0.5557	0.5596	0.5636	0.5675	0.5714	0.5753
4	0.2	0.5793	0.5832	0.5871	0.5910	0.5948	0.5987	0.6026	0.6064	0.6103	0.6141
5	0.3	0.6179	0.6217	0.6255	0.6293	0.6331	0.6368	0.6406	0.6443	0.6480	0.6517
6	0.4	0.6554	0.6591	0.6628	0.6664	0.6700	0.6736	0.6772	0.6808	0.6844	0.6879
7	0.5	0.6915	0.6950	0.6985	0.7019	0.7054	0.7088	0.7123	0.7157	0.7190	0.7224
8	0.6	0.7257	0.7291	0.7324	0.7357	0.7389	0.7422	0.7454	0.7486	0.7517	0.7549
9	0.7	0.7580	0.7611	0.7642	0.7673	0.7704	0.7734	0.7764	0.7794	0.7823	0.7852
10	0.8	0.7881	0.7910	0.7939	0.7967	0.7995	0.8023	0.8051	0.8078	0.8106	0.8133
11	0.9	0.8159	0.8186	0.8212	0.8238	0.8264	0.8289	0.8315	0.8340	0.8365	0.8389
12	1.0	0.8413	0.8438	0.8461	0.8485	0.8508	0.8531	0.8554	0.8577	0.8599	0.8621
13	1.1	0.8643	0.8665	0.8686	0.8708	0.8729	0.8749	0.8770	0.8790	0.8810	0.8830
14	1.2	0.8849	0.8869	0.8888	0.8907	0.8925	0.8944	0.8962	0.8980	0.8997	0.9015
15	1.3	0.9032	0.9049	0.9066	0.9082	0.9099	0.9115	0.9131	0.9147	0.9162	0.9177
16	1.4	0.9192	0.9207	0.9222	0.9236	0.9251	0.9265	0.9279	0.9292	0.9306	0.9319
17	1.5	0.9332	0.9345	0.9357	0.9370	0.9382	0.9394	0.9406	0.9418	0.9429	0.9441
18	1.6	0.9452	0.9463	0.9474	0.9484	0.9495	0.9505	0.9515	0.9525	0.9535	0.9545
19	1.7	0.9554	0.9564	0.9573	0.9582	0.9591	0.9599	0.9608	0.9616	0.9625	0.9633
20	1.8	0.9641	0.9649	0.9656	0.9664	0.9671	0.9678	0.9686	0.9693	0.9699	0.9706
21	1.9	0.9713	0.9719	0.9726	0.9732	0.9738	0.9744	0.9750	0.9756	0.9761	0.9767
22	2.0	0.9772	0.9778	0.9783	0.9788	0.9793	0.9798	0.9803	0.9808	0.9812	0.9817
23	2.1	0.9821	0.9826	0.9830	0.9834	0.9838	0.9842	0.9846	0.9850	0.9854	0.9857
24	2.2	0.9861	0.9864	0.9868	0.9871	0.9875	0.9878	0.9881	0.9884	0.9887	0.9890
25	2.3	0.9893	0.9896	0.9898	0.9901	0.9904	0.9906	0.9909	0.9911	0.9913	0.9916
26	2.4	0.9918	0.9920	0.9922	0.9925	0.9927	0.9929	0.9931	0.9932	0.9934	0.9936
27	2.5	0.9938	0.9940	0.9941	0.9943	0.9945	0.9946	0.9948	0.9949	0.9951	0.9952
28	2.6	0.9953	0.9955	0.9956	0.9957	0.9959	0.9960	0.9961	0.9962	0.9963	0.9964
29	2.7	0.9965	0.9966	0.9967	0.9968	0.9969	0.9970	0.9971	0.9972	0.9973	0.9974
30	2.8	0.9974	0.9975	0.9976	0.9977	0.9977	0.9978	0.9979	0.9979	0.9980	0.9981
31	2.9	0.9981	0.9982	0.9982	0.9983	0.9984	0.9984	0.9985	0.9985	0.9986	0.9986
32	3.0	0.9987	0.9987	0.9987	0.9988	0.9988	0.9989	0.9989	0.9989	0.9990	0.9990
33	3.1	0.9990	0.9991	0.9991	0.9991	0.9992	0.9992	0.9992	0.9992	0.9993	0.9993
34	3.2	0.9993	0.9993	0.9994	0.9994	0.9994	0.9994	0.9994	0.9995	0.9995	0.9995
35	3.3	0.9995	0.9995	0.9995	0.9996	0.9996	0.9996	0.9996	0.9996	0.9996	0.9997
36	3.4	0.9997	0.9997	0.9997	0.9997	0.9997	0.9997	0.9997	0.9997	0.9997	0.9998
37	3.5	0.9998	0.9998	0.9998	0.9998	0.9998	0.9998	0.9998	0.9998	0.9998	0.9998
38	3.6	0.9998	0.9998	0.9999	0.9999	0.9999	0.9999	0.9999	0.9999	0.9999	0.9999
39	3.7	0.9999	0.9999	0.9999	0.9999	0.9999	0.9999	0.9999	0.9999	0.9999	0.9999
40	3.8	0.9999	0.9999	0.9999	0.9999	0.9999	0.9999	0.9999	0.9999	0.9999	0.9999
41	3.9	1.0000	1.0000	1.0000	1.0000	1.0000	1.0000	1.0000	1.0000	1.0000	1.0000
42	4.0	1.0000	1.0000	1.0000	1.0000	1.0000	1.0000	1.0000	1.0000	1.0000	1.0000

图 2　标准正态分布概率表

附录 2　标准正态分布的分位数表

利用 Excel 提供的统计函数“NORMSINV”，可以生成标准正态分布分位数表，该表是根据标准正态分布随机变量分布的概率值计算的临界值。如果有 $P(Z \leqslant x) = p$，已知 p 求 x。

第 1 步：将标准正态变量概率值输入到工作表的 A 列，其尾数输入到第一行，作为标准正态分布的表头，如图 3 所示。

第 2 步：在 B2 单元格输入公式“ = NORMSINV($A2 + B$1)”，然后将其向下、向右复制即可得到标准正态分布概率表，部分结果如图 4 所示。

	A	B	C	D	E	F	G	H	I	J	K
1	*p*	0.000	0.001	0.002	0.003	0.004	0.005	0.006	0.007	0.008	0.009
2	0.50										
3	0.51										
4	0.52										
5	0.53										
6	0.54										
7	0.55										

图 3　生成标准正态分布分位数表第 1 步

	A	B	C	D	E	F	G	H	I	J	K
1	*p*	0.000	0.001	0.002	0.003	0.004	0.005	0.006	0.007	0.008	0.009
2	0.50	0.0000	0.0025	0.0050	0.0075	0.0100	0.0125	0.0150	0.0175	0.0201	0.0226
3	0.51	0.0251	0.0276	0.0301	0.0326	0.0351	0.0376	0.0401	0.0426	0.0451	0.0476
4	0.52	0.0502	0.0527	0.0552	0.0577	0.0602	0.0627	0.0652	0.0677	0.0702	0.0728
5	0.53	0.0753	0.0778	0.0803	0.0828	0.0853	0.0878	0.0904	0.0929	0.0954	0.0979
6	0.54	0.1004	0.1030	0.1055	0.1080	0.1105	0.1130	0.1156	0.1181	0.1206	0.1231
7	0.55	0.1257	0.1282	0.1307	0.1332	0.1358	0.1383	0.1408	0.1434	0.1459	0.1484
8	0.56	0.1510	0.1535	0.1560	0.1586	0.1611	0.1637	0.1662	0.1687	0.1713	0.1738
9	0.57	0.1764	0.1789	0.1815	0.1840	0.1866	0.1891	0.1917	0.1942	0.1968	0.1993
10	0.58	0.2019	0.2045	0.2070	0.2096	0.2121	0.2147	0.2173	0.2198	0.2224	0.2250
11	0.59	0.2275	0.2301	0.2327	0.2353	0.2378	0.2404	0.2430	0.2456	0.2482	0.2508
12	0.60	0.2533	0.2559	0.2585	0.2611	0.2637	0.2663	0.2689	0.2715	0.2741	0.2767
13	0.61	0.2793	0.2819	0.2845	0.2871	0.2898	0.2924	0.2950	0.2976	0.3002	0.3029
14	0.62	0.3055	0.3081	0.3107	0.3134	0.3160	0.3186	0.3213	0.3239	0.3266	0.3292
15	0.63	0.3319	0.3345	0.3372	0.3398	0.3425	0.3451	0.3478	0.3505	0.3531	0.3558
16	0.64	0.3585	0.3611	0.3638	0.3665	0.3692	0.3719	0.3745	0.3772	0.3799	0.3826
17	0.65	0.3853	0.3880	0.3907	0.3934	0.3961	0.3989	0.4016	0.4043	0.4070	0.4097
18	0.66	0.4125	0.4152	0.4179	0.4207	0.4234	0.4261	0.4289	0.4316	0.4344	0.4372
19	0.67	0.4399	0.4427	0.4454	0.4482	0.4510	0.4538	0.4565	0.4593	0.4621	0.4649
20	0.68	0.4677	0.4705	0.4733	0.4761	0.4789	0.4817	0.4845	0.4874	0.4902	0.4930
21	0.69	0.4959	0.4987	0.5015	0.5044	0.5072	0.5101	0.5129	0.5158	0.5187	0.5215
22	0.70	0.5244	0.5273	0.5302	0.5330	0.5359	0.5388	0.5417	0.5446	0.5476	0.5505
23	0.71	0.5534	0.5563	0.5592	0.5622	0.5651	0.5681	0.5710	0.5740	0.5769	0.5799
24	0.72	0.5828	0.5858	0.5888	0.5918	0.5948	0.5978	0.6008	0.6038	0.6068	0.6098
25	0.73	0.6128	0.6158	0.6189	0.6219	0.6250	0.6280	0.6311	0.6341	0.6372	0.6403
26	0.74	0.6433	0.6464	0.6495	0.6526	0.6557	0.6588	0.6620	0.6651	0.6682	0.6713
27	0.75	0.6745	0.6776	0.6808	0.6840	0.6871	0.6903	0.6935	0.6967	0.6999	0.7031
28	0.76	0.7063	0.7095	0.7128	0.7160	0.7192	0.7225	0.7257	0.7290	0.7323	0.7356
29	0.77	0.7388	0.7421	0.7454	0.7488	0.7521	0.7554	0.7588	0.7621	0.7655	0.7688
30	0.78	0.7722	0.7756	0.7790	0.7824	0.7858	0.7892	0.7926	0.7961	0.7995	0.8030
31	0.79	0.8064	0.8099	0.8134	0.8169	0.8204	0.8239	0.8274	0.8310	0.8345	0.8381
32	0.80	0.8416	0.8452	0.8488	0.8524	0.8560	0.8596	0.8633	0.8669	0.8705	0.8742
33	0.81	0.8779	0.8816	0.8853	0.8890	0.8927	0.8965	0.9002	0.9040	0.9078	0.9116
34	0.82	0.9154	0.9192	0.9230	0.9269	0.9307	0.9346	0.9385	0.9424	0.9463	0.9502
35	0.83	0.9542	0.9581	0.9621	0.9661	0.9701	0.9741	0.9782	0.9822	0.9863	0.9904
36	0.84	0.9945	0.9986	1.0027	1.0069	1.0110	1.0152	1.0194	1.0237	1.0279	1.0322
37	0.85	1.0364	1.0407	1.0450	1.0494	1.0537	1.0581	1.0625	1.0669	1.0714	1.0758
38	0.86	1.0803	1.0848	1.0893	1.0939	1.0985	1.1031	1.1077	1.1123	1.1170	1.1217
39	0.87	1.1264	1.1311	1.1359	1.1407	1.1455	1.1503	1.1552	1.1601	1.1650	1.1700
40	0.88	1.1750	1.1800	1.1850	1.1901	1.1952	1.2004	1.2055	1.2107	1.2160	1.2212
41	0.89	1.2265	1.2319	1.2372	1.2426	1.2481	1.2536	1.2591	1.2646	1.2702	1.2759
42	0.90	1.2816	1.2873	1.2930	1.2988	1.3047	1.3106	1.3165	1.3225	1.3285	1.3346
43	0.91	1.3408	1.3469	1.3532	1.3595	1.3658	1.3722	1.3787	1.3852	1.3917	1.3984
44	0.92	1.4051	1.4118	1.4187	1.4255	1.4325	1.4395	1.4466	1.4538	1.4611	1.4684
45	0.93	1.4758	1.4833	1.4909	1.4985	1.5063	1.5141	1.5220	1.5301	1.5382	1.5464
46	0.94	1.5548	1.5632	1.5718	1.5805	1.5893	1.5982	1.6072	1.6164	1.6258	1.6352
47	0.95	1.6449	1.6546	1.6646	1.6747	1.6849	1.6954	1.7060	1.7169	1.7279	1.7392
48	0.96	1.7507	1.7624	1.7744	1.7866	1.7991	1.8119	1.8250	1.8384	1.8522	1.8663
49	0.97	1.8808	1.8957	1.9110	1.9268	1.9431	1.9600	1.9774	1.9954	2.0141	2.0335
50	0.98	2.0537	2.0749	2.0969	2.1201	2.1444	2.1701	2.1973	2.2262	2.2571	2.2904
51	0.99	2.3263	2.3656	2.4089	2.4573	2.5121	2.5758	2.6521	2.7478	2.8782	3.0902

图 4　标准正态分布分位数表

附录 3　t 分布临界值表

利用 Excel 提供的统计函数“T. INV”，可以构建 t 分布（如图 5 所示）临界值表（也叫 α 分位数表），该表是根据 t 分布的右尾概率计算的临界值。如果有 $P(t \geqslant x) = \alpha$，已知 α 求 x。作为 t 分布临界值表的具体操作步骤如下：

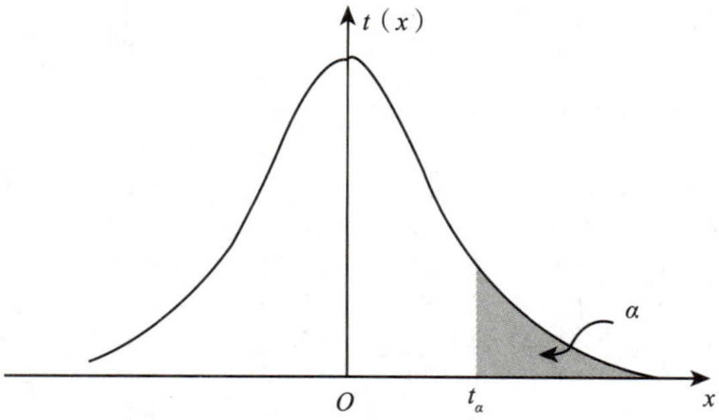

图 5　t 分布

第 1 步：将 t 分布的自由度 df 的值输入到工作表的 A 列，将右尾概率值 α 输入到第一行，形成 t 分布临界值表的表头，如图 6 所示。

	A	B	C	D	E	F	G	H
1	df/α	0.1000	0.0500	0.0250	0.0100	0.0050	0.0010	0.0005
2	1							
3	2							
4	3							
5	4							
6	5							
7	6							
8	7							
9	8							
10	9							
11	10							

图 6　生成 t 分布临界值表第 1 步

第 2 步：在 B2 单元格输入公式“ = − T. INV(B$1, $A2)”，然后将其向下、向右复制即可得到 t 分布临界值表，部分结果如图 7 所示。函数“T. INV”返回的是左尾概率，即 $-t_\alpha$ 的值，因此在上述公式前加上负号。

A	B	C	D	E	F	G	H
df/α	0.1000	0.0500	0.0250	0.0100	0.0050	0.0010	0.0005
1	3.0777	6.3138	12.7062	31.8205	63.6567	318.3088	636.6192
2	1.8856	2.9200	4.3027	6.9646	9.9248	22.3271	31.5991
3	1.6377	2.3534	3.1824	4.5407	5.8409	10.2145	12.9240
4	1.5332	2.1318	2.7764	3.7469	4.6041	7.1732	8.6103
5	1.4759	2.0150	2.5706	3.3649	4.0321	5.8934	6.8688
6	1.4398	1.9432	2.4469	3.1427	3.7074	5.2076	5.9588
7	1.4149	1.8946	2.3646	2.9980	3.4995	4.7853	5.4079
8	1.3968	1.8595	2.3060	2.8965	3.3554	4.5008	5.0413
9	1.3830	1.8331	2.2622	2.8214	3.2498	4.2968	4.7809
10	1.3722	1.8125	2.2281	2.7638	3.1693	4.1437	4.5869
11	1.3634	1.7959	2.2010	2.7181	3.1058	4.0247	4.4370
12	1.3562	1.7823	2.1788	2.6810	3.0545	3.9296	4.3178
13	1.3502	1.7709	2.1604	2.6503	3.0123	3.8520	4.2208
14	1.3450	1.7613	2.1448	2.6245	2.9768	3.7874	4.1405
15	1.3406	1.7531	2.1314	2.6025	2.9467	3.7328	4.0728
16	1.3368	1.7459	2.1199	2.5835	2.9208	3.6862	4.0150
17	1.3334	1.7396	2.1098	2.5669	2.8982	3.6458	3.9651
18	1.3304	1.7341	2.1009	2.5524	2.8784	3.6105	3.9216
19	1.3277	1.7291	2.0930	2.5395	2.8609	3.5794	3.8834
20	1.3253	1.7247	2.0860	2.5280	2.8453	3.5518	3.8495
21	1.3232	1.7207	2.0796	2.5176	2.8314	3.5272	3.8193
22	1.3212	1.7171	2.0739	2.5083	2.8188	3.5050	3.7921
23	1.3195	1.7139	2.0687	2.4999	2.8073	3.4850	3.7676
24	1.3178	1.7109	2.0639	2.4922	2.7969	3.4668	3.7454
25	1.3163	1.7081	2.0595	2.4851	2.7874	3.4502	3.7251
26	1.3150	1.7056	2.0555	2.4786	2.7787	3.4350	3.7066
27	1.3137	1.7033	2.0518	2.4727	2.7707	3.4210	3.6896
28	1.3125	1.7011	2.0484	2.4671	2.7633	3.4082	3.6739
29	1.3114	1.6991	2.0452	2.4620	2.7564	3.3962	3.6594
30	1.3104	1.6973	2.0423	2.4573	2.7500	3.3852	3.6460
31	1.3095	1.6955	2.0395	2.4528	2.7440	3.3749	3.6335
32	1.3086	1.6939	2.0369	2.4487	2.7385	3.3653	3.6218
33	1.3077	1.6924	2.0345	2.4448	2.7333	3.3563	3.6109
34	1.3070	1.6909	2.0322	2.4411	2.7284	3.3479	3.6007
35	1.3062	1.6896	2.0301	2.4377	2.7238	3.3400	3.5911
36	1.3055	1.6883	2.0281	2.4345	2.7195	3.3326	3.5821
37	1.3049	1.6871	2.0262	2.4314	2.7154	3.3256	3.5737
38	1.3042	1.6860	2.0244	2.4286	2.7116	3.3190	3.5657
39	1.3036	1.6849	2.0227	2.4258	2.7079	3.3128	3.5581
40	1.3031	1.6839	2.0211	2.4233	2.7045	3.3069	3.5510

图 7　t 分布临界值表

附录 4　χ^2 分布临界值表

利用 Excel 提供的统计函数“CHIINV”，可以构建 χ^2 分布临界值表（也叫 α 分位数表），该表是根据 χ^2 分布的右尾概率计算的临界值。如果有 $P(\chi^2 \geqslant x) = \alpha$，已知 α 求 x。生成 χ^2 分布临界值表的具体操作步骤如下：

第 1 步：将 χ^2 分布的自由度 *df* 的值输入到工作表的 A 列，将右尾概率值 α 输入到第一行，作为 χ^2 分布临界值表的表头，如图 8 所示。

A	B	C	D	E	F	G	H	I	J	K
df/α	0.995	0.990	0.975	0.950	0.900	0.100	0.050	0.025	0.010	0.005
1										
2										
3										
4										
5										
6										
7										
8										
9										
10										

图 8 生成 χ^2 分布临界值表第 1 步

第 2 步：在 B2 单元格输入公式“=CHIINV(B$1,$A2)”，然后将其向下、向右复制即可得到 χ^2 分布临界值表，部分结果如图 9 所示。

	A	B	C	D	E	F	G	H	I	J	K
1	*df*/α	0.995	0.990	0.975	0.950	0.900	0.100	0.050	0.025	0.010	0.005
2	1	0.0000	0.0002	0.0010	0.0039	0.0158	2.7055	3.8415	5.0239	6.6349	7.8794
3	2	0.0100	0.0201	0.0506	0.1026	0.2107	4.6052	5.9915	7.3778	9.2103	10.5966
4	3	0.0717	0.1148	0.2158	0.3518	0.5844	6.2514	7.8147	9.3484	11.3449	12.8382
5	4	0.2070	0.2971	0.4844	0.7107	1.0636	7.7794	9.4877	11.1433	13.2767	14.8603
6	5	0.4117	0.5543	0.8312	1.1455	1.6103	9.2364	11.0705	12.8325	15.0863	16.7496
7	6	0.6757	0.8721	1.2373	1.6354	2.2041	10.6446	12.5916	14.4494	16.8119	18.5476
8	7	0.9893	1.2390	1.6899	2.1673	2.8331	12.0170	14.0671	16.0128	18.4753	20.2777
9	8	1.3444	1.6465	2.1797	2.7326	3.4895	13.3616	15.5073	17.5345	20.0902	21.9550
10	9	1.7349	2.0879	2.7004	3.3251	4.1682	14.6837	16.9190	19.0228	21.6660	23.5894
11	10	2.1559	2.5582	3.2470	3.9403	4.8652	15.9872	18.3070	20.4832	23.2093	25.1882
12	11	2.6032	3.0535	3.8157	4.5748	5.5778	17.2750	19.6751	21.9200	24.7250	26.7568
13	12	3.0738	3.5706	4.4038	5.2260	6.3038	18.5493	21.0261	23.3367	26.2170	28.2995
14	13	3.5650	4.1069	5.0088	5.8919	7.0415	19.8119	22.3620	24.7356	27.6882	29.8195
15	14	4.0747	4.6604	5.6287	6.5706	7.7895	21.0641	23.6848	26.1189	29.1412	31.3193
16	15	4.6009	5.2293	6.2621	7.2609	8.5468	22.3071	24.9958	27.4884	30.5779	32.8013
17	16	5.1422	5.8122	6.9077	7.9616	9.3122	23.5418	26.2962	28.8454	31.9999	34.2672
18	17	5.6972	6.4078	7.5642	8.6718	10.0852	24.7690	27.5871	30.1910	33.4087	35.7185
19	18	6.2648	7.0149	8.2307	9.3905	10.8649	25.9894	28.8693	31.5264	34.8053	37.1565
20	19	6.8440	7.6327	8.9065	10.1170	11.6509	27.2036	30.1435	32.8523	36.1909	38.5823
21	20	7.4338	8.2604	9.5908	10.8508	12.4426	28.4120	31.4104	34.1696	37.5662	39.9968
22	21	8.0337	8.8972	10.2829	11.5913	13.2396	29.6151	32.6706	35.4789	38.9322	41.4011
23	22	8.6427	9.5425	10.9823	12.3380	14.0415	30.8133	33.9244	36.7807	40.2894	42.7957
24	23	9.2604	10.1957	11.6886	13.0905	14.8480	32.0069	35.1725	38.0756	41.6384	44.1813
25	24	9.8862	10.8564	12.4012	13.8484	15.6587	33.1962	36.4150	39.3641	42.9798	45.5585
26	25	10.5197	11.5240	13.1197	14.6114	16.4734	34.3816	37.6525	40.6465	44.3141	46.9279
27	26	11.1602	12.1981	13.8439	15.3792	17.2919	35.5632	38.8851	41.9232	45.6417	48.2899
28	27	11.8076	12.8785	14.5734	16.1514	18.1139	36.7412	40.1133	43.1945	46.9629	49.6449
29	28	12.4613	13.5647	15.3079	16.9279	18.9392	37.9159	41.3371	44.4608	48.2782	50.9934
30	29	13.1211	14.2565	16.0471	17.7084	19.7677	39.0875	42.5570	45.7223	49.5879	52.3356
31	30	13.7867	14.9535	16.7908	18.4927	20.5992	40.2560	43.7730	46.9792	50.8922	53.6720
32	31	14.4578	15.6555	17.5387	19.2806	21.4336	41.4217	44.9853	48.2319	52.1914	55.0027
33	32	15.1340	16.3622	18.2908	20.0719	22.2706	42.5847	46.1943	49.4804	53.4858	56.3281
34	33	15.8153	17.0735	19.0467	20.8665	23.1102	43.7452	47.3999	50.7251	54.7755	57.6484
35	34	16.5013	17.7891	19.8063	21.6643	23.9523	44.9032	48.6024	51.9660	56.0609	58.9639
36	35	17.1918	18.5089	20.5694	22.4650	24.7967	46.0588	49.8018	53.2033	57.3421	60.2748
37	36	17.8867	19.2327	21.3359	23.2686	25.6433	47.2122	50.9985	54.4373	58.6192	61.5812
38	37	18.5858	19.9602	22.1056	24.0749	26.4921	48.3634	52.1923	55.6680	59.8925	62.8833
39	38	19.2889	20.6914	22.8785	24.8839	27.3430	49.5126	53.3835	56.8955	61.1621	64.1814
40	39	19.9959	21.4262	23.6543	25.6954	28.1958	50.6598	54.5722	58.1201	62.4281	65.4756
41	40	20.7065	22.1643	24.4330	26.5093	29.0505	51.8051	55.7585	59.3417	63.6907	66.7660

图 9 χ^2 分布临界值表

附录 5　F 分布临界值表

利用 Excel 提供的统计函数“FINV”，可以构建 F 分布（如图 10 所示）临界值表（也叫 α 分位数表），该表是根据 F 分布的右尾概率计算的临界值。如果有 $P(F \geqslant x)=\alpha$，已知 α 求 x。生成 F 分布临界值表的具体操作步骤如下：

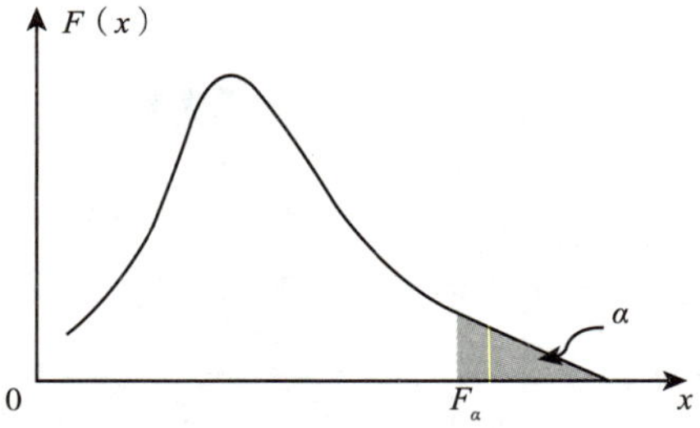

图 10　F 分布

第 1 步：在 B1 单元格输入 F 分布的右尾概率 α 的取值（如 $\alpha=0.05$），在第 2 行输入分子自由度 $df\,1$ 的值，将分母自由度 $df\,2$ 输入到工作表的 A 列，如图 11 所示。

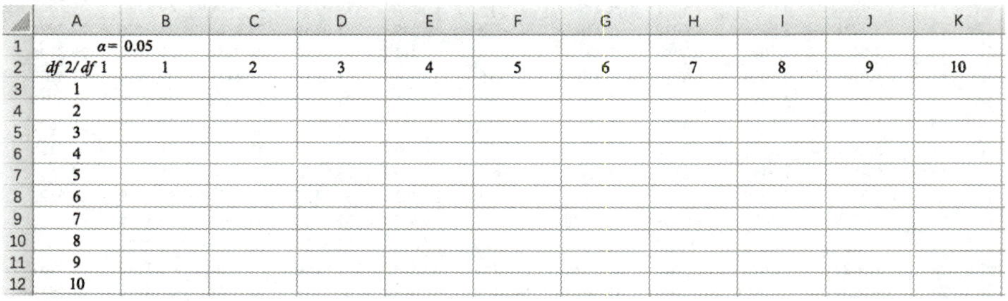

	A	B	C	D	E	F	G	H	I	J	K
1	α=	0.05									
2	df 2/ df 1	1	2	3	4	5	6	7	8	9	10
3	1										
4	2										
5	3										
6	4										
7	5										
8	6										
9	7										
10	8										
11	9										
12	10										

图 11　生成 F 分布临界值表第 1 步

第 2 步：在 B3 单元格输入公式“ =FINV(B1，B$2，$A3)”，然后将其向下、向右复制即可得到 F 分布临界值表，部分结果如图 12 所示。

	A	B	C	D	E	F	G	H	I	J	K	L	M	N	O	P	Q
1	α=	0.05															
2	df 2/ df 1	1	2	3	4	5	6	7	8	9	10	11	12	13	14	15	16
3	1	161.4476	199.5000	215.7073	224.5832	230.1619	233.9860	236.7684	238.8827	240.5433	241.8817	242.9835	243.9060	244.6898	245.3640	245.9499	246.4639
4	2	18.5128	19.0000	19.1643	19.2468	19.2964	19.3295	19.3532	19.3710	19.3848	19.3959	19.4050	19.4125	19.4189	19.4244	19.4291	19.4333
5	3	10.1280	9.5521	9.2766	9.1172	9.0135	8.9406	8.8867	8.8452	8.8123	8.7855	8.7633	8.7446	8.7287	8.7149	8.7029	8.6923
6	4	7.7086	6.9443	6.5914	6.3882	6.2561	6.1631	6.0942	6.0410	5.9988	5.9644	5.9358	5.9117	5.8911	5.8733	5.8578	5.8441
7	5	6.6079	5.7861	5.4095	5.1922	5.0503	4.9503	4.8759	4.8183	4.7725	4.7351	4.7040	4.6777	4.6552	4.6358	4.6188	4.6038
8	6	5.9874	5.1433	4.7571	4.5337	4.3874	4.2839	4.2067	4.1468	4.0990	4.0600	4.0274	3.9999	3.9764	3.9559	3.9381	3.9223
9	7	5.5914	4.7374	4.3468	4.1203	3.9715	3.8660	3.7870	3.7257	3.6767	3.6365	3.6030	3.5747	3.5503	3.5292	3.5107	3.4944
10	8	5.3177	4.4590	4.0662	3.8379	3.6875	3.5806	3.5005	3.4381	3.3881	3.3472	3.3130	3.2839	3.2590	3.2374	3.2184	3.2016
11	9	5.1174	4.2565	3.8625	3.6331	3.4817	3.3738	3.2927	3.2296	3.1789	3.1373	3.1025	3.0729	3.0475	3.0255	3.0061	2.9890
12	10	4.9646	4.1028	3.7083	3.4780	3.3258	3.2172	3.1355	3.0717	3.0204	2.9782	2.9430	2.9130	2.8872	2.8647	2.8450	2.8276
13	11	4.8443	3.9823	3.5874	3.3567	3.2039	3.0946	3.0123	2.9480	2.8962	2.8536	2.8179	2.7876	2.7614	2.7386	2.7186	2.7009
14	12	4.7472	3.8853	3.4903	3.2592	3.1059	2.9961	2.9134	2.8486	2.7964	2.7534	2.7173	2.6866	2.6602	2.6371	2.6169	2.5989
15	13	4.6672	3.8056	3.4105	3.1791	3.0254	2.9153	2.8321	2.7669	2.7144	2.6710	2.6347	2.6037	2.5769	2.5536	2.5331	2.5149
16	14	4.6001	3.7389	3.3439	3.1122	2.9582	2.8477	2.7642	2.6987	2.6458	2.6022	2.5655	2.5342	2.5073	2.4837	2.4630	2.4446
17	15	4.5431	3.6823	3.2874	3.0556	2.9013	2.7905	2.7066	2.6408	2.5876	2.5437	2.5068	2.4753	2.4481	2.4244	2.4034	2.3849
18	16	4.4940	3.6337	3.2389	3.0069	2.8524	2.7413	2.6572	2.5911	2.5377	2.4935	2.4564	2.4247	2.3973	2.3733	2.3522	2.3335
19	17	4.4513	3.5915	3.1968	2.9647	2.8100	2.6987	2.6143	2.5480	2.4943	2.4499	2.4126	2.3807	2.3531	2.3290	2.3077	2.2888
20	18	4.4139	3.5546	3.1599	2.9277	2.7729	2.6613	2.5767	2.5102	2.4563	2.4117	2.3742	2.3421	2.3143	2.2900	2.2686	2.2496
21	19	4.3807	3.5219	3.1274	2.8951	2.7401	2.6283	2.5435	2.4768	2.4227	2.3779	2.3402	2.3080	2.2800	2.2556	2.2341	2.2149
22	20	4.3512	3.4928	3.0984	2.8661	2.7109	2.5990	2.5140	2.4471	2.3928	2.3479	2.3100	2.2776	2.2495	2.2250	2.2033	2.1840
23	21	4.3248	3.4668	3.0725	2.8401	2.6848	2.5727	2.4876	2.4205	2.3660	2.3210	2.2829	2.2504	2.2222	2.1975	2.1757	2.1563
24	22	4.3009	3.4434	3.0491	2.8167	2.6613	2.5491	2.4638	2.3965	2.3419	2.2967	2.2585	2.2258	2.1975	2.1727	2.1508	2.1313
25	23	4.2793	3.4221	3.0280	2.7955	2.6400	2.5277	2.4422	2.3748	2.3201	2.2747	2.2364	2.2036	2.1752	2.1502	2.1282	2.1086
26	24	4.2597	3.4028	3.0088	2.7763	2.6207	2.5082	2.4226	2.3551	2.3002	2.2547	2.2163	2.1834	2.1548	2.1298	2.1077	2.0880
27	25	4.2417	3.3852	2.9912	2.7587	2.6030	2.4904	2.4047	2.3371	2.2821	2.2365	2.1979	2.1649	2.1362	2.1111	2.0889	2.0691
28	26	4.2252	3.3690	2.9752	2.7426	2.5868	2.4741	2.3883	2.3205	2.2655	2.2197	2.1811	2.1479	2.1192	2.0939	2.0716	2.0518
29	27	4.2100	3.3541	2.9604	2.7278	2.5719	2.4591	2.3732	2.3053	2.2501	2.2043	2.1655	2.1323	2.1035	2.0781	2.0558	2.0358
30	28	4.1960	3.3404	2.9467	2.7141	2.5581	2.4453	2.3593	2.2913	2.2360	2.1900	2.1512	2.1179	2.0889	2.0635	2.0411	2.0210
31	29	4.1830	3.3277	2.9340	2.7014	2.5454	2.4324	2.3463	2.2783	2.2229	2.1768	2.1379	2.1045	2.0755	2.0500	2.0275	2.0073
32	30	4.1709	3.3158	2.9223	2.6896	2.5336	2.4205	2.3343	2.2662	2.2107	2.1646	2.1256	2.0921	2.0630	2.0374	2.0148	1.9946

图 12　*F* 分布临界值

	A	B	C	D	E	F	G	H	I	J	K	L	M	N	O	P	Q
1	α=	0.025															
2	*df* 2/ *df* 1	1	2	3	4	5	6	7	8	9	10	11	12	13	14	15	16
3	1	647.7890	799.5000	864.1630	899.5833	921.8479	937.1111	948.2169	956.6562	963.2846	968.6274	973.0252	976.7079	979.8368	982.5278	984.8668	986.9187
4	2	38.5063	39.0000	39.1655	39.2484	39.2982	39.3315	39.3552	39.3730	39.3869	39.3980	39.4071	39.4146	39.4210	39.4265	39.4313	39.4354
5	3	17.4434	16.0441	15.4392	15.1010	14.8848	14.7347	14.6244	14.5399	14.4731	14.4189	14.3742	14.3366	14.3045	14.2768	14.2527	14.2315
6	4	12.2179	10.6491	9.9792	9.6045	9.3645	9.1973	9.0741	8.9796	8.9047	8.8439	8.7935	8.7512	8.7150	8.6838	8.6565	8.6326
7	5	10.0070	8.4336	7.7636	7.3879	7.1464	6.9777	6.8531	6.7572	6.6811	6.6192	6.5678	6.5245	6.4876	6.4556	6.4277	6.4032
8	6	8.8131	7.2599	6.5988	6.2272	5.9876	5.8198	5.6955	5.5996	5.5234	5.4613	5.4098	5.3662	5.3290	5.2968	5.2687	5.2439
9	7	8.0727	6.5415	5.8898	5.5226	5.2852	5.1186	4.9949	4.8993	4.8232	4.7611	4.7095	4.6658	4.6285	4.5961	4.5678	4.5428
10	8	7.5709	6.0595	5.4160	5.0526	4.8173	4.6517	4.5286	4.4333	4.3572	4.2951	4.2434	4.1997	4.1622	4.1297	4.1012	4.0761
11	9	7.2093	5.7147	5.0781	4.7181	4.4844	4.3197	4.1970	4.1020	4.0260	3.9639	3.9121	3.8682	3.8306	3.7980	3.7694	3.7441
12	10	6.9367	5.4564	4.8256	4.4683	4.2361	4.0721	3.9498	3.8549	3.7790	3.7168	3.6649	3.6209	3.5832	3.5504	3.5217	3.4963
13	11	6.7241	5.2559	4.6300	4.2751	4.0440	3.8807	3.7586	3.6638	3.5879	3.5257	3.4737	3.4296	3.3917	3.3588	3.3299	3.3044
14	12	6.5538	5.0959	4.4742	4.1212	3.8911	3.7283	3.6065	3.5118	3.4358	3.3736	3.3215	3.2773	3.2393	3.2062	3.1772	3.1515
15	13	6.4143	4.9653	4.3472	3.9959	3.7667	3.6043	3.4827	3.3880	3.3120	3.2497	3.1975	3.1532	3.1150	3.0819	3.0527	3.0269
16	14	6.2979	4.8567	4.2417	3.8919	3.6634	3.5014	3.3799	3.2853	3.2093	3.1469	3.0946	3.0502	3.0119	2.9786	2.9493	2.9234
17	15	6.1995	4.7650	4.1528	3.8043	3.5764	3.4147	3.2934	3.1987	3.1227	3.0602	3.0078	2.9633	2.9249	2.8915	2.8621	2.8360
18	16	6.1151	4.6867	4.0768	3.7294	3.5021	3.3406	3.2194	3.1248	3.0488	2.9862	2.9337	2.8890	2.8506	2.8170	2.7875	2.7614
19	17	6.0420	4.6189	4.0112	3.6648	3.4379	3.2767	3.1556	3.0610	2.9849	2.9222	2.8696	2.8249	2.7863	2.7526	2.7230	2.6968
20	18	5.9781	4.5597	3.9539	3.6083	3.3820	3.2209	3.0999	3.0053	2.9291	2.8664	2.8137	2.7689	2.7302	2.6964	2.6667	2.6404
21	19	5.9216	4.5075	3.9034	3.5587	3.3327	3.1718	3.0509	2.9563	2.8801	2.8172	2.7645	2.7196	2.6808	2.6469	2.6171	2.5907
22	20	5.8715	4.4613	3.8587	3.5147	3.2891	3.1283	3.0074	2.9128	2.8365	2.7737	2.7209	2.6758	2.6369	2.6030	2.5731	2.5465
23	21	5.8266	4.4199	3.8188	3.4754	3.2501	3.0895	2.9686	2.8740	2.7977	2.7348	2.6819	2.6368	2.5978	2.5638	2.5338	2.5071
24	22	5.7863	4.3828	3.7829	3.4401	3.2151	3.0546	2.9338	2.8392	2.7628	2.6998	2.6469	2.6017	2.5626	2.5285	2.4984	2.4717
25	23	5.7498	4.3492	3.7505	3.4083	3.1835	3.0232	2.9023	2.8077	2.7313	2.6682	2.6152	2.5699	2.5308	2.4966	2.4665	2.4396
26	24	5.7166	4.3187	3.7211	3.3794	3.1548	2.9946	2.8738	2.7791	2.7027	2.6396	2.5865	2.5411	2.5019	2.4677	2.4374	2.4105
27	25	5.6864	4.2909	3.6943	3.3530	3.1287	2.9685	2.8478	2.7531	2.6766	2.6135	2.5603	2.5149	2.4756	2.4413	2.4110	2.3840
28	26	5.6586	4.2655	3.6697	3.3289	3.1048	2.9447	2.8240	2.7293	2.6528	2.5896	2.5363	2.4908	2.4515	2.4171	2.3867	2.3597
29	27	5.6331	4.2421	3.6472	3.3067	3.0828	2.9228	2.8021	2.7074	2.6309	2.5676	2.5143	2.4688	2.4293	2.3949	2.3644	2.3373
30	28	5.6096	4.2205	3.6264	3.2863	3.0626	2.9027	2.7820	2.6872	2.6106	2.5473	2.4940	2.4484	2.4089	2.3743	2.3438	2.3167
31	29	5.5878	4.2006	3.6072	3.2674	3.0438	2.8840	2.7633	2.6686	2.5919	2.5286	2.4752	2.4295	2.3900	2.3554	2.3248	2.2976
32	30	5.5675	4.1821	3.5894	3.2499	3.0265	2.8667	2.7460	2.6513	2.5746	2.5112	2.4577	2.4120	2.3724	2.3378	2.3072	2.2799

图 12　*F* 分布临界值（续 1）

	A	B	C	D	E	F	G	H	I	J	K	L	M	N	O	P	Q
1	α=	0.1															
2	df 2/ df 1	1	2	3	4	5	6	7	8	9	10	11	12	13	14	15	16
3	1	39.8635	49.5000	53.5932	55.8330	57.2401	58.2044	58.9060	59.4390	59.8576	60.1950	60.4727	60.7052	60.9028	61.0727	61.2203	61.3499
4	2	8.5263	9.0000	9.1618	9.2434	9.2926	9.3255	9.3491	9.3668	9.3805	9.3916	9.4006	9.4081	9.4145	9.4200	9.4247	9.4289
5	3	5.5383	5.4624	5.3908	5.3426	5.3092	5.2847	5.2662	5.2517	5.2400	5.2304	5.2224	5.2156	5.2098	5.2047	5.2003	5.1964
6	4	4.5448	4.3246	4.1909	4.1072	4.0506	4.0097	3.9790	3.9549	3.9357	3.9199	3.9067	3.8955	3.8859	3.8776	3.8704	3.8639
7	5	4.0604	3.7797	3.6195	3.5202	3.4530	3.4045	3.3679	3.3393	3.3163	3.2974	3.2816	3.2682	3.2567	3.2468	3.2380	3.2303
8	6	3.7759	3.4633	3.2888	3.1808	3.1075	3.0546	3.0145	2.9830	2.9577	2.9369	2.9195	2.9047	2.8920	2.8809	2.8712	2.8626
9	7	3.5894	3.2574	3.0741	2.9605	2.8833	2.8274	2.7849	2.7516	2.7247	2.7025	2.6839	2.6681	2.6545	2.6426	2.6322	2.6230
10	8	3.4579	3.1131	2.9238	2.8064	2.7264	2.6683	2.6241	2.5893	2.5612	2.5380	2.5186	2.5020	2.4876	2.4752	2.4642	2.4545
11	9	3.3603	3.0065	2.8129	2.6927	2.6106	2.5509	2.5053	2.4694	2.4403	2.4163	2.3961	2.3789	2.3640	2.3510	2.3396	2.3295
12	10	3.2850	2.9245	2.7277	2.6053	2.5216	2.4606	2.4140	2.3772	2.3473	2.3226	2.3018	2.2841	2.2687	2.2553	2.2435	2.2330
13	11	3.2252	2.8595	2.6602	2.5362	2.4512	2.3891	2.3416	2.3040	2.2735	2.2482	2.2269	2.2087	2.1930	2.1792	2.1671	2.1563
14	12	3.1765	2.8068	2.6055	2.4801	2.3940	2.3310	2.2828	2.2446	2.2135	2.1878	2.1660	2.1474	2.1313	2.1173	2.1049	2.0938
15	13	3.1362	2.7632	2.5603	2.4337	2.3467	2.2830	2.2341	2.1953	2.1638	2.1376	2.1155	2.0966	2.0802	2.0658	2.0532	2.0419
16	14	3.1022	2.7265	2.5222	2.3947	2.3069	2.2426	2.1931	2.1539	2.1220	2.0954	2.0729	2.0537	2.0370	2.0224	2.0095	1.9981
17	15	3.0732	2.6952	2.4898	2.3614	2.2730	2.2081	2.1582	2.1185	2.0862	2.0593	2.0366	2.0171	2.0001	1.9853	1.9722	1.9605
18	16	3.0481	2.6682	2.4618	2.3327	2.2438	2.1783	2.1280	2.0880	2.0553	2.0281	2.0051	1.9854	1.9682	1.9532	1.9399	1.9281
19	17	3.0262	2.6446	2.4374	2.3077	2.2183	2.1524	2.1017	2.0613	2.0284	2.0009	1.9777	1.9577	1.9404	1.9252	1.9117	1.8997
20	18	3.0070	2.6239	2.4160	2.2858	2.1958	2.1296	2.0785	2.0379	2.0047	1.9770	1.9535	1.9333	1.9158	1.9004	1.8868	1.8747
21	19	2.9899	2.6056	2.3970	2.2663	2.1760	2.1094	2.0580	2.0171	1.9836	1.9557	1.9321	1.9117	1.8940	1.8785	1.8647	1.8524
22	20	2.9747	2.5893	2.3801	2.2489	2.1582	2.0913	2.0397	1.9985	1.9649	1.9367	1.9129	1.8924	1.8745	1.8588	1.8449	1.8325
23	21	2.9610	2.5746	2.3649	2.2333	2.1423	2.0751	2.0233	1.9819	1.9480	1.9197	1.8956	1.8750	1.8570	1.8412	1.8271	1.8146
24	22	2.9486	2.5613	2.3512	2.2193	2.1279	2.0605	2.0084	1.9668	1.9327	1.9043	1.8801	1.8593	1.8411	1.8252	1.8111	1.7984
25	23	2.9374	2.5493	2.3387	2.2065	2.1149	2.0472	1.9949	1.9531	1.9189	1.8903	1.8659	1.8450	1.8267	1.8107	1.7964	1.7837
26	24	2.9271	2.5383	2.3274	2.1949	2.1030	2.0351	1.9826	1.9407	1.9063	1.8775	1.8530	1.8319	1.8136	1.7974	1.7831	1.7703
27	25	2.9177	2.5283	2.3170	2.1842	2.0922	2.0241	1.9714	1.9292	1.8947	1.8658	1.8412	1.8200	1.8015	1.7853	1.7708	1.7579
28	26	2.9091	2.5191	2.3075	2.1745	2.0822	2.0139	1.9610	1.9188	1.8841	1.8550	1.8303	1.8090	1.7904	1.7741	1.7596	1.7466
29	27	2.9012	2.5106	2.2987	2.1655	2.0730	2.0045	1.9515	1.9091	1.8743	1.8451	1.8203	1.7989	1.7802	1.7638	1.7492	1.7361
30	28	2.8938	2.5028	2.2906	2.1571	2.0645	1.9959	1.9427	1.9001	1.8652	1.8359	1.8110	1.7895	1.7708	1.7542	1.7395	1.7264
31	29	2.8870	2.4955	2.2831	2.1494	2.0566	1.9878	1.9345	1.8918	1.8568	1.8274	1.8024	1.7808	1.7620	1.7454	1.7306	1.7174
32	30	2.8807	2.4887	2.2761	2.1422	2.0492	1.9803	1.9269	1.8841	1.8490	1.8195	1.7944	1.7727	1.7538	1.7371	1.7223	1.7090

图 12 *F* 分布临界值（续 2）

参考文献

[1] 贾俊平，何晓群，金勇．统计学［M］．7版．北京：中国人民大学出版社，2009.

[2] 马立平，刘娟，应用统计学［M］．2版．北京：首都经贸大学出版社，2018.

[3] 张光东，统计学［M］．2版．北京：科学出版社，2020.

[4] 戴维·穆尔，威廉·诺茨．统计学的世界［M］．郑磊，译．北京：中信出版集团，2017.

[5] 戴维·R. 安德森，丹尼斯·J. 斯威尼，托马斯·A. 威廉斯．商务与统计学［M］．张建华，王健，冯燕奇等，译．北京：机械工业出版社，2012.

[6] 曾五一，肖红叶．统计学导论［M］．北京：科学出版社，2013.

[7] 陈家鼎，孙山泽，李东风，刘力平．数理统计学讲义［M］．北京：高等教育出版社，2006.

[8] 陈希孺，倪国熙．数理统计教材［M］．北京：中国科学技术大学出版社，2009.

[9] 理查德·D. 德沃，保罗·F. 威勒曼，戴维·E. 博克．统计学——数据与模型［M］．耿修林，译．北京：中国人民大学出版社，2016.

[10] 刘冰楠．西南联大数学名师许宝騄的数学贡献［J］．数学通报，2019，58（11）：9－41.

[11] 萨缪尔森．经济学［M］．高鸿业，译．北京：商务印书馆，1979.

[12] 王德发，刘小锋．统计学：数据处理与分析［M］．上海：上海财经大学出版社，2013.

[13] 埃维森，格根．统计学——基本概念和方法［M］．吴喜之，程博，柳林树等，译．北京：高等教育出版社，2000.

[14] 袁卫，李扬．我国首位有重大国际影响的统计学家：吴定良［J］．兰州财经大学学报，2019，35（5）：1－6.

[15] 袁卫，刘超编．统计学——思想、方法与应用［M］．北京：中国人民出版社，2011.

[16] 袁卫，庞皓，贾俊平，杨灿．统计学［M］．北京：高等教育出版社，2019.

[17] 朱胜．市场调查方法与技术［M］．北京：中国统计出版社，2016.

[18] 朱胜．统计学原理（非统计专业用）［M］．北京：中国统计出版社，2009.